周易 너머 正易

- 칸토어의 대각선 논법과 김일부의 정역의 비교 -

국립중앙도서관 출판예정도서목록(CIP)

周易 너머 正易 : 김일부와 칸토어가 대각선에서 만나다 /
지은이: 김상일. -- 대전 : 상생출판, 2016   p. ;   cm

권말부록: 윷판과 정역괘와의 관계
참고문헌과 색인수록
ISBN 979-11-86122-38-9 03140 : ₩30000

주역(삼경)[周易]

141.2-KDC6
181.11-DDC23   CIP2016027874

周易 너머 正易
— 칸토어의 대각선 논법과 김일부의 정역의 비교 —

발행일	2017년 1월 2일 초판 1쇄
지은이	김상일
발행처	상생출판
주소	대전시 중구 선화서로 29번길 36(선화동)
전화	070-8644-3156
팩스	0303-0799-1735
홈페이지	www.sangsaengbooks.co.kr
출판등록	2005년 3월 11일 (175호)
ISBN	979-11-86122-38-9

ⓒ2016김상일 | kimsy57@korea.com

글과 사진의 복제와 무단 전재를 금합니다. 저작권자를 찾지 못한 사진, 그림은
저작권자가 확인되는대로 절차에 따라 저작권료를 지불하겠습니다.
가격은 뒷표지에 있습니다.

周易 너머 正易

김상일 지음

상생출판

| 머리말 |

　이 책은 『대각선 논법과 역』(2012)과 『대각선논법과 조선역』(2013)에 이어 연작으로 『대각선논법과 정역』으로 출판하려 했던 것을 이번에 상생출판에서 『周易 너머 正易』으로 발간하게 되었다. '김일부와 칸토어가 대각선에서 만나다'의 부제에서도 보는 바와 같이 대각선 논법으로 정역을 이해하는 것이 이 책의 기본 배경이 되고 있다. 대각선 논법이란 역설을 다루는 수학적 용어이다.

　『역과 탈현대의 논리』(2006)에 이어 네 번째 단행본이다. 만년에 와서 역에 몰두하는 이유는 역 그 자체에 관심 때문이 아니고, 십대 때부터 매사에서 '역설逆說'이라는 주제가 사고를 지배해 왔기 때문이다. 그래서 역설을 해결 내지 해의하는 것이라면 분야에 상관없이 필자는 이와 씨름을 해 보았다. '한'이란 말에 관심을 둔 이유도 이 말의 의미가 '하나'와 '여럿'이라는 역설 그 자체였기 때문이다. 그 중 주역의 역易은 '역逆'이라 할 정도로 역설 연구의 대미를 장식할 정도이다. 소강절의 방도의 구조를 칸토어의 대각선 논법에 적용할 때에 양자는 모두 역설해의에 있어서 그 틀이 같다고 본 것이 선행 세 권의 요점이다.

　이에 반해 정역이 역설을 해의하는 데 있어서 주역을 넘어서고 있다는 것이 이 책의 주된 내용이다. 주역과는 달리 3진, 5진, 10진 등의 기수법을 사용해 괘를 만들고 력법曆法을 구사해 주역을 넘어 장주기법으로 우주와 문명사를 관찰한다. 그리고 8괘를 만드는 방법에 있어서 수지 5개를 사용함으로서 8괘에 2천과 7지을 추가하여 10개의 괘상을 만듦으로 주역을 넘어서 가고 있다.

그러나 현금 학계에서 정역이 백안시 되는 이유는 그 성격이 포스트 모던적이기 때문이다. 즉, 영가무도를 일상화 하는 등 정역 속에는 원래 역이 발생할 당시의 무巫와 선仙적인 요소들을 수용하고 있다. 이런 요소들 때문에 정역이 무시당한다고 판단할 때에 오히려 이런 요소들이야 말로 지금 시대에 추구해야 될 가치가 아닌가 판단하여 이 책을 서둘러 출간하게 되었다. '주역 너머'라는 말은 결국 모더니즘을 넘어서라는 말과 같다.

우리는 지금 알파고를 능가하는 지능을 개발하고 그것을 소유하지 않으면 안 되는 시대에 살고 있다. 이 책은 정역이 가장 간단한 1~10까지의 수를 사용하여 우주와 문명의 심층부를 어떻게 풀어나가고 있는가를 보게 될 것이다. 필자는 기독교 배경에서 자랐으나 성서가 말하는 신을 상실한지 오래이다. 그러나 정역을 통해 유리세계琉璃世界 속에 나타나는 상제조림上帝照臨이라는 신관을 발견하게 되었다. 다시 말해서 정역은 비인격과 인격적 존재의 조화라는 점에서도 큰 의미를 갖는다.

이집트의 12황궁도를 통해 정역 연구에서 오랫 동안 문제시 되어 온 소위 계해본과 이정호본의 상관성도 알게 될 것이다. 이것은 책을 쓰는 과정에서 얻은 부산물이지만 그것이 오히려 책을 쓴 공헌이 아닌가 생각한다.

난해한 구절과 많은 도표들이 들어가는데 수 많은 수고를 해 주신 강경업 팀장님과 박재화님 그리고 상생출판 여러분들에게 감사의 말씀을 드린다. 끝으로 2015년 7월에 귀국하여 본의아니게 미국으로 돌아갈 수 없어서 참고문헌 정리에 어려움을 겪었다. 빠진 부분들은 추후에 보완할 것을 약속드린다.

2016년 12월, 과천 집에서 저자 씀

| 모둠글 |

  이전 두 권의 대각선 논법 연작은 『대각선 논법과 역』(지식산업사, 2012)과 『대각선 논법과 조선역』(지식산업사, 2013)이었다. 대각선 논법의 5(혹은 6)대 요소들인 배열, 가로, 세로, 대각선화, 반가치화, 반대각선화 가운데 가로와 세로에 무엇을 대입하느냐에 따라서 그 적용범위가 실로 넓다고 아니 할 수 없다. 가로와 세로란 개념은 2차원 사각형을 전제로 성립하는 말이다. 그러나 2차원인 사각형은 3차원 그리고 그 이상의 차원의 변화에 따라서 대각선 논법의 개념도 달라질 수밖에 없다. 유클리드는 물론 3차원 이상의 공간에 대하여서는 말하지 않았다. 19세기 말 칸토어가 대각선 논법을 말할 때만 해도 그는 2차원 사각형 안에다 무한 실수를 배열하는 데서 그의 증명, 소위 대각선 논법에 관한 증명을 하였다. 그 결과 그는 연속체 가설의 문제에 직면하였다.
  이전 두 권의 선행 연구에서 필자는 칸토어의 대각선 논법을 빌미로 하여 이에 해당하는 주역周易과 조선역朝鮮易을 고찰하였다. 역은 실로 동북아 문명의 꽃이라 할 수 있다. 라이프니츠가 역을 보고 경탄에 경탄을 금할 수밖에 없었던 이유는 2진수적 수의 기수법 때문이었다. 그는 이미 2진수 혹은 2진법을 알고 있었는데, 자기보다 먼저 동양의 역에 같은 기수법이 있었다는 사실을 알고는 놀랐다고 한다. 물론 그가 발견한 2진수와 역의 그것이 같은 것은 아니다. 그러나 역 속에는 2진수 이외에 나중에 칸토어가 발견한 대각선 논법이 들어 있었으며 위상기하학적 요소들마저 그 속에 숨어 있었다.
  필자는 이전 두 연구서들을 통해서 라이프니츠가 놓친 이러한 제반 요소들을 발견하려고 노력하였다. 특히 사각형을 3차원 이상의 공간으로 변형시켰을 때에 8괘 혹은 64괘를 배열하는 방법이 달라지는 것을 두고는 '위상역'이라고 했다. 의리역과 상수역에 이어 제 3의 역으로 제안한 것이다.

5대 요소들 가운데 가로와 세로를 이 책에서는 '물건'과 '명패'라는 말로 바꾸어 사용한다. 논리적으로는 부분과 전체 그리고 대상과 메타 언어의 관계로 본다. 세로가 명패이고, 전체이고, 메타 언어이다. 가로가 물건이고, 부분이고, 대상 언어이다. 역설은 명패와 물건이 사상되고 혼동되는 데서 생긴다. 그렇다면 대각선이란 다름 아닌 가로와 세로가 사상된 것이라고 할 때에 대각선의 다른 말은 '역설' 그 자체라고 해도 과언이 아니다. 이 책은 수를 가로수와 세로수 그리고 대각선수로 분류함으로서 역을 고찰할 것이다.

칸토어는 매우 복잡한 방법으로 대각선 증명을 하였지만 현대 수학자 마틴 가드너는 아래와 같은 매우 쉬운 방법으로 이를 소개하고 있다. 즉, 가드너는 칸토어의 대각선 증명을 무한 카드 집합을 사용해 알기 쉽게 설명한다. 이제 다음 도표에서 가로줄 우측으로 무한히 나열해 나간다고 하자. 그러면 세로줄은 1, 2, 3, …과 같이 위에서 아래로 무한히 나열된다. 이렇게 무한히 나열하면 무한 부분집합을 얻을 수 있을까? 그렇지 않다는 것이 대각선 증명의 결론이다. 다시 말해서, 아래 도표의 목록에 들어가지 않는 카드 목록이 반드시 하나는 있기 때문이라는 것이다.

이제 들어가지 않는 목록이 있다는 것은 반가치화와 반대각선화를 통해 쉽게 판명난다. 즉, 위 그림의 화살표를 따라 나열된 대각선상에 있는 카드를 차례로 뒤엎어보라는 것이다.(반가치화) 그러면 하얀색은 회색

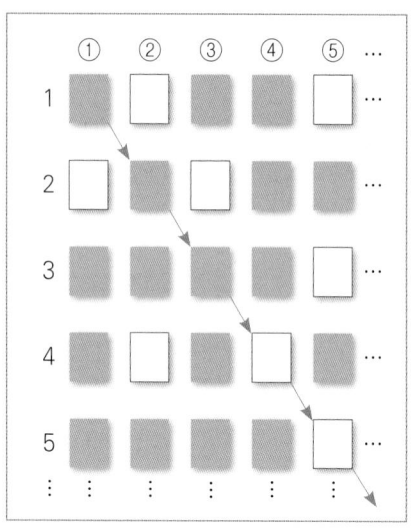

이 되고 회색은 하얀색이 될 것이다. 양은 음이 되고 음이 양이 되는 반가치화가 일어난다. 그러면 새로운 대각선이 생긴다. 이 새로 생긴 대각선을 가로로 바꾼다. 이를 '반대각선화'라 한다. 이 새로 생긴 대각선은 절대로 사각형 안의 부분집합일 수 없다. 왜냐하면 그 첫 번째 것은 부분집합의 첫 번째 카드가 아니고 두 번째는 부분집합의 두 번째 카드가 아니고 이렇게 반복 할 때에 새로 생긴 가로는 사각형 안 그 어디에도 없다. 그 이유는 모두 반대로 뒤엎었기 때문이다. 이를 일반화시켜 말하면, n번째 카드는 n이란 부분집합의 n번째 카드와 항상 다르다와 같다.

여기서 대각선 논법의 5대 요소인 배열, 가로, 세로, 반가치화, 반대각선화가 다 등장하였다. 이 5개의 요소를 구사하여 정역을 설명해 나갈 것이다.

정역正易의 두 상·하경에 해당하는 '십오일언'(상경)과 '십일일언'(하경)에서 보는 바와 같이 정역은 1, 5, 10, 15수에 대한 주석이라 해도 과언이 아니다. 김일부가 작도한 정역도正易圖 이전에는 복희 8괘도(복희도)와 문왕 8괘도(문왕도)가 이미 존재해 있었다. 동양의 역에서는 수를 음수와 양수, 그리고 생수生數와 성수成數 등으로 나눈다. 전자는 이미 서양에서도 기수와 우수로 나누었다. 그러나 생수와 성수는 수를 물건수와 명패수 그리고 대각선수로 나누는 데서 기원한다. 다시 말해서 생수 1, 2, 3, 4, 5에 명패수 5를 더하여 6, 7, 8, 9, 10을 만든다. 복희도에서는 아직 이렇게 물건수와 명패수로 나누어지지 않는 8개의 수를 8괘와 일대일 대응을 시켰다. 그래서 8괘 8수이다. 서로 마주하는 괘들끼리 합한 수는 항상 9가 된다. 그러나 문왕도에서는 명패수 5와 물건수(생수)로 나누어 이를 더해 성수 6, 7, 8, 9, 10을 만들어 생수와 성수를 다시 대응시켜 8괘와 일대일 대응을 시켰다. 이 때에 5는 물건수이면서 동시에 명패수이다. 이 둘이 사상을 하면 10이 된다. 문왕도가 복희도보다 1이 더 많아진 이유는 5가 물건이기도, 명패이기도 하는 자기언급 때문이다. 그러나 문왕도는 이 자기언급의 수가 역설을 조장하기 때문에 숨겨 두고 9궁 8괘를 만들어 우주자연과 인간사에 적용을 해 왔다.

  복희도와 문왕도 모두 5가 자기언급하는 문제는 가장 해의하기 어려운 난제거리aphoria였다. 5와 10이 문제가 아니라 '자기언급'과 그것에 연관된 역설 때문이었다. 정역이 문왕도에 이어 2,000여 년이 지난 다음에 나온 배경은 조선에 와서 5와 10을 모두 나타내어 10수 8괘로 정역도를 작도하였다는 점이다. 이는 실로 쾌거인 동시에 위험이라 아니할 수 없다. 기천년 동안 기피해 온 5와 10을 전면에 내세운 대사건, 이것이 정역이 등장한 배경이다. 자기언급과 역설을 해의하는 과감한 도전이라 할 수 있다.

  복희도에서는 물건과 명패가 나뉘어지지 않아서 8괘 8수였지만, 문왕도에서는 가로와 세로가 사상되어 대각선수가 생겨 초과분이 나타나

수가 1개 더 증가하였다. 그런데 정역도는 대각선화 된 10수를 반대각선화하고 다시 대각선화시키는 과정에서 수가 또 증가하여 10수 8괘가 되었다. 필자는 10수가 사실상 12수 나아가 14수라는 것을 앞으로 말하게 될 것이다. 이전의 두 도상에서는 없었던 멱집합의 원리 때문에 이러한 수의 초과를 초래했다는 것이 필자의 주장이다. 이러한 전 과정은 궁극적으로 자기언급이 가져오는 역설을 해의하기 위한 것 이상은 아님을 두말할 필요가 없을 것이다.

이러한 배경적 설명과 함께 세 번째 연구서인 『주역 너머 정역』에서 필자는 세로에 황극수 5, 가로에 생수 1, 2, 3, 4, 5를 대입함으로 시작된다. 그러면 가로 5와 세로 5는 자기언급을 하여 대각선수 혹은 무위수 10을 만든다. 대각선수 10이 생수 5와 합한 15와 감한 5는 모두 반대각선수이다. 10에서 5를 이와 같이 손損하고 익益하는 것을 통해 대각선 논법의 제 요소들을 확인하게 될 것이다.

『주역』이 역逆을 다룬다면 정역은 력曆을 다룬다. 그리고 김일부는 역의 본래 유래는 력이었다고 한다. 그래서 정역에서 비로소 역이 제 본령으로 돌아 왔다고 한다. 정역의 내적 구조를 규명하는 데 동원된 방법론이 다름 아닌 대각선 논법이다. 칸토어의 대각선 논법은 무한을 셈하다가 나온 결과물이다. 그리고 무한을 셈하는 방법으로 칸토어는 '일대일 대응'이라는 매우 단순한 기법을 도입하였다. 기수와 우수, 유리수와 자연수, 실수와 자연수와의 일대일 대응이 바로 그것이다. 그런데 여기서 자연수 전체와 실수 전체는 일대일 대응이 안 된다는 것을 칸토어가 증명한 것이 바로 '대각선 증명diagonal proof'이다. 역이란 무수한 일대일 대응 체계로 이루어진 것이다. 특히 정역은 더욱 그러하다. 그렇다면 역의 역사 속에도 대각선 증명에 해당하는 것이 있었을 것이라는 사실을 추리할 수 있다. 이전의 두 저술들이 모두 이러한 추리를 입증하는 내용의 것이었다.

하도수와 낙서수 간의 일대일 대응, 천간과 지지 간의 일대일 대응, 오행과 하락수 간의 일대일 대응이 정역에 등장하는 주요 일대일 대응들이다.

건전지의 배터리를 충전시킬 때에는 병렬로 배열을 하고, 사용할 때에는 직렬로 배열을 한다. 정역에서 이 두 가지 배열방법은 매우 주요하다. 일대일 대응은 적어도 두 개 이상의 계열이 있어야 가능하다. 여기서 정역은 어느 계열 전체를 전체들끼리 대응시키는데 이를 '전전 대응'이라 하고, 한 계열을 2등분하여 대응을 시키는데 이를 '반반 대응'이라고 한다. 4분 대응 등 그 종류가 다양하다. 그리고 칸토어에서는 발견할 수 없는 일대일 대응 과정에서 '무대'라는 대응의 짝이 없는 대응도 있다. 칸토어가 대각선 논법에서 발견한 연속체 가설의 난제란 다름 아닌 정역에서 발견되는 이러한 다양한 대응의 종류를 몰랐기 때문에 생긴 결과이다.

그런데 정역이 그 일대일 대응 체계에 있어서 『주역』과 근본적으로 하나 다른 점은 손가락, 즉 수지를 모든 대응을 총괄하는 수단으로 등장시키고 있다는 점이다. 이를 '수지상수'라고도 하는데 일단 모든 일대일 대응은 수지에 수렴된다. 그런데 수지는 5개, 하도수는 10개, 낙서수는 9개, 천간수는 10개, 오행수는 5개이다. 여기서 수지수와 동일한 것은 5행수 뿐이다. 그러면 이렇게 개수가 다른 것들끼리 일대일 대응이 가능한 것인가. 일대일 대응은 유치원생들도 아는 쉽고도 쉬운 것이다. 그런데 개수가 다른 대상들끼리 일대일 대응을 하다 보면 부족하고 모자라는 대응 관계가 생겨나고, 즉 짝째기가 생기고 이 때부터 역은 어려워진다. 그런데 월수에 해당하는 30과 천간 10이 일대일 대응을 하면 밀물과 썰물의 날짜를 알 수 있고 나아가 우주 변화의 원리까지 파악할 수 있다는 것이 정역의 주장이다. 이는 공자도 미처 말하지 못했던 것을 일부가 감히 말한다고 할 정도로 정역에서 일대일 대응은 주요하다.

  칸토어에서도 그러하지만 수는 일대일 대응을 하면서 어느 방향으로 진행을 한다. 정역에서는 수지 5개로 굴신屈伸을 시켜 셈을 한다. 그리고 동양에서는 모지 굴하면서 시작을 하고 서양에서는 소지 신하면서 시작을 한다. 여기서는 전자를 '동양식', 후자를 '서양식'이라고 부르기로 한다. 동양과 서양의 셈법을 보면 서로 반대로 달라서 견원지간의 차이 같이 보인다. 그런데 정역은 이렇게 다른 방식의 셈하기를 하나로 통일시킨다. '역생도성逆生倒成'과 '도생역성倒生逆成'이라는 말이 여기서 생겨난다. 굴신과 회전 방향이 서로 반대인 이러한 셈하기 방법이 하나의 대장관을 이루면서 정역 체계를 만들어 나갈 것이다. 일대일 대응이란 방법은 궁극적으로 대각선 논법의 6대 요소들과 연관이 되면서 대각선 논법의 길로 우리를 안내한다.

  다시 말해서 세로 명패와 가로 물건 간의 일대일 대응을 시키는 소위 대각선 논법이 시작된다. 대각선 논법의 6대 요소 가운데서 세로와 가로는 그 말을 다른 말로 바꾸어 놓을 때에 철학의 탄생과 밀접하게 연관이 된다. 즉, 세로와 가로는 경經과 위緯로서 '변하지 않는 것'과 '변하는 것'의 관계인 동시에 '보편자'와 '개별자'의 관계이다. 한 가지 흥미로운 사실은 동양에서는 세로 종縱을 체體로 보고, 가로 횡橫을 용用으로 보아 '체종용횡'이라고 한 반면에, 서양에서는 그 반대로 세로 종을 용으로 그리고 가로 횡을 체로 보아 '체횡용종'이라고 한다. 그래서 일자를 긋는 방법에 있어서도 서양은 l이고 동양은 ㅡ이다. 그런데 칸토어는 대각선 증명을 할 때에 역의 방도와 같이 체종용횡 식으로 수를 배열하였다.[1] 집합론에서 볼 때에 체에 해당하는 것이 집합이고 횡에 해당하는 것이 요소이다.

대각선 논법은 집합론과 함께 탄생을 하는데 세로와 가로 개념은 집합론의 부류class와 요소element의 관계인 것이다. 그렇다면 대각선화는 세로와 가로가 사상되는 것이라고 할 때에 이러한 철학의 제 개념들을 '대각선화'라는 말에 적용을 할 때에 상황은 어려워진다. 다시 말해서 플라톤 철학의 이데아와 사물을 세로와 가로에 비정을 했을 때에 플라톤이 과연 대각선화를 인정했느냐 안 했느냐를 판단하려면 그의 초기, 중기, 후기의 작품을 모두 검토해 보아야 할 정도로 주요하다. 이 책의 3장에서는 그의 후기 작품인 『파르메니데스』를 통하여 대각선 논법 5대 요소들을 모두 점검해 볼 것이다.

필자는 3권의 연작 속에서 세로와 가로의 다른 말로 '명패'와 '물건'을 사용해 왔다. 방도 혹은 복희 64괘도는 가로와 세로 그리고 대각선이 분명하게 확정된 상태에서 64괘를 배열할 것이다. 그래서 역과 칸토어의 대각선 논법과의 관계의 시발점은 당연히 방도로부터이다. 그러나 문왕 64괘도로 오면 명패와 물건, 대각선 그리고 나머지 요소들을 확인하기가 미묘해진다. 복희도의 배열이 왜 문왕도에 와서 획기적으로 달라진 이유에 대하여 그리고 후자의 배열 규칙이 무엇인지에 관해서는 지금까지 분명하지 않다. 공자가 서괘전에서 문왕도의 서괘 규칙을 말하고는 있지만 실로 이것은 너무도 은유적이라서 공자답지 않은 글이라고 여겨질 정도이다. 서괘전에서 말하고 있는 서괘 규칙을 현대

---

[1] 바로 이런 점에서 칸토어가 동양의 역에서 대각선 논법의 단서를 찾지 않았나 의심하게 된다.

인들에게 그대로 말한다면 웃음거리밖에는 안될 것이다. 이에 좀 더 논리적이고도 과학적인 설명이 요청되는 마당에 필자는 서괘법이 갈릴레오로부터 시작된 바 무한과 유한의 관계를 논하는 과정에서 등장한 배열 기법과 같다는 사실을 밝힐 것이다. 다시 말해서 복희도에서 문왕도로의 배열 방법상의 변화는 다름 아닌 대각선 논법에서 무한을 유한 속에 배열하는 방법의 차이에서 생긴 것이라는 것이다. 이 점이 이 전의 두 연구서에서 말하지 않았던(혹은 못했던) 것을 여기서 대두시키고 있다.

  드디어 정역에 와서 명패는 5, 물건은 1, 2, 3, 4, 5, 대각선화는 6, 7, 8, 9, 10, 반대각선화는 15로 요약되었다. 정역이란 다름 아닌 이 수들 간의 관계와 변화가 천체의 운행과 우주 시간의 변화에 연관된다는 데서 시작한다. 이 말은 우주와 시간은 모두 이 수들이 대각선 논법에 따라 변하는 데서 일어난 현상에 불과하다는 것이다. 드디어 역易이 처음 탄생될 때의 비밀인 력曆으로 돌아오게 되었다는 것이 일부의 정역에 대한 변이다.

  그런 의미에서 정역은 1, 2, 3, 4, 5, 6, 7, 8, 9, 10이라는 자연수 열 개로 역의 모든 것을 요약하고 있다고 할 수 있다. 그렇다면 정역이 『주역』의 8괘와 64괘에 해당하는 수들 그리고 하도와 낙서의 수들을 제외하고 있다는 말인가. 그렇지 않다. 차라리 이들 자연수 열 개로 이전의 모든 수들을 재단하고 있다고 할 수 있다. 그런 의미에서 정역은 『주역』에 대한 메타역이라고 할 수 있다. 이에 대한 오해 때문에 종래 『주역』을 연구하던 학자들이 정역을 제외하거나 심지어 폄훼마저 해 왔던 것이다. 어느 존재이든지 재단을 당할 때에 재단하는 것에 대하여 거부감이 생긴다. 『주역』 연구 학자들은 정역이 새로운 수들을 가지고 나와 지금까지 다루던 개념과 수들을 장중에 놓고 요리하고 있는 듯한 인상을 받게 된다.

정역에서 열 개의 자연수만을 집중적으로 다루는 이유는 우리의 좌우 손가락이 열 개인 것과 관계가 있고, 손가락 다섯 개로 쥐고 펴는 '쥐락펴락'하는 데서 생긴 열 개의 수와도 관계가 있기 때문이다. 쥐는 것을 굴이라 하고, 펴는 것을 신이라고 한다. 수지 5개의 굴신이 정역의 모든 것이라 할 수 있다. 쥐락펴락하면서 천지도수를 모두 재고, 나아가 괘들마저도 만들어 낸다. 이는 괘가 새롭게 생기는 시생원리에 대한 획기적인 이해에 대한 변화라 아니할 수 없다. 이를 두고 '수지상수론手指象數論'이라 한다.

종래의 역수들이 대상수라면 실로 수지에 해당하는 수들은 메타-수라고 할 수 있다. 손가락에 해당하는 수들을 메타로 삼아서 다른 수들을 대상으로 측정하고, 그러기 위해서 일대일 대응을 시키고 있는 것이다. 1과 5와 10과 15라는 수는 모두 손가락에서 생겨난 새로운 수들이다. 다시 말해서 지금까지의 긴 역의 흐름에서 5와 10이 역학 연구의 중심핵으로 부각되었다. 5와 10 주변에 음과 양, 생과 성, 석과 합, 생과 극 같은 대칭 관계들이 나타났다. 그러나 이들 여러 대칭들이 모두 5와 10에서 발생한다는 사실이 밝혀졌다. 조선의 19세기 말 일부 김항(1828-1888)에 의하여 5와 10은 '십오일언十五一言'이란 말로 마무리되었다.

김일부는 명괘수를 5에서 9로 바꾸었고 수를 더하기 하는 가법에서 곱하기를 하는 승법으로 바꾼다. 이렇게 셈법을 바꾸면 역이 역易에서 력曆으로 바뀐다. 그리고 력曆이 원래 역학이 발생한 동기라고도 결론한다. 공자가 〈계사전〉에서 강조한 점도 바로 력曆을 말하기 위함이라고 강조한다. 역逆은 력曆을 말하기 위한 과정에 불과하다는 것이다.

그래서 일부는 드디어 자기에 와서 이러한 역학 본연의 모습을 다시 찾게 되었다고 자부한다. 일부는 일년의 일수인 기수^{朞數}[2]가 375일, 366일, 365¼일, 360일로 변해 왔다고 한다. 이를 원역, 요·순역, 정역이라고 하고 일부는 이를 사역^{四易}이라고 한다. 이러한 기수 계산법이 관측에 의해 나오는 것이 아니고 바로 9를 명패수로 하고 다른 수들을 9와 곱하기를 하였을 때 나온다는 것이다.

그런데 문제는 이렇게 기수가 변하도록 하는 근본 원인이 5와 10에 있다는 것이다. 5와 10이 가감승제법에서 남는 수, 즉 윤수를 조장하는 데서 이런 기수의 변화가 생긴다는 것이다. 필자는 이 점에 착안을 한다. 왜냐하면 지금까지의 역의 강물에서 우리는 5와 10에 집중해 왔고, 이들 수의 역할이 무엇이라는 것을 보아 왔기 때문이다. 5와 10은 제거의 대상이 아니고 우주변화에서 없어서는 안될 수라는 것을 일부의 정역을 통해 알게 될 것이다. 즉, 과연 력^曆에는 역^逆이 사라지고 없는가? 있다면 정역은 이를 어떻게 처리하였는가가 이어지는 내용의 주종을 이룬다. 사실 일부 역은 역^逆과 력^曆의 관계 역이라 할 수 있다.

주역에 대한 메타역으로서 정역, 그리고 영가무도와 같은 무^巫와 선^仙적인 요소들 때문에 백안시 되어 왔던 정역이 오히려 그러한 요소들 때문에 탈현대적임을 웅변적으로 말해주고 있지 않는가?

---

[2] 여기서 말하는 '기수'는 집합론의 '기수^{基數}'와는 다른 개념이다. 전자는 1년의 일수를 두고 하는 말이고 후자는 어느 집합 속에 들어 있는 요소들의 개수를 두고 하는 말이다.

周易 너머 正易

−김일부와 칸토어가 대각선에서 만나다.−

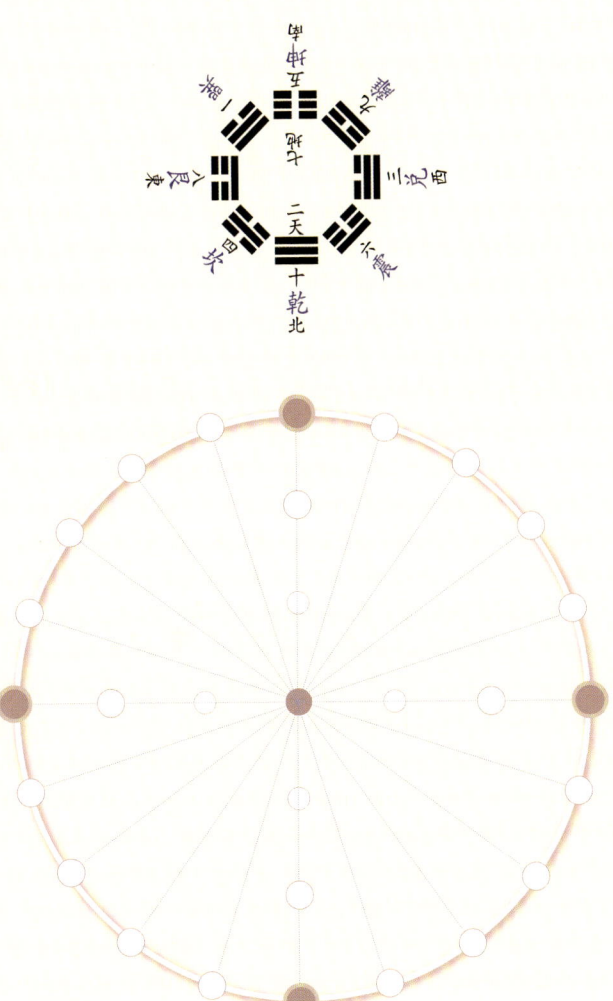

목차

머리말 4
모둠글 6

제1장 하락수와 일대일 대응의 문제 26

1.1 하락수와 정역수 간의 일대일 대응 26
하락수와 수지 간의 일대일 대응 26
하도-복희8괘수와 일대일 대응의 문제 33
낙서-문왕 8괘수와 일대일 대응의 문제 37

1.2. 정역과 일대일 대응 셈법 44
정역의 셈본 – "역易은 력曆이다" 44
책수와 수지상수 51
책수로 본 존공과 귀공의 문제 58
굴신일대일 대응과 십이익지 일이관지 62
순서수의 역설과 기수의 역설 67

제2장 정역의 셈법과 기강정위론 72

2.1 '더하기'와 '곱하기'와 정역의 기강경위론 72
질운운동과 우주 도수의 기강 잡기 72
자기언급과 '무대'의 문제 77
무위와 기위 그리고 도度와 도道 84
무위의 기강경위를 잡는 법 90
현대물리학의 '짝짝이'와 '짝째기'의 문제 94

2.2 정령과 율려의 짝째기 문제 100
정령과 율려의 문제 100
3천양지와 3지양천론과 짝째기론 107
3천양지/3지양천론과 역설해의 114

2.3 더하기 곱하기 셈법과 책수의 문제 120
승법을 통해 력수 정하기 120
질운운동과 윤역의 책수 124

2.4 기제미제와 선후천의 문제 130
역생도성과 기제미제란 기강경위 잡기 130
미제-기제와 대각선화-반대각선화 136

2.5 자기언급과 역설 발생으로서의 재륵 143
재륵과 행특의 대각선 정리 143
'행특'과 15숫자의 성립 146

제3장 '제3의 인간 역설' 해의와 정역의 3극론 151

3.1 명패와 물건 간의 '제 3의 인간' 151
역수성통원리와 명패수의 발견 151
3재와 3극과 '제3의 인간 역설' 156
정인들의 고민과 '제3의 인간 역설' 160
제3의 인간 역설과 자기언급 164

3.2 귀매의 원리로 본 대각선 논법 171
3극의 문제와 귀매의 원리 171
'부동의 동자'와 체용의 문제 176

회전문으로서의 정역수와 대각선 정리 180
윤수와 대각선 정리 184

제4장 대연수의 책수와 대각선화 문제 190

4.1 대연지수의 탄생 190
수들의 성육신화 190
사상분체도수 159와 일원추연도수 216 196

4.2 수의 '주름살'로서 정역수 203
49, 48, 47, 46의 사상작용 203
'주름'으로서의 정역수와 대각선 정리 207
주름살 조별로 본 대각선과 반대각선 212
정령과 율려 작용과 네 마디 주름살 224

제5장 칸토어의 대각선 논법과 중정론 230

5.1 정역의 중위론에 대한 고찰과 쟁점들 231
칸토어의 나열법과 정역의 나열법 231
대각선 논법과 중정론의 발단 237
'신의 베틀'로서 중정원리 242

5.2 중위론과 순서수 역설의 해의 문제 247
ㅁ자 사각형 속의 중위론 248
잼잼론으로 본 합굴과 합신 255
반가치화와 반대각선화와 중위론 259

5.3 문화 속의 짝째기론 266
놀이 문화로 본 짝째기론 266
그리스의 그노몬과 짝째기론 272
그노몬과 단동십훈 280
그리스의 그노몬과 중위론 283
미로와 중위수 290

5.4 대각선 논법과 초수론 294
대각선 논법과 역설의 발견 294
'공백의 가장자리'에서 대각선 정리 299
수들의 고향인 공집합 301
초수론으로 본 중위론 311

제6장 중위론으로 본 초수론과 위상학 320

6.1 중위론과 초수론 321
중위론의 기하학적 의미 321
기하학적 소멸과 허상의 자리수 326

6.2 중위론과 위상학 336
사영평면과 기하학적 소멸 336
유리항아리 속의 유리세계 341

제7장 수지상수론과 정역 346

7.1 '장중掌中'에 든 수들 347

계사전의 사영론과 정역 347
　　　초수론으로 본 사영수 352

　7.2 칸트의 이율배반론과 사영론 361
　　　사영론의 철학적 문제점 361
　　　칸트의 이율배반론과 사영론 367
　　　역설해의법과 사영론 372

제8장 수지상수론과 대각선 논법 376

　8.1 수지상수론으로 본 대각선 논법 5대요소들 376
　　　수지상수론과 삼역도 378
　　　수지상수론의 구조적 파악 383

　8.2 12황궁도와 정역도 388
　　　12황궁도와 수지상수의 비교 388
　　　감과 리 그리고 허괘의 문제 394
　　　12황궁도와 12(14)경락 402

제9장 멱집합의 원리와 정역도 406

　9.1 멱집합의 원리와 순서수의 역설 406
　　　상효의 원리와 체용론 406
　　　간괘가 1번인 이유와 상수값 '3' 410

　9.2 정역도의 가족관계 역설과 대각선 정리 415
　　　가족관계 역설과 황궁도 415

정역도와 가족관계 418

제10장 대각선 논법과 김일부 426

10.1 존공과 귀공의 문제 426
'15존공'인 이유와 멱집합 426
12황궁도와 대각선 논법의 제요소 431
'10퇴1진'과 '포5함6'의 문제 436

10.2 계해본과 이정호본의 문제점 비교 440
허간과 허태의 초수론적 고찰 440
2천과 7지의 배치 문제 443

| 결론 | '유리세계 상제조림'을 기다리며 450
| 부록 | 윷판과 정역괘와의 관계 456

참고문헌 460
찾아보기 470

제1부
김일부의 정역과 대각선 증명

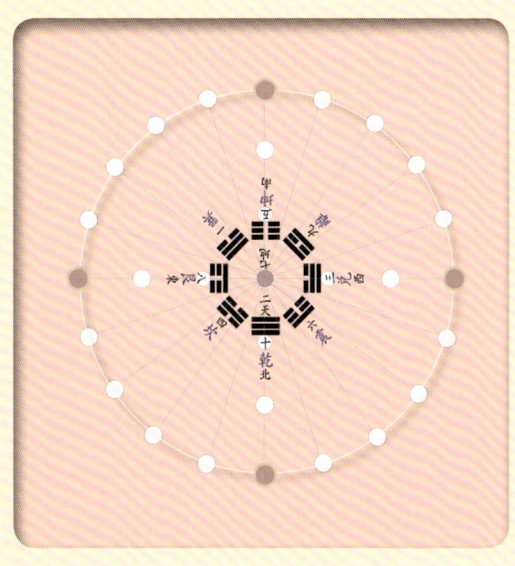

제1장
하락수와 일대일 대응의 문제

1.1 하락수와 정역수 간의 일대일 대응

하락수와 수지 간의 일대일 대응

일대일 대응 기법을 가장 쉽게 이해할 수 있는 것 가운데 하나가 좌수와 우수에 있는 각각 5개의 수지들을 일대일 대응시키는 것이다. '도리도리 짝짝꿍' 할 때 두 수지가 짝을 짓는 것이라 할 수 있다. '음부경陰符經'은 수지의 주요성을 다음과 같이 강조해 말하고 있다. "우주라는 것은 고금을 포함해 말하는 것인데 그것이 손안에 있다.[宇宙 包古今而言 在乎手]"(음부경, 경문 상편)[1]라고 했다. 음부경의 이 말은 정역의 수지상수를 보면 실감이 나게 될 것이다. 우리는 지능 지수를 말할 때에도 '솜씨'라고 한다. 인간은 소우주이고 지금의 수지가 좌우 각각 5개로 모두 10개라는 것은 그것이 우주의 진화 그리고 인간, 그리고 세상사의 모든 것의 이론이 그 속에 들어 있다 해도 과언이 아니다. 동물의 진화 정도를 파악하는 데 있어서도 손발 만큼 특징적으로 나타내는 것도 없다. 물론 이렇게 손을 강조한다고 해서 그것이 서양의 palm reading이나 우리의 손금 보기 같은 것으로 비약해서는 안될 것이다. 거의 모든 것의 이론이 장중掌中에 있다고 할 때에 정역은 모든 것의 이론이라고 해도

---

1) 김대산 감수, 음부경과 소서, 대유학당 신서, 1993, 74)

과언이 아니다.

역에는 수많은 수 개념들이 등장한다. 그 가운데 대표적인 것이 생수와 성수, 음수와 양수, 그리고 이것들로 구성되는 괘수들이다. '대각선 논법과 역'에서 필자는 '하10낙9'냐 아니면 '하9낙10'이냐의 논쟁을 주자와 유목간의 논쟁으로 『주역』의 역사를 정리한 바 있다.(김상일, 2012, 449) 즉, 하도수/낙서수는 9/10(유목의 입장) 혹은 10/9(주자의 입장)로서 짝째기이다. 이런 짝째기 현상을 지금까지의 역학 연구는 소홀히 보아온 점이 있다. 그러나 필자는 이런 짝째기 현상이야말로 역의 진수가 그 속에 담겨져 있는 것으로 보아 주요시된다. 사실상 음수와 양수 역시 짝째기라는 관점에서 보면 그 의미가 한층 더해질 것이다. 특히 3천양지 혹은 양지3천 같은 것은 짝째기의 전형이라 할 수 있다.

그런데 짝째기는 일대일 대응에서 생겨난 결과이다. 그리고 여기서는 소강절과 주자에 의하여 정리된 하10낙9설에 따르기로 한다. 그러나 유목의 하9낙10설도 그 문제점을 함께 거론할 것이다. 퇴계가 전자를, 율곡이 후자의 설을 따르는 것을 보면 이 문제는 풀리지 못할 난제거리임이 분명하다. 여기서는 물론 하락수 자체를 논하는 것이 목적이 아니고 그것을 수지상수와 연관을 시킴으로 일대일 대응 구조를 파악하고, 나아가 거기서 짝째기를 찾아내는 것이 궁극적인 목적이다.

먼저 하락수를 말하기 전에 수지에 의하여 1~10사이의 수 개념을 다시 정립해야 한다. 좌수 모지(1지)부터 1, 2, 3, 4, 5 하면서 다섯 손가락을 모두 굴屈하는 것을 '양방(선천)의 생수 5수'라 하고, 소지(6지)부터 6, 7, 8, 9, 10하면서 다섯 손가락을 모두 펴 신伸하는 것을 '음방(후천)의 성수 5수'라고 한다. 이렇게 다섯 개의 손가락으로 굴과 신을 하여 10개의 수를 만든다. 굴은 좌향이고 신은 우향이다. 이렇게 수를 셈하는 것은 통상적인 5분진법적이다. 그러나 중위수를 논할 때에는 10분진법을, 그리고 상수론을 논할 때에는 3분진법을 사용할 것이다.

구 분	양방 (선천)					음방 (후천)				
양방도수	1	2	3	4	5	6	7	8	9	10
음방도수	6	7	8	9	10	1	2	3	4	5

(도표1) 손도수로 본 생수와 성수

양방도수와 음방도수로서 도표의 상하에서 일대일 대응을 시킨 결과 1-6, 2-7, 3-8, 4-9, 5-10이 서로 짝을 짓는 것을 볼 수 있다. 이들 생·성수들의 짝들은 1-6수, 2-7화, 3-8목, 4-9금, 5-10토와 같이 오행과 일대일 대응을 한다. 실로 생성수의 오행과의 일대일 대응은 앞으로 놀랄 만한 일들을 저질러 낼 것이다. 이렇게 생수와 성수가 짝을 짓는 데서 수 5가 나타났다. 1과 6 그리고 2와 7 같이 반드시 음수와 양수, 양수와 음수끼리 짝이 만들어진다. 칸토어는 처음부터 왜 이런 방법으로 일대일 대응을 시도하지 않았을까? 생수와 성수 관계는 단순한 것 같지만 거기에는 명패와 물건이라는 관계가 개입한다. 그래서 그 결과는 역설로 갈 수밖에 없다.

자연수 전체(n)를 기수로 한 후 이를 기준으로 삼아 음수(2n)와 양수(2n-1)를 일대일 대응을 시켰다. 여기서 칸토어가 말하는 대각선 논법의 문제점은 그가 전체수 혹은 무한수를 자연수와 일대일 대응시키려 했다는 데 있다. 그러나 김일부는 수 개념 자체에 대하여 천지의 도는 그 수가 무한한 것이 아니라 10이 전부라고 하여 '천지의 도는 수 10에서 그친다[天地之度 數止乎十]'(15일언, 023)고 했다. 이러한 무한을 두고 '실무한

actual infinity'이라고 한다. 아리스토텔레스의 '가무한potential infinity'이란 무한히 연장되어 하나 밖에는 없는 무한을 두고 하는 말이다.

도와 수를 나누어 하늘의 도는 무한하나 수는 무극수인 10에 한정한다는 것이다. 서양적 개념으로 말하면 도는 가무한이고 수는 실무한이란 의미일 것이다. 서양에서는 가무한이 2,500여 년간을 지배해 오다 칸토어에 의하여 실무한 개념이 정립되었다. 동양에서는 수를 도와 같이 보아 '도수度數'로 파악함으로 가무한과 실무한을 동시적으로 이해한다.

그러면 생수와 성수의 일대일 대응에 관련된 짝째기는 무엇을 의미하느냐이다. 일대일 대응은 짝째기를 보여주기 위한 한 수단에 불과하기 때문에 이 질문은 매우 주요하다. 수지상에서 짝째기를 발견하자면 수지 5개를 세 개의 분기점들로 먼저 나누어 보아야 한다. 즉, 모지를 '순환점,' 중지를 '변환점,' 소지를 '반환점'으로 나누어 보는 것이 바로 그것이다. 생성수에서는 변환점을 제외한 순환점과 반환점 가운데 특히 반환점에 주의를 기울인다. 수지상수론에서는 변환점 중지에 방점을 찍는다. 셈을 할 때에 반환점(소지)과 순환점(모지)에서 수지의 굴신도 바뀌고 셈하는 방향도 바뀐다. 1-5지(모지-소지)에서 굴하다가, 6-7(소지-모지)에서는 신한다. 이 때 소지를 반환점이라 할 때에 반환점에서 굴신이 전환되면서 동일한 수지인 소지가 굴과 신을 동시에 한다. 이를 두고 '재륵再扐'이라고 한다. 재륵은 자기언급의 다른 말이다. 동일한 수지가 굴과 신을 동시에 할 때, 즉 재륵을 할 때에 짝째기가 나타난다. 재륵을 통해 자기자신이란 것이 두 번 셈에 포함되기 때문이다.

성수는 생수 1, 2, 3, 4, 5에 5를 더한 것이라 했다. 생수를 물건수, 5

를 명패수라고 할 때에 5는 물건수이면서 동시에 명패수이다. 여기서 5는 물건인 동시에 명패이다. 이런 경우를 두고 '같음[同]'과 '같잖음[異]'이라 한다. '같잖음'은 일상 대화에서 어이없어서 헛웃음을 하면서 하는 말이다. 실로 5는 '어이없는' 수이고 '같잖은' 수이다. 이런 수들이 있기 때문에 초과분의 수가 만들어지고 초과분 때문에 원래의 수와는 일대일 대응이 안 되는 짝째기 현상이 나타나게 된다. 그런 의미에서 짝째기란 같잖음을 의미한다. 생성수에서 발생한 짝째기는 모든 짝째기 현상의 입문에 불과하다. 그런데 이런 짝째기 현상 때문에 5행이 생길 만큼 짝째기는 주요하다. 정역은 그동안 도외시 혹은 금기시되었던 5를 '황극'이라 부를 만큼 존중히 여긴다.

다음으로 수지와 일대일 대응을 시킬 수는 '하10'과 '서9'수이다.[2] 서양의 가무한은 수가 아무리 무한으로 증가해도 도달할 수 없는 수이지만, 실무한은 도달할 수 있는 수이다. 그래서 김일부가 '수는 10에서 그친다'고 할 때에 10은 실무한에 해당하는 수임을 의미한다. 하도는 10에서 그치고, 낙서는 9에서 그친다고 하는 차이일 뿐 수가 멈추는 데가 있다고 하는 점에서는 같다. 1은 5를 얻어서 6이 되고, 2는 5를 얻어서 7이 되고…, 5는 5를 얻어서 10이 된다고 할 때에, 10은 생수 1, 2, 3, 4, 5가 5를 얻어서 된 성수이다. 이 때에 5를 명패수, 그리고 1, 2, 3, 4, 5를 물건수, 6, 7, 8, 9, 10을 대각선수라고 한다. 하도에서는 5가 5를 얻는 자기언급이란 '같잖은' 일이 생긴다. 그래서 5와 10을 애써 제거하려 한다.

이에 대하여 낙서 9수는 1이 9와, 2가 8과, 3이 7과, 4가 6과 같이 각각 일대일 대응이 된다. 짝들끼리의 합은 모두 10이다. 그러나 막상 10

---

2) 여기서 하서란 하도와 낙서를 두고 하는 말이다.

은 없다. 나타나 보이는 것은 9뿐이다. 여기서 5는 하도와는 달리 짝이 없는 '무대無代'이다. 이를 대각선 논법에 따라 설명을 하면 다음과 같다. 1, 2, 3, 4, 5는 물건이고, 5는 명패라고 할 때에 6, 7, 8, 9는 대각선 수이다. 이 때에 1-9, 2-8⋯, 4-6이 일대일 대응을 한다는 것은 물건수와 대각선수가 대응하는 것으로서 이는 '반대각선화'라 할 수 있다. 그렇다면 하도는 대각선화 그리고 낙서는 반대각선화 된 것이라 할 수 있다. 하도에서는 물건수와 명패수가 대응을 한 1-6, 2-7, 3-8⋯, 5-10이 하도의 안과 밖에서 짝을 만든다면, 낙서에서는 이들 짝들이 모두 밖으로 배열되어 서로 마주하면서 1-9, 2-8, 3-7⋯, 4-6과 같은 쌍을 만든다. 그래서 하도는 대각선화 그리고 낙서는 반대각선화라 한다. 그런데 정역도에 와서는 낙서의 이들 짝들이 분리되어 버린다.

4-6 다음에 5-10이라고 할 때에 5와 10의 합은 15이다. 그리고 이것은 10을 초과한 것이다. 손익관계로 볼 때 10에서 5를 손하면 5이고 익하면 15이다. 10분 손익법이라 할 수 있다. 다시 말해서 10/10에서 5를 손해 '10분 손5' 하면 5이고 '10분 익5' 하면 15가 된다. 그리고 낙서수로 마방진을 만들면 가로, 세로 그리고 대각선상 수들의 합은 모두 15이다. 현재 진화의 과정에서 인간의 손가락과 발가락의 수는 10개씩이다. 천간은 10이고 10의 약수는 2와 5이고 이것이 음양오행을 결정한다. 그래서 천간과 음양오행은 불가분의 관계이다. 천체의 운행 구조와 력수를 결정하는 데 있어서 수지는 따로 생각할 수 없다. 천간 10에 대하여 12지지가 되는 이유는 역의 괘가 12(14)개 되는 이유가 된다.

이런 하10수와 서9수를 수지 형태로 나타내면 (도표2)와 같다.(권영원, 2013, 18)

(도표2)에서 볼 때에 하도수와 낙서수는 서로 바탕이 되는 것을 볼 수

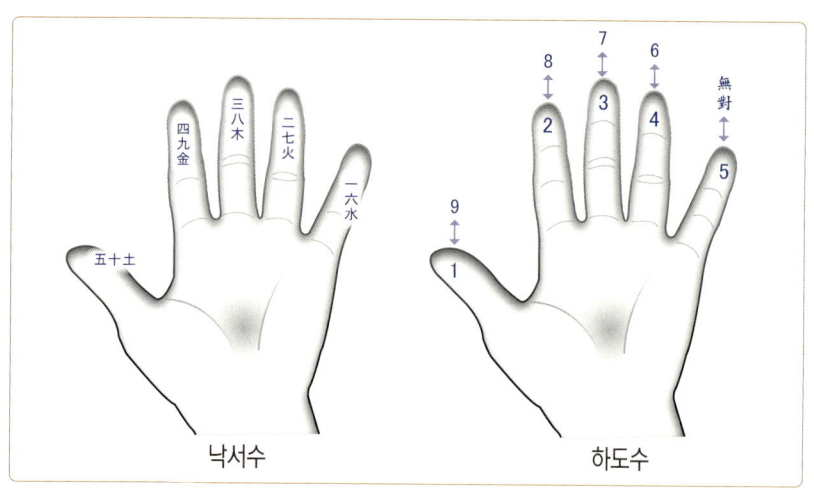

(도표2) 하락수 수지도

있다. 다시 말해서 하도는 낙서에서 나온 것이고, 낙서는 하도에서 나온 것이다. 모지를 굴하는 '모굴1' 하면서 차례로 2, 3, 4, 5, 6, 7, 8, 9하면 낙서수이고, 반대로 모굴10 하면서 차례로 9, 8, 7, 6, 5, 4, 3, 2, 1하면 하도수이다. 전자를 정역은 '역생도성'이라 하고 후자를 '도생역성'이라 한다. 여기서 하도수의 '모굴10'은 모신10을 전제하고 있는데 이것은 낙서수의 끝수인 동시에 전체수 자체이다. 계열의 순서에서 끝이 전체수 자체에 포함包含되는 것을 두고 '닫힘closed'이라고 한다. 일명 이를 '안토安土'라 한다.

그런 의미에서 하도와 낙서는 서로 닫혀있음이다. 계열의 끝이 계열 전체와 같다는 것을 멱집합의 원리라 한다. 이는 동시에 앞으로 말할 짝째기가 생기는 이유이고, 연속체 가설을 조장하는 원인이 된다. 이에 대한 자세한 논의는 이어지는 장에서 계속 거론될 것이다. 이런 추리와 함께 하도/낙서수의 문제점은 수의 근본 문제점 그것 자체라는 결론에 도달하게 된다. 낙서수의 배열법을 두고 특히 '성성존존成性存存'이라 명

명한다.(권영원, 2013, 102)

  하도와 낙서는 서로 역생과 도성이라는 방법으로 연결이 된다. 하도에서 10자리가 낙서에서는 9가 되므로 낙서를 '구궁수九宮數'라 한다. 10, 9, 8, 7, 6, 5, 4, 3, 2, 1의 순서로 보는 것을 '건괘식'이라 하고, 그 반대인 1, 2, 3, 4, 5, 6, 7, 8, 9의 순서로 보는 것을 '곤괘식'이라고 한다.(같은책) 건과 곤괘는 서로 이어 뒤따르는 관계이기 때문에 하/낙의 10/9 논쟁이 정역에서는 불필요한 것이 되고 만다.

  다시 (도표2)를 점검해 볼 때에, 하도수는 모지에서, 그리고 낙서수는 소지에서 짝째기 문제가 발생한다. 하도수는 모지에서 5가 재록을 하여 자기언급을 한다. 우리는 여기서 하도에서 낙서로 변하는 이유를 수지를 통해 쉽게 설명할 수 있다. 즉, 하도수에서 발생한 짝째기 현상을 제거하기 위하여 낙서가 작도되었다는 것이다. '같잖은' 수 10을 제거해 버리자는 데서 작도된 것이 낙서이다. 그렇게 될 때에 자연스럽게 낙서가 나올 수밖에 없게 된다. 그러나 10을 제거하기 위해 소지 5에서 무대無對를 하여 짝째기를 만들지 않으면 짝을 다 이루지 못하게 된다. 여기서 정역도가 작도되는 배경에는 낙서의 이런 문제를 해결하기 위해서라는 사실을 알게 될 것이다.

하도—복희8괘수와 일대일 대응의 문제

  하도와 낙서의 이런 문제점을 두고 '생성에서 생기는 차이 현상[生成之次]'이라고 한다. 생성지차란 짝째기 현상에서 생기는 차이를 두고 하는 말이다. 생성의 차이는 10을 기준으로 삼을 때에 10의 약수이거나 공배수이면 짝짓기가 쉽게 이루어진다. 그렇다면 5행, 하10수, 10천간은 대응에 아무 문제가 없다. 그러나 8괘와 서9와 12지지수는 10과 짝짓기를 하는 데 차이가 생긴다. 약수와 배수가 없거나 적기 때문이다.

그래서 정역도는 낙서로 간 하도 10수를 다시 되돌리는 것을 목표로 삼는다. 그 이유는 우리 손의 수지가 10이기 때문에 괘도 8괘에서 10으로 바꾸어야 하기 때문이다. 정역도에는 2천과 7지를 8괘에 더하여 모두 10으로 한다. 여기에 허간과 허태라는 허괘가 들어가면 14가 된다. 이에 대해서는 10장에서 상론될 것이다. 거듭 말해 하도 10수는 복희 8괘도와는 일대일 대응이 안 되는 짝째기이다. 그렇기 때문에 8을 10으로 만들어야 한다. 하10과 서9를 8괘에 일대일 대응을 시킨 다음 다시 수지와 일대일 대응을 시켜 보면 그 단서를 쉽게 알 수 있다.

먼저 복희 8괘도와 문왕 8괘도 그리고 정역도의 생성지차를 한 눈에 알아보기 쉽게 괘 번호, 8괘, 그리고 괘상을 중심으로 이를 서로 일대일 대응이 되도록 만들어 보면 아래와 같다.(권영원, 2013, 19)

基號	01	02	03	04	05	06	07	08
복희 8괘	一乾天	二兌澤	三離火	四震雷	五巽風	六坎水	七艮山	八坤地
卦象	☰	☱	☲	☳	☴	☵	☶	☷

基號	01	02	03	04	05	06	07	08	09
문왕 8괘	一坎水	二坤地	三震雷	四巽風	五 中	六乾天	七兌澤	八艮山	九離火
卦象	☵	☷	☳	☴	○	☰	☱	☶	☲

基號	01	02	03	04	05	06	07	08	09	10
정역 8괘	八艮山	九離火	十乾天	一巽風	二 天	三兌澤	四坎水	五坤地	六震雷	七 地
卦象	☶	☲	☰	☴	重天	☱	☵	☷	☳	重地

〈도표3〉 복희·문왕·정역도간의 번호, 8괘, 괘상의 비교표

괘 번호란 괘와는 직접적인 상관이 없는 마치 칸토어의 자연수와 같은 것이다. 그래서 이것은 01, 02, 03…, 10과 같은 방법으로 표시한다. 이 번호가 정역의 괘 번호와는 일치하지 않지만 하도와 낙서에서는 같다. 그런데 괘의 개수가 정역도에서는 10:10으로 같지만, 낙서-문왕 8괘도에서는 10:9, 그리고 하도-복희 8괘도에서는 10:8로 다르다. 바로 이 차이에서 생성 논리의 차이(생성지차)가 생긴다. 그러나 개수에 있어서는 차이가 나지만 괘 번호와 8괘수는 일대일로 동일하다. 다시 말해서 01-1건천-1감수, 02-2태택-9리화… 등과 같다. 숫자에 있어서만 같지 괘명과 괘상이 같은 것은 아니다. 그러나 모두 일관성있게 만드는 것은 8괘명과 괘상이다.

이러한 검토와 함께 삼역도(복희, 문왕, 정역도) 간의 생성지차를 일대일 대응이라는 관점에서 비교해 보면 아래와 같다. 복희 8괘도는 번호와 8괘 번호에 있어서 개수도 같고 숫자도 같지만, 09와 10은 빠져 있다. 여기에 복희 8괘도의 문제점이 있고, 이를 보충한 것이 정역도이다. 다시 말해서 10:8을 10:10으로 만든 것이 정역도이다. 번호와 괘수가 일치하기 때문에 복희 8괘도는 매우 조화롭고 일관성이 있어 보인다. 복희 8괘도에서 괘상을 보면 계사전에서 말하고 있는 가일배에 의한 시생원리가 그대로 적용돼 있다. 세 개의 효가 초효-중효-상효의 순서대로 발생하는 순서에 따라 괘상을 만들고 이에 번호를 달아 나열한 단순 배열법이다.

다음으로 파악할 것은 괘상의 대칭 구조이다. 대칭 구조를 파악하면 사각형의 세 가지 차원인 전/후, 좌/우, 상/하에 양/음을 일대일 대응을 시켜 다음과 같은 표를 만들어 8괘를 구성하면 (도표4)와 같다.

(도표4)를 (도표3)의 복희도에 적용을 해볼 때에 (도표4)의 좌우에서 대칭을 하면 1건천-8곤지, 2태택-7간산이 대칭이 된다. 같은 방법으로

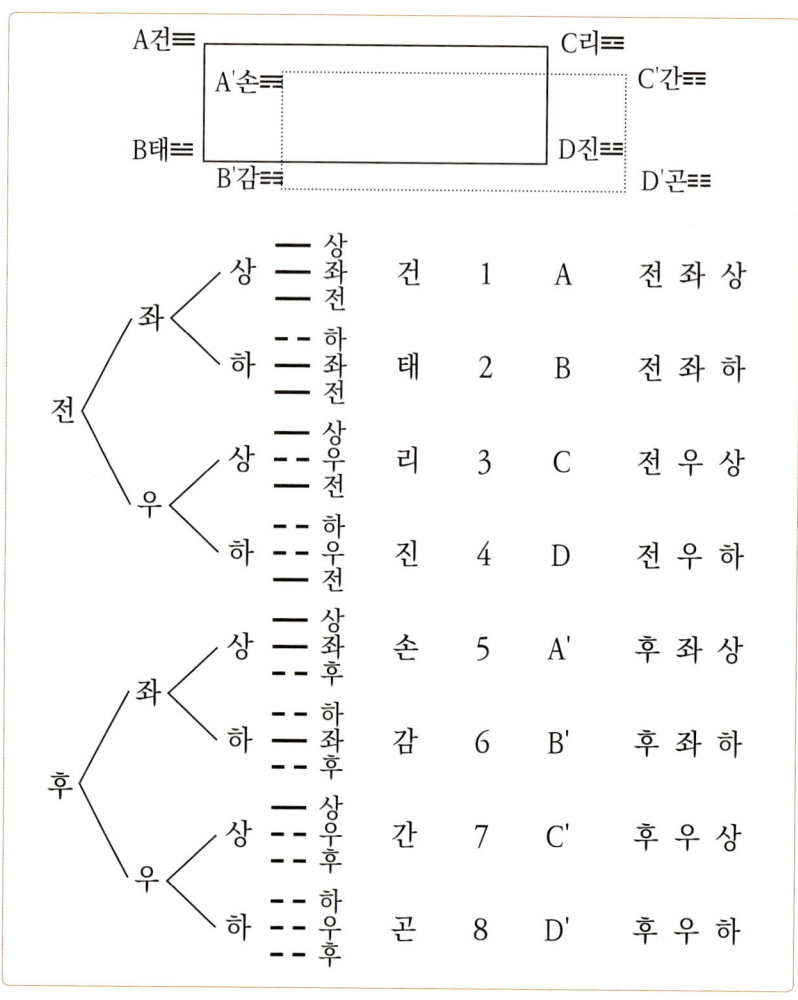

(도표4) 사각형 전후좌우상하와 음양구성표(김상일, 1999, 177)

8괘의 전체 괘들 간의 대칭 관계를 비교해 볼 수 있다. 그러면 한 괘의 초-중-상효에 있는 효들끼리의 음양이 모두 반대라는 것을 발견하게 된다. 이를 '착錯'과 '종綜' 가운데 종이라고 한다.

종이라는 관점에서 보면 복희 8괘도는 (도표4)의 전후, 좌우, 상하의 3차원 대칭을 모두 만들고 있다. 이는 사각형으로 뫼비우스띠를 만들었을 때에 사각형 안의 전후, 좌우, 상하 3차원간 대칭의 일치가 바로 그것이다. 사각형의 가로나 세로 가운데 어느 하나만을 180도 비틀어 마주 붙였을 때에 전후, 좌우, 상하 3차원 간의 대칭이 모두 일치하는 것이 다름 아닌 복희 8괘도이고, 이를 위상학적으로 보았을 때에 뫼비우스띠의 구조이다. 이러한 구조는 정역도에서도 그대로 나타난다. 복희도와 정역도의 같고 다름의 문제가 여기서 부각될 수밖에 없다.

낙서-문왕 8괘수와 일대일 대응의 문제

다음 문왕 8괘도는 좀 더 복잡한 구조를 가지고 있지만 그 안에도 일관성 있는 규칙이 들어 있다. 지금까지의 역학 연구가들은 그 규칙성이 무엇인지를 알지 못하고 있다. 그러나 필자는 『역과 탈현대의 논리』(2009)에서 이를 위상학적으로 규명해 놓았다. 문왕 8괘도 안에서 어떤 규칙성을 발견하려면 위(도표4)에서 사각형의 전후, 좌우, 상하의 대칭관계를 참고하여야 한다. 그리고 역에서 효를 이끌어 내는 방법인 시생 원리에는 두 가지가 있다는 사실에 특히 유의하여야 한다.

첫 번째 방법은 계사전에서 보는 바와 같이 음양 양효를 분지시켜 나가는 방법이고, 두 번째 방법은 건괘나 곤괘에서 효변시키는 방법이다. 다시 두 번째 방법에서 효변을 시킬 때에 연쇄적인 방법과 단계적인 두 가지 방법이 있다. 분지시키는 방법을 두고 가일배법이라 하고, 하도-복희 8괘도(선천도)가 전형적으로 이러한 방법을 취하였다. 8괘를 두 개의 양집합과 음집합으로 나누었을 때에 양집합에서 명패는 건이고 거기에 속한 물건 괘들은 태·리·진이다. 음집합의 명패는 곤이고 거기에 속한 물건 괘들은 손·감·곤이다. 원의 둘레에 전자는 반시계 방향으로(순), 후자는 시계 방향으로(역) 배열한다. 이것이 복희 8괘도의 배열법이다.

그러나 낙서-문왕8괘도(후천도)를 이런 방법으로 생각할 수는 없다. 변화의 두 가지 방법이 문제시 되기 때문이다. 시간은 연쇄적이고(serial), 공간은 단계적인(step by step) 변화를 한다. 연쇄적이란 이전 변화에 이어서 이후의 변화가 일어난다는 것이고, 단계적이란 이전의 변화와 이후의 변화 사이는 이어짐이 아닌 마치 계단의 단계와 같이 변한다는 것을 의미한다. 연쇄적인 방법은 계절의 변화에, 그리고 단계적 방법은 한 가정에서 자식들의 출산 순서에 적용하기에 좋다. 이 두 가지 방법의 차이는 여러 가지 주요한 암시를 그 안에 가지고 있다.

예를 들어서 건괘(☰)를 초·중·상효의 순서대로 연쇄적인 변화[3]를 시켜 나가면 손(☴), 간(☶), 곤(☷)이 되고, 곤괘(☷)를 초·중·상효의 순서대로 연쇄적인 변화를 시켜나가면 진(☳), 태(☱), 건(☰)이 된다. 건괘에서는 곤괘의 물건들이, 곤괘에는 건괘의 물건들이 포함돼 있고, 명패 자신들이 반대편의 명패 속에 물건으로 포함되는 현상이 생긴다. 그리고 8괘 가운데 ☵감(중남)과 ☲리괘(중녀)는 포함조차 되지 않는다. 이 방법은 가족관계를 설명하는 데 부적합하다는 것을 의미한다. 이것이 연쇄적인 효변에서 생기는 현상이고 문제점들이다. 다시 말해서 명패가 물건에 포함되는 것을 멱집합의 원리라고 한다. 연쇄적 변화의 방법에서는 건곤과 감리의 포함여부 문제가 쟁점화 될 수밖에 없고 이는 다산벽괘론의 핵심 과제로 부각된다.[4]

그런데 만약에 단계적으로 효변[5]을 시키면 또 다른 현상과 문제점이 나타난다. 예를 들어서 건괘(☰)를 초·중·상효의 순서대로 단계적인

---

3) 연쇄적이란 효변을 시킬 때에 이전 단계의 변화에 이어서 효를 변화시키는 것을 말함.
4) 김상일, 『대각선논법과 조선역』(2013) 참고.
5) 단계적 효변은 이전 변화에 상관없이 단계마다 독자적으로 효를 변화시키는 것을 말함.

변화를 시켜나가면 ☴손(장녀), ☲리(중녀), ☱태(소녀)가 되고, 곤괘(☷)를 초·중·상효의 순서대로 단계적인 변화를 시켜나가면 ☳진(장남), ☵감(중남), ☶간(소남)이 된다. 한눈에 건과 곤을 부와 모로 할 때에 가족 관계를 설명하기에 적합하다. 즉, 가족 관계의 일관성을 유지하는 데는 적합하다. 그러나 이 경우 같은 집합 안에서는 초효가 반드시 같아야 하는데 이러한 일관성이 무너지고 만다. 예를 들어서 손·리·태에서 리와 태는 초효가 같으나 손은 다르다. 마찬가지로 진·감·간에서 감과 간은 초효가 같으나 진은 다르다. 물건괘의 초효는 명괘의 초효와 같아야 하는데 이를 '초효의 원리'라고 한다. '초효가 같아야 같은 명패 속에 속한 같은 집합의 요소들'이라고 하는 것이 초효의 원리이다.

획기적인 발상 전환을 하여 명패 자체를 바꾸어 보는 것이다. 한 번 명패를 감과 리로 바꾸어 연쇄적/단계적 두 방법의 효변을 시켜 보자는 것이다. 다시 말해서 건과 곤괘 대신에 감과 리괘로 명패를 삼아 연쇄적 그리고 단계적 두 가지 방법으로 효변을 시켜보기로 한다. 이렇게 하는 데서 낙서-문왕 8괘도의 구조가 제대로 파악이 된다. 문왕도는 남북에 건곤 대신에 리·감괘를 배열한다. 리와 감괘로 명패를 삼아 한 번 연쇄적 그리고 단계적 두 방법에 의한 효변을 시켜보면 다음와 같다.

다시 위 (도표3)의 문왕도로 돌아와서 보면 복희도와는 달리 문왕도에서는 '05-5중'이라는 중앙이 있다. 이 중앙을 중심으로 하여 좌측과

우측에서 일관성 있는 대칭을 만들고 있다. 감을 단계적으로 효변시킨 것은 리집합에, 리를 단계적으로 효변시킨 것은 감집합에 배열된다. 즉, 낙서의 수지에서 서로 대응하는 괘들끼리의 대칭 구조를 (도표3)을 통해 관찰을 해 보면 1감과 9리는 전후, 좌우, 상하의 3차원에서 모두 음양이 반대이지만, 2곤와 8간은 상효에서만, 즉 '상하'에서 음양이 대칭이고, 3진과 7태는 중효에서만, 즉 '좌우'에서만 음양이 대칭이고, 4손과 6건은 초효에서만, 즉 '전후'에서만 음양이 대칭이다. 이를 문왕8괘도에서 직접 확인하면 다음과 같다.(김상일, 2007, 429)

아무런 규칙성도 없이 문왕 8괘도가 배열된 것 같았지만 이와 같이 서로 마주하는 괘들끼리는 감과 리는 3차원 모두에서 효변하고, 나머지 6개의 괘들은 초·중·상효 가운데 어느 하나에서만 단계적으로 효변을 한다. 다시 말해서 3차원 전후, 좌우, 상하 가운데서 한 차원에서만 대칭을 한다. 이 말은 문왕도는 효변을 단계적으로 하고 있다는 것을 의미한다. 이전 변화에 상관없이 각 효가 각 차원에서 독자적인 변화를

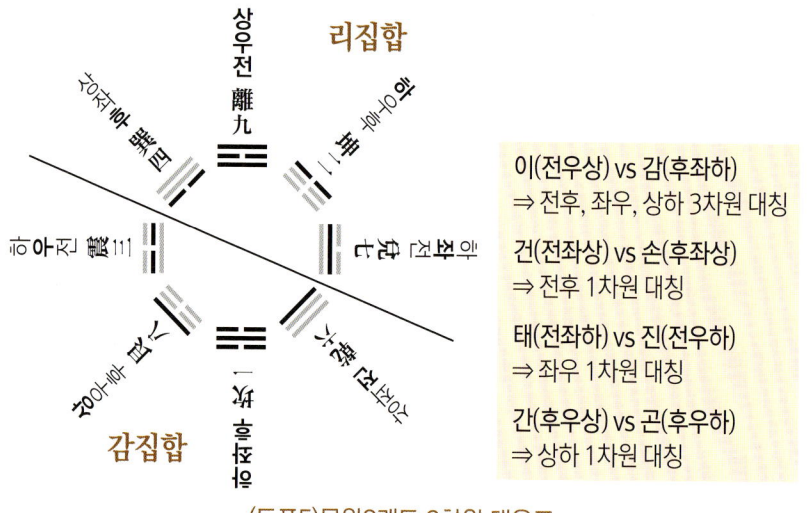

(도표5)문왕8괘도 3차원 대응표

하고 있다는 것을 의미한다. 그런데 감괘(중남)를 효변시킨 결과 태(소녀), 곤(모), 손(장녀)이 생겨났고, 리괘(중녀)를 효변시킨 결과 간(소남), 건(부), 진(장남)이 생겨났다. 가족관계로 볼 때에 남녀간에 불일치가 생겼다. 그러나 (도표5)를 보면 그러한 불일치가 해소되고 중녀(리괘)={소녀, 모, 장녀}와 중남(감괘)={소남, 부, 장남}과 같이 배열되었다. 이는 문왕도가 단계적 가족관계임을 의미한다. 감과 리를 명패로 단계적 변화를 시킨 결과 가족관계가 만들어진다.

 대칭관계를 사각형에서 확인하면 대각선, 세로, 그리고 가로 대칭에서 음양이 반대일치하고 있다. 이는 위상학적으로 주요한 의미를 갖는다. 가로나 세로 가운데 어느 한 차원에서만 대칭이 일치한다는 것은 사각형이 원기둥을 만든다는 것을 의미한다. 문왕도에서 감과 리와 같이 3차원에서 모두 대칭이 일치한다는 것은 뫼비우스띠이다. 그렇다면 문왕도는 뫼비우스띠와 원기둥이 연접해 있는 클라인병에 해당한다. 뫼비우스띠를 원기둥과 연접을 시키면 클라인병이 되기 때문이다. 세로는 비틈으로 뫼비우스띠이고 가로는 안비틈으로 원기둥이면 그것이 클라인병 구조라는 말이다. 비틈인 뫼비우스띠와 안비틈인 원기둥이 이어 연결되면 클라인병이 된다. 이런 구조를 하고 있는 것이 문왕도이다. 이에 대하여 복희도는 더 단순한 뫼비우스띠 구조이다. 정역도는 가로와 세로가 다 비틈인 사영평면적 구조이다.(6.2참고)

 낙서-문왕 8괘도는 명패 자체를 건·곤에서 리·감으로 바꾼 것이다. 그리고 리를 정남에, 감을 정북에 배열한 다음 거기에 포함되는 물건괘들을 명패인 리감의 좌우에 1:2 혹은 2:1로 좌우에 나누어 배열하였다. 명패 리괘 안에는 리={태, 곤, 손}을, 감괘 안에는 감={간, 건, 진}을 포함시키고 있다. 명패와 물건의 포함 관계에서 대칭 관계를 다시 보자. 감과 손은 초효에서, 감과 태는 중효에서, 감과 곤과는 상효에서 각각 음양이 반대 대칭이다. 그리고 감과 건은 초효에서 감과 진은 중효에서 감과 간은 상효에서 음양이 대칭이다. 다시 말해서 명패와 자기가 포함하고 있는 괘들과는 1차원에서만 대칭이다. 그러나 명패 자체인 감과 리는 서로 3차원 모두에서 대칭이다. 이러한 대칭 구조는 (도표3, 4, 5)를 동시에 참고하지 않으면 파악하기 힘들다. 명패 자체는 3차원 대칭이고 명패와 물건은 1차원에서 대칭이기 때문에 뫼비우스띠에 원기둥이 연접해 있는 클라인 병이다.

(도표3)의 같은 일직선 상에서는 괘수와 괘상을 일치시켰지만, 문왕도와 같은 원에서는 어느 자리에다 괘들을 가져다 놓을 것이냐 할 때에 바로 위와 같이 서로 마주보고 있는 괘들의 경우 감리는 3차원, 그리고 나머지 괘들은 1차원 대칭을 만든다. 그리고 같은 집합 안에 있는 괘들의 경우 명패와 물건들끼리는 서로 1차원에서만 대칭이 되도록 한다. 바로 이러한 구조에서 수들이 마방진을 만든다.

그러나 아직 몫집합의 원리와 초효의 원리와 같은 문제가 미해결인 채로 남겨져 있다. 그래서 남겨진 과제를 김일부의 정역도에서야 보게 될 것이다. 정역도는 복희도와 같이 건과 곤을 명패로 한다. 그러나 곤남과 건북으로 복희도와는 반대이다. 명패 건곤 안에 포함되는 물건괘들도 복희도와 같다. 그러나 물건괘들의 배열이 다르고, 명패 자체를 물건괘들 가운데 하나로 2천과 7곤이란 이름으로 포함시키는 점이 다르다. 다시 말해서 몫집합의 원리 문제를 해소한다는 것이다. 적어도 정역도를 바로 이해하자면 이전의 두 도상에서 남겨져 내려온 몫집합의 원리를 어떻게 해결하느냐의 관점에서 보아야 한다. 다른 말로 하면 5와 10을 다른 수들 속에 같이 취급할 것인가 말 것인가의 관점에서 역을 다시 보아야 한다.

그러면 2천7곤의 도입과 함께 김일부는 어떤 방법으로 멱집합의 원리를 해결하고 있는가는 괘를 만드는 방법에 있어서 획기적으로 새로운 방법을 도입함으로써만 가능케 된다. 즉, 수지의 굴과 신을 양과 음으로 보고, 다섯 개의 수지 가운데 중지를 중심으로 좌우 3개씩 나누어 굴신에 따라 3효를 만들어 괘를 형성해 나간다. 역에 3분진법이 등장하게 된 것이다. 공자가 미처 알지 못했던 부분이 장중에 있었다. 이는 실로 역학사상 특기할 만한 일이라 아니 할 수 없다. 이렇게 수지에 의하여 괘를 만든 결과 8괘가 10괘가 되었으며 괘에 해당하는 괘수 번호도 모두 달라졌다. 그러나 복희도나 문왕도와 정역도가 같은 점은 괘에 해당하는 괘상은 모두 같다는 점이다. 다만 괘수가 달라졌다. 괘명은 없으나 괘상만 있는 '2천'과 '7지'를 합하여 모두 10개의 괘를 다루는 것이 정역이다. 그러면 10개의 괘들은 천간 10과 일대일 대응에 문제가 없게 되었다. 이 말은 10의 약수인 2(음양)와 5(목화토금수)와도 서로 일대일 대응을 할 수 있다는 것을 의미한다.

아래 9장에서 다룰 예정인 허괘가 둘(허간과 허태) 있어서 결국 정역에는 12괘 내지 14괘가 있게 된다. 그러면 10천간과 12지지를 일대일 대응시키는데 정역은 아무런 무리가 없게 된다. 지금까지의 역은 8과 9의 한계선을 넘지 못했기 때문에 우주자연의 변화와 인간론을 제대로 설명해 낼 수가 없었던 것이다. 실로 정역이 5와 10을 다시 불러오고 괘의 수를 확장한 것은 종교적으로 인격과 비인격 신관의 문제를 비롯한 부조화의 근원을 근본적으로 도려내는 역사를 가능케 한다. 즉 15를 상제의 자리로 본다.

1.2. 정역과 일대일 대응 셈법

정역의 셈본— "역易은 력曆이다"

　역을 정의함에서 『주역』은 "역은 상象이다"("역은 상象이다. 상象은 상像이다"〈계사전 하편〉 3장)라 했고, 정역은 "역은 력曆이다"(〈정역〉 서문 대역서)라 했다. 전자는 공간적 의미를 후자는 시간적 의미를 드러내는 정의이다. '하도·낙서'란 말 자체는 송대에 붙여졌다고 해도 역의 상에 대한 발상은 이미 고대로부터 있었다. 즉, 8괘가 만들어졌고, 그것을 거듭한 중괘 64괘가 이미 복희 때부터 만들어졌다고 본다. 특히 중괘(대성괘)는 대각선 정리에서 가장 중요한 요소 가운데 하나이기 때문에, 대각선의 문제는 역의 발달과 역사를 같이 한다 할 수 있다. 중괘의 하괘(혹은 내괘)는 명괘이고 상괘(혹은 외괘)는 물건이기 때문이다. "천지 변화를 성인이 본받아서 상을 만들었다.[天地變化 聖人效之 天垂象]"(계사전 하편 10장)고 했다. 여기서 '천지 변화'란 '일월日月 변화'를 말한 것이다.[6] 성인은 이 변화를 본받아 그림을 그렸다. 이것이 다름 아닌 상象이다. 그렇다면 역은 시간과 공간의 합작품이라 할 수 있다.

　시간과 공간의 변화하는 상을 나타낸 것이 수인데, 〈계사전〉 상편 9장에서는 수를 1, 2, 3, 4, 5, 6, 7, 8, 9, 10으로 나누어 셈하고 이를 명패수 '5'와 분리할 줄도 알았다. 이는 수를 재단하는 수 집합과 재단 당하는 요소를 나눌 줄 알았다는 의미이다. 물건수(1~5)와 그것에 대한 명패수 5를 나눌 줄 알았고, 1~10까지의 수를 다 더하면 55가 된다는 사실도, 1~9까지의 수를 다 더하면 45가 된다는 사실도 알았다. 이런 더

---

6) '역易'이란 말의 어원이 일日과 월月의 합자이다.

하기 수의 변화를 두고 귀신이 하는 짓이라고까지 했다.[7] 1~10과 1~9의 차이가 얼마나 크고 중요한 것이라서 귀신의 하는 짓이라고까지 하는가? 서양에서는 허수 같은 수들이 있어서 수학자들을 마치 도깨비에 홀린 것처럼 만들었는데, 동양에서는 매우 단순해 보이는 자연수들의 합이 55와 45로 차이 나는 것에 대하여 그렇게도 주요한 의미를 부여하였다. 그 이유가 점차 밝혀질 것이다.

역에서 셈하기의 원본 즉, 역의 셈본은 〈계사전〉 상 9장의 말에 근거한다. 그래서 이를 '계사 셈본'이라 부르기도 한다. 계사 셈본은 가본加本과 승본乘本으로 나뉜다. 가본은 '더하기' 셈본이고, 승본은 '곱하기' 셈본이다. 전자가 역수逆數를 해의한다면, 후자는 력수曆數를 해의한다. 그런데 가본과 승본 이외에 윤수를 말하는 제3의 셈본이 있다. 이를 '윤본閏本'이라고 한다. 수의 초과분이 윤본에서 유래하기 때문에 역설 해의와 함께 윤본에 관심을 가져야 한다. 역설해의는 윤본에 대한 해석이라 해도 과언이 아닐 정도이기 때문이다. 역수逆數는 역의 공간적인 측면을 다룬다면, 력수曆數는 시간적인 측면을 다룬다. 그러나 둘 모두 대각선화와 반대각선화라는 관점에서 보았을 때는 같다고 할 수 있다. 다시 말해서 문제는 여기서도 대각선 논증의 문제로 귀착될 수밖에 없게 된다. 공간상의 역설을 시간상에서 해의하는 차이라고 보면 된다. 마치 서양에서 사이먼스 같은 학자들이 역설해의의 한 방법으로 시간 개념을 도입한 것은 역逆이 력曆으로 변했다는 것과 같다. 각 본에 대한 구체적인 설명을 하면 다음과 같다.

---

7) 이런 역의 수 개념을 현대 서양 수학은 '초숫자surnumber'라 한다. 역에서 말하는 수는 모두 이러한 초숫자이다. 수가 아니라 '숫자數字'이다. 여기서 '10'이란 수는 하도 숫자이고 9는 낙서 숫자이다. 그러나 편의상 이 책에서는 수와 숫자를 필요한 경우를 제외하곤 같이 사용한다.

'가본加本'이란 천1, 지2, 천3, 지4, 천5, 지6, 천7, 지8, 천9, 지10의 열 개 수를 더하는 것을 두고 하는 말이다. 1~10 사이의 숫자 가운데 홀수는 천과, 짝수는 지와 짝을 맺는다. 그리고 천과 지의 비례는 3천양지와 같이 항상 짝째기이다. 동양에서 수를 다루는 방법의 특징이 이런 데서 나타난다.[8] 수와 언어를 대응시키는 기수법 말이다. 서양에서는 괴델에 와서야 이 기법을 적용하게 되었다. 5의 자리가 명패가 되면 거기에 물건수이고 생수인 1, 2, 3, 4, 5를 더하는 것이 가본이다. 물건수에 명패수를 더하여 성수를 만든다. 그래서 성수는 대각선수이다. 이는 서양 수학의 더하기 개념과는 다르다. 여기서 말하는 가본이란 명패와 물건이라는 차원이 다른 수들끼리 더하기 하는 것을 의미한다. 수학에 대하여 초수학이라 할 수 있다.

생수와 성수는 가본에서 명패와 물건이 나누어지기 시작했음을 의미한다. 마치 주판에서 5를 맨 윗줄에 따로 두어 아래 네 개의 수와 더하기 하는 것과 같다. 이렇게 하여 대각선화가 만들어진다. 즉 6, 7, 8, 9, 10이 대각선수라고 할 때에 1, 2, 3, 4, 5와 6, 7, 8, 9, 10은 생수와 성수로서 물건수와 대각선수라는 성격이 다른 관계의 수이다. 이런 점을 서양에서는 알지 못하였다. 1~10의 수를 연속적으로 셈하는 데서 무한의 문제와 드디어 연속체 가설의 문제에 봉착하게 되었다. 그러나 동양에서는 생/성수의 구별, 음/양수의 구별 그리고 수/위를 구별할 줄도 알았다. 특히 수/위의 구별은 서양에서 19세기 말 집합론과 함께 다루어질 정도였다.[9]

가본을 통해 생수와 성수는 다음과 같이 일대일 대응을 만들고 다시

---

[8] 서양에서 홀수와 짝수는 일대일 대응이 되지만, 동양에서는 짝째기이다.
[9] 19세기 갈루아의 군론에 와서 수를 대칭 개념으로 파악하게 된다.

```
   1  2  3  4  5    생수
   ↕  ↕  ↕  ↕  ↕
   6  7  8  9  10   성수
   ─────────────
   수 화 목 금 토   오행
```

(도표6) 생성수와 오행 대응표

오행과도 일대일 대응을 한다.(도표6)

정역이 낙서의 화(2.7)와 금(4.9)의 위치를 바꾼다는 소위 '금화정위'는 바로 여기서 기원을 한다. 생/성수를 오행과 일치시킨 결과이기 때문에 가본의 중요성은 막중하다 아니할 수 없다. 생수에 명패수 5를 더하기 하면 성수가 만들어진다는 사실은 손쉬운 방법인데, 이 가장 단순한 가본의 셈법이 역의 거의 모든 것을 좌지우지 한다고 해도 과언이 아니다. 생수와 성수는 짝을 만들고 다시 제일 먼저 오행과 일대일 대응을 한다는 것은 가본의 근간이 된다.

천수의 합은 25(1+3+5+7+9)이고, 지수의 합은 30(2+4+6+8+10)으로서 천지수의 합은 55이다. 이것이 변화를 이루고 귀신의 일을 행한다고 한 것이다. 여기서 귀신이 수를 부릴 여지는 더하기 자체에 있는 것이 아니고 25/30이라는 짝째기가 생겼다는 데 있다. 이 짝째기 현상이 왜 그렇게도 주요한 것인가를 아는 것이 모든 것의 모든 것이라 할 정도이다. 가본은 처음으로 이렇게 짝째기 현상을 하나 만들었다. 25/30이라는 짝째기 말이다.

'윤본潤本'은 자기언급에 해당하는 수로부터 시작한다. 위 가본에서 보는 바와 같이 5는 천수와 지수가 동일하다. 10은 자기가 자기에게 더하기 한 것이다. 자기언급이란 물건과 명패가 같아진다는 말이다. 그러나 둘은 같지 않다. 자기언급은 같게도 같지 않게도(즉, '같잖게도') 한다. 사실상 동양에는 허수 개념이 없는 것 같지만 바로 이런 자기언급이 허수를 만드는 장본인인 것이다. 앞으로 '자기언급'이란 말이 '재륵,' '촉류,' '재귀,' '자기 복사,' 등과 같은 다양한 말로 사용될 것이다. 다산이 서양의 무리수와 허수를 부정한 이유가 여기에 있다고 본다. 동양의 역에서는 이미 이런 개념들이 있어 왔기 때문이다. 서양은 무리수와 허수를 발견하고 사용했지만 수의 생/성개념을 몰랐었다. 19세기 말 역설을 발견하고 나서야 수에서 역설이 발생하는 진원지가 자기언급이라는 사실을 비로소 알게 되었다.

정역에서는 '무' 대신에 '무위無位'라는 말을 사용하는데, 5의 자기언급 수인 10을 '무위'라 하고, 10의 자기언급 수인 20은 '무무위'라고 한다. 그런 의미에서 서양의 허수라는 말은 '무위'라는 말과 같다고 할 수 있다. 서양에서도 허수를 i의 '제곱근'이라고 할 때에 '제곱'이란 자기가 자기 곱하기와 같은 자기언급을 의미한다. 자기언급과 역설은 서로 배경이 된다. 이에 비해 '모순'은 자기언급 없이 가능한 것이다. 허수의 논리성이 자기언급이라 보면 된다.

대각선 논법에서 실수 무한은 자연수 무한과 일대일 대응이 되지 않는다. 유리수는 가능하지만 무리수는 아니다. 실수는 유리수와 무리수의 합이기 때문에 실수는 자연수와 일대일 대응이 되지 않는다는 것이 대각선 논법의 골자이다. 그 이유는 실수 무한이 자연수 무한보다 더 크기 때문이다. 실수 무한≥자연수 무한은 이와 같이 짝째기이다. 집합론에서 말하는 짝째기란 {∅}=1, {∅, 1}=2,...,{∅, n}=n+1과 같이 n과 (n+1) 간의 짝째기이다. 그 이유는 ∅가 자기언급을 해서 1이 생겨나기 때문에 즉, ∅가 재귀 반복을 하기 때문에 항상 n에 대하여 n+1인 짝째기이다. 멱집합에서도 요소가 n이면 요소의 부분들은 2n이다. 이것이 짝째기 현상을 만드는 출처이다. 요소의 부분들에 자기 자신과 공집합을 반드시 포함하기 때문이다. 이런 짝째기 현상을 해소할 것인가 아니면 변화를 주동하는 것으로 간주할 것인가.

김일부는 이런 짝째기 현상에서 윤이 생기는 것을 두고 '선천오구역이용팔先天五九逆而用八 착윤중錯閏中'(정 26:13)이라고 했다. 이어지는 장들에서 이에 대한 자세한 논의를 하기로 한다. 여기서는 일단 이 말의 의미를 윤본과 연관하여 설명을 해 두기로 한다. 5와 6이 그리고 8과 9가 마치 n과 n+1의 관계와도 같이 착종을 한다는 것이다. 이를 두고 '윤중'이라고 했다. '윤중閏中'이란 같은 것이 같은 것끼리 더하기를 하거나 곱하기를 할 때에 초과분이 생기는 것을 두고 하는 말이다. 여기서 '중'이란 말을 자기언급이라고 바꾸어 놓고 생각해 보면 이해를 쉽게 할 수 있다.

숫자가 중요한 것이 아니고 '자기언급'이라는 논리적인 언어가 더 주요하다는 것을 거듭 강조해 둔다. 앞으로 우리는 이러한 시각에서 허수에 해당하는 10과 5라는 수를 어떻게 다루는가를 정역을 통해 살피게 될 것이다. 마야인들도 5를 '우야옙Uyayeb'이라고 하여 죽음에 해당하는 수로 다룬다. 자기언급에 걸리면 죽음의 계곡으로 들어가는 것이나 마찬가지이기 때문이다. 그러나 정역에서는 5를 '황극皇極'이라 한다. 대각선 논법의 명패에 해당한다. 이렇게 생각할 때에 실로 정역의 한 가운데에 윤본이 있다고 할 수 있다. 그리고 가본과 승본은 윤본을 설명하기 위한 수단이라 할 정도이다.

'승본乘本'이란 역수를 곱하기 하는 것을 두고 하는 말이다. 1-9 사이의 수를 9로 곱하기 한다고 할 때에, 전자는 물건이고 후자는 명패에 해당한다. 역이 력으로 가는 기수법이라 할 수 있다. 더하기에서 곱하기로 변하면 명패와 물건으로 유형이 달라진다. 러셀은 이 유형을 혼동하지 말라고 경고한다. 혼동하면 역설이 생기기 때문에. 1-9 사이의 수를 9로 곱하기 하면 00, 90, 81, 72, 63, 54, 45, 36, 27, 18, 09와 같아진다. 이들 수들의 1단위는 위에, 10단위는 아래에 적어 이를 일대일 대응을 시켜 보면 아래와 같다.

```
 0  1  2  3  4  5  6  7  8  9   (가) 일단위
                →
 9  8  7  6  5  4  3  2  1  0   (나) 십단위
                ←
90 81 72 63 54 45 36 27 18 09
```

(도표7) 하/락수의 일단위와 십단위

(도표7)은 0-10 사이의 수를 9와 곱하기 하여 일단위(상)와 십단위(하)에 나누어 배열한 다음, 화살표로 수가 커지는 방향대로 일대일로 대응시켜 놓은 것이다. 이는 매우 단순해 보이지만 정역의 모든 이론이 여기서 나온다고 해도 과언이 아닐 정도이다. 우선 1-9의 수는 낙서수이고, 1~10수는 하도수이다. 이렇게 하/낙 수의 짝째기에서부터 정역의 화두는 시작한다. 1~10사이의 수 가운데 5와 그것의 자기언급인 10수는 사용하지 않는다. 그런데 0-10 사이의 계열 전체를 나열해 보아야 수에서 생기는 문제를 일관성 있게 파악할 수 있다.

보통 수지로 셈을 할 때에 동양인들과 서양인들이 셈하는 방법이 다르다고 할 때에, 동양인들은 다섯 손가락을 다 펴고 좌향하면서 모지-식지-중지-약지-소지의 순서로 굴하면서 1, 2, 3, 4, 5를 셈한 다음 6, 7, 8, 9, 10은 그 반대 순서로 우향하면서 신하면서 셈한다. 그러나 서

양인들은 다섯 손가락을 모두 굴한 다음 소지-약지-중지-식지-모지 순서로 우향하면서 1, 2, 3, 4, 5를 셈한 다음, 좌향하면서 반대로 굴하면서 6, 7, 8, 9, 10한다. 그러면 동양과 서양은 수지의 형태는 '동형'이지만 수는 다른 '이수'로서, 즉 동지이수同指異數 현상을 나타낸다. 이때에 서양과 동양의 셈하기가 서로 일대일 대응하는 관계가 1-6, 2-7, 3-8, 4-9, 5-10이다. 다시 말해서 '모굴'(모지가 굴하는 경우)이 동양에서는 1이고 서양에서는 6(모신)이 된다. 이어서 2는 7, 3은 8, 4는 9, 5는 10이 서로 동형이수이다. 동서양의 셈법 관계는 그래서 생수와 성수의 관계인 것을 발견하게 된다. 이는 굴을 전제하고 셈하느냐(서양같이), 아니면 신을 전제하고 셈하느냐(동양같이)에 따라서 생수과 성수 관계가 성립한다. 여기서 전제하는 것을 두고 '합신' 혹은 '합굴'이라 한다.

  5와 10을 9와 곱하기 한 수인 45와 90을 제외한 수를 두 개의 부류로 나누어 그것을 각각 합하면 216(81+72+63)과 144(9+18+27+36+54)가 된다. 여기서 216을 건책수乾策數, 그리고 144를 곤책수坤策數라고 한다. 216과 144는 여러 다양한 방법으로 도출될 수 있는 수로서 우주 변화의 근간을 이룬다고 할 정도이다. 그리고 그 비례는 3:2로 짝째기이다.

책수와 수지상수

  일부는 선천에서는 곤지책을 용(체양용음)으로 사용했고, 후천에서는 건책수를 용(체음용양)으로 사용한다고 했다. 건곤책수는 그리스의 그노몬과도 연결될 만큼 인류 보편적 수이다. 건곤책수를 모두 합하면 360이 되는 것은 승본과 가본이 함께 작용해서 된 것으로 이것이 바로 정역의 기수朞數인 1년에 해당한다. 하도와 낙서에서는 가본을 주로 하지만, 정역에서는 승본을 주로 한다. 360에 15를 더하면 375이고 이것을 '원역수'라 한다. 그리고 그 사이의 366과 365¼이 두 개의 윤수에 해당하여 375와 360과 함께 즉, 375, 366, 365¼, 360으로 '4역수'가 성립한다. 이 4역의 변화는 곧 인류 문명사이고 동시에 우주 변화의 원리이다. 그리고 이 변화를 주도하는 것이 대각선수 10과 명패수 5이다. 5와 10은 무용지물이 아니고 다른 수들 뒤에서 작동 가능하게 하는 역할을 한다. 이는 서양 수학사에서 허수를 재발견하는 것과 같은 의미를 갖는다.

위의 (도표 7)에서 (가)는 1단위로서 좌에서 우로 수가 커지고(이를 '역생'이라 함), 10단위는 우에서 좌로 커진다(이를 '도생'이라 함). 마치 하늘에서 태양이 회전하는 방향과 북두칠성이 회전하는 방향이 서로 반대인 것과도 같다. 일부는 (도표7)의 일단위와 십단위의 수를 다른 체계로, 그러나 서로 연관이 되는 것으로 파악한다. 이러한 배경에서 나온 것이 바로 '손도수'이다. 손도수로 셈하는 것을 두고 '손도수 친다'고 한다. 손도수는 이전 역학 사상에 없었던 정역 연구의 산물로서 역수 개념을 일신하고 심지어는 역의 8괘도 손의 굴신 형태를 통해 다시 만든다.[10] 공자의 계사전 이후 실로 획기적인 괘의 시생법이라 할 수 있다.

우리 인간의 손가락과 발가락은 좌우 각각 5개씩 모두 10개이다. 손가락 5개로 쥐락펴락 즉, 굴신屈伸을 하면 1~10의 수를 만들 수 있다. 이때에 굴을 양(굴양), 그리고 신을 음(신음)이라고 한다. 먼저 수지를 세 부분으로 나눈다. 즉, 엄지를 '순환점,' 중지를 '변환점,' 소지를 '반환점'으로 나눈다. 그러면 동양은 '모굴1' 하면서 셈을 시작하고, 서양은 '소신1' 하면서 셈을 시작한다. 다시 말해서 동양은 순환점에서, 서양은 반환점에서 셈을 시작한다고 보면 된다.[11] 동서양 셈범을 일별하여 진

---

10) 김일부 자신이 손도수 치기를 가르쳤는지는 확실하지 않다.
11) 역에서는 '촉류이장지觸類而長之'라고 하여 10에서 6까지 하는 것을 도생이라 하며 또 '촉

열하면 다음과 같다.

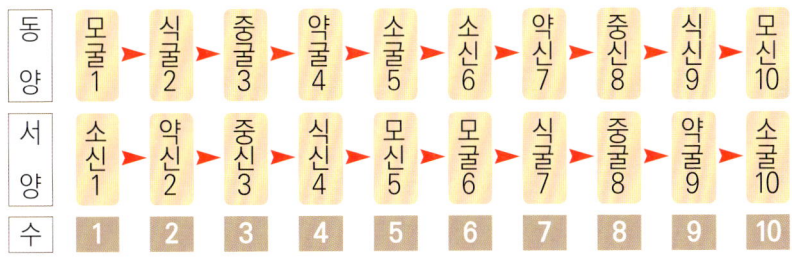

(도표8) 동서양 수지 셈법의 차이

(도표8)을 통해 형은 같으나 수가 다른 동형이수 관계를 다시 확인해 보면 모굴1-6, 식굴2-7, 중굴3-8, 약굴4-9, 소굴5-10 등과 같다. 생수와 성수란 셈하기 수법의 차이는 동양은 수지를 다 편 상태에서 모굴1로부터 시작하고, 서양은 다 쥔 상태에서 소굴1부터 시작하는 것에서 생기는 차이이다. 동양의 6이 서양의 1, 7이 2, 8이 3, 9가 4, 10이 5이다. 전자는 순환점에서 그리고 후자는 반환점에서 셈하기를 시작하는 차이라 할 수 있다. 이렇게 단순해 보이는 것이 우주와 인생사를 모두 설명하고도 남음이 있다는 것은 놀랍다 아니할 수 없다. 생성수의 짝에 오행과 간지 등 우주 만사를 일대일 대응시킴으로 모든 변화 원리를 설명해낸다.

일부는 생수와 성수의 구별을 기본으로 주요시 한다. 생/성수의 짝은 다시 하/락수의 짝과 일대일 대응을 한다. 그러나 일부는 이러한 수들을 대상으로 한 메타수를 창안하고 있는 데 그것이 바로 손도수이다. 이상에서는 순환점과 반환점이 주요시 되었지만 수지 메타수에서는 변환점이 주요시 된다. 변환점에 해당하는 것이 중지이다. 중지를 중심으

류'라고 한다. 그리고 5에서 1까지 편 것을 '장지'라고 한다.(이정호, 1996, 5)

로 5개 수지를 3개씩 좌우로 나눈다. 그러면 중지는 좌우 모두에서 중첩重疊된다. 바로 이러한 중첩이 주요한 관건이 된다. 수지를 3개씩 나눈 것은 8괘의 3효에 연관이 된다. 굴양 그리고 신음이라고 할 때에 역에서는 모든 수와 괘는 건괘로부터 시작한다. 그렇다면 모·식·중지 3개를 차례대로 굴하면 8간(☲), 9리(☲), 10건(☰)이 된다. 이에 대한 상론은 8장에서 재론된다.

동양식 셈하기로 괘를 만들 때에 모굴 1이 8간이고 다음 식굴 2하면서 9리라고 할 때에 왜 간의 괘수가 8이고 9리는 사실상 9손인데 왜 9리라고 하는가 등의 문제가 7장 이하에서 상론될 것이다.

중지는 8괘에 모두 연관이 되면서 중효를 제외한 상초효 어디에나 해당하게 된다. 모·식·중지를 굴하면 그것이 10건인 동시에 중굴 약신 소신이기때문에 피동으로 간괘가 생긴다. 간괘는 이렇게 굴신없이 피동으로 괘가 생겨나는데 이를 두고 '허간'이라고 한다. 실괘와 실수는 반드시 굴신이 있은 다음에만 가능한데 허간의 경우는 굴신없이 피동으로 괘와 수가 생겨났기 때문이다. 8장 이하에서 이 문제가 집중 거론될 것이다. 중지가 10건에서는 초효이지만 허간에서는 상효이다. 수지상수에서는 『주역』에서와는 달리 효가 상·중·초 순서로 발생한다. 그리고 수지의 굴신이 향하는 방향에 따라서 상·중·초가 결정이 된다.

그래서 10건 다음에 실제로 굴신을 할 수 있는 첫 번째는 약굴이다. 중지가 상효, 약지는 중효, 소지가 초효가 된다. 그러면 중굴·약굴·소신에 의하여 상·중·초효가 결정될 때에 바로 이에 해당하는 괘가 손괘(☴)이다. 10건 다음에 만들어진 처음 괘이기 때문에 '1손'이라고 한다. 종래의 괘수와는 전혀 다른 괘수 번호가 탄생한다. 이렇게 차례대로 같은 방법에 따라서 괘수와 괘명 그리고 괘상을 만들어 나간다. 아래와 같이 괘와 괘수를 만드는 것을 두고 수지상수론이라고 한다.

(도표9a)는 정역도의 괘와 괘수를 수지의 굴신과 일대일 대응을 시켜 횡으로 진열해 놓은 것이다. 이를 다른 두 도상과 비교하면서 실제 수지의 구조에 대응을 시키면 아래와 같다.

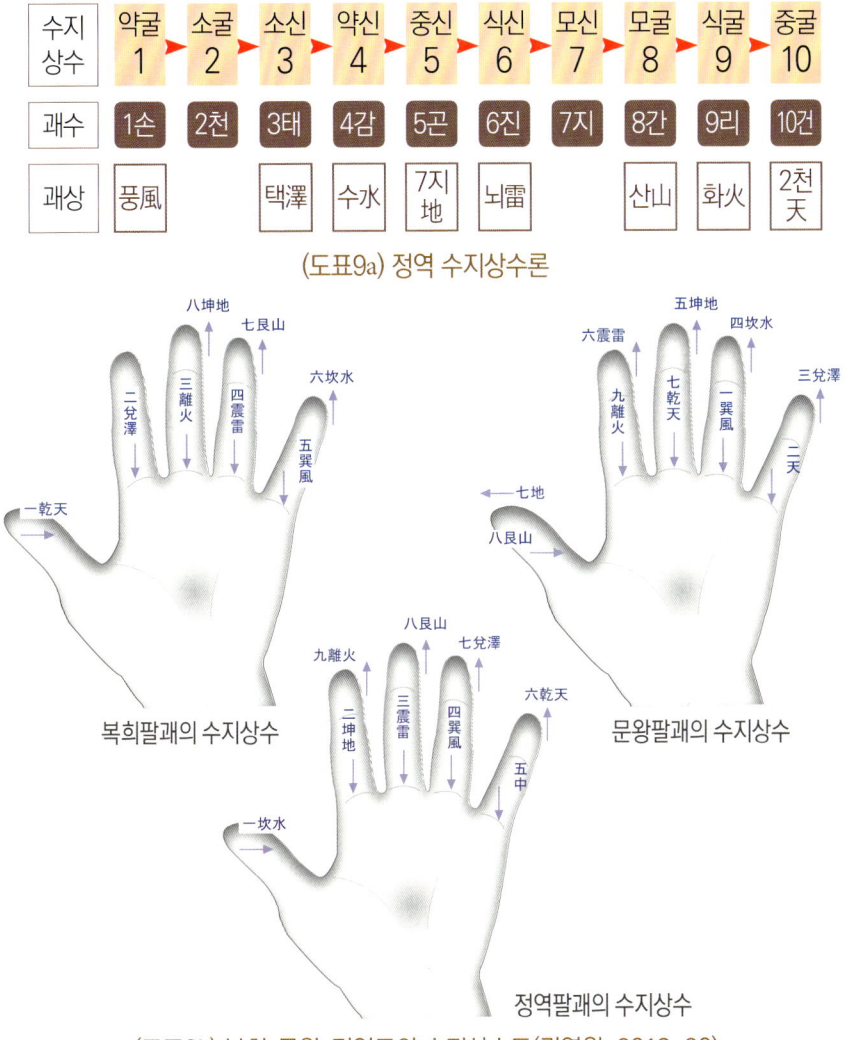

(도표9b) 복희·문왕·정역도의 수지상수도(권영원, 2013, 20)

정역도의 경우, 오른손을 들고서 중지를 중앙으로 다섯 개의 수지를 세 개씩 좌우 두 개의 군으로 나눈다.[12] 그러면 모·식·중지는 좌측에, 중·약·소지는 우측에 배열이 된다. 굴은 → 혹은 ↑로, 신은 ← 혹은 ↓로 나타낸다. 이렇게 하여 복희도나 문왕도와는 달리 괘가 모두 10개가 생겨난다. 가시적으로 쉽게 확인할 수 있는 바와 같이 수지는 모두 5개로 굴신을 할 때에 10수인데, 복희도는 2곳(모지와 식지)에서 1건천과 2태택의 짝이 없고, 문왕도는 1곳(모지)에서 1감수의 짝이 없다.

이것이 두 역도의 결함이라 할 수 있다. 그런데 정역도는 10수지에 10수/10괘가 일대일로 대응을 한다. 그 이유는 2천과 7지가 추가되었기 때문이다. 그래서 정역 연구는 궁극적으로 2천과 7지라는 두 중괘가 추가된 이유를 설명하는 것이라 해도 과언이 아니다. 여기에 현대 수학의 멱집합의 원리와 순서 수의 역설로 정역을 설명할 수 있는 여지가 생긴다.

추가된 7곤와 2천이 다른 8괘들과 연속적인가 아닌가? 2와 7에 대해서는 천과 지와 같은 상의 명칭을 주었다. '1건천'이라고 할 때에 1은 수이며 시간 개념이고, '건천'은 공간 개념이다. '건'은 인간의 성정을, '천'은 형체를 말한다. 여기서 형체란 상을 두고 하는 말이다. '8간산'이라 할 때에 '산'은 가시적인 상으로서의 '산山'을 의미한다. 그러면 괘명인 건과 괘상인 '천'을 왜 구별하느냐이다. 이것은 순수 논리적인 문제라고 본다. 유클리드가 수에서 언어를 제거하고 도상을 제거한 것과 달리 역에서는 상·수·사가 하나의 트로이카를 만들어 같이 간다. 이 3자를 다시 발견한 것은 1930년대 괴델에 의해서이다. 이미 라이프니츠가 수에 상을 도입하기는 했지만 3자를 종합한 것은 괴델이다.

---

12) 수지상수론에서는 왼손을 사용하나 여기서는 편의상 오른손으로 한다.

괴델이 상·수·사를 종합한 이유는 수에 나타난 역설을 극복하기 위해서 러셀과 화이트헤드가 논리 기호(상에 해당)를 도입했으나 수포로 돌아 가자 힐베르트 등은 일상 언어(사)를 도입했지만 이것 역시 무위로 끝나고 말았다. 이에 괴델은 삼자를 다 모아 소위 괴델수를 만들어서 1932년 수학의 불완전성 정리를 발표하였다. 적어도 역에서 트로이카를 항상 같이 가게 하는 이유를 알자면 서양의 현대 수학사와 논리학사를 알아야 한다.(김상일, 2013, 10장)

그러나 역학사에서도 상·수·사가 분열되는 것으로 점철된다. 즉, 한대에는 상·수역이 송·명대는 의리역이 주종을 이루고 전자는 점술학이 가져가고 후자는 강단 학자들의 전유물이 되었다. 다산이 역 4법을 통해 의리역과 상수역을 종합하려 했다. 정역 역시 다산의 전통을 따른다고 할 수 있다. 그러나 필자는 양자의 종합을 위해서는 논리적 기반이 튼튼해야 한다고 보아 위상학과 집합론을 도입하여 두 역의 종합을 시도한다.

일부는 상수사 사이에 난제들이 숨어 있었다는 사실을 알고 있었다.

칼럼 가	칼럼 나		
건10 ☰	리9 ☲	90=9×10	(A)
손 1 ☴	간8 ☶	81=9×9	
천 2 ☱ ↓	곤7 ☷ ↑	72=9×8	(B)
태 3 ☱	진6 ☳	63=9×7	
감 4 ☵	곤5 ☷	54=9×6	(C)

(도표 10) 수지상수와 승법

난제들이란 자기언급에서 발생하는 역설을 두고 하는 말이다.

일부는 역학 속에서 역설이 발생하는 문제를 책수라는 것을 통해 해의하고 있다. 이것이 정역이 향해 나아가고 있는 긴 장도인 것이다. 먼저 수지속에서 일부는 책수를 다음과 같이 찾고 있다. (도표10)은 수지상수의 수를 곱하기 기법을 통해 책수를 찾아낸 것이다.

(칼럼 가)와 (칼럼 나)로 나누고 다시 이를 (A)(B)(C)로 나눈다. (칼럼 가)는 0-4수이고, (칼럼 나)는 6-9수이다. (칼럼 가) 0, 1, 2, 3, 4는 하행하고, (칼럼 나)는 5, 6, 7, 8, 9로 상행할 때에 상행한 것은 9에서 (칼럼 가)로 이동하여 10(0)이 되고 다시 (칼럼 가)에서 0, 1, 2, 3, 4로 하행(↓)한 다음 (칼럼 나)로 이동하여 상행(↑)한다. 이런 구조를 좌우에서 일대일 대응을 시킬 때에 우측에 (A)(B)(C)로 삼등분 된다. 좌우에 있는 상행과 하행하는 수들끼리 곱하기를 하면 우측에서 보는 바와 같이 책수가 만들어진다. 책수는 여러 가지 방법으로 만들어지는데 수지상수 사이에서 만들어지는 책수도 그 가운데 하나이다. 건책수 216과 곤책수 144가 궁극적으로 3:2 비례라고 할 때에 이것은 자연의 비례이기 때문에 음악과 같은 여러 다양한 방법으로 만들어질 수 있다. 그리스인들도 그노몬을 통해서 이 책수를 알게 되었다. 216:144 비는 3:2 비의 확장에 불과할 뿐, 그 확장은 한이 없을 정도이다. 그리고 이러한 비의 확장은 곧 우주 공간과 시간상의 확장이라 할 수 있다.

책수로 본 존공과 귀공의 문제

간8과 손1(81), 곤7과 건2(72), 진6과 태3(63)의 괘상을 보면 초·중·상효의 위가 반대로 된 경우(간과 손)도 있고(종), 음양의 효와 위가 모두 반대인 경우도(진과 태) 있다(착). 이를 '착종'이라고 한다. 종은 위변이고 착은 효변이다. 효변은 반가치화이고, 위변은 반대각선화의 일종이라는 사실이 밝혀질 것이다. 그렇다면 곤과 건은 효변과 위변을 동시에 하고 있다. 그런데 여기서 이러한 착종 규칙을 적용할 수 없는 곳이 있다. 바로 감4와 리9이다(C와 A). 감4는 곤5(54)와, 리9는 천10(혹은 천0)(9 혹은 90)과 대응이 되어야 하나(A), 감과 리의 괘를 보면 착종을 하지 않는다. 그래서 수지상수론의 승법에 의하여 A, B, C로 분류할 때 착종을 하는 것은 (B)뿐이다. 그래서 (A)와 (C)는 특례로 다룰 수밖에 없다. 이 특례의 경우는 모두 중궁과 중신이 들어 있다는 점에서 같다. 그리고 리괘와 감괘와 대응이 되는 것은 각각 10건과 5곤이다. 하나의 소성괘 안에서 중지는 상중하 효 어디에도 관련이 되고 개입이 된다. 중지를 변환점이라 하며 모든 변화를 주도하는 것이 중지이다. 중신일 때는 54, 중궁일 때는 90이다. 5와 10이 개입되어 승법이 만들어진 것이 54와 90이다.

여기서 왜 김일부가 5와 10을 제외하고 셈을 하였는지를 알 수 있게 되었으며 이들 두 수를 처리하는 방법에서 '존공尊空'과 '귀공歸空'이란 말이 요청된다. '대각선 논법과 조선역'(2013)에서 정다산이 감괘와 리괘를 벽괘에 포함시킨 예를 보았다.[13] 중국의 우번과 주자가 이들을 벽괘에서 제외시킨 것에 대하여 다산의 역4법은 '특특비상지례'로 이를 허용하고 있다. 여기에 다산역의 특징이 나타난다. 김일부는 다산의 전통을 따라서 5와 10을 귀공 혹은 존공이라는 방법으로 황극의 자리에 올려 놓는다. 간단해 보이는 승법 속에서 우리는 정역의 중핵에 해당하는 내용을 발견하게 되었다.

아래 장들에서 거론되는 정역의 여러 문제들은 모두 〈계사전〉에 등장

---

13) 김상일, 『대각선 논법과 조선역』, 서울:지식산업사, 2013.

하는 세 가지 셈본에 대한 주석이라 할 수 있다. 김일부는 역을 제작한 원래 목적이 윤본과 승본에 나타난 역수에 있었는데, 그 동안 역학 연구가 가본에만 치중한 나머지 승본을 무시하였다고 본다. 가본에서는 하·낙 셈하기에 나타난 바와 같이 명패수 5와 물건수들 1, 2, 3, 4, 5 사이에서 더하기를 주로 한다. 가본에서 나타난 공간적인 역설逆說에서 생긴 초과분이 다름 아닌 윤본에 나타난 윤수이다. 이러한 역의 셈본 개념을 서양의 그것과 동일시해서는 안 된다. 동양의 역에서 말하고 있는 이러한 수 개념은 서양에서 최근에 언급되고 있는 '초숫자sur number'에 해당한다고 할 수 있다. 초숫자란 동양의 '이수理數' 혹은 '도수度數'와 같은 것이라 할 수 있으며 이러한 이수들의 셈본을 두고 '추연推衍'이라고 한다.

'추연'이란 수를 하나로부터count from one 셈하든지, 아니면 하나에로 count to one 셈하여 새로운 수의 도수를 얻는 것을 두고 하는 말이다. 전자를 '체증遞增'이라 하고, 후자를 '체감遞減'이라고 한다. 하나를 향해 감하기 셈본을 알랭 바디우는 '일석一析 셈하기count for one'라고 한다. 이것이 '체감substraction'이다. 이에 대하여 '일적一積 셈하기count from one'는 일에서 가하기 셈본이다. 이것은 '체증遞增'이다. 일석이나 일적이나 셈하기를 할 때 반드시 초과분이 생긴다. 전체가 제 자신의 한 요소가 되는 자기언급 때문에 초과분이 생긴다. 10과 15 같은 것이 모두 초과분에 해당한다. 음악에서는 이러한 초과분을 '피타고라스 콤마'라고 한다. 이 콤마의 처리 문제로 음악사에도 순정율과 평균율이라는 것이 등장한다.

우주 역에서는 이 초과분에 해당하는 것이 바로 윤수이다. 원역 375에서 15를 체감하면 정역 360이 된다. 결국 15가 초과된 기수로서 이를 감해가는 것이 정역 기수법의 골격이다. 375와 360의 두 수 사이에서 체감을 하면 두 개 윤역이 생긴다. 즉, 승본을 통해 375가 생겨났다. 여기에 15라는 초과분이 생겼다. 이것을 체감하는 과정에서 두 개의 윤본(혹은 윤역)이 생겨난다. 두 개의 윤본이란 제요 366과 제순 365¼이다. 375에서 9를 체감한 가본에서 생긴 윤수 366을 처리하기 위한 것이 승본이다. 그래서 승본은 사실상 이 윤수인 초과분의 수를 해의하기 위한 셈본이라 할 수 있다. 거듭 강조해 말하면, 더하기 가본과 곱하기 승본을 통해 원역수 375가 생긴다. 여기서 생긴 15를 체감하는 방법을 정역이 고안해 낸 것이다. 10에서 5를 체증하면 15가 되고 체감하면 5가 된다. 15는 5와 10의 합이고 15의 문제점은 위에서 말한 수지상수론에서도 확인했다(도표10).

도수와 도수를 더하는 것을 '합덕合德'이라 하고, 곱하는 것을 '상승相乘'이라 하고, 도수에서 수를 빼는 것을 '분分'이라고 한다. 여기서 이렇게 말하는 가감승제를 유클리드적인 수로 생각해서는 안 되고 초숫자 또는 이수理數라고 해야 한다. 초숫자는 존재론적인 숫자이다. 이러한 수의 개념을 철학에 도입한 철학자가 알랭 바디우이다. 바디우는 자기의 존재론을 '수학적 존재론mathematical ontology'이라고 한다. '수학적 존재론'은 집합론을 수학의 토대로 한 새로운 수 개념으로 철학의 존재론을 다시 해석한다. 바디우는 수학적 존재론을 통해 철학의 해체가 아니라 철학의 새로운 출발과 시작을 할 수 있다고 한다. 이때 역에서 다루는 모든 수 개념은 초숫자적 의미를 갖기 때문에 철학의 새로운 출발을 가능하게 할 수 있다는 것이다. 이에 대한 자세한 논의는 필자의 『알랭 바디우와 철학의 새로운 시작』(새물결, 2008)을 참고 바란다. 그러면 수천년 전 동양의 역은 이러한 초숫자 개념에 의해 철학의 새로운 문을 열어 줄 것이다.

위의 하·낙·정역 수지상수도(도표 9b)를 통하여 앞으로 토론할 쟁점들은 점검해 보면 다음과 같다. 문왕 8괘의 수지상수에서는 서로 대응하는 괘수가 1-(6), 2-9, 3-8, 4-7, 5-6-1이다. 1은 순환하여 6과 대응이 된다고 보면 여기서 문제가 되는 것은 2-9와 4-7이다. 2-7(화)이고 4-9(금)여야 하는데 9와 7이 잘못 대응이 되고 있다. 9는 금이고 7은 화이다. 그래서 앞으로 정역이 해야 될 사명은 문왕 8괘도에서 잘못 놓여 있는 금9와 화7을 제자리에 돌려놓는 것이다. 그래서 이를 두고 '금화교역金火交易'이라고 한다. 이렇게 금화가 잘못 놓여 있는 것이 선천시대이고 이렇게 잘못 놓여진 이유로 지구가 지금 제 위치에서 운행을 하지 못하는데 있다는 것이다. 다시 말해서 문왕 8괘도에서 곤건이 남북 정위의 자리로 돌아오게 하자면 금화가 교역되어져야 한다는 것이 정역의 종지이다.

김일부는 '금화4송'에서 '4·9·2·7금화문四九二七金火門 고인의사부도처古人意思不到處'라 하여 4·9금과 2·7화라는 금화문은 고인들도 미쳐 말하지 못한 바라 했다. 여기서 고인들이란 문왕과 주공, 심지어 공자 같은 인물들을 두고 하는 말이다. 『주역』을 만든 주역들도 이 점을 알지 못했다는 것이다. 그만큼 일부는 금과 화의 자리 변화를 주요시했었다.(김주성, 1999, 131) 간단한 수의 자리 변화가 우주자연의 현상과 밀접하게 상관이 된다는 사실을 정역 연구를 통해 확인하게 될 것이다.

굴신일대일 대응과 십이익지 일이관지

일대일 대응 가운데 굴과 신의 대응은 자기언급과 짝째기에 관련이 있다. (도표8)은 동서양이 수지로 셈하기를 비교해 놓은 것이다. 수지 다섯 개로 셈한다는 점에서는 동서양이 같다. 그러나 굴신 가운데 어느 것으로 먼저 셈을 하느냐에 따라서 차이가 난다. 굴신을 하기 전에 그 것의 '본바탕'이 무엇이냐가 주요하다. 2부에서는 이런 본바탕을 '합신' 과 '합굴'이란 말을 사용해 표현할 것이다. 여기서 동서양 사고 방식의 차이가 생긴다. 서양이 1 하고 셈을 시작하기 전에 다섯 개의 수지를 모 두 굴한다고 할 때에 이를 두고 '본바탕'이라고 한다. 그 다음에 소지를 신하여 1 하면서 (도표8)과 같이 셈한다. 수지가 모두 굴한 상태에서는 물리적으로 소지부터 셈할 수 밖에 없다.

  이에 대하여 동양에서는 본바탕이 신이다. 다섯 수지가 모두 펴진 상 태에서 셈을 시작한다는 말이다. 수지가 펴진 본바탕에서는 물리적으 로 모지를 굴하면서 1 할 수 밖에 없다. 그래서 동서양의 셈하기 차이 는 본바탕이 문제이다. 굴은 양 그리고 신은 음이라고 할 때에 서양은 양 그리고 동양은 음이 본바탕이다. 정역도의 전진과 배진은 동양적으 로 본바탕이 펴진 신이지만 8괘를 만들 때에는 셈의 시작을 중지 다음 인 약지에서부터 1 하는 것이 다르다고 할 수 있다. 즉, 정역도 물론 동 양의 이러한 전통을 따른다. 신을 본바탕으로 모굴1 하면서 (도표11)과 전배진수를 셈한다.

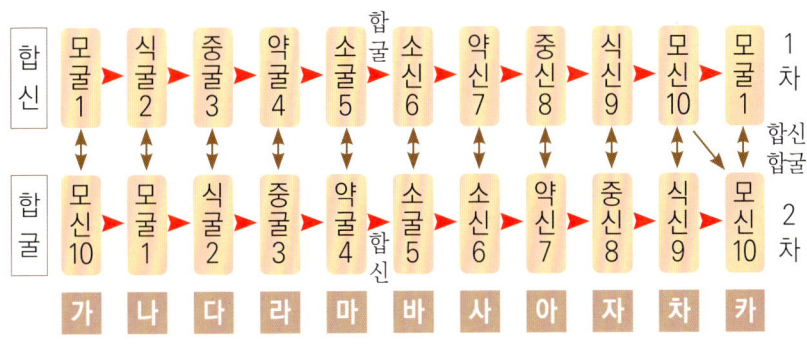

(도표 11) 전신과 전굴의 일대일 대응표

이렇게 1~10의 계열이 만들어졌다. 이런 계열의 순서를 두고 '역생도성逆生到成'과 '도생역성到生逆成'이라 한다. 그런데 문제는 여기서 순서수의 역설이 발생한다는데 있다. 끝수의 '모신10'은 끝수인 동시에 그 자체가 전체이다. 다시 말해서 이것 자체가 다름 아닌 본바탕이다. 모지를 신하면서 10 하게 되면 수지 다섯 개가 모두 펴진 상태인 신이다. 이를 두고 '합신合伸'인 본바탕이라 한다. 물론 '합굴合屈'인 본바탕도 가능하고 이것이 서양식 본바탕이다. 여기서 합신 그리고 합굴이란 개념들이 생겨난다. 이에 대한 자세한 논의는 5장에서 이어질 것이다.

(도표12)는 순서수의 역설을 시각적으로 잘 나타내 보여준다. 즉, 수지 순서상에서 볼 때에 9는 순서의 끝인 동시에 1-9 사이의 순서수들 전체 자체이다.(Shesso, Math Mystics, 2007, 8) 이러한 9를 특히 '전굴' 혹은 '전신'이라 한다. 전굴과 전신은 합굴·합신과 형태가 같다. 여기서 순서수의 역설이 발생한다.

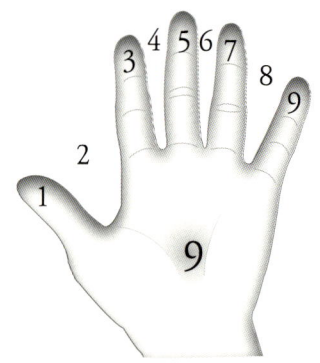

(도표 12) 수지상으로 본 순서수의 역설

순서수의 역설에 의하면 모굴1에서부터 순서대로 셈을 할 때에 '모신10'(모지를 편 10이란 뜻)은 전신 자체(합신)와 같고 그것이 다음 2차 순서계열의 첫 수가 된다. 이는 수지 셈법에서 쉽게 발견되는 역설이다. '모굴1'(모지를 구부린 10) 하면서 셈하기를 시작하여 소지를 거쳐 다시 모지로 되돌아오는 연속적 과정을 말하고 있는 것이다. 굴과 신을 나누어 셈하면 모신10은 모신5가 될 것이다. 여기서 존공과 귀공의 문제가 생긴다. 모지는 이렇게 굴신을 하면서 1차 셈하기의 처음인(굴) 동시에 끝이(신) 된 다음에 다시 2차에서 '모굴1'을 다시 시작한다. 이 때에 2차의 모굴1의 본바탕은 1차의 모신10(혹은 모신5)이다. 모신10이 날개를 달고 밖으로 나온 것이다. 이를 두고 일부는 '십이익지+而翼之'라고 한다. 이는 마치 집합론에서 0이 { }이란 날개를 달아 {0}이면 그것이 1이 되는 것과 같다. 이 사실을 서양 수학이 안 것은 19세기 말이다. 칸토어의 집합론을 통해서이다. 이는 0의 자기언급을 통해서이다.

여기서 '날개를 단다'는 것은 집합을 만든다는 것이며 '0'으로 집합 { }을 만들면 {0} 거기서 '1'이 생겨난다. 이렇게 무에서 유가 만들어지는 것을 두고 "초초일도初初一度 유이무有而無"('월극체위도수' 중에서)라 한다. '초일도'란 '처음 도수'를 의미한다. 그런데 왜 그냥 초일도라 하지 '초초일도'라고 했는가. 왜 반복해 '초초'라 했는가. 이는 자기언급을 의미하고 자기언급을 두고 날개를 단다고 한다. 무가 날개를 달아 자기언급을 하면 유가 되고 그것이 다름 아닌 1이다. 0은 태음이고 1은 태양이다. 0과 1은 같은 것이다. 무인 0이 자기언급을 해 버리면 1이 된다는 것이다. 이러한 과정을 두고서 '초초일도 유이무'라 한다.[14]

정역은 10을 무라고 한다. 0이란 뜻이다. 날개를 어떻게 달 것인가. 굴신을 통해서이다. 1차에서 모신10이 모굴이 되면 모굴1이 된다는 말이다. 여기서 모굴1은 이미 2차의 첫 번째 수가 된 것이다. 그러면 모신

---

14) '초초일도 유이무'는 정역에서 천간지지에 연관하여 사용된다. 경자가 기해에서 나왔지만 기해를 셈에서 간주하지 않고 경자부터 간주하기 때문에 기해는 있어도 있는 것이 아닌 것이나 마찬가지이다. 공집합 {∅}=1에서 1만을 간주한다는 말과 같다.(권영원, 2013, 393)

10이 첫 번째가 되었기 때문에 모굴1은 두 번째가 된다. 이렇게 10-1, 1-2, 2-3…, 9-10, 10-1이 된다. 여기서 굴신을 관통해 버릴 때에 10이 1로 변한다. 그래서 '일이관지'라고 한다. 이것이 공자가 말한 '십이익지 일지관지'란 말의 의미라는 것이다. 그런데 공자가 말하지 않은 것이 있는데 그것은 다름 아닌 '무극지무극'이다. 그것을 현대적인 언어로 말하면 0과 {0}의 차이를 두고 하는 말이다. 이를 0을 10이라고 할 때에 10-10이 '무극지무극'이며 이것은 곧 1이다. 무극인 10이 한 번은 굴하고 한 번은 신하는 것을 두고 '십십++'이라 한다. 자기언급을 한다는 뜻이다. 그러면 이러한 자기언급, 다시 말해서 모지의 자기언급을 통해서 1이 생겨난다. 이 점만 공자가 말하지 않은 것이라는 것이 '부자지불언夫子之不言'이란 말의 의미이다. 칸토어 이전에 어떤 수학자도 이를 말하지 않았던 것 같다.

이렇게 하여 만들어진 두 개의 계열을 (도표11)에서 1차와 2차로 나누었고, 일대일 대응 자체를 (가)(나)…(카)로 명칭을 달았다. 2차의 (가)는 순서수의 역설이 여실히 나타나는 곳이다. 2차는 1차의 끝인 (차)를 첫 수로 삼았고, 이 끝수가 전굴(전신)이며 합굴(합신)이다. 이때에 본바탕인 전체 자체가 그 안에 있는 하나의 계열로 포함包含되는 것은 '닫힘'이라 하고, 포함되지 않는 것을 '열림'이라고 한다. 10이 닫힘에서 열림으로 나오는 것을 두고 '십이익지'라고 한다. 1차 모신10(카)에서 2차 모신10(가)으로 되는 것은 '십이익지'이고 이것이 다시 모굴1이 되는 것을 '일이관지'라 한다. 일이관지에서는 굴신을 해야 한다. 굴신을 하자면 10이 날개{ }를 달아야 한다. 이렇게 하여 (가)와 (카)는 원환 고리를 만들게 된다. 일이관지하자면 수는 굴과 신과 시와 종의 대칭이 모두 일치하여야 한다. 그래서 (가)와 (카)가 일이관지하자면 뫼비우스띠를 만들어야 한다. 여기서 위상학의 도입이 불가피해진다.

순서수의 역설과 기수의 역설

현대수학에서 이러한 정역의 '10이익지'와 '1이관지'를 바라보았을 때에 각별한 의미를 갖게 된다. 아래 도표는 현대수학에서 본 공집합에서(10을 공 혹은 무라고 봄) 1을 산출해 내는 방법이다.

∅,　　{0},　　{0, 1},　　{0, 1, 2},　　{0, 1, 2, 3},　　…
↓　↗　↓　↗　↓　↗　↓　↗　↓　↗
0,　　　1,　　　2,　　　　3,　　　　　4,　　　　　…

〈도표13〉 공집합에서 집합을 만드는 법

∅는 본바탕 10(합신과 합굴)이고 0은 그 바탕 안의 10(전굴과 전신)을 두고 하는 말이다. 0이 이제 자기언급이라는 굴신 작용을 하면 {0}이 되고 이를 두고 0이 날개를 단다고 하는 것이다. 그러면 {0}이 1로 된다. 나머지 2, 3, 4…는 이런 순서로 탄생한다. 이때에 어느 한 집합 안의 끝수와 거기서 생겨나는 수와는 항상 n과 n+1의 관계로 짝째기이다. 이러한 현상을 여실히 보여주는 것이 〈도표6〉이다. 짝째기가 생기는 이유는 공집합(10 혹은 0)이 굴신을 해 자기언급을 했기 때문이다. 자기언급을 하면 이중적이 되어 동일한 것이 두 개가 되며, 0이 자기언급을 하여 1이 되었기 때문이다. 그래서 1은 항상 00(즉 십십)이다. 두 개가 하나로 되었다. 그런 의미에서 일부가 10과 10을 두고 10과 {10}으로 표시했더라면 한결 이해가 쉬웠을 것이다. 일부가 15일언을 쓸 무렵에 서양에서는 칸토어가 집합론을 발표하고 있었다. 시기적으로 일치하는 것이 흥미롭다.

그러면 0과 1을 요원으로 하는 집합 {0,1}이 만들어진다. 이것이 두 번째 집합이다. 어느 부류의 집합의 끝 수는 새로운 수보다 1이 더 적다. 이것이 짝째기 현상을 만드는 원인이다. 다시 말해서 이렇게 끝없이 만들어 나가면 하나의 규칙이 세워지는데, 그것은 끝자리 수보다 1이 더 많은 것이 그 순서수 집합의 이름이 된다는 것이다. 즉, 3으로 끝나면 4가 이름이 된다. (도표12)에서 보는 바와 같이 9로 끝나면 9 자체는 전체를 대표하는 명패가 된다. 명패를 또 하나의 개수로 간주하게 되면 n+1 현상이 생기게 되며 바로 여기서 하9서10이냐 하10서9냐의 논쟁이 발생한다. 이렇게 하나가 늘어난 이유는 공집합이 자기언급을 하여 그것이 첫 번째가 되었기 때문이다. 즉, 0에서 시작했지만 0을 요원으로 하는 집합이 1이 되기 때문이다(십십). 그래서 결론적으로 어떤 자연수 n의 순서수는 n+1이라는 규칙이 만들어진다. 0이 본바탕이며 9와 5 같은 수가 본바탕 수에 해당한다.

그런데 문제는 지금부터 발생한다. 여기서 문제라고 하는 것은 역설을 두고 하는 말이다. 만약에 집합의 마지막인 수가 무한수, 즉 오메가 ω라면 그것의 순서수는 $\omega+1$이 될 것이다. 무한수보다 더 큰 무한수가 있게 된다. 자연수 집합 {0, 1, 2, 3…}의 이름을 오메가ω라고 해보자. 이 '오메가'라는 순서수가 정해지면 그 다음의 순서수도 {0, 1, 2, 3… ω}와 같이 정해진다. 그 순서수의 명칭은 '$\omega+1$'이 된다. 그리고 그 다음 순서수는 $\omega+2$, $\omega+3$…이 될 것이다. 그러면 이러한 순서수 계열의 끝은 무엇인가? 당연히 '$\omega+\omega$'이다.

다음 이어지는 수는 $\omega+\omega+1$이 된다. 그 다음은 $\omega+\omega+2$가 되고, 그 다음은 $\omega+\omega$는 $\omega+\omega=\omega\times2$가 된다.[15] 그러면 $\omega+\omega+\omega=\omega\times3$

---
15) 절대로 2×ω로 쓰면 안 된다.

이라고 쓸 수 있다. 그러면 그 다음 다음 계열은 $\omega \times \omega$인 $\omega 2$가 된다. 따라서 $\omega 2, \omega 3 \cdots, \omega \omega$ 시리즈가 만들어진다. 이를 그림으로 표시하면 (도표14)와 같다(Rucker, 1995, 72-73). 칸토어는 무한수 전체를 'e'라고 했다.

$$e+1, e+2, e+3 \cdots e+\omega$$

이 역시 기껏해야 번호를 붙일 수 있는 가부번 집합이다. 그렇다면 바벨탑은 더 층이 높아져 '모든 순서수 전체로 된 순서수'라는 새로운 층이 나타난다. 이는 마치 고대 수메르 인들이 쌓은 지구라트zigurat와 같이 천정부지로 쌓을 수 있다. 우리는 지금까지 '자연수 전체의 집합'이나 '실수 전체의 집합' 등 만을 생각해왔다.

그러한 새로운 집합을 가장 큰 ω라고 할 때에 이것 역시 순서수 집합이기 때문에 큰 ω를 포함하는 또 다른 순서수가 존재해야 한다. 확실

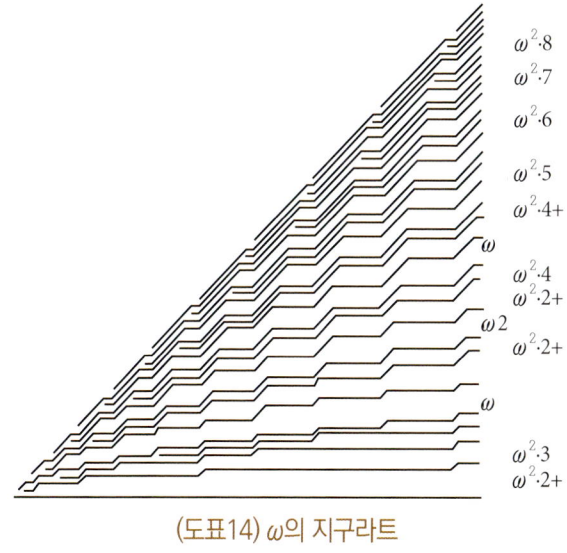

(도표14) ω의 지구라트

히 이것은 역설이다. 왜냐하면 큰 오메가는 순서 가운데 '가장 큰 것'이라는 전제에 어긋나는 것이기 때문이다. 이를 부르알리-포르테 역설 혹은 '순서수의 역설'이라고 한다. 이 역설 때문에 수의 바벨탑인 지구라트가 무너진다. 칸토어도 이 역설을 알고 있었으며, 그는 또 다른 역설인 기수의 역설 혹은 '칸토어 역설'이라는 새로운 바이러스에 감염되고 만다. 다시 말해서, 칸토어는 순서수가 아닌 기수의 농도에서도 이런 역설이 나타나는 것을 발견한다. 아마 이 시대의 수학자들 가운데 이 역설에 감염되지 않는 것이 오히려 이상하다고 할 정도이다. 사실 칸트의 이율배반의 정립은 순서수에 관한 것이고, 반정립은 기수에 관한 것이고 보면 칸트도 이 역설의 바이러스에 이미 오염되었고 이 역설을 해의하기 위해 순수이성비판을 썼다고 봄이 옳다.

가우스 같은 수학자는 수학에 나타난 이 역설에 대하여 '무한'이란 끝없이 셈하는 극한 과정인데 이를 무모하게 그릇에 담으려 했기 때문에 바이러스가 생긴 것이라며 칸토어를 비판했다. 즉, 가무한을 실무한이라는 그릇 속에 담으려고 했기 때문이라는 것이다. 가우스의 우려는 20세기로 넘어오기가 무섭게 러셀에 의하여 '러셀 역설'로 나타나 수학계를 강타한다. 수 만이 아니라[16] 논리, 나아가 일상 언어 속에서도 같은 역설이 나타남에 따라 세상을 경악시키고 만다. 프레게 같은 수학자는 수학의 기초 이론을 저술하다 러셀로부터 이 역설 발견의 소식을 듣고 모든 작업을 중단할 수 밖에 없었다. 만약에 이 역설이 수학에 들어있다면 수학의 토대는 무너지고 만다고 판단했기 때문이다.

정역은 이러한 수에 나타난 역설을 절감한 나머지 수를 직선적, 혹은 계단식으로 이해하지 않고 천수와 지수, 음수와 양수, 그리고 생수와

---

16) 일상 언어 속의 역설이 '거짓말쟁이 역설'이다.

성수 대칭으로 나눈 다음 이를 일대일 대응시키는 방법을 취한다. 그래서 '천사天四 지육地六 천오天五 천육天六 지사地四 천지지도天地之道 수지호십數止乎十'(15일언)이라 했다. 수들 사이에는 짝이 있으며 수는 무한대로 이어지는 것이 아니라 단지 '10에서 그친다'는 말이다. 천과 지는 서로 석합보공을 하여 천이 4면 지는 6이고, 지가 6이면 천은 4이다.

그리고 5는 천과 지에 모두 해당된다. 수는 직선으로 무한대로 가는 것이 아니라 서로 합하여 공을 만든다는 것이 석합보공의 의미이다. 그 공이 5의 자리이고 결국 정역에서 말하는 공이란 5가 자기언급을 하는 10을 두고 하는 말이다. 그리고 5는 서양 수학에서 말하는 허수에 해당하는 수이다. 허수가 -1의 제곱근($\sqrt{-1}$)이라는 사실을 상기하자. 여기서 '제곱'이란 자기가 자기 곱하기인 자기언급이다. 여기서 주요한 것은 '자기언급'이란 말이다. 허수란 자기언급의 소산이며, 5를 이 허수 개념과 일치시킨다.

그런데 왜 6과 4가 천과 지에서 서로 바뀌는가? 그 이유는 하지에는 낮과 밤이 6:4이고 동지에는 그 반대인 4:6이기 때문이다. 그리고 춘분과 추분에서는 5:5이다. 6:4 비례는 3:2 비례이다. 우주는 궁극적으로 3:2 혹은 2:3으로 짝째기이다. 인간 몸이 5장 6부 그리고 우주의 기가 5운 6기로 짝째기인 이유도 동일한 궤에서 이해될 수 있다.

제2장
정역의 셈법과 기강정위론

2.1 '더하기'와 '곱하기'와 정역의 기강경위론

질운운동과 우주 도수의 기강 잡기

〈계사전 하〉에서 "역의 글됨이 시始에서 근원하여 그 종終에서 요약한다[易之爲書也 原始要終]"(계사전 하 9장)고 했다. 시간의 처음과 끝은 동서고금의 지난한 철학적 문제로 남아 있다. 칸트는 그의 순수이성비판 서문에서 그가 머리속에서 고민하던 것 가운데 하나가 이율배반론의 제1명제 속에 다음과 같이 요약하고 있다. 네 가지 이율배반 명제 가운데 그 제1명제는 아래와 같다.

    정립: 세계는 시간적 그리고 공간적으로 시초가 있다.
    반정립: 세계는 시간적 그리고 공간적으로 시초가 없다.

이 제1이율배반론은 정역과 밀접하게 연관이 된다. 칸트는 아직 유클리드 수학이 든든한 기반을 유지하고 있을 당시에 살았다. 그의 철학의 한계는 곧 당대 수학의 한계와 궤를 같이 한다. 뉴턴의 물리학도 당대 수학의 한계를 그대로 반영한다. 김일부 정역 사상의 탁월함은 그의 수 이해를 칸트의 그것과 비교해 보면 분명해진다. 한편 칸트 철학의 탁월함은 타의 추종을 불허하는 것 같지만 그의 수 이해는 당대 수학의 한계를 넘어서지 못한다. 칸트는 집합론이 나타나기 이전 200여년 전에 살았다. 실로 서양 수학은 집합론을 분기점으로 전후로 나뉜다고 할 수 있을 정도이다.

칸트 시대의 수학은 수를 1, 2, 3, 4, 5…로 진행하는 것으로밖에는 생각하지 못하였다. 즉, ⋯-5-4-3-2-1과 같은 역진행하는 수 이해를 하지 못하였다. 칸트는 자기의 이런 수 이해를 '배진背進'이라 하였다. 김일부는 이를 '도생역성'이라 할 것이다. 사다리가 놓여 있는 땅을 주어진 제약된 끝으로 보고 이 끝에서 거꾸로 올라가는 배열을 '배진'이라고 한다. 우주의 시작이 있느냐 아니면 끝이 있느냐와 같은 질문이 전진에서는 발생하지 않고 배진에서만 발생한다고 칸트는 보았다.

전진과 배진이 가능한 이유는 인간의 이성이란 그 본성상 어떤 주어진 결론에 도달하게 되면 왜 결론이 생기게 되었는지 이유를 알고 싶어하고, 그 전제의 전제를 찾아 끝없이 추구해 올라가 보려는 본능이 있기 때문이라고 칸트는 보았다. 칸트는 이를 '순수이성의 원리the principle of pure reason'라고 했다. 이 원리는 이성이 지닌 숙명과도 같은 것으로서 이런 이성의 본성은 궁극적으로 '대 일자the One'에 대한 향수 때문에 생긴 것이라고 한다. 이런 일자를 두고 칸트는 '이성의 순수한 개념'이라고 했다.(B380, 김상일, 2004, 129)

그러나 이러한 대 일자에 대한 향수는 궁극적으로 이성으로 하여금 이율배반이라는 암초를 만나게 한다. 칸트는 이러한 순수이성의 원리가 갖는 위험성을 실감한 나머지 이성을 거세해 버리려 했다. 그가 전진과 배진 가운데 후자만을 취한 것은 이성의 거세이다. 이러한 칸트의 해법은 사실상 플라톤 이후 서양 주류 철학이 해 오던 방식 그대로라고 보면 된다. 그러나 김일부는 거세된 이성의 본성을 다시 복원한 것이다. 그것이 다름 아닌 '역생도성'과 '도생역성'이라는 두 원리이다.

문제의 주요성을 감안하여 칸트의 배진론을 제약과 무제약이라는 관점에서 더 부연 설명을 해 두기로 한다. 사다리에서 땅은 이미 주어져 있는 것이기 때문에 무한 퇴행의 오류를 범하지 않게 된다. 사다리의 땅과 같은 것을 칸트는 '제약'이라고 했다. 그에 따르면 제약된 전제는 현상에 가장 가까이 있기 때문에 여기서부터 시작을 하여 가장 먼 곳에 있는 '제약의 제약'이라는 무제약자를 찾는 것이 가장 합리적이다.

이렇게 배진을 해 나감으로서 도달하는 무제약자는 배열의 아래에 있는 제약자들을 모두 통일하게 된다. 이를 '배진적 종합the regressive systhesis' 혹은 '절대적 완결성'이라고 한다. 이런 절대적 완결성은 두 가지 성격을 갖는다. (1)제약된 계열의 모든 항들을 다 포함하는 계열의 전체적인 종합인 '절대적 전체성'과 (2)계열들의 마지막 항이 그 항을 따르는 모든 항들을 다 포함하는 '제1항'이 있다. 칸트 사후 200여 년이 지난 다음에야 수학자들은 서양수학의 수 이해에 두 가지 역설이 있다는 사실을 발견했다. 즉, 1879년 부르알리-포르테(Buralic-Forti, 1861-1931)는 이태리에서 열린 수학자 대회에서 순서수의 역설을 발표하였다. 그것이 다름 아닌 위의 (2)항이다.

다시 1882년에 칸토어는 기수의 역설을 발표했다. 그것이 다름 아닌 위의 (1)항이다. 수학 역사상 수학자들을 이 만큼 당황하게 만든 역설도 없을 것이다. 특히 칸토어의 역설은 세기를 너머서 1904년에 러셀에 의해 '러셀 역설'로 알려지게 되었다. 이 역설이 알려진 이후 이를 극복하기 위해서 러셀은 화이트헤드와 《수학 원론Principia Mthematica》을 10여 년에 걸쳐 함께 저술하다 결국 서로 같이 글쓰기를 중단하고 만다. 역설해의의 방법론이 달랐기 때문이다. 그러나 이들의 논리주의적 노작은 1940년대에 들어 노이만에 의해 전산기 발명에 절대적인 공헌을 한다.

김일부는 서양에서 두 개의 역설이 등장할 무렵 조선에서 살았다. 오늘날까지 그가 살아 있다면 두 가지 역설에 대한 해의의 일환이라는 것이 그의 정역을 제작한 동기였다는 사실을 알게 될 것이라 본다. 그의 '기제미제론'과 '역생도성'과 '도생역성'의 논의들은 모두 두 가지 역설에 대한 해의 바로 그것 이상도 이하도 아니라는 사실을 알게 된다는 말이다.

배진을 할 때에 위에서 소개한 제1 이율배반에 직면하는 근본적인 이유는 다음과 같다. 수라는 계열의 무한 사다리를 타고 배진을 할 때에 '무제약자'란 다름 아닌 '계열 전체 자체'라는 것과, 동시에 그 계열의 '제 1항'이라는 사실을 알게 된다. 수지로 셈을 할 때에 손가락 5개를 다 셈하면 그것은 주먹 하나와 같아지는 것과 같다. 주먹을 쥐락펴락하는 것이 합굴과 합신이다. 수지 5개는 1개 주먹이라는 것과 그것은 주먹이라는 계열의 제1항이란 사실을 알게 된다.(도표12 참고) 앞으로 정역의 역생도성과 도생역성의 문제에서 이 사실을 실감하게 될 것이다. 이렇게 생긴 제1항은 무제약자가 아니고 새로운 '제약자'가 되고 만다. 그래서 세계의 시종을 말하는 순간 이러한 순서수의 역설에 직면하게 된다. 제약자이면서 무제약자라는 이 역설이 다름 아닌 제1 이율배반의 내용이다. 이러한 이율배반론이 19세기에 들어와 부르알리-포르테의 순서수의 역설과 칸토어의 기수의 역설로 발전하게 된다.

이 두 역설은 동서고금에 상관없이 인간 사유가 있는 곳에는 보편적으로 나타나는 난제이다. 붓다는 제자로부터 이런 질문을 받았을 때에 침묵으로 일관하였다 하여 이를 두고 '무기無記'라고 한다. 즉, 세계의 시종을 묻는 제자의 대답에 침묵한 것을 두고 무기라고 한다. 그러나 김일부는 이러한 이율배반에 대하여 적극적인 해의를 찾아 나선다.

칸트는 우선 가무한 만을 알았지 실무한을 몰랐었다. 일부의 경우, 수는 10에서 그친다고 함으로서 실무한에서부터 그의 수개념이 출발한다. 다시 말해서 일부는 1~10 사이의 수로 우주변화의 원리를 설명해 낼 수 있다고 보았다. 그리고 1~10 사이의 수는 모두 우리 장중에 있는 것으로 보았다. 이런 장중의 수는 괘와 연관을 시켜 수지상수론으로 전개 된다.(8장참고) 10과 5가 '기강紀綱'이 되고 2와 7이 '경위經緯'가 되어 모든 수들을 연출해 낼 수 있다고 본다. 일부는 가무한을 '도'라 하고, '수'를 실무한이라 한 후, 두 개념을 동시에 구사하여 생/성수, 음/양수 등을 다룬다. 이는 이미 『주역』의 전통에서 그대로 물려받은 것이기는 하지만 모든 수들이 장중에서 나온다고 본 점은 정역의 독창성이라 할 수 있다. 『주역』과는 달리 9를 명패수로 하고 다른 1~10 사이의 수들을 물건으로 한 다음 명패수로 곱하기 셈법, 즉 승법을 도입한 것은 그의 역이 갖는 특징 가운데 하나이다.

일부는 1~10 사이의 수를 배열하는 방법에 있어서 전진과 배진을 모두 구사하는 것을 볼 수 있다. 전진과 배진뿐만 아니라 수의 시작을 시종이 아닌 '중中'에서 시작하는 배열법도 도입하는데 이를 두고 '중위론'이라고 한다. 다시 말해서 수지로 셈을 할 때에 모지에서도 소지에서도 그리고 중지에서도 시작이 될 수 있다는 것이다. 순환점, 변환점, 그리고 반환점의 구별이 무의미해 진다. 이런 특이한 셈하기 방법에서 그의 정역의 구조가 직조된다.

자기언급과 '무대'의 문제

칸트의 이율배반론 제 1명제는 시간과 공간적으로 시초와 한계가 "있다와 없다"의 이율배반을 두고 하는 말이다. 도서지리(하도와 낙서)가 선천과 후천으로 나뉘는 것은 시간적으로 하는 말이고, 천지지도가 '기제미제旣濟未濟로 나뉘는 것은 공간적으로 하는 말이다. 괘는 공간적인 방위를 가리키고 수는 시간을 가리킨다. 수가 시간적인 이유는 순서와 계열을 그 본질로 하기 때문이다. 일부는 순서수의 역설을 의식한 나머지 1~10-1~10과 같은 방법으로 배열을 한다. 시종이 반복을 하는 이러한 배열은 배진과 전진을 동시에 구사한다는 것과 같다. 이러한 전진과 배진을 도표로 나타내면 아래와 같다.(권영원, 2013, 262)

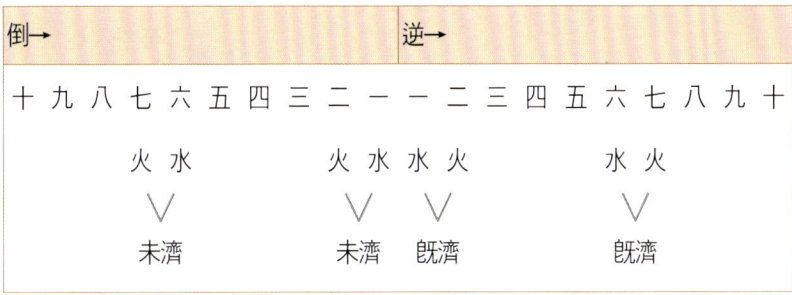

(도표15) 수의 도역과 배진과 전진 관계

1, 2, 3, 4, 5, 6, 7, 8, 9, 10을 역逆이라 하고, 10, 9, 8, 7, 6, 5, 4, 3, 2, 1을 도倒라고 한다. 전자를 역생도성인 전진, 그리고 후자를 도생역성인 후진이라고 할 수 있다. 열 개 생성수를 오행에 일대일 대응을 시키면 1과 6은 수, 2와 7은 화, 3과 8은 목, 4와 9는 금이다. 그러면 배진인 도생역성에서는 7(화)-6(수)과 2(화)-1(수)이고, 전진인 역생도성에서는

그 반대인 6(수)-7(화)과 1(수)-2(화)이다. 다시 말해서 배진을 하게 되면 '화수'이던 것이 전진을 하면 '수화'가 된다.(도표15 참조)

『주역』 63번 괘는 '화수미제'이고, 64번 괘는 '수화기제'이다. 이렇게 배진과 전진을 동시에 함으로서 도到가 역逆이 된다. 이를 두고 일부는 "도圖와 서書의 이치는 선천과 후천이고, 천지의 도는 기제와 미제[圖書之理 後天先天 天地之道 旣濟未濟]"라고 했다. 1→10으로 전진을 할 때에는 6→7로 수화기제가 되고, 10→1로 배진을 할 때에는 7←6으로 화수미제가 된다. 칸트와 당대의 사람들은 이 점을 몰랐던 것이다. 그러나 기제와 미제는 주역에서 이미 언급한 바로서 동서양의 수 배열법 개념은 이렇게 서양과 달랐다. 이는 이율배반에서 정립과 반정립이 모두 성립 가능하다는 것을 두고 하는 말과 같다. 동양에서는 이율 배반론과 같은 문제가 생기지도 않는 이유가 수 이해에 있어서 서양과 달랐기 때문이다.

다시 말해서 동양 사상사에서는 이율 배반론과 같은 논란이 생길 여지가 없었다. 그 이유가 계사전의 '일음일양지위도一陰一陽之謂道'란 말 속에 잘 나타나 있다. 즉, 역학에서는 시종론을 논하지 않는다. 시종론 대신에 '일음일양'을 말할 뿐이다. 음수와 양수는 항상 짝째기가 있을 뿐이란 것을 말할 뿐이라는 것이다. 수를 셈하기는 은나라 때 정인들로부터 시작한다. '비가 내린다'는 양수로, '비가 안내린다'는 음수로 표시할 때에 이것은 쉽게 이진법과 집합론으로 발전한다. 다시 말해서 양은 빈그릇 속에 '담긴다'이고, 음은 '안 담긴다'와 같은 이진법으로 표시하면, 그것은 집합론적 발상의 단서가 된다. 이때에 다 담기는 것을 '무량無量'이라 하고, 담기지 않는 것을 '공허空虛'라고 한다.[1] 공허가 '공집합'

---

[1] 무량은 건괘(☰)로, 공허는 곤괘(☷)로 표시할 수 있다. 나머지 괘들은 담김과 안담김의 정

이고, 무량이 자기 자신 전체인 '전집합'이다. 그래서 수에 관한한 남는 것은 '담기느냐'와 '안담기느냐'이고, 전자를 양이라 하고 후자를 음이라고 한다. 이는 실로 인류 역사상 현대 전산기술이 발달하기 이전의 이진법적 기수법의 단초라 할 수 있을 것이다. 그러나 서양의 2진법이 역과 같을 수는 없다. 그 이유는 '담김'과 '안담김'의 문제가 역의 2진법이기 때문이다.

그래서 양은 무한성을, 음은 유한성을 나타낸다. 무량이 3개면 건(☰)이 되고 공허가 3개면 곤(☷)이 된다. 역의 시간은 시간 자체로 있는 것이 아니다. 음과 양은 시간이 타는 수레와도 같다.『주역』의 곤괘에 "시간은 6용을 탄다[시승육룡時乘六龍]"라는 구절이 있다.(권, 2013, 258) 여기서 육룡이란 괘의 효들을 두고 하는 말이다. 다시 말해서 '일음일양'하는 음양의 수레를 타고서 지나가는 것이 시간이다. 그래서 시간도 짝째기로 흐른다. 서양과 같이 시간 자체만을 독립시켜 시종을 논할 여지는 전무하다. 시공간을 매개하는 것이 바로 음양이다. 그래서 시공간의 분리자체가 없다. 이율배반론 같은 것이 거론조차 되지 않는다. 그러나 역의 이율배반론이 지니고 있는 문제성은 서양 이상으로 심각하게 여겼던 것도 사실이다.

『주역』에서는 물론 정역에서도 수에 음/양, 기제/미제, 도/역, 생/성, 간/지와 같은 대칭적 말들(사)이 일대일로 대응한다. 상이나 사 없는 수 자체로 독립적으로 있는 경우는 없다. 앞으로 정역이 이러한 상·수·사 트로이카 현상을 집중적으로 다루어 나가는 것을 보게 될 것이다.

무엇보다 여기서 주요한 부분은 수지상수를 통해 기수법을 정할 때에 '재귀', 다시 말해서 자기언급이 주요시 된다. 수지로 셈할 때에 모

도 차이를 나타낸다.

지는 순환점, 중지는 변환점, 소지는 반환점이다. 그런데 중지를 포함한 순환과 반환점에서는 자기언급이 발생한다. 다시 말해서 굴신을 동시에 반복한다는 것이다. 이에 따라서 셈법의 차이가 생겨나고 자기언급을 하느냐 안하느냐에 따라서 하도수와 낙서수가 결정된다. 수지상수론을 거론하면서 이렇게 주요한 자기언급의 문제를 다루지 않았던 것은 용의 그림에서 눈을 그려 넣지 않은 것과 같다고 할 수 있다.

 수지 5개로 자기언급을 하면 하도수 10이 되고, 하지 않으면 낙서수 9가 된다. 9가 먼저이고 10이 나중이기 때문에 결국 낙서가 선천이고 하도가 후천이라는 것이다. 만약에 자기언급을 기준으로 삼는다면 자기언급에 의해 선후천이 나뉜다고도 할 수 있다. 이제 모지를 굴부터 모굴1 하면서 식굴2, 중굴3, 약굴4, 소굴5의 순서대로 차례대로 셈을 한다고 하자. 이 때에 반환점인 소지에서 굴하면서 '소굴5' 하고 나서 소지를 신하면서(재극) '소신6' 하면 이것은 자기언급을 하는 것이다. 이어서 약신7, 중신8, 식신9, 모신10을 순서대로 한다. 이렇게 하여 만들어진 것이 다름 아닌 하도수 10이다.

 그런데 만약에 소신6하지 않고(자기언급을 하지 않고) 셈을 하게 되면 약·중·식·모가 차례대로 신하면서 7·8·9가 될 것이다. 이것이 낙서수 1-9이다. 여기서 10을 만들자면 모지를 굴해야 하는데 모지는 이미 하도수에서 1과 10이었다. 그렇다면 모지는 1이 두개 10이 두 개가 된다. 바로 이를 두고서 김일부는 '십십일일++−−'이라고 한다. 이를 한번 수지로 나타내면 아래와 같다.(도표 15) '십십'이란 합신 합굴의 다른 말이다.

圖書	手指象數									倒逆
河圖	10	9	8	7	6	5	4	3	2	1	倒
洛書	①	②	③	④	⑤	無	⑥	⑦	⑧	⑨	逆
手指	1指	2指	3指	4指	5指	5指	4指	3指	2指	1指	
	金火互宅		金火互宅		金火互宅						

(도표16) 하도와 낙서수에 나타난 짝째기

하도수는 1, 2, 3…, 10으로, 낙서수는 ①, ②, ③…, ⑨로 표시하였다. 이제 관심을 소지에 돌려보면 하도수에서는 5/6으로 자기언급인 굴(↓)·신(↑)을 동시에 하고 있지만, 낙서수의 경우는 ⑤/무대이다. ⑥이 소지가 아닌 약지(4지)에서 하고 있다. 이 점이 하도와 낙서의 차이이다. 그래서 모지에 와서 보면 1, 1, ⑨, 10의 네 숫자가 한 자리에 모여 있다. 전굴·전신, 합굴·합신의 집합처이다. 소지는 {5, 6, ⑤, 무대}로 숫자가 3개 뿐이다. '무대'까지 포함하면 역시 4개이다. 바로 여기서 짝째기 현상이 발생한다는 것이다. 다시 말해서 소지에서 자기언급을 하느냐 안 하느냐에 따라서 ⑨-10이란 짝째기가 생겨난다. 결국 주요한 것은 '무대'이다. 그런데 무대가 약지와 식지를 제외한 소지, 중지, 모지에서 다 생길 수 있다. 물론 수지상수에서는 중지에서 생기는 것을, 그리고 앞으로 말할 사영론에서는 모지에서 생기는 것을 볼 것이다. 무대란 자기언급을 안한다 혹은 재귀를 안한다는 말과도 같다. 이는 역설을 피한다는 말이기도 한다. 그런 점에서 낙서는 하도에 나타난 역설을 피하기 위해 작도되었다 해도 과언이 아니다.

이런 짝째기에서 집이 하나 지어지는데 그것이 정역의 주요 이론 가운데 하나인 '금화호택金火互宅'이다. (도표16)에서 보면 2지인 식지와 4지인 약지에서 각각 9-2와 7-4라는 짝이 생기는데 9와 4는 금이고, 7과 2는 화이다. 그래서 금과 화가 만나서 서로 집을 짓는다고 하여 이를 두고 '금화호택'이라고 한다. 자기언급 때문에 수지상에서 수들이 서로 엇박자로 만난 결과로 금화호택이 지어졌다. 다시 말해서 수들이 수지에서 도와 역을 하는 과정에서 상극의 집이 지어졌다. 이를 두고 '금화호택金火互宅 도역지리到逆之理'라고 했다.(15일언, 2:10) 그런데 오행상으로 보면 화극금으로 서로 상극하는 관계인데 어떻게 서로 집을 짓는가? 이를 두고 정역은 '화극생금'이라고 한다. 서로 극하여야 생할 수 있다는 의미이다. 밧데리를 충전시키는 원리이다. 충전을 시킬 때에는 감전할 때와는 달리 서로 극하는 극들끼리 연결하여야 한다는 원리와 같다.

자기언급의 주요성은 정역이 공자도 말하지 않았던 것을 말한다는 '부자지불언'으로 이어진다. 공자가 미처 말하지 않았던 것은 모지(1지)에서 10, 10, 1, 1(십십일일)의 네 수들이 한자리에 만나는 것이다. 자기언급을 보면 쉽게 이해할 수 있는 것인데 왜 공자도 미처 말하지 않았다고 하는가? 몰랐던 것이 아니라 말을 하지 않았을 뿐이다. 그런 곳이 5곳 있는데 모두 10무극과 관계되는 내용들이다.[2] 그러면 왜 공자가 10무극에 대해서는 침묵을 지켰는가? 일부의 대답은 아마도 그가 선천의 시대에 살았기 때문일 것이라 할 것이다. 말을 안했지만 그냥 믿었기 때문이라는 것이 '불언이신부자지도不言而信夫子之道'라는 것이다. 공자가

---

2) 1. 無極之無極 夫子之不言   2. 不言而信夫子之道   3. 夫子之不言是今日
   4. 聖人所不言   5. 不言無極有意存

말하지 않고 그냥 그대로 믿고만 내려오던 것을 일부가 말하겠다는 것이다. 차축시대(기원전 2-7세기)의 인물들은 거의 예외 없이 자기언급을 금기시해 왔다. 거기서 역설이 조장되는 것이 두려웠기 때문이다. 자기언급이 들어 가면 비일관성과 비합리성이 나타나기 때문이다.[3]

공자가 말하지 않았던 내용 가운데 '무극지무극도'가 있다. 무극지무극도란 '십십'이란 뜻이다. 자기언급이란 관점에서 보면 같은 말이다. 모지에서 10이 겹치기 하는 것이 무극지무극이고 이것은 모지의 자기언급과 관계가 된다. 주렴계는 이런 현상을 두고서 '성성존존成性存存'이라고 했다. 자기언급 현상을 두고는 '인지신지引而伸之'라고도 한다.[4]

(도표16)에서 하도의 경우는 소지에서 5/6으로 자기언급을 하지만(굴신을 동시에 하지만), 낙서의 경우에는 5에서 '무대'이다.(굴만 하고 신은 하지 않는다). 무대가 생긴 이유는 5개의 수지가 6개의 행세를 하려 하기 때문이다. 행세를 할 때에는 없는 공空을 동원해 그 공으로 하여금 어떤 행세를 부리도록 한다는 것이다. 이때에 행세가 과도해지느냐 과소해지느냐에 따라서 우주 변화는 달라진다. 공의 행세가 과도해지는 것을 '존공尊空'이라 하고, 과소해지는 것을 '귀공歸空'이라 한다. 공집합이 1로 되는 것은 존공이고 0이 되는 것은 귀공이다. 여기서 짝째기가 생기며 이런 짝째기에서 5장 6부, 5운 6기 같은 현상이 생긴다.

낙서에서 중앙의 5가 '무대'라는 것은 자기언급을 하지 않는다는 말이다. 5가 자기언급을 하지 않으면 10이 생겨나지 않기 때문에 9에 머물러 과소해진다. 소지가 굴·신 둘 가운데 어느 하나를 안 하기 때문이다. 그래서 수의 끝이 9에 머물고 만다. 그러나 하도에서는 5가 자기언

---

3) 무량은 비일관성을, 공허는 비합리성을 초래한다.
4) 합신합굴이 생기는 곳이다.

급을 하여 10을 만든다. 그래서 끝이 10이다. 낙서를 선천이라 하고, 하도를 후천이라 하는 말의 논리적 배경이다. 9/10 짝째기에서 작은 수를 선천, 그리고 큰 수를 후천이라고 한다. 소지 하나의 굴신 여부가 선후천을 판가름하고 말았다. 우주의 구석구석에도 이런 수지상수 현상이 있으며 거기서 자기언급을 하느냐 안 하느냐에 따라서 우주변화의 크고 작은 차이가 생겨나고 그 결과로 선천과 후천이 갈라질 지경이다. 8.2에서는 이렇게 굴신을 하지 않고 생겨나는 괘와 수를 허괘와 허수라 하여 다시 다룰 것이다.

무위와 기위 그리고 도度와 도道

10, 2, 5, 7에 의하여 기강과 경위가 잡혔다. 다시 말해서 대각선 논법의 5대 요소들 가운데 배열, 가로, 세로 그리고 대각선화가 만들어졌다. 그 다음 순서는 반대각선화와 반가치화를 확인하는 것이다. 자연히 5, 10, 15에 관심이 모아질 수밖에 없다. 그 가운데 5는 명패이고 10은 대각선화로서 수들 가운데 돌저귀와 같은 역할을 한다. 정역 상경 '15일언'은 기강경위에 이어서 무위와 기위론을 말하고 있는데 그 이유는 5와 10의 주요성을 말하기 위해서이다.

5와 10이 돌저귀 같은 수에 해당한다면 그 돌저귀를 추요로 삼아 돌아가는 것이 있어야 할 것이다. 여기서 정역은 도度와 도道를 나누어 생각한다. 마치 시계에서 도道는 시계판 바탕 자체와 같고, 도度는 그 시계판 위를 돌아가는 시침과 같다고 할 수 있다. 도道는 123…10과 같은 숫자로 나타내고, 도度는 10천간인 '갑을병정무기경신임계'로 나타낸다. 이는 정역에서만 볼 수 있는 특이한 견해이다. 하늘의 운행하는 수를 천도天道라고 한다면, 하늘이 운행하여 가는 법도를 천도天度라고 한다.[5] (권영원, 2013, 222) 그래서 동양에서는 시간을 알릴 때에 낮 12시라 하지 않고 오시午時라고 한다. 시침을 중심으로 말해야 하기 때문이다. 도道는 위치를 나타내고 도度는 그 위치에 있는 수치를 나타낸다.

먼저 10천간을 메타수인 수지상수에 일대일 대응을 시키면 다음과 같다. 10천간도 선천과 후천으로 나누어 수지에 배열이 된다. 선천 10천간은 동양식으로 모굴1 하면서 순환점에서 시작하여 갑을병정무/기경신임계로 배열이 된다. 여기서도 소지에서 자기언급을 한다. 그러면 소지에서는 소굴무/소신기로 자기언급을 한다. 앞으로 이점에 관심을 집중하여야 한다. 그런데 후천 10천간은 서양식으로 소신하면서 갑을병정무/기경신임계로 배열된다. 그러면 모신무戊/모굴기己로 된다. 모지가 신과 굴로 자기언급을 하면서 무와 기가 된다. 굴이 신이 되고 신이 굴이 되는 것은 반가치화이다. 양이 음이 되고 음이 양이 되는 것이기 때문이다.

(도표17)의 하락수지도와 자기언급이라는 관점에서 양자를 비교해 볼 때에 10천간수지도는 소지와 모지에서 모두 자기언급을 하고 있다. 그런 점에서 무대로 소지에서 자기언급을 하지 않고 있는 낙서수지도와는 다르다. 다시 말해서 10천간 수지도에서는 선천과 후천에서 모두 자기언급을 하고 있다. 손도수에 맞추어 선후천 10천간도를 일대일 대응을 시키면 (도표18)과 같다. (권영원, 2013, 285)

선천10간에서는 모굴1에서 갑이 시작하지만, 후천10간에서는 소신6에서 갑이 시작한다. 그래서 손도수로 보았을 때에 모굴1에서 기己가 시작되고(후천에서), 갑甲이 시작된다(선천에서). 이렇게 전체 윤곽을 파악한 다음에야 일부가 왜 15일언에서 '무위戊位 도순이도역順而道逆 기위

---

5) 정 22:9, 26:4, 26:5 참고(권, 2013, 222)

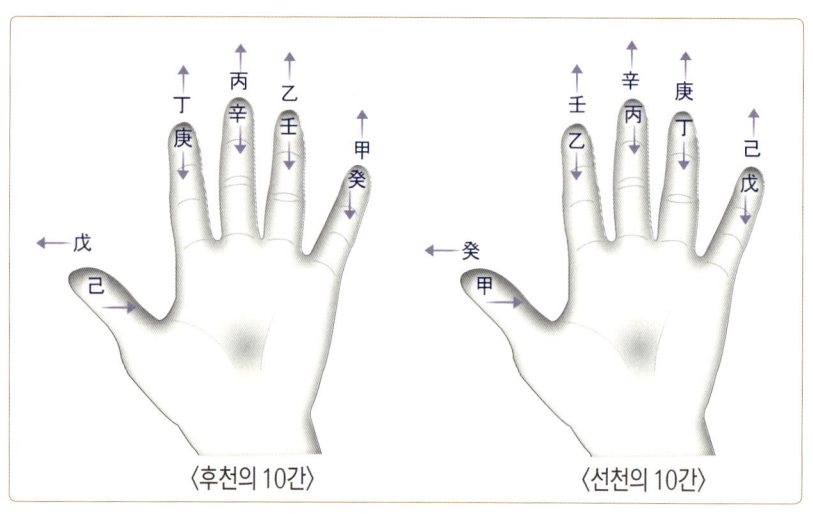

(도표17) 선후천 10간도

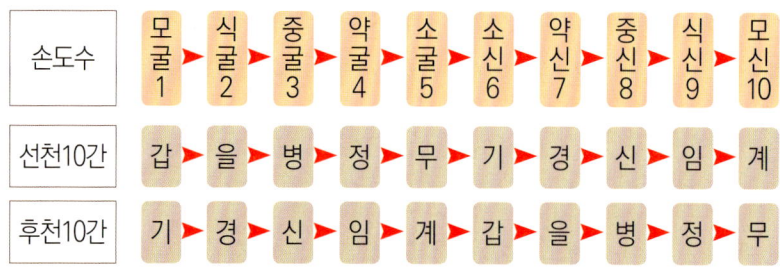

(도표18) 손도수와 선후천 10간 일대일 대응표

己位 도역이도순度逆而道順'이란 말을 하게 되었는지 그 진의를 알게 된다.

먼저 무와 기는 도度이기 때문에 이에 대응하는 도道는 각각 5와 10이다. 다시 말해서 10은 기紀이고 5는 강綱으로서 기己/무戊는 '기강'이란 뜻이다. 왜 기와 무, 혹은 무와 기를 주요시 하는지를 알게 된다. 그리고 무위가 황극의 중추라면 기위는 무극의 중추이다. 이 둘에서 기강이 잡혀야 만사가 질서 잡힌다. (도표18)에서 보면 기위는 후천의 첫 번이고(순환점), 무위는 선천의 중앙(변환점)이다. 그래서 무기가 기강을 잡을 때에 질서가 선다.(권영원, 2013, 283)

5를 명패수, 10을 대각선수라고 할 때에 이 둘이 바로 잡히는 것을 두고 '기강이 선다'고 한다. 기강이 바로 잡히면 도순이도역度順而道逆 그리고 도역이도순度逆而道順이 된다. 6갑에서는(즉, 도度에서는) 천간지지가 진행하는 방향대로는 '순'이라 하고, 그 반대는 '역'이라고 한다. 이에 대하여 수에서는(즉, 도道에서는) 1, 2, 3…, 10으로 진행하는 방향은 역이라 하고, 그 반대인 10, 9, 8…, 1로 진행하는 방향은 순이라고 한다. 그래서 순역이 서로 반대이다. 이를 하나의 표로 나타내면 아래와 같다.(권영원, 2011, 55)

도道 : 5 → 10　　10 → 5
　　　　(역)　　　　　(순)
도度 : 무술 → 기해　기사 → 무진
　　　　(순)　　　　　(역)

(도표19) 도순도역도

　도道와 도度가 다른 점은 갑자을축으로 손도수 치는 것을 '도순度順'이라 하고, 을축갑자로 치는 것을 '도역度逆'이라 한다. 그리고 5에서 10으로 가는 수는 도역道逆이라 하고, 10에서 5로 오는 수를 도순道順이라고 한다. 그래서 '도순이도역度順而道逆'이란 간지가 순서대로 가는, 즉 무술-기해로 순서대로 갈 때에 수는 5에서 10으로 역행하는 것을 두고 하는 말이고, 반대로 '도역이도순度逆而道順'이란 간지가 역순으로 가는, 즉 기사에서 무진으로 역순으로 갈 때에 수는 10에서 5로 순행으로 가는 것을 두고 하는 말이다.(정 11:8)
　이렇게 도道와 도度가 서로 순역을 반대로 하면서 서로 연결될 수 있는 비결은 무엇인가? 순과 역이 서로 반대로 되는 것을 '비틈'이라고 할 때에 도道와 도度는 '비틈의 비틈'으로 서로 연접돼 있다. 이는 위상기하학에서 말하는 사영평면적 구조이다. 하나의 사각형 안에서 가로와 세로의 마주보는 선이 모두 반대일 때를 두고 하는 말이다. 이를 '비틈의 비틈'이란 연접連接이라 한다. 그런데 이렇게 연접이 되자면 반드시 '안비틈'과 걸려 결접結接을 해야 한다.

(도표20)은 피댓줄 A-C와 B-C는 비틈이고 A-B는 '안비틈'이다. 화살표 방향을 볼 때에 비틈은 서로 반대 방향이고, 안비틈은 같은 방향이다. (도표20)의 파스토르 기계 구조를 통해 볼 때에 연접이란 '비틈(A-C)의 비틈(B-C)'의 구조를 두고 하는 말이다. 그런데 이런 구조를 유지하려면 반드시 (A-B)는 '안비틈'이어야 한다. A-B가 안비틈일 수 있는 이유는 B 안에 있는 작은 바퀴에 A가 걸려있기 때문이다. 이는 완전히 거짓말쟁이 역설을 그대로 반영하고 있다. 비틈을 '거짓말' 그리고 안비틈을 '참말'이라고 할 때에 '거짓말의 거짓말'은 "참말"인 것과 같다. A-C와 B-C가 '비틈의 비틈'으로 연접하자면 반드시 어느 하나가 안비틈에 걸려(결접) 있어야 한다. 그래서 바퀴 B가 A와는 '안비틈'이고, C와는 '비틈'이다. 이렇게 이중적 역할을 할 수 있는 이유는 바퀴 B는 대소 두 개의 바퀴를 가지고 있기 때문이다. 큰 것 안에 작은 것이 들어가 있기 때문이다. 작은 것은(B) A와는 '안비틈'이고, C와는 비틈이다.

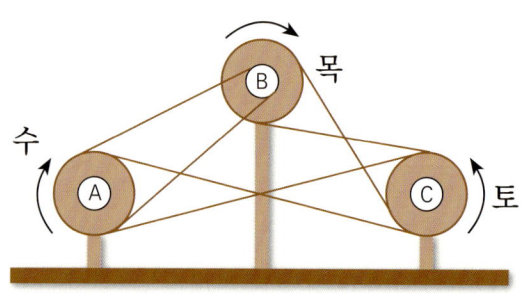

(도표20) 파스토르 기계와 도도의 순역관계

파스토르 기계는 음양오행의 상생상극의 구조를 설명하기에도 적합하다. 오행에서 B를 목, C를 토, A를 수라고 하자. 그리고 비틈을 상극, 안비틈을 상생이라고 하자. 그렇다면 'B극C'는 비틈이기 때문에 목극토, 'C극A'도 비틈이기 때문에 토극수이다. A-B는 안비틈이기 때문에 'A생B'는 수생목이다[6]. 이런 파스토르 기계의 논리는 태양계에도 그대로 적용된다. 즉, B를 태양이라면 태양은 지구와는 달리 남북극도 있지만 동서극도 있다. 다시 말해서 '비틈의 비틈'이다. 이를 큰 원 안의 작은 원이라는 이중구조로 본다면 이는 태양계의 행성들이 태양 주위를 회전하는 구조와 연관이 된다. 즉, 태양계 안의 다른 행성들은 남북극 하나뿐이다. 그렇다면 지구가 태양 주위를 회전하자면 지구와는 반대 방향으로 도는 행성이 하나 있어야 한다. 바로 그것이 금성이다. 금성의 자전방향이 지구와는 반대이다. 그렇다면 A가 지구라면 C는 금성이 될 것이다. 태양(B)과 지구가 안비틈이란 관계를 맺는다면 금성과는 비틈인 관계를 맺어야 한다. 그렇다면 태양계 안의 운행 구조는 다름 아닌 파스토르 기계의 구조 그것이라 할 수 있다.

이러한 이중적 역할을 한다는 것은 하나의 바퀴가 자기언급을 한다는 말과 같다. 이 말은 소지와 모지가 자기언급을 하면서 굴신을 동시에 한다는 것을 의미한다. 이제 A-C에는 도道인 1~10이란 수를, B-C에는 도度인 10천간을 피댓줄 위에 적어 넣고 회전을 시킨다고 할 때에 바로 이러한 비틈의 비틈이란 연접을 가능하게 만들어 주는 것이 '무기戊己'이고 수지로는 소지와 모지의 자기언급이 이에 해당한다. 파스토르 기계는 실로 인체와 우주의 논리적 구조에 두루 적용해 볼 수 있는 주

---

[6] 5행 구조 안에는 화극금-금극목-목생화, 토극수-수극화-화생토, 금극목-목극토-토생금, 수극화-화극금-금생수와 같이 4개가 더 있다. 이를 '3분 5기'라 한다.

요한 단서를 제공한다.

위의 피댓줄 장치를 두고 '파스토르 기계Pastor machine'라고 한다. 이렇게 정역에서 도道와 도度를 순역으로 구별하는 이유는 궁극적으로 우주의 구조가 그러하기 때문이다. 이러한 장치를 해 놓지 않으면 우주 천체의 운행 구조를 설명해 낼 수가 없다. 정역은 무기에 대한 주석이라 할 만큼 주요하고 모든 이론들이 이에 통하고 있다. 기위와 무위가 서로 연계되는 것이 모든 것의 이론이며 이에 대응하는 관계를 하나의 도표로 나타내면 (도표21)과 같다.

无位	有位	往來位	體位	得失位	歸體位	道位	日月位	極位	體用位	用謝位	時位	理位	數位	進退位
雷原天火風	己位	泰來	己巳戊辰己亥戊戌	丑旺	政令己庚壬甲丙	火水未濟	太陽日	无極	无極而太極	卯宮用事	后天	龍圖	十	親政
	戊位	否往	戊戌己亥戊辰己巳	子退	宮律戊丁乙癸辛	水火旣濟	太陰月	皇極	皇極而无極	寅宮謝位	先天	龜書	五	尊空

(도표21) 무위와 기위의 일대일 대응

무위의 기강경위를 잡는 법

10, 5, 2, 7의 네 수로 기강경위를 잡은 다음 이를 적용하여 우주의 시공간 변화에 적용하는 방법이 15일언에서 이어지는 내용들이다. 이들 네 수들로 기강을 잡는다는 것은 가로와 세로, 그리고 대각선화를 한 다음 반대각선화와 반가치화를 순서대로 해 나간다는 것을 의미한다. 그 수순이 '15일언'의 다음 두 구절에 잘 나타나 있다.

무위가 간지로는 순하고 수로는 거슬러서 그 도수가 32도에 이르러 성도하니, 무위는 후천의 수금태음의 모가 된다. 기위는 간지로는 거스르고 수로는 순하여 도수가 61도에 이르러 성도하니, 선천의 화목은 태양의 아버지가 된다.(15일언, 25-26)

무위와 기위가 간지와 수에 있어서 그 순역이 반대로 되는 구조는 물질과 우주의 구조이기도 하다. 아래에서 물질과 반물질의 관계에서 이를 고찰할 것이다. 정역에서 우주변화 운행을 가능케 하는 돌저귀와 같은 수가 5와 10이다. 5와 10은 순수 수 자체이고 시계의 분침과 시침이 놓여 있는 시계의 판 그 자체와 같다. 물리학의 중성 미자neutron와 같은 수이다. 시계 판 위에 시침과 분침 같은 것을 달아 주어야 한다. 시침과 같은 것이 다름 아닌 간지干支이다. 이런 시침에 해당하는 간지를 재는 것을 도도라 하고, 시계 판 자체의 수는 도도라고 한다. 그래서 '성도成度'란 말과 '성도成道'란 말은 구별된다. 여기서 말하는 구별이란 기수와 서수의 구별을 의미하기 때문에 매우 주요하다. 즉, 성도成度가 어느 부류 안에 들어 있는 개수의 전체인 기수基數를 의미한다면, 성도成道는 목적지에 도달한 서수序數의 끝수를 의미한다.(도표12) 그런데 순서수의 역설에서 끝수는 순서수 계열 전체와 같다. 그 전체 개수 속에 끝수가 포함되면 '닫힘closed'이라고 하고, 포함 안되면 '열림opened'이라 한다. 앞으로 무위는 32도에 가서 성도成道되고, 기위는 61도에 가서 성도成度된다고 할 때에 갖는 의미는 궁극적으로 기수와 서수의 역설을 말하는 것이라 할 수 있다.

그러면 왜 무위는 60갑자 가운데 반 정도인 32도만 운행하고 기위는 거의 전체인 61도를 운행하는가? 왜 30:60이 아니고 32:61인가? 이런 점 등을 김일부가 자세하게 말해 놓았다. 이는 현대 수학의 주요 이론들과 관련될 만큼 주요하다. 여기서는 위에서 소개한 파스토르 기계를 통해 그 이유를 설명함으로서 그 주요성을 부각시켰다.

위 '15일언'에서 인용한 구절 속에는 하락도, 천간 지지, 그리고 음양오행에 해당하는 말들이 다 들어 있어 역의 종합판과 같아 보인다. 즉, 10천 가운데서 무와 기의 위를 중심으로 하여 나머지 것들을 설명하고 있다. 먼저 하락도에서 무와 기에 해당하는 수를 찾으면, 무는 5이고 기는 10이다. 5와 10은 기강에 해당하는 수이기 때문에 무기 역시 그러하다. 5와 10을 간지 속에서 그 위치를 찾은 다음에 이를 다시 음양오행에 일대일 대응을 시킨다. 이렇게 일대일 대응을 시킨 다음에 도道와 도度의 순역을 적용한다. 그러면 위에 인용한 구절의 구체적인 내용들이 선명해진다.

먼저 손도수 혹은 하락수에 따라서 간지를 아래와 같이 일대일로 대응시킨다.

1	2	3	4	5	6	7	8	9	10	하락수
갑	을	병	정	(무	기)	경	신	임	계	10천간
목		화		(토)		금		수		5행
자	축	인	묘	진	사	오	미	신	유	술	해	12지지
수	토	목	토	토	화	화	토	금	금	토	수	오행

(도표22) 하락, 10천간, 12지지, 5행의 일대일 대응표

하도와 낙서는 중앙에 5를 모두 가지고 있으나, 10은 하도에만 있다. 중앙 5가 5행으로는 토이고 천간으로는 무토와 기토이다. 그래서 무기가 오행으로는 토에 해당한다. 그러나 무는 5이나 기는 그것의 자기언급인 10이다. 그런 의미에서 5는 명패이고 기는 대각선이다. 이어서 12지지를 이에 일대일 대응시키는 방법은 다음과 같다. 12지지와 대응시

키는 방법에 있어서 선천과 후천이 다르다. 선천에서는 12지지의 자子에서 시작하기 때문에 무는 5번째에 있다. 그러나 후천에서는 오午에서 시작하기 때문에 5번째는 술戌이다. 그래서 선후천을 결합하면 '무술'에서 시작한다고 할 수 있다.

무술戊戌에서 32번째가 기사己巳이다. 여기서 도道와 도度의 운행 방향이 다시 문제시 된다. 천간지지는 도도가 순행하나 손도수는 도道가 역행한다. 그래서 무술에서 6갑이 진행하는 방향에 따라서 순행해 나가면 32번째에서 기사가 나온다. 그러나 도道는 5에서 10으로 역행을 한다. 간지법에서 역행하는 것을 음이라 하고, 순행하는 것을 양이라 한다. 그래서 도道는 역행하기 때문에 이를 두고 '음도역행陰道逆行'이라 한다. 도度로는 순행하고 도道로는 역행하기 때문에 '도순이도역度順而道逆'이라 한다. 지금까지 하락수와 천간지지와 음양오행이 모두 동원되었다.

다음 5행과 기위와의 관계이다. 위 (도표22)에서 보면 무술의 술토는 금과 수의 가운데 들어 있다. 다시 말해서 술이 금수를 잉태하고 있는 꼴이다. 이러한 무술의 술을 두고 "무위는 후천의 수금태음의 모이다"라고 한다. 다시말해서 천간으로는 무토이지만 지지로는 술인데 술은 금과 수 사이에 들어 있어서 이는 마치 수금을 잉태하고 있는 어머니와 같다는 뜻이다. 무는 양토이지만 그것의 지지인 술 때문에 이러한 수와 금의 어머니 역할을 한다. 수지상수로 보면 경금4는 '식굴'이고 임수1은 '약굴'이다(도표17).

다음 '기위'의 경우는 '무위'와 비슷한 논리로 다음과 같이 전개된다. 기위가 간지로는 역행하고(도역度逆) 수로는 순행하니(도역道逆) 그 수가 61도란 말에 대한 설명은 다음과 같다. 기위는 하도의 중앙 5 다음에 있는 동심원인 10을 의미한다. 즉, 기위는 '10토'이다. 이에 대해 위에서 말한 무위는 '무5토'이다. 무5토는 '기사'에서 성도했다. 즉, 기사가 기토의 성도成道한 자리이다. '도역度逆'이란 간지의 방향이 반대라는 뜻이기 때문에 이는 기사→무진으로 역행하는 것을 의미한다. 이렇게 역진을 하여 61번째에 도달한 것이 같은 기사이다. 완전히 360도 한 바퀴를 돌았다는 것을 의미한다. 6갑으로는 역행을 하였지만 수로는 10에서 1로 순행한 것이다. 대각선수 10이 물건수 1로 돌아갔기 때문에 이를 반대각선화라고 한다. 그런 의미에서 무위는 대각선화를, 기위는 반대각선화를 의미한다.

수가 순행하는 것은 '양도순운陽道順運'이고, 이를 두고 '도역이도순度逆而道順'이라고도 한다. 기위를 음양오행과 일대일 대응을 시키면 다음과 같다. 기는 음토이지만 그것의 지지인 사巳는 (도표22)에서 볼 때에 선천의 화(오화)와 목(인목) 사이에 들어 있다. 즉, 무위가 금수를 잉태하듯이 기위는 화목을 잉태하고 있다. 61도를 순행하여 다시 기사궁으로 돌아온다. 돌아와 화목을 잉태하니 기위음토를 '태양의 아버지'라 한다. 무기위가 성도成道한 것을 두고 '천지의 성도'란 큰 의미를 부여한다.

현대물리학의 '짝짝이'와 '짝째기'의 문제

1950년대까지 현대 물리학의 관심사는 물질과 우주의 구조가 '짝짝이'인가 아니면 '짝째기'인가 였다. '짝짝이'를 물리학에서는 특히 '패리티parity'라고 한다. '등가성'이라고도 한다. 인체의 좌우와 같이 대칭성이 성립한다는 것을 여기서 짝짝이(패리티)라고 한다. 1950년대 중반 이전까지 물리학자들은 우주와 물질은 모두 짝짝이일 것으로 확신했었다. 이를 '패리티 불변' 혹은 '패리티 보존'이라 한다. "당시에는 패리티 보존을 너무 철저하게 믿고 있었다."(앤서니 지, 1994, 52) 그러나 두 중국인 학자 리와 양은 1956년 5월초 원자핵의 자전 운동에서 짝째기 unparity 현상이 나타난다는 착상을 하게 된다. 원자는 작은 태양계와 같이 중앙의 원자핵을 중심으로 그 주변에 전자가 회전하고 있다. 원자핵은 양성자와 중성자들이 모인 합성체이다. 그런데 이들이 붕괴할 때에 힘은 매우 작기 때문에 '약한 힘weak force'이라 한다. 원자핵이 붕괴될 때에 거기서 전자와 중성미자neutronino가 방출돼 나온다. 원자핵은 일정한 방향으로 자전을 하는 데 원자핵에서 방출돼 나온 전자가 어느 방향으로 튀어나오느냐가 초미의 관심사가 되었다.

다시 말해서 방출되는 전자가 패리티 불변의 법칙을 지켜줄 것인가 그렇지 않을 것인가? 짝짝인가 짝째기인가? 이를 알기 위해서 전자가 어느 방향으로 움직이는가를 알기 위해서 방출되는 순간을 (도표23)와 같이 거울에 비추어 본다. 이를 '거울 대칭' 혹은 '경영 대칭'이라고 한다.

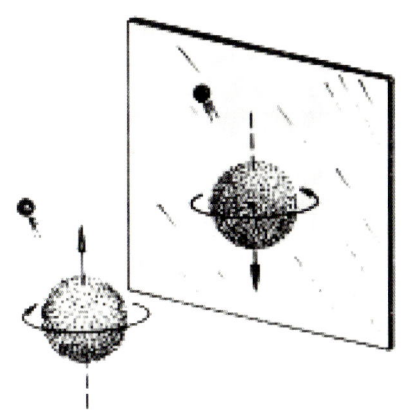

(도표23) 짝짝이가 짝째기로 변하는 거울 대칭

큰 구는 원자핵이고 작은 구는 거기서 방출된 전자이다. 방출된 전자가 원자핵과 짝짝이라고 가정할 때에, (도표23)에서 화살표를 시계 바늘이라고 하면 원자핵의 회전 방향이 반시계 바늘 방향으로 회전하는 것을 볼 수 있다. 즉, 수직축의 화살표가 거울 밖에서는 위up이지만, 거울 안에서는 아래down로 향하고 있다. 이렇게 방출된 전자가 구의 회전 방향과는 거울의 안과 밖에서 반대인 것을 본다.

그러면 전자가 방출될 때에 발생하는 에너지의 정체에 대해 의문을 가질 수밖에 없다. 파울리는 1933년 전자가 방출될 때에 에너지를 만들어내는 장본인이 '중성미자neutirno'라고 했다. 이 중성미자를 두고 검은 옷을 입고 어둠 속에 사라지는 도둑 같다고 했다. 그리고 중성미자는 반드시 좌측으로만 회전한다는 사실을 알게 되었다.

위와 아래라는 두 방향성을 두고 손으로 물건을 집었을 때에 모지가 향하는 방향으로 이 두 방향이 결정된다고 하여 이를 '손잡이' 혹은 '치럴리티chirality'라고 했다.[7] 이 말은 그리스어의 손을 의미하는 'cheir'에서 유래한다. 정역에서 손으로 방향과 도수를 정하는 것과 유사성을 보인다. 모지에서 좌향하느냐 우향하느냐가 수지상수에서 관심사이듯이 (8장) 여기서는 위로 향하느냐 아니면 아래로 향하느냐가 관심사이다. (도표23)은 짝짝이가 짝째기로 변하는 것을 한눈에 보여준다. 원자핵의 붕괴에서 방출되는 전자에서는 패리티 불변의 법칙이 더 이상 통하지 않는다. 경영 대칭에서는 짝째기 대칭이 있을 뿐이다.

이런 패리티 불변의 법칙을 어기는 것은 원자핵의 붕괴라는 약한 힘이 지배하는 세계에서 볼 수 있는 현상이다. 이 말은 강한 힘이 지배하는 곳에서는 여전히 패리티 불변의 법칙이 지켜지고 있다. 패리티 불변의 붕

---

[7] 일명 '스크루니스screwness' 혹은 '헬리시티helicity'라고도 한다.

괴가 물리학에 끼친 영향을 두고 앤서니 지는 다음과 같이 말하고 있다.

> 우리가 자연에 대해서 인식하고 있던 개념을 심각하게 변화시켰다. 또한 물리 세계에 대한 우리의 이해에 즉각적이고도 깊은 영향을 미쳤다.
> (앤서니 지, 1994, 60)

패리티 불변의 붕괴, 즉 짝짝이에서 짝째기로의 변화는 1956년 폴 디랙Paul Dirac이 반입자를 발견하는 데 공헌한다. 이어서 반전자, 반양성자 등이 모두 이 짝째기에서 발견된다. 이제부터 물리학자들은 입자와 반입자가 충돌했을 때에 어떤 새로운 입자가 생길까에 관심을 갖게 된다. 입자와 반입자는 전하는 서로 반대지만 똑같은 질량을 갖는다. 그런데 반입자인 음전하를 띠고 있는 파이 중간자가 소멸할 때에 전자와 반중성미자가 생겨난다. 즉, 중성미자에도 반중성미자가 있다는 사실이 발견되었다.

디랙에 의하면 물질matter와 반물질antimatter은 하등의 차별이 없는 두 존재라고 했다. 자연의 물리 법칙은 둘 가운데 어느 하나를 선호하지 않는다는 말이다. 마치 엄격한 패리티가 성립하는 것 같다. (도표24)는 물질과 반물질의 패리티 관계를 보여주고 있다.(Goldberg, 2013, 24)

(도표24)에서 물질을 반물질로 바꾸는 것을 '전하 반전'이라 한다. 도표에서 보는 바와 같이 물질을 반물질로 바꾸었을 때에 자전 방향(화살표 방향)에 아무런 영향도 주지 않는다. 즉, 좌측으로 자전하던 입자가 반입자로 대체된다. 이를 두고 '전하 반전'이라고 한다. 입자와 반입자 간에는 철저한 짝짝이가 성립하는 것처럼 보인다. 이를 '전하반전 불변'이라 한다. 이러한 물리학의 새로운 법칙은 '패리티 불변'과 함께 쌍벽

을 이루는 법칙이다. 그런데 만약에 패리티 불변의 법칙이 붕괴되듯이 전하반전 불변의 법칙도 붕괴될 수 있지 않는가이다. 1956년까지만 하여도 전하반전 불변의 법칙은 요지부동이었다.

그러나 이 전하반전 법칙도 불변이 아님이 반중성미자를 통해 확인되었다. 중성미자는 항상 좌익, 즉 좌측으로만 회전한다고 했는데 반중성미자 가운데는 우측으로 회전하는 것도 있다는 사실이 발견되었다. 이러한 발견이 순수 수학자들에 의해서 발견되었다고 한 사실은 더욱

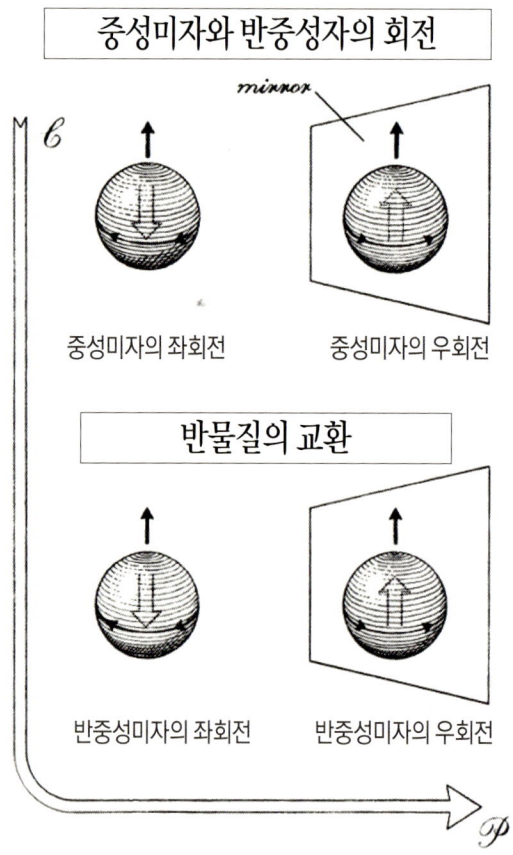

(도표24) 물질과 반물질의 패리티 관계

우리를 놀라게 한다. 이제 우리는 패리티 불변도 전하반전 불변도 모두 붕괴되고 마는 결과에 도달했다.

여기서 전하반전 불변을 C라 하고 패리티 불변을 P라고 할 때에 이 둘을 결합한 PC는 위에서 본 바와 같이 모두 불변의 '위배'였다. 그렇다면 '위배의 위배'는 '안위배'이어야 할 것이다. 거짓말쟁이 역설에서 거짓말의 거짓말은 '참말'이듯이. 그러나 K 중간자에서 이런 기대는 무너지고 말았다. 다시 말해서 K 중간자에서는 예외적으로 PC마저 위배로 결론나고 말았다. 자연은 결국 거짓말쟁이란 말인가? 그렇다면 정역은 이런 자연의 질서를 그대로 반영한 것이 아니겠는가?

2.2 정령과 율려의 짝째기 문제

정령과 율려의 문제

정령과 율려를 '정률론'이라 하며 이는 2분법적으로 '기위-정령'과 '무위-율려'로 나뉜다. 다시 기위와 무위가 각각 태음과 태양으로 나뉘어 넷이 된다. 태양은 기와 체로 나뉘고, 혼과 백으로 나뉜다. 이렇게 8개의 병7화, 8갑목, 임1수, 경4금, 계6수, 신9금, 정2화, 그리고 을3목으로 나뉜다. 먼저 10천간을 정령과 율려로 양분하는 방법을 보면 아래와 같다. 기위도수는 무위도수와는 달리 손도수에서 서양식으로 소신 1 하면서 시작하여 갑을병정무기경신임계로 셈을 한다. 이때에 모지에서 무는 '모신5'이고 기는 '모굴6'이 된다. 그러나 동양식으로 셈을 하게 되면 기가 모굴1 하면서 아래와 같이 배열이 된다. 이에 생성수와 오행을 함께 일대일 대응을 시켜 배열을 하면 아래와 같다.

기	경	신	임	계	갑	을	병	정	무
(양)	(양)	(음)	(양)	(음)	(양)	(음)	(양)	(음)	(음)
5토	4금	9금	1수	6수	3목	8목	2화	7화	5토

(도표25) 천간, 음양, 오행 간의 일대일 대응

갑에서부터 갑을, 병정, 무기, 경신, 임계로 한 짝이 되고 한 짝이 '한 켤레'가 되어 쌍을 만들어 나간다. 한 켤레 안에서 다시 갑-양과 을-음으로 나뉜다. 그러면 무기의 경우는 무-양과 기-음이어야 할 것인데 반대로 무-음이고 기-양이다. 그 이유는 기-경과 정-무는 직렬로 그리고 다른 것들은 병렬로 연결하기 때문이다. 다시 말해서 배터리에서 직렬은 음양으로 전력을 소모하는 것이고, 병렬은 음음과 양양으로 충전시키는 원리이기 때문이다. 무기토는 중성이기 때문에 그 성격이 인접한 것에 따라서 수시로 변한다. 다시 말해서 무토는 5행 가운데 어느 것에든 상관없이 중계자적 역할을 한다.

무와 기는 자기들끼리 자기언급을 하면서 변한다. 다시 말해서 무가 음이면 기는 양이고, 양이면 음이어야 한다. 그러나 자기 옆에 있는 천간의 음양에는 순응, 즉 양이면 양이고 음이면 음이어야 한다. 무와 기는 서로 자기에 대하여 자기가 상대적이다. 무기가 수로는 5인데 5는 자기 자신과 자기언급으로 10이 된다. 이것이 위의 (도표25)에 그대로 나타나 있다. 무기는 자기 옆의 천간들과는 양양 아니면 음음이다.

10천간을 두 개의 부분집합인 기위집합과 무위집합으로 나눈다. 전자는 '태양집합'의 명패이고, 후자는 '태음집합'의 명패이다. 이제 기위집합을 두 개의 기위와 무위집합으로 재분류하면 다음과 같다.

기위집합={경, 임, 갑, 병}	…정령(양정음령)–태양집합
무위집합={정, 을, 계, 신}	…율려(양율음려)–태음집합

(도표26) 무위와 기위의 정령과 율려

이에 대해서 일부는 '11귀체시'에서 "정령은 기경임갑병이요, 율려는 무정을계신이라"고 했다. 위의 도표에서 보면 정령은 모두 양이고, 율려는 모두 음이다. 이제부터 이렇게 새롭게 구성된 집합을 손도수로 치면 다음과 같다.

(도표27)의 손 도수를 읽는 방법은 기위도수에서(상) 정령 기위집합인 기={경임갑병}과 무={정을계신}을 뽑아낸다. 뽑아낼 때에 기위도수

에서 수지의 굴신을 그대로 가지고 온다. 그럴 때에 도표의 아래 부분의 좌우에 그대로 나타난다. 정령(기위집합)에서 굴은 1·2·4지가 굴한 것으로서 기·경·임 3개이고, 신은 갑·병 2개이다. 이를 두고 '3천양지' 혹은 '양정음령'이라고 한다. 율려(무위집합)에서 굴은 신·계 2개이고, 신은 무·정·을 3개이다. 이를 두고 '양지3천' 혹은 '양률음려'라 한다. 음양과 굴신이 천지와 대응을 하고 있다. 이와 같이 정률론에는 천지 개념까지 도입이 된다. 기경임갑병은 태양이 가는 정령수이고, 무정을계신은 태음이 가는 율려수이다. 즉, 기경임갑병에서 경금과 임수는 달의 정령이고, 갑목과 병화는 태양의 정령수이다. 무와 기는 여기서 명패 역할을 하면서도 물건으로 취급되기도 한다. 다음에 말할 '초초지도'의 문

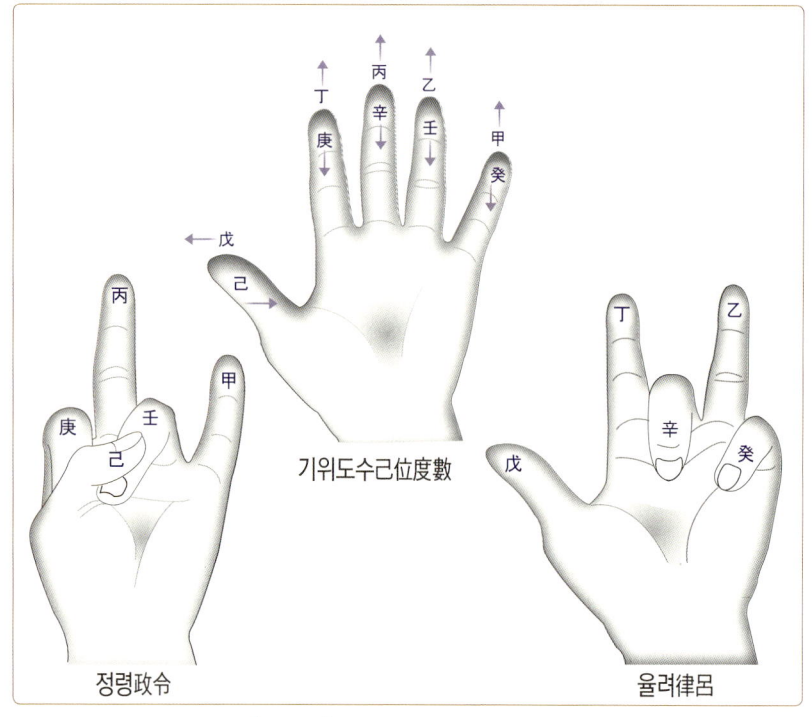

(도표27) 기위도수와 정령과 율려

제가 여기서 생긴다는 것을 미리 말해 둔다. 이상은 손도수를 쳐 기위-정령과 무위-율려의 두 집합으로 분류하고, 기위와 무위 집합을 오행과 일대일 대응을 시켜 본 것이다.(권영원, 2013, 559)

다음은 무위와 기위를 명패로 음(태음)과 양(태양)을 물건으로 하여 대각선 논법을 적용시켜 보는 것이다. 즉, 명패와 물건으로 나누어 세로와 가로에 배열을 함으로서 대각선 논법의 제 요소들과 일치를 시킨다. 기위도수를 시작으로 2분법적으로 정률을 도표로 표시하면 아래와 같다.

여기서 주요한 것은 '천간오행생성수'이다. 다른 것들은 이것을 도출해 내기 위한 수단이라고 보면 된다. 무기를 제외한 8개의 천간과 거기

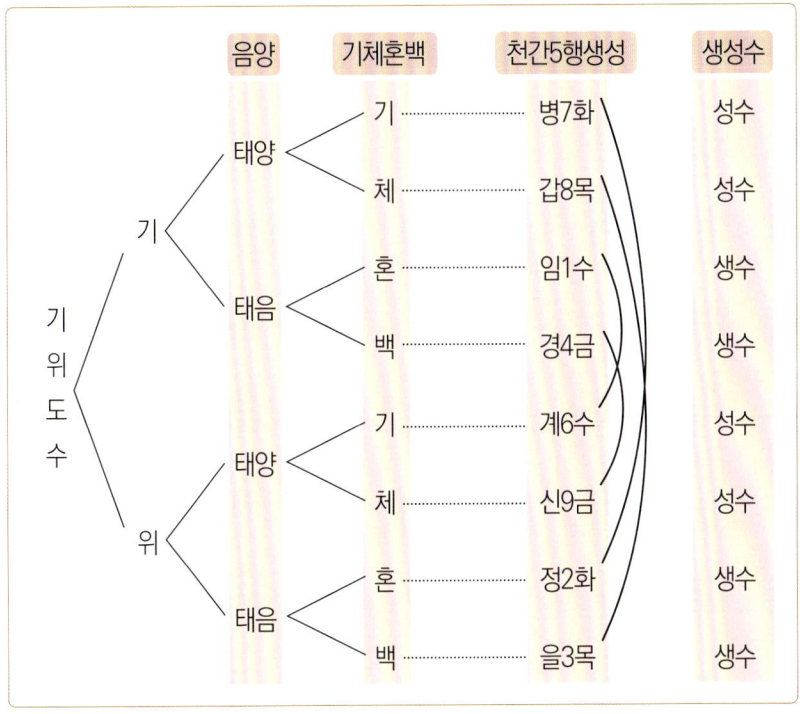

(도표28) 기위도수와 천간오행생성

에 일대일 대응하는 오행과 생성수는 정률론의 모두라고 할 수 있다. 그런데 생성수를 보면 그 구조가 위로부터 7-8(성수), 1-4(생수), 6-9(성수), 2-3(생수)과 같다. 성수와 생수가 번갈아가며 배열되었다. 그리고 수의 크기 순서로 볼 때에 질서가 없어 보인다. 그 이유는 이 생성수들이 단순히 직선이나 사각형 안에 배열된 것이 아니기 때문이다.

　다음은 정률론을 위상학적으로 고찰할 차례이다. 먼저 1-9개의 생성수들을 사각형의 전후, 좌우, 상하에 배열을 하면 (도표29)와 같다. 사각형의 전면에는 생수인 1, 2, 3, 4를, 후면에는 성수인 6, 7, 8, 9를 배열을 한다. 그러면 사각형의 전후면은 1-6(수), 2-7(화), 3-8(목), 4-9(금)의 짝들이 대응이 되도록 배열이 된다. 여기서 생수는 물건, 5는 명패, 그리고 성수는 대각선수라는 사실을 항상 염두에 두어야 한다. 5는 물건수이기도 하고 명패수이기도 하다. 이러한 5의 자기언급으로 10이 된다. 천간의 기위는 10이고 무위는 5이다. 10과 5는 아래 사각형의 가로, 세로 그리고 대각선 대칭에서 일치가 되도록 작용하는 역할을 한다.

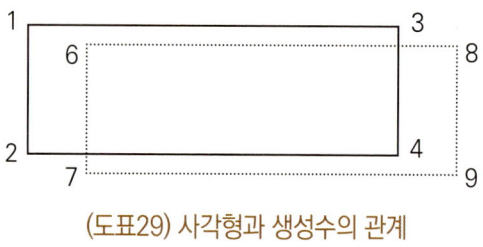

(도표29) 사각형과 생성수의 관계

　그러면 생성수 1-9는 전후, 좌우, 상하에서 8개의 대칭 짝들을 만든다. 다음으로 기위집합 안에서 수들의 대칭관계와 무위 집합안의 수들의 대칭관계를 살핀 다음에 이번에는 기위와 무위 두 집합 쌍들 간의 대칭 관계를 살핀다. 기위와 무위에 관하여 김일부는 '뇌풍정위용정수'에서 다음과 같이 말하고 있다.

> 기위는 4금·1수·8목·7화의 가운데이니 무극이다. 무극이 태극이니 11이다. 11은 지덕이천도이다. 천도란 원으로서 경임갑병이다. 지덕은 방이니 2·4·6·8이다.
> 무위는 2화·3목·6수·9금의 가운데이니 황극이다. '황극이무극'이니 50이다. 50은 천도지수이다. 지수란 방으로서 정을계신이다. 천도는 원이니 9·7·5·3이다.

일부의 이러한 말들을 알기 쉽게 도표화해 나열하면 다음과 같다.

기위 — 4금1수8목7화 — 무극 — 무극이태극 — 11 — 지덕이천도 — 천도(원) — 경임갑병 — 지덕(방) — 2468

무위 — 2화3목6수9금 — 황극 — 황극이무극 — 50 — 천도이지수 — 지수(방) — 정을계신 — 천도(원) — 9753

　기위의 '4금·1수·8목·7화'와 무위의 '2화·3목·6수·9금'에서 숫자만을 가지고 와 (도표29)에서 찾아 비교를 해 보면 일부의 정령론은 다름 아닌 위상수학적 문제라는 것을 쉽게 간파할 수 있다. 다시 말해서 단순 사각형이 아닌 사각형의 가로와 세로를 모두 비튼 사영평면적 구조이다. (도표29)에서 생성수 간의 대칭 관계에서 먼저 생수 1수-4금을 보자. 사각형 전면의 정대각선 위치에서 대칭을 하면서 1과 4가 합치하고 있다. 이를 '대각 대칭'이라고 한다. 그러나 이는 사각형의 전면(생수) 안에서 정대각선상의 대칭이기 때문에 '2차원 대각 대칭'이라 부르기로 한다. 만약에 입방체와 같이 3차원 간의 대각 대칭이라면(예를 들어 1과 9, 2와 8 등과 같이) 이는 '3차원 대각대칭'이 된다. 3차원 대각대칭을 이루는 것이 다름 아닌 뫼비우스띠이다. 전후, 좌우, 상하에서 모두 대칭이 되는 것이 3차원 대각 대칭이다. 우리는 일부의 정률론에서 이를 보게 될 것이다. 기위와 무위의 수들이 대칭 관계를 (도표29)에서 고찰해 본 것이다.

다시 대각선 논법의 제요소라는 관점에서 정률론을 볼 때에 5대 요소들이 그 속에 다 갖추어져 있는 것을 발견할 수 있다. 우선 무는 5로서 명패이고, 기는 5가 자기언급을 한 대각선수 10이라고 할 때에, 정률론에서는 5와 10이 다시 명패가 되어 거기에 물건들 '경임갑병'(기위)과 '정을계해'(무위)가 부분으로 포함된다. 이는 반대각선화의 과정이다. 기위는 정령이고 무위는 율려라고 할 때에, 정령과 율려가 양적인 구조는 같으나 질적으로 다른 이유는 명패가 서로 다르기 때문이다. 즉, 정령의 명패는 5-무위이고, 율려의 그것은 10-기위이기 때문이다. 10은 대각선으로 5를 그 안에 포함하고 있다. 밖에 나와 활동하도록 하는 것이 10이고 안에서 활동하는 것은 5이다.

대각선 논법의 제 요소들이란 관점에서 볼 때에 정령-기위의 7-8과 1-4, 그리고 율려의 6-9과 2-3은 모두 성-성 아니면 생-성의 쌍들이다. 이는 대각선화도 안 되어 있고 반대각선화도 안 되어 있다는 것을 의미한다. 물건수는 물건수끼리, 대각선수는 대각선수들끼리 짝을 만들고 나아가 쌍을 짓고 있기 때문이다. 그러나 만약에 정령과 율려가 합치되면 1-9, 2-8, 3-7, 4-6들끼리 짝을 만들 때에 이는 물건수-대각선수의 합치이기 때문에 분명한 반대각선화이다. 그렇다면 정률론은 궁극적으로 대각선 논법의 제 요소들을 다 갖추고 있다 할 수 있다. 그런데 만약에 5와 10이 다른 수들 속에 부분으로 포함된다면 경우는 달라진다.

실로 정률론은 10천간, 생성수(본수), 손도수 그리고 5행이 총동원된 이론이다. 생성수에 명패는 5, 물건은 생수, 그리고 대각선수는 성수이다. 손도수는 마치 칸토어의 자연수와 같이 이것이 준거가 되어 다른 수들을 일대일 대응을 시킨다. 손도수에서 5가 자기언급을 하면 하도수이고 안 하면 낙서수이다. 그래서 전자는 1~10이고, 후자는 1-9이다. 이제 10천간, 생성수, 오행, 손도수, 선천과 후천 순으로 일대일 대응을 시켜 나열해 보면 아래와 같다.(권영원, 2013, 561) 위상학적 규칙성을 (도표29)에서 확인할 수 있다.

```
        〈政令圖〉                    〈呂律圖〉
        政    令                    呂    律
        ∧    ∧                    ∧    ∧
       庚 壬 甲 丙  (天道圓)         丁 乙 癸 辛  (地數方)
    己  4 1 8 9              戊  2 3 6 9
       金 水 木 火                  火 木 水 金
손도수   2 4 6 8  (地德方)   손도수  9 7 1 3  (天度圓)
```

(도표30) 정령과 율려도

3천양지와 3지양천론과 짝째기론

위상학적으로 볼 때에 정률론에서 5와 10은 보이지 않는다. (도표30)에서도 5와 10을 제외한 생성수만 배열돼 있다. 그러나 5는 가로와 세로 대각대칭 사이에서 작용하기 때문에 5가 없으면 생성이 불가능하다. 마치 낙서 마방진에서 5가 중앙에서 그러한 역할을 하는 것과도 같다. 5는 중앙에서 자기 자신을 언급해 같은 5자리에서 5와 10이 동시적이 된다. 5를 제외한 나머지 수들은 모두 타자언급적이다. 기수의 전체 수 혹은 서수의 끝수가 자기 자신 속에 포함되면 '닫힘'이고, 포함되지 않으면 '열림'이라고 했다. 5와 10이 정률론에서는 포함되지 않기 때문에 정률론은 열림 체계이다.

정률론에는 실로 기/무, 태양/태음, 기/체, 혼/백의 대칭적 일치를 통해 오행과 천간 간의 유기적 세계를 그려내고 있다(도표28). 그런데 정령은 '나타난 질서explicate order'이고, 율려는 그 나타난 질서를 움직이게 하는 '숨겨진 질서implicate order'이다. 이러한 제반 설명이 '15일언,' '월극체위도수,' '11일언' 등에서 언급되고 있다. 이러한 여러 가지 대칭에 '천/지'라는 대칭이 더해져 정률론은 그 정점에 이르게 된다. 일대일 대응을 무엇끼리 하느냐에 따라 다양한 변화의 원리를 그려내는 데 여기에 정역의 특징이 있다. 위에서 말한 정률론은 생수와 성수끼리 대응하는 것이 전부였다. 그래서 생성수를 통해 음양수 그리고 오행과 연관을 시킬 수 있었다.

정률론은 5와 10을 포함시키지 않아서 태음와 태양은 다시 기/체 그리고 혼/백으로 4분 될 수 있었다. 그런데 만약에 기와 무위라는 집합 자체를 자기의 부분 속에 포함을 시킨다면 사정은 달라진다. 바로 이 닫힘 체계를 말하는 것이 '3천양지론' 혹은 '3지양천론'이다. 3:2 혹은 2:3의 짝째기 현상을 말하는 것으로서 정역 체계의 정점에 있는 이론이다. 이런 짝째기가 바로 우주의 구조와 변화 원리 그 자체이다. 우리는 위에서 현대 물리학에서도 입자와 반입자 사이에 짝째기가 성립하는 것을 보았다. 기위를 자기의 집합속에 자신을 포함시켜 '기경임갑병'과

'무정을계해'로 손도수를 한 번 쳐 보기로 한다. 그러면 기와 무는 모지에 해당한다.

서양에서 'finger'라고 할 때에 모지는 포함되지 않고 모지는 'thumb'으로 분류된다. 그러나 동양에서는 '수지' 혹은 '손가락'이라 할 때에 모지를 그 속에 포함시킨다(도표12). 그런 의미에서 서양 수지는 '열림'이고 동양 수지는 '닫힘'이다. 이러한 생활 습관상의 차이가 논리적으로는 매우 주요한 의미를 갖는다. 모지는 순서의 처음 아니면 끝이거나 수지 전체 개수 자체에 해당한다. 그래서 순서수의 역설을 피하자면 모지는 서양과 같이 포함을 시키지 말아야 한다. 그러나 동양에서는 포함을 시킨다. 이를 두고 '멱집합의 원리'라고 한다. 포함을 시켜 굴신을 통해 3천양지와 양지3천론을 거론해 보기로 한다.

천과 지라는 또 다른 대칭 개념을 천간과 음양, 그리고 오행에 일대일로 대응을 시켰을 때에 짝째기 현상이 생긴다. 그 이유는 모지를 셈에서 제외하느냐 포함시키느냐에 의하여 3:2 혹은 2:3의 짝째기가 생긴다는 말이다. (도표27)로 돌아가서 보면 짝째기가 생기는 이유가 선명해 졌다. 다시 말해서 모지가 굴과 신 가운데서 어디에 포함되느냐에 따라서 짝째기가 생긴다. 기위집합(정령)에서는 모지가 모굴기, 식굴경과 약굴임과 함께 3천을 만들고, 굴하지 않는 두 개의 중신병과 소신갑이 양지가 된다. 반대로 무위집합(율려)에서는 모신무, 식신정, 약신을로 3지를 만들고, 신하지 않는 두 개의 중굴신과 소굴계가 양천으로 된다. 그래서 3천과 3지가 되게 하는 것은 모지가 기와 무에서 굴과 신을 하여 어디에 포함되느냐에 따라서 짝째기가 생긴다. 위에서 말한 정률론에서는 무와 기가 포함되지 않았기 때문에 태양과 태음이 2:2로서 짝째기가 아니다. 이렇게 무와 기가 닫힘이냐 열림이냐에 따라서 짝째기 여부가 결정된다. 멱집합의 원리에 따라서 짝째기 여부가 결정된다고 해도 좋다.

정령과 율려(정률)는 선후천, 음양, 오행 그리고 10천간에 두루 걸쳐 있는 정역의 종합판과도 같다. 정률론은 '짝째기 천지론'으로 이어지면서 정역이 력이 되는 발판을 마련한다. 이렇게 주요한 정률론을 알기 쉽게 그리고 효과적으로 파악을 하자면 다음과 같은 제반 장치를 먼저 만들어 두는 것이 필요하다. 선천은 무위도수 그리고 후천은 기위도수와 연관이 된다고 했다. 정률론은 그 중 후천 기위도수와 연관이 된다. 기위-정령과 무위-율려라고 한다. 이러한 대 전제와 함께 정률론을 논리적으로 전개하자면 다음과 같은 수순을 밟아야 한다.

첫 번째로, 일대일 대응 방법의 문제를 다루어야 한다. 칸토어가 자연수 계열을 기준으로 삼아 다른 수들과 일대일 대응을 했듯이 정역에서도 손도수를 기준 삼아 하락수와 생성수(본수), 그리고 10천간 12지지수를 일대일 대응시켜 나간다. 그러나 칸토어는 수에 일상언어(사)를 대응시키지 않았지만 역 일반은 수와 상과 사의 트로이카를 일대일 대응시킨다. 이 점이 서양과 동양의 수 이해에 있어서 근본적으로 다른 점이다.

먼저 손도수를 기준 삼아 10천간을 일대일 대응시킨다. 그러면 생성수와 5행은 자연히 따라온다. 다음 손도수에서 양수 1, 3, 5, 7, 9와 음수 2, 4, 6, 8, 10을 구분한다. 다시 기위도수로 가서 양수와 음수에 해당하는 도수를 찾아 이를 천간과 일대일 대응을 시킨다. 이렇게 하는 과정에서 짝째기 천지가 나타난다. 이를 순서대로 일대일 대응을 시키면 다음과 같다.

10	9	8	7	6	5	4	3	2	1	…선천손도수
갑	을	병	정	무	기	경	신	임	계	…선천
기	경	신	임	계	갑	을	병	정	무	…후천
(1)	2	3	4	5	6	7	8	9	(10)	…후천 손도수

	정령				려율				
(기)	경	임	갑	병	무	정	을	계	신	…정률
	금	수	목	화		화	목	수	금	…오행
(1)	2	4	6	8	(10)	9	7	5	3	…후천손도수
	기위 집합				무위 집합				

(도표31) 기와 무위 집합 대응도

1차적으로 손도수를 선천과 후천 두 개로 나눈다. 선천은 무위도수이고, 후천은 기위도수이다. 전자는 도생-선천이고, 후자는 역생-후천이다. 다음으로 선후천 두 손도수에 10천간을 일대일 대응을 시킨다. 이것이 1차적 배열 방법이다. 정률론은 후자인 후천 손도수에 근거하여 다시 기위와 무위 두 집합으로 나눈다. 후천 손도수에서 볼 때에 기는 (1)이고 무는 (10)이다. 1과 10은 집합 자체의 수이고 전체에 해당하는 명패수이다. 앞으로 이 집합 자체가 자기 집합의 한 요소로 포함되느냐 안 되느냐에 따라서 짝째기 천지론이 생긴다. 그런데 기위 집합 자체의 전체수는 1로서 양수이고, 그 안의 요소들은 모두 2, 4, 6, 8로 음수들이다. 무위의 집합 자체의 전체수는 10으로서 음수이고 그 안의 요소들은 모두 3, 5, 7, 9로서 양수들이다. 앞으로 1과 10, 이 둘의 귀속여부가 초미의 관심사가 될 것이다.

칸트는 배진만을 다루었다. 그는 수를 일직선으로 나열하는 것 밖에는 몰랐다. 그러나 수지로 셈을 할 때에 순환, 변환, 반환의 세 분기점으로 나눈다. 동양식으로 '모굴' 하면서 1(모굴1)이라고 셈을 하면 모지는 순환, 중지는 변환, 그리고 소지는 반환점이 된다. 하도수는 모지에서 시작을 하고, 낙서는 소지에서 시작을 한다. 그리고 일부는 8괘를 작성할 때에는 중지부터 시작을 하여 '1' 한다[8]. 이렇게 정역에서는 모지, 중지, 소지를 모두 시이면서 종으로 본다. 이 말은 열 개의 수지 그 어느 것도 시이면서 종이라는 것을 의미한다. 이를 두고 정역의 '중정론'이라고 한다. 중정론은 사방 어디도 모두 중심이 되는 투명한 유리 세계로 가는 길을 열어 준다.

정률론을 수지론으로 볼 때에 하도수에서 반환점(소지)에 있던 기위를 순환점(모지)으로 삼아 모굴1 하면서 '기'하고, 식굴2 하면서 '경'하고, 중굴3 하면서 '임'하고, 약굴4 하면서 '신'하고, 소굴5 하면서 '계'하고, 소신6 하면서 '갑'하고, 약신7 하면서 '을'하고, 중신8 하면서 '병'하고, 식신9 하면서 '정'하고, 모신10 하면서 '무'하는 것으로 10천간을 배열을 한다. 이때에 명패는 무와 기로서, 기는 굴집합의 명패이고, 무는 신집합의 명패이다. 앞으로 무와 기라는 명패가 자기 집합의 한 부분이 되느냐 안 되느냐에 관심을 집중해야 한다. 다만 여기서는 변환점을 제외한 순환과 반환점이 서로 상대적으로 바뀔 수 있다는 점에만 관심을 가진다. 반환점은 자기언급을 하는 곳이며 여기서 자기언급을 하지 않으면 9가 되고, 자기언급을 하면 10이 된다. 이것이 하·락수가 만들어지는 배경이다.

정률론은 1과 10을 제외한 8개의 수들을 4개의 쌍과 2개의 짝으로 나누는 것으로 그 골격을 만든다. 4개의 쌍들 속에서 5와 10은 발견되

---

[8] 이것이 '손1'이 되는 배경이다.

지 않는다. 그러나 일부는 이어지는 '11귀체시'에서 10과 5만을 강조하여 다음과 같이 말하고 있다. 이를 통해서 일부는 천지가 설위될 수 있는 배경을 다음과 같이 말하고 있다.

지십위천천오지地十爲天天五地 묘혜귀축술의신卯兮歸丑戌依申

정역은 시종이 자유자재인 것이 특징이다. 선후천은 1~10 사이 수의 시종을(즉, 순환점을) 완전히 뒤바꾸어 일대일 대응을 시킨 것과 10천간을 반환점을 시로 한 것을 일대일 대응을 시킨 것이다.(도표31) 여기에서 기와 무에 관한 수들만을 뽑아 다시 정리를 해 보면,

기	선천	5	10	무	선천	6	1
	후천	6	1		후천	5	10

과 같다. 5와 6 그리고 10과 1이 서로 선후천에서 반대이다. 이렇게 나열을 시킨 다음에야 위의 인용 구절이 의미하는 바를 바로 이해할 수 있다. 즉, 기己의 경우는 선천에서 5이던 것이 후천에서는 6으로, 그리고 선천의 10이던 것이 후천에서는 1이 된다. 무戊의 경우는 선천에서 6이던 것이 후천에서는 5로 되고, 다시 선천의 1이던 것이 다시 후천의 10이 된다. '지십위천'이란 기가 선천에서 지10이던 것이(지 10) 후천에서는 천1이 되는 것을 두고 하는 말이다. 그리고 '천오지'란 선천에서는 천5이던 것이 지10이 되는 것을 의미한다. 다시 말해서 이는 천과 지, 즉 하늘과 땅이 서로 위치를 바꾸는 것이다. 정역도를 보면 10건천이 북방 땅의

지위地位에 거한다. 이는 천이 땅의 위치에 머문다는 뜻으로 이를 두고 '지십위천'이라 한다. 반대로 '5곤지'는 남방 천위天位에 거한다. 이는 지가 하늘의 위치에 머문다는 뜻으로 이를 두고 '천5지'라고 한다.

이를 대각선 논법으로 이해하면 더욱 쉽게 받아들여진다. 5가 명패일 때에는 천이고 물건일 때에는 지이다. 그래서 5가 자기언급을 한 10은 천과 지가 동시이기 때문에 지10일 수도 천10일 수도 있다. 대각선수인 10이 1(천1)이 되면 이는 반대각선화이고, 5가 10이 되면 대각선화이다. 그런 의미에서 '지십위천'은 반대각선화를, '천5지'는 대각선화를 의미한다. 이렇게 대각선화와 반대각선화를 동시에 하는 과정에서 천이 지가 되고, 지가 천이 된다. '천지'란 말이 이렇게 대각선 논법의 제 요소들 속에 들어 있었던 것이다.

이를 수지상으로 볼 때에 무·정·을은 10·9·7이 신한 것이고, 계·신은 5.3이 굴한 것이다. '지10기토'가 모지1 자리로 올라가 천1이 되고, 무5토가 땅의 10자리로 내려와 '지10위천천5지'가 된다. 이를 두고 '천지설위'라고 하며 천지설위가 가능하게 된 이유는 5의 자기언급에 있다. 5는 명패(천)이기도 하고 물건(지)이기도 하기 때문에 10은 천지가 동시여서 천지설위를 자유자재로 할 수 있다. 그래서 수지상에서 볼 때에 무와 기는 모두 모지에서 작용을 한다. 굴하면 기가 되고, 신하면 무가 된다. 모지는 1, 5, 6 그리고 10으로 그 어느 것이든 자유자재이다.

3천양지/3지양천론과 역설해의

다음에 말할 플라톤의 제 3의 인간 역설은 귀매의 원리에 대한 무지에서 생긴 오류이고 이런 오류가 19세기 말까지 이어져 칸토어로 하여금 연속체 가설의 문제로 고민케 만들었다. 귀매의 원리가 순서수의 역설의 문제와 연관이 된다면 다음에 말할 '짝째기 천지론'은 멱집합의 원리와 연관이 된다. 그러나 둘이 모두 제 3의 인간 역설해의에 관한 다른 발상이라 할 수 있다.

'짝째기 천지론'이란 '3천양지'와 '3지양천'과 같이 천과 지 혹은 지와 천의 비가 3:2 혹은 2:3인 경우를 두고 하는 말이다. 짝째기 천지론을 이해하기 위해서는 일대일 대응이란 기법을 가지고 와야 한다. 손도수 10을 양수와 음수로 양분하면 1, 3, 5, 7, 9와 2, 4, 6, 8, 10과 같이 5:5이다. 여기에 천과 지라는 메타 언어를 대응시키면 양수 가운데 '1, 3, 5'는 천이라 하고, '7, 9'는 지라 한다. 이를 두고 '3천양지'라고 한다. 그리고 음수인 2, 4, 6, 8, 10에 천과 지라는 메타언어를 대응시킬 때에 '2, 4, 6'은 지라 하고, '8, 10'은 천이라 한다. 이를 두고 '3지양천'이라고 한다. 보통 천을 양이라 하고 지를 음이라고 하는데 여기서는 양수가 천3지2로 나뉘고, 음수가 지3천2로 나뉜다. 문제는 5:5가 3:2 혹은 2:3으로 나뉜 데에 문제성, 즉 멱집합의 문제점이 발견된다.

짝째기 천지론은 이미 『주역』의 설괘전에서 언급된 바 있다. 그러나 설괘전에서는 '삼천양지이기수三天兩地而奇數'라고 '삼천양지'에 대해서만 말했지 '삼지양천'에 대해서는 언급하지 않고 있다. 이에 일부가 설괘전에서도 다 언급하지 않고 있는 짝째기 천지론을 말하는 데는 각별한 의미가 있다. 일부는 '11일언'에서 "9, 7, 5, 3, 1은 기수이고, 2, 4, 6, 8, 10은 우수이다"라고 했다. 여기서 기수와 우수는 각각 5개 씩인데, 먼저 말한 기수 5개는 '천도'이고, 나중에 말한 우수 5개는 '지덕'이다. 본래 '삼천양지'라고 하면 생수 1, 2, 3, 4, 5 가운데 당연히 삼천은 1, 3, 5이고 양지는 2, 4일 것이다. 그러나 일부는 『주역』에도 없는 '도천度天'이란 말과 '수지數地'란 새로운 말을 도입하여 전자는 수지의 굴을, 그리고 후자는 신을 지칭하고 있다. 즉, "1, 3, 5는 도천이고 7, 9는 수지니 삼천양지이다"라고 한다. 이 말 속에는 여기서 지적해 말하지 않은 삼지양천도 숨겨져 포함돼 있다 할 수 있다.(권영원, 2013, 544)

이제 도천(굴)과 수지(신)에 의하여 손도수로 짝째기 천지론을 쳐 보면 (도표32)와 같다.(권영원, 2013, 170)

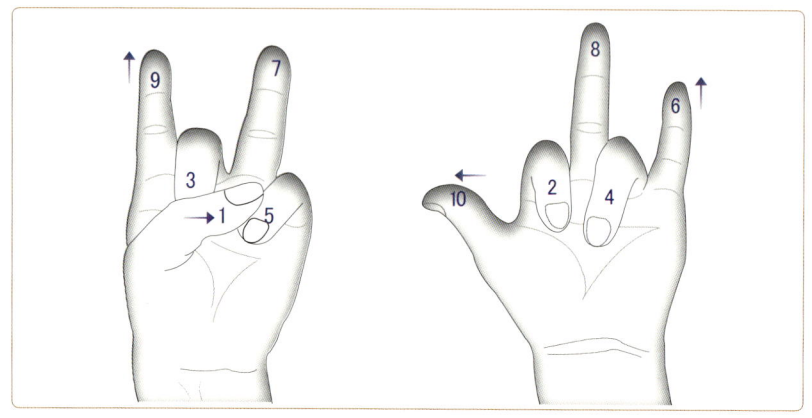

(도표32) 수지상수와 3천양지와 3지양천

양수 1, 3, 5, 7, 9를 3:2로 양분하여 1, 3, 5를 '삼천,' 그리고 7, 9를 양지로 나눈다. 음수 2, 4, 6, 8, 10도 3:2로 나누어 2, 4, 6을 '삼지,' 그리고 8, 10을 '양천'이라 한다. 양수 속에 천지가, 음수 속에도 천지가 들어간다는 말이다. 일종의 프랙털 현상이다. 왜 이런 기법을 『주역』은 말하고 있지 않을까. 여기에는 멱집합의 논리로만 설명될 수 있는 측면이 있다. 우선 짝째기 천지론은 1~10수를 모두 동원하고 있는데, 이때에 자기언급이 필수적이다. 양수집합 1, 3, 5, 7, 9에는 5가 들어가고 음수집합 2, 4, 6, 8, 10에는 10이 들어간다. 이 점이 중요하다. 5는 무이고 10은 기이다. 이들 무기는 토로서 전체를 총괄하는 집합 자체이다. 이 집합 자체가 자기 집합의 한부분으로 포함(包含)되는 데 이를 두고 '멱집합의 원리'

라고 한다.[9] 3천과 3지를 결정하는 것은 모지의 굴신에 따라서 3천이 되기도 하고 3지가 되기도 한다. 즉, 모지가 모굴1 할 때에 홀수인 3과 5지가 동시에 굴하여 3천이 되기도 하고, 반대로 모지가 '모신10' 하면 짝수인 8과 6이 동시에 신하게 되어 3지가 된다. 그래서 모지는 수지 전체를 관장하는 역할을 한다. 동일한 모지가 굴신 여하에 따라서 3천 양지 가운데 어느 하나에 속하게 된다. 즉, 이것이 2에 있느냐 3에 있느냐에 따라서 '3천양지' 혹은 '3지양천'이 된다. 이를 에셔의 작품을 통해 시각적으로 이해하면 한결 쉬워진다.(Geometry, 2010, 125)

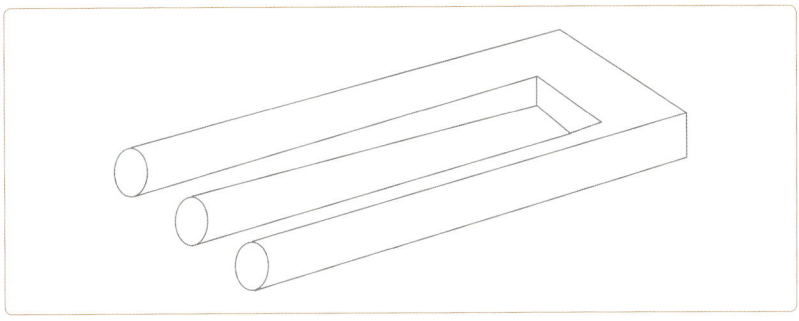

(도표33) 에셔의 삼천양지

(도표33)의 에셔 작품을 가운데 부분에서 반을 가리고 좌우를 번갈아가며 보면 우측은 가닥이 둘인데 좌측은 셋이다. 우측의 중앙 부분이 비어 있는 공간인 데 좌측에서는 하나의 가닥을 만들고 있어서 둘로도 보이고 셋으로도 보인다. 중앙에 있는 부분이 어디에 속하는지를 보는 측면에 따라서 둘이 되기도 하고 셋이 되기도 한다. 그래서 중앙은 도형의 전체를 좌우한다. 가운데는 셋 중에 하나이기도 하고 전체이기도 하다는 것이다. 이는 마치 정역의 수지론에서 중지가 갖는 역할과 같은 것

9) '包涵'은 열림이고 '包含'은 닫힘이다.

이다.(8장 참고) 이러한 가운데(중지)가 갖는 역할 때문에 3:2 혹은 2:3의 짝째기가 생긴다.(권영원, 2013, ?)

指屈象	指伸形
陽而陰	陰而陽
三天	兩地
兩天	三地
先天	后天
復上	皇中
天心	皇心
屈	伸
進	退
夜	晝
一三五度天	七九數地
影	體
氣	理
一二三四五	六七八九十
十九八七六	五四三二一
甲乙丙丁戊	己庚辛壬癸
己庚辛壬癸	甲乙丙丁戊
己庚壬	甲丙
癸辛	戊丁乙
天	地

(도표34) 짝째기 3천양지론

　이런 짝째기 원리에 의하여 다음 '천지지천 후천선천'의 논리가 가능해진다. '천지'는 삼천양지를 그리고 '지천'은 삼지양천을 의미한다. 이렇게 천과 지는 선후가 뒤바뀐다. 하도에서 천은 남에, 그리고 지는 북에 있었지만 정역에서는 반대로 천이 북에, 그리고 지는 남에 있다. 이렇게 선후천에서 천지가 바뀌는 것을 두고 일부는 '월극체위성도'에서 '선천지천지' 그리고 '후천지지천'이라고 했다. 선천에서는 '천지'가 후천에서는 '지천'이 된다. 이렇게 짝째기 천지론은 정역의 모든 부분에 연관이 된다.

최종적인 관심사는 짝째기 3:2 혹은 2:3의 비례이다. 이러한 비례가 손가락의 마디에도 그대로 나타나 엄지는 2이고 다른 것들은 3이다. 세 마디로 된 식, 중, 약, 소지들의 마디들 가운데 식과 약지는 그 길이가 같다. 이는 낮과 밤의 길이가 같은 춘분과 추분을 의미한다. 이에 대하여 소지와 중지는 길이가 다르다. 이는 하지와 동지를 각각 나타낸다고 볼 수 있다.

3:2의 비례는 천6:지4, 용9:용6, 건책수216:곤책수144에도 그대로 나타난다. 3과 2의 합은 5, 6과 4의 합은 10, 9와 6의 합은 15, 그리고 당기일에 해당하는 건곤책수의 합은 360이다. 장주기법에 해당하는 선후천 주회도수인 324만리: 216만리 비례도 3:2이다. 실로 짝째기 천지론은 이와 같이 우주의 시공간을 망라한 모든 것에 적용될 수 있는 비례이다. 가장 특기할 만한 것은 3:2 비례는 피타고라스의 음계 속에 있는 완전 5도의 비례라고도 할 수 있다.

2.3 더하기 곱하기 셈법과 책수의 문제

승법을 통해 력수 정하기

정역은 『주역』과 달리 셈하기에 있어서 더하기와 곱하기를 번갈아 가며 사용한다. 정역을 제대로 파악하려면 무엇보다 먼저 곱하기 승법의 성격을 알아야 한다. 물건수인 생수 1, 2, 3, 4, 5에 명패수 5를 더해 대각선수인 성수 6, 7, 8, 9, 10을 만든다. 그런데 여기서 공간적 역설이 나타났다. 여기까지를 두고 역易은 역逆이라고 한다. 가본에서 나타난 역설을 해의하기 위해서 승본이 등장했다고도 할 수 있다. 먼저 1.2절에 이어 가본과 승본의 성격을 대각선 논법과 연관하여 다시 강조해 말해 두기로 한다. 이것이 정역의 내용을 이해하는 데 필수요건이기 때문이다.

김일부는 승법을 도입하여 1-9까지 수를 명패수 9로 곱하기를 할 때에 역易은 력曆이 된다고 한다. 이것은 시간상에서 역을 파악하는 방법으로서, 『주역』에서는 발전시키지 않았던 방법이다. 일부는 역을 시간축으로 가지고 와 그의 독특한 정역을 발전시킨다. 여기서는 먼저 곱하기 셈하기의 구조를 대각선 정리와 연관하여 파악함으로써 일부가 왜 역에 곱하기 셈법을 도입했는가를 밝히려 한다. 정역에서 시간과 수는 불가분리적이다.

더하기는 서로 더하는 수를 가로든 세로든 한 가지 방법으로 배열해야 하지만, 곱하기는 더하기와는 달리 곱하는 수와 곱해지는 수를 가로와 세로 또는 세로와 가로에 배열해야 한다. 예를 들어 237×56의 답을 찾는다고 하자. 여기서 2는 백의 단, 3은 십의 단, 7은 일의 단에 해당한다. 이 세 가지 단위를 가로로 나란히 (도표 35)과 같이 나열해 놓는다.

다음은 곱하는 수만큼 1부터 9까지 세로로 순번을 매긴다. 5와 6을 곱하기를 하기 때문에 세로줄에 있는 5와 6번을 찾아 (도표35)의 (b)와 같이 따로 표시를 해 둔다. 그러면 가로 단 2와 3과 7이 세로줄 5와 6만 분리되어 나온다. 이를 (a)와 같이 굵은 선으로 표시하든지 (b)와 같이 따로 분리해 내든지 상관없다. 그 모양은 직사각형이다. 그러면 작은 정사각형 두 개와 큰 정사각형 두 개인데, 이 네 개의 정사각형 안에는 가로와 세로를 곱하기 하면서 온 두 개의 수들이 있다. 이들 두 개의 수를 네 개의 대각선으로 나눈다. 그러면 직사각형 안에 있는 수는 네 개의 대각선에 의해 다섯 등분이 된다. 이와 같이 곱하기에는 더하기와는 달리 대각선이 개입한다. 대각선에 의한 다섯 등분은 일 단위 2, 십 단위 5, 4, 8 백 단위 3, 5, 1, 2, 천 단위 101, 만 단위 1과 같다.

정역의 구조를 이해하는 데 선행 조건은 곱셈의 구조를 먼저 파악해야 하는데, 네 개의 대각선에 의해 나누어진 다섯 등분들은 곱셈의 답이 갖는 수의 자릿수를 나타낸다. 즉, 우측 아래에서부터 차례로 일의 자리, 십의 자리, 백의 자리, 천의 자리, 만의 자리가 된다. 이렇게 배열 준비가 완료된 다음 곱셈을 해 보기로 한다. 일의 자리에는 2만 있기 때문에 일의 자리는 2가 된다. 대각선으로 이동하면서 그 위 십의 자리는 5, 4, 8인데 이들 세 수들을 다 합하면 '17'이 된다. 17 가운데서 십의 자리에는 7만 남기고 10은 1로 바꾸어 그 위의 자리인 백의 자리로 이동한다. 백의 자리는 3, 5, 1, 2의 네 수이고 이를 더하면 11이다. 10의 자리에서 올라온 1을 더하면 12가 된다. 그러면 백의 자리는 2가 되고 위로 1이 올라간다.

그 다음 천의 자리는 1, 0, 1인데 이 세 수를 더하면 2이고, 아래에서 올라온 수 1을 더하면 3이 된다. 그래서 천의 자리는 3이 된다. 그 다음 마지막 만의 자리는 아래에서 올라온 수가 없기 때문에 1이 된다. 이제

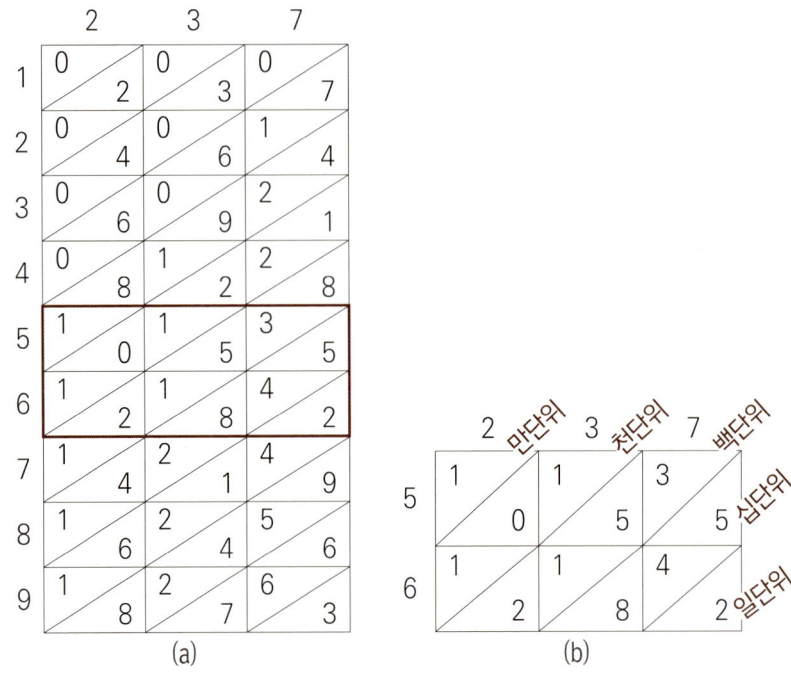

〈도표35〉 곱하기 계산법과 대각선논법

각각의 자리에 있는 수를 순서대로 나열하면 1, 3, 2, 7, 2가 되고, 답은 237×56=13272와 같다. 여기서 자리란 역에서 말하는 '위'이고, 2는 그 위에 있는 '수'이다. 다시금 역이 왜 위와 수를 구별하는지를 알게 된다. 여기서 곱하기는 더하기와 달리 가로와 세로, 대각선이라는 3차원을 고려하지 않으면 안 된다는 것도 알았다. 그래서 곱하기에는 그 속에 더하기를 내포한다는 사실도 알았다. 다시 말해서, 두 수가 만드는 대각선상에 있는 수들끼리는 서로 더하기를 해야 한다는 사실을 알게 된 것이다.

작은 사각형의 대각선 좌우는 가로와 세로수가 곱하기 한 수가 나누어져 들어가 있다. 큰 대각선 두 개와 작은 대각선 두 개가 새로운 수의 수열을 만들고, 이렇게 새로 만들어진 대각선상의 수들의 더하기 한 것이 곱하기 하여 새로 만들어질 수의 자리가 되고 그것이 그 자리의 수가 된다. 이렇게 곱하기는 가로와 세로와 대각선상의 수가 곱하기와 더하기로 구성되었음을 알게 된다. 앞으로 정역에서는 9를 명패수로 하여 물건수인 1-9까지의 수를 곱하기 한다. 이를 10천간 12지지에 일대일 대응을 시켜 력수曆數를 만든다. 이때에 하도와 낙서수의 기수법에는 없던 대각선이 정역에는 있음을 알게 된다. 다시 말해서 곱하기의 사상 작용 mapping은 9가 명패수가 되어 1~10(9)의 수들을 곱하기의 대상으로 하는 것이다. 5와 10이 더하기 사상 작용을 하는 것이 기차의 철길과 같다면, 9의 곱하기 사상작용을 한 값은 그 철길 위를 달리는 기차와도 같다. 전자가 우주의 천체가 도는 궤도와 같다면 후자는 천체 자체와도 같다.

  곱하기의 이러한 성격을 이용한 것이 정역이다. 성수작용과 생수작용을 따로 하여 그것을 합한 것이 역수 360이고, 이것이 정역의 기수가 된다. 지금까지 5를 명패수로 하고 생수와 성수를 더하기 한 것과는 사뭇 다르다. 가본에 승본이 추가된 것이다. 승본에는 가본에 없는 대각선이란 요소가 더해진다.(도표36)

(9×9 =81) +	(8×9 =72) +	(7×9 =63) +	(6×9 =54) = 270	성수작용
+	+	+	+	
(1×9 = 9) +	(2×9 =18) +	(3×9 =27) +	(4×9 =36) = 90	생수작용
‖	‖	‖	‖	
90 +	90	90	90 360	정역 도수
원역(원역)	윤역	윤역	정역(원역) =	4역
체10용9	용8	용7	용7	체5 용6
(용1)	(용2)	(용3)	(용3)	정역

(도표36) 생성수와 4역의 관계

이제 생수와 성수는 새로운 우주의 궤도를 만들었다. 이것은 일월성신이 다니는 궤도이고, 일월이 운행하며 사시사철을 만들어 내는 궤적이다. 여기서 선후천이 감아든다. 『주역』의 기제와 미제는 새로운 의미를 갖게 되고, 하도와 낙서는 기차의 열차 같은 역할을 하게 된다. 하도는 우주의 종말에서 태초로 향해 10→1의 순서로 운행하는 열차이다. 9, 8, 7, 6, 5, 4, 3, 2, 1의 수는 열차에 달린 객차들과 같다. 이는 종점에서 시발점으로 역주행하는 열차이다. 하도에는 성수라는 객차 6, 7, 8, 9와 생수라는 객차 1, 2, 3, 4가 달려 있는데, 이를 두고 성수는 '역성逆成'하고, 생수는 '도생到生' 한다고 하여 이를 '도생역성'이라 한다. 또한 이를 배진이라고 한다. 반대로 낙서는 시발점 태초에서 1→9로 진행하는데, 이때 생수는 '역생逆生'하고, 성수는 '도성到成' 한다고 하여 '역생도성' 한다고 한다. 결국 생수와 성수가 도역을 바꾸어 하고 있다.

질운운동과 윤역의 책수

다음은 일부가 왜 9에 집착을 하고 그것의 곱하기에 각별한 관심을 갖는지 그 이유를 분명하게 설명해 놓기로 한다. 숫자 9는 가법과 승법의 비밀을 다 갖추고 있다. 우주의 시간과 공간의 구조를 파악하자면 더 이상 생성수의 구조만으로는 미흡하다. 하도와 낙서가 모두 1-5를 물건수로, 5를 명패수로 하여 가법만을 사용해 성수 6-10을 만들었다. 그러나 김일부는 1-9를 물건 그리고 9를 명패로 삼아 역수 이해에 획기적인 전환을 만든다. 비로소 우주 공간과 시간의 유기적인 관계가 무엇인지 이를 통해 밝혀졌다.

9와 곱하기 셈법(승법)의 비밀을 알자면 힌두 수학으로 돌아가 생각해 볼 필요가 있다. 1-9를 9로 나누기 하기는 다음과 같다(도표37).

.11111 …	→	1/9
.22222 …	→	2/9
.33333 …	→	3/9=1/3
.44444 …	→	4/9
.55555 …	→	5/9
.66666 …	→	6/9=2/3
.77777 …	→	7/9
.88888 …	→	8/9
.99999 …	→	9/9=1
………………	→	…

(도표37) 1-9를 9로 나누기 했을 경우의 규칙성

소수점 이하의 수는 같은 수가 반복되는데 피제수인 1-9의 수가 무한 반복을 하면서 나타난다. 다시 말해서 7/9의 경우 피제수인 7이 소수점 이하에 무한 반복을 하면서 나타난다. 다음은 곱하기를 했을 경우를 보면 다음과 같은 규칙성이 있다.

2×9=**18**	**81**=9×9
3×9=**27**	**72**=9×8
4×9=**36**	**63**=9×7
5×9=**45**	**54**=9×6

(도표38) 1-9 곱하기와 일자리와 십자리 수의 경영대칭

볼드 글자체로 된 마주하는 숫자를 보면 십자리와 일자리가 바뀌어 있는 것을 볼 수 있다. 즉, 18이 81, 27이 72… 등과 같다. 이런 경우를 두고 '경영 대칭mirror symmetry'(54가 45가 되는 대칭)이라고 한다. 그리고 일자리와 십자리의 수를 더하면 어떤 경우이든 9가 된다. 즉, 2+7=9, 3+6=9…

등과 같다. 이러한 9가 가지고 있는 성격 때문에 고대 히브리인들은 9를 '불변하는 진리'의 상징이라 보았다. 그 이유는 9는 제자신을 창조해 내고 제자신에로 돌아와 모든 수를 그 안에 포함(包含)하고 있기 때문이라 했다. 다시 말해서 9는 다른 수와는 달리 자기언급적인 수이다.

이러한 자기언급적 수로서 9는 다음과 같은 수의 미학을 그려내고 있다. 그리고 이러한 9가 그리는 미적 궤적은 다름 아닌 우주의 구조 그 자체인 것이다. 다음과 같이 1-9를 사각형의 가로와 세로에 규칙적으로 배열을 한다.(Schneider, 1994, 310)

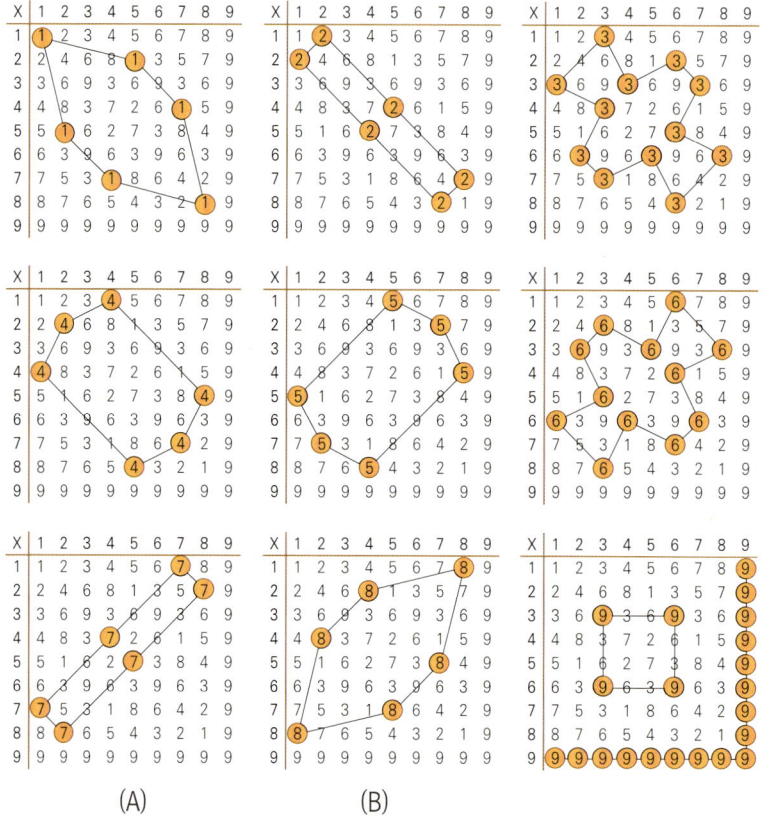

(도표39-1) 1-9 상호 곱하기와(A) 곱한 것을 9로 나눈 나머지(B)

〈도표39〉의 (A)는 1-9를 가로와 세로에 동일하게 순서대로 배열을 하고 서로 곱한 값을 격자 안에 적은 것이고, (B)는 (A)에 적힌 값을 9로 나누고 그 나머지 값을 적은 것이다. 피제수가 9보다 적은 경우는 피제수 자체를 적는다. 여기서 주요한 것은 '나머지remainder'이다. 나머지 값이라는 것이 마야역에서 갖는 주요성은 여기서 필설로 다 할 수 없다. 그리고 동양의 천문학에서도 나머지는 매우 주요시된다. (B)에 적힌 값은 '나머지'라는 의미 이외에 더 다른 규칙성이 그 안에 들어 있는데, 히브리인에게는 '아홉 투척casting out nines'으로 더 잘 알려져 있다. 그 방법은 다음과 같다.

 아홉 투척이란 (A)에서 (B)를 만드는 다른 한 방법을 두고 하는 말이다. 즉, (A)의 56은 7×8=56이란 승법의 결과이다. 56의 십자리 5와 일자리 6을 분리하여 이를 더하기를 한 5+6=11과 같이 한다. 다시 1과 1을 같은 방법으로 분리하여 1+1=2를 만든다. 바로 이것은 56÷9=6에서 나머지 2와 같다. 이것은 첫 번째 방법에서 얻은 것과 같은 결과의 수이다. (A)의 56에 해당하는 자리와 같은 자리에 있는 수를 (B)에서 찾으면 그 값이 바로 '2'이다. 이는 실로 9라는 수가 가지고 있는 신비한 규칙성이라 할 수 있다. 이를 두고 '모나드의 원리principle of monad'라고도 한다.

 가로와 세로의 끝은 모두 9이다. 그리고 세로 6칸을 보면 6, 3, 9의 세 수가 반복된다. 세로의 칸1과 칸8에 있는 수들을 서로 더하면 1+8=9, 2+7=9…8+1=9와 같이 모두 9가 된다. 이들 수들은 위에서 본 바와 같이 경영 대칭을 이루는 수들이다. 예를 들면 27은 72 등과 같다. 그러나 9만은 그러한 경영 대칭을 만들지 않는다. 숫자 9는 중앙에 모여 있는데 이들끼리 연결하면 정사각형이 된다. 이는 실로 우주가 추고 있는 춤을 안무한 것이나 마찬가지이다. '우주춤의 안무도the choregraphy of the cosmic order revolving'와 같다는 말이다. 우리는 드디어 조선의 김일부가 왜 9라는 수에 그렇게도 집착했는가의 이유를 알 수 있게 되었다.

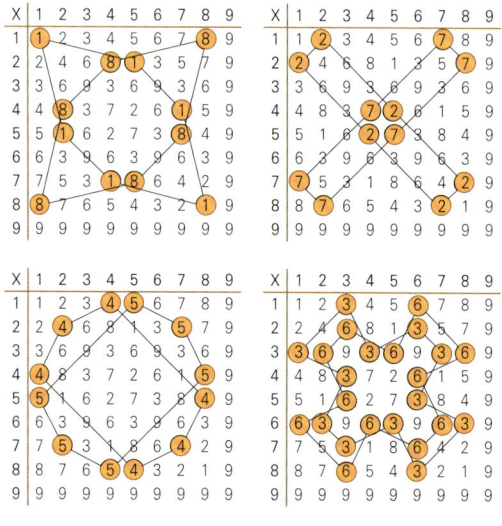

(도표39-2) 태양계 안의 우주춤 도형

(도표39-1)의 (B) 안에서 같은 숫자들끼리만으로 연결시켜 놓은 것이 (도표39-2)이다. 이 안에는 1-9에 속하는 아홉 개의 숫자들로 우주춤이 안무되었다. 그 가운데 특기할 만한 것은 9이다. 9는 중앙과 외곽에 두 번 반복해 배열되어 있는데 외곽의 것은 수평과 수직의 한 개만으로 만들어져 있다. 어느 특정한 두 개의 숫자를 동시에 찾아 구성을 해 보자. 예를 들어서 1과 8, 2와 7, 3과 6, 4와 5를 연결시키면 (도표39-2)와 같은 대칭 구조를 만든다.(Schneider, 1994, 311)

실로 9에 의한 우주춤 안무도는 9수의 곱하기와 더하기에 의하여 만들어진 것이다. 이러한 수의 셈하기 기법을 창안해서 종교 의식, 성전 건축, 시, 수량측정 그리고 천문학 등 다양하게 응용한 사람들은 힌두들이다. 최근까지도 이러한 셈법을 힌두들은 응용하고 있으며 심지어는 학교에서 학생들에게 가르치고 있기까지 하다. 서양적 시각에서는 이러한 기법을 수비학 정도로 폄하하고 말 것이지만 말이다.

　실제 이러한 우주춤은 우주 안에서 벌어지고 있다. 태양계 안에서 수성과 금성 그리고 수성과 지구가 벌리는 춤을 한 번 기하학적으로 관찰해 보기로 한다. 이는 마치 무도장에서 두 남녀 쌍쌍이 마주 손을 잡고 춤을 추는 것과도 같다. 지구와 수성은 2,510일 동안에 22번 키스를 하고, 수성과 금성은 2,030일 동안에 14번 키스를 한다. 여기서 키스를 한다는 것은 서로 만난다는 것을 의미한다. 아래 도형들에서 곡선이 서로 감도는 부분이 바로 키스를 하는 점이라 할 수 있다.(Lundy, 2010, 317)

　이는 모두 정역이 왜 9를 명패수로 삼아 승법을 강조하는지 그 의미를 부각시키기 위한 것이다.

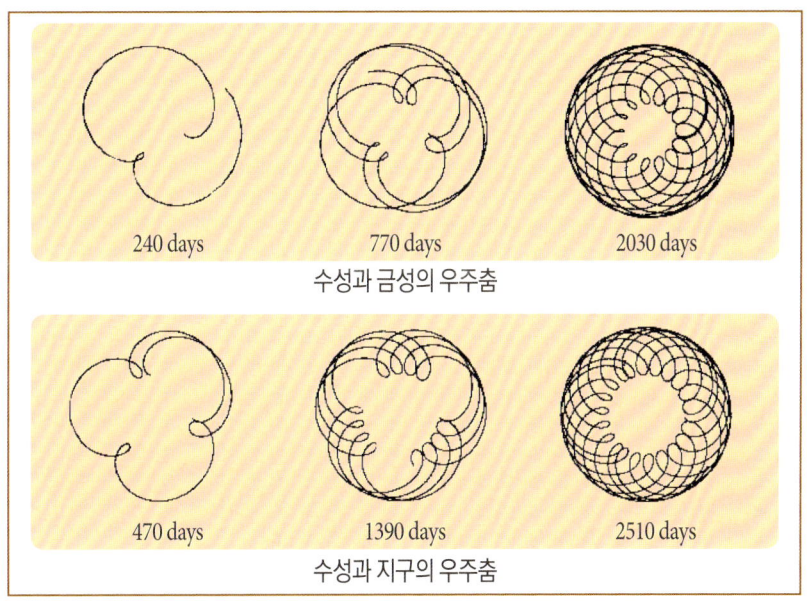

(도표40) 두 개의 수가 감도는 우주춤 안무도

2.4 기제미제와 선후천의 문제

역생도성과 기제미제란 기강경위 잡기

일부는 수를 두고 경과 위로 나누어 직접 언급하였다. 즉, '15일언'에서 일부는 '10기紀2경經5강綱7위緯'라고 했다. 수를 세로와 가로, 그리고 대각선으로 나누어 본 대목이라 할 수 있다. 여기서 2는 수지도수에서 '2천'에, 7은 '7곤'에 해당하는 말이다. 그래서 2와 7은 하/락수가 아닌 수지에 해당하는 것이다. 하늘은 세로인 경이고, 땅은 가로인 위라는 말이다. 하늘은 변하지 않는 경으로 세로이고, 땅은 변하는 위라는 의미로서 대각선 논법의 가로에 적중하는 표현이다.

여기에 나오는 네 개의 숫자인 10, 2, 5, 7은 모두 정역 수지상수(도표3)에 해당하는 수이다. 10은 '10천건'(03)을, 2는 '2천'(05)을, 5는 '5곤지'(08)를, 7은 '7지'(10)를 가리킨다. 그러면 이를 수지상에서 볼 때 10천건과 5곤지는 중지의 굴신에 해당하고, 7지는 '모신'에, 2천은 '소굴'에 각각 해당한다. 분기점이라는 관점에서 보면 중지(10천건과 5곤지)는 변환점, 소지(2천)는 반환점, 모지(7지)는 순환점에 해당한다. 그렇다면 중지는 '기강'에 그리고 소지는 경에, 모지는 위에 해당한다고 할 수 있다. 변환점은 대각선이고 모지는 가로이고 소지는 세로이다. 그런 의미에서 기강경위는 다름 아닌 대각선 논법의 대각선화 과정을 의미한다. 그리고 정역8괘도상에서 보면 5와 7은 곤괘로서, 그리고 10과 2는 건괘로서 남북에 자리 잡고 있다. 정역8괘도상에서 볼 때에 기강은 괘위도수를 밝힌 것이라 할 수 있다.

5곤지와 10건천은 각각 남과 북에 정위하여 드러난 질서의 기강을 잡고, 2천7지는 해당하는 괘가 없기 때문에 숨어 보이지 않는 질서의 경위를 잡는다. 봄의 '보이는 질서'와 '보이지 않는 질서'를 말하고 있는 것이다. 기강은 보이는 질서, 그리고 경위는 보이지 않는 질서를 의미한다고 할 때에 이는 대각선 속에서 세로와 가로가 숨겨져 보이지 않는 것과도 같다. 중지의 작용으로 모든 괘들이 생겨나듯이 10과 5가 기강을 잡는데 따라서 괘들이 만들어진다. 10은 천지의 모든 운과 도를 결정한다. 5곤이 강이 되는 이유는 변환점을 만들어 다른 수들이 돌아가게 하는 돌쩌귀와도 같아 이를 특히 '5황극'이라고 한다.

2천은 다섯 수지가 모두 굴한 상태이고, 7지는 모두 신한 상태이다. 그래서 2천이 있은 다음에야 새로운 소신(태3)이 시작하고, 7지가 있은 다음에 새로운 모굴(간8)이 생겨난다. 8간이 번호로는 01이다. 결국 소지굴의 2천과 모지신의 7지가 경과 위가 되어야 하는 이유가 분명해진다. 모지과 소지가 없으면 순환과 반환을 못한다. 순환과 반환을 못하면 운행 자체가 불가능하다. 이렇게 경위가 소지와 모지에서 정해지면 중지는 기강을 잡아 나간다. 그러면 2와 7을 경위로 하여 10과 5를 통해 기강을 잡는 구체적인 내용이 무엇인지를 알아보기로 한다.

여기서는 기강 잡기를 일명 '질운운동迭運運動'이라고 한다. 일부는 '15일언'에서 '용도는 미제지상이고 도생역성하니 선천태극,' '구서는 기제지상이고 역생이도성하니 후천무극,' '오거중위하니 황극이니라'고 했다. 이 세 구절은 모두 칸트의 배진과 전진에 연관이 되는 것들이다. 이 세 구절에 대한 구체적인 설명을 하면 다음과 같다. 여기서 용도란 하도를 두고 하는 말이다. '미제지상'이란 『주역』의 64화수미제괘를 두고 하는 말이다. 정역에서는 1에서 9까지 거슬러 올라가는 수를 '기제지수'라 하고, 10에서 1까지 거꾸로 내려오는 수를 미제지상이라고 한다. 전자를 배진이라 하고 후자를 전진이라고 한다. 배진은 기제지수이고, 전진은 미제지수이다.

  칸트는 사다리가 이미 도달한 땅이라는 것을 전제하고 배진을 해야 무한퇴행을 막을 수 있다고 판단한 것이다. 땅과 같은 것은 이미 도달한 것을 의미하는 '기제'이다. 그런 의미에서 칸트는 미제를 의도적으로 배제했다. 정역에서 '도到'라는 말은 거꾸로 된 것이고, '역逆'이란 거슬러 올라가는 것이다. 1-9와 같이 거슬러 올라가는 수를 '기제지수'라 하고, 10-1과 같이 내려오는 수를 '미제지수'라고 한다. 아래 도표를 참고하면 이해에 도움이 된다.(권영원, 2013, 262)

倒→									逆→							
十	九	八	七	六	五	四	三	二	一	一	二	三	四	五	六	七	八	九	十
					火	水					火	水	水	火			水	火		
					∨						∨		∨				∨			
					未濟						未濟		旣濟				旣濟			

(도표41) 기제미제와 도역수의 대응

  우주의 새로운 궤도란 기존에 알려진 방식과는 다르게 이해하는 것을 이른다. 9를 명패수로 한다는 것은 0-9 사이를 닫힌 수의 공간으로 한다는 말과도 같다. 마치 5를 명패수로 할 때 0-5 사이를 닫힌 수의 공간으로 제한하는 것과 같다. 결국 4력의 기수를 셈하는 방식은 아래와 같다. 이는 앞으로 역의 일수에 대하여 시수時數를 셈하는데 필요한 것이다.

$$9 \times (9-0) = 81시 \ 원역$$
$$9 \times (9-1) = 72시 \ 요기$$
$$9 \times (9-2) = 63시 \ 순기$$
$$9 \times (9-3) = 54시 \ 정역$$

(도표42) 력수와 질운운동

김일부와 같은 시대인 19세기 중엽에 독일에서 살았던 페어홀스트P. F. Verhulst(1804-1849)가 세인의 관심을 받게 된 것은 20세기에 들어와 카오스 이론이 나오면서부터이다. 그의 수식이 x(x-n)과 같이 너무 단순하고 간단해 그것이 갖는 의미를 당대의 수학자들은 잘 몰랐었다. 김일부의 기수 계산법(도표43)은 그대로 페어홀스트 방정식과 같다. 원역에서 요기로의 변화를 '생변화,' 요기에서 순기로의 변화를 '장변화,' 순기에서 정역으로의 변화를 '성변화'라고 한다. 페어홀스트 방정식은 역의 석합보공의 다른 수학적 표현으로서 일부는 이를 기수 계산법에 응용한 것이다. 이러한 기수법 계산의 변화와 함께 정역에 와서『주역』의 기제와 미제 개념도 변한다. 이런 수학의 방정식을 두고 역에서는 '질운운동迭運運動'이라고 한다.

하도는 미래에서 과거로 전진하고 있어서 '기제旣濟'라 하고, 낙서는 과거에서 미래로 배진하고 있어서 '미제未濟'라고 한다. 그래서 기제와 미제는 서로 전진과 배진을 하는 것이다. 그렇다면 칸트는 이율배반론에서 시간의 시작이 있느냐 없느냐 묻고는 배진만을 고려한 미제지수로 수를 다룬 낙서의 입장을 취한다. 이는 다분히 전통 기독교적 창조 신앙을 반영한 것이라 할 수 있다.

김일부의 '기제旣濟'와 '미제未濟'는『주역』의 63번 기제괘와 64번 미제괘에서 유래하는 말이다. 이는 우주의 시작과 끝이 있느냐 없느냐의 문제이며, 결국 생수과 성수가 갖는 순과 역의 문제이다. 서양에서는 수를 이렇게 순과 역의 관계 자체로 파악하는 것이 불가능했기 때문에 이율배반론 해결에 난점이 있었다. 서양은 시작과 끝이 순환한다는 사실을 몰랐다. 그리고 그 이유는 수에 대한 이해를 잘못한 데서 기인한다. 페어홀스트 방정식의 공헌은 수가 순환하는 것을 말해준 점이라 할 수 있다. 위의 방정식에서 x와 n에 수를 대입할 때에 그 값은 순환한다.

결국 수를 생수와 성수로 나누는 것은 수를 물건수와 명패수(5)로 나누는 데서 출발하기 때문에 수에 대한 집합론적 접근은 중요하다고 할 수 있다. 칸토어가 수를 집합론적으로 다루기는 했지만 순과 역의 관계로 파악하지 못했기 때문에 역설에 직면하고 말았다. 즉, 그는 기수의 역설에, 부르알리-포르테는 순서수의 역설에 직면하고 말았다. 그들이 발견한 이 두 종류의 역설이란 공은 20세기 최대 화두로 던져진 것이다. 한편 역의 역사도 그 한계는 분명하다.『주역』은 기제와 미제가 어떻게 서로 꼬리를 물고 순환하는지 그 이유를 몰랐었다. 하도는 기제의 수만, 낙서는 미제의 수만 다루었기 때문이다. 열차가 서로 종점에서 출발점으로, 출발점에서 종점으로 순환하는 관계를 몰랐던 것이다. 바로 이 순환 관계를 발견한 것이 정역이다. 정역은 하도와 낙서의 전통을 그대로 이어받아 9를 명패수로 한 곱하기 사상 작용을 함으로써 드디어 기제와 미제, 낙서와 하도의 관계를 연결시킬 수 있었다.

문제는 이러한 도식적인 구도 작성에서 끝나지 않는다. 문제의 본질은 1-9 사이의 수들 사이에 '도·역'과 '생·성'이란 대칭 관계가 구조적으로 어떻게 결정되느냐에 있다. 여기서 결정적으로 중요한 수가 5이다. 5는 물건수이면서 동시에 명패수이다. 5는 생수 5와 성수 6을 매개하는 중간 위치에 있다. 이때 5와 6은 서로 어떤 관계인가. 이를 '포5함6包五含六'이라고 한다. 5와 6이 서로 담고 담긴다는 말이다. 함涵은 '담는다'는 뜻만 있는데 함숲은 '담고 담긴다'의 두 가지 의미가 있다.

5와 그것의 자기언급에 의하여 만들어진 10은 사물들을 작용시키면서도 대각선수 자체이다. 이 수를 어떻게 처리하느냐고 할 때, 이를 다루는 것을 귀공歸空 또는 존공尊空이라고 한다. 그래서 '15존공'이란 말이 가능해진다. 10은 대각선화이고 15는 반대각선화라고 할 때, 10은 '귀공'이라 하고, 15는 '존공'이라 한다는 것이다. 그래서 귀공과 존공은 대각선화와 반대각선화의 관계이다. 이렇게 귀공과 존공을 대각선 논법과 연관시킨 것은 정역 연구의 일대 전환이라 할 수 있다.

다음으로 하도에서 낙서로, 기제에서 미제로 바뀌는 곳에 있는 10과 1의 관계의 문제가 거론된다. 10이 물러가야 1이 나타난다. 이를 두고는 '10퇴退1진進'이라고 한다. 15는 10이 명패수 5로 반대각선화 하는 것이고, 10퇴1진은 생수 1로 반대각선화 하는 것이다. 1은 체인 '태극'이다. 그래서 10퇴1진을 '귀체'라고 한다. 이렇게 대각선 논증은 정역에서 각별한 의미를 가지면서 새로운 용어로 태어난다.

수들이 정역에서 이렇게 새로운 의미 부여를 받으면서 5는 황극皇極, 10은 무극無極, 1은 태극太極이라고 한다. 10과 10이 합덕된 수 20은 '무무위수無無位數'라 한다. 이 두 개의 10수가 앞으로 말할 도생역성과 역생도성을 좌우한다. 20을 구성하는 방법에는 15와 5의 합과 10과 10의 합이란 두 가지 방법이 있다. 15와 5는 체와 용의 관계이다. 그래서 15로 20을 설명하면 본체원리가 밝혀지고, 5로 설명하면 작용원리가 밝혀지는데 5는 대각선화를 주도하고, 15는 반대각선화를 주도한다. 반대각선화, 즉 15로 설명을 하면 무무위수 20의 시간성의 원리인 3극의 도가 밝혀지고, 5로 설명을 하면 무위수 10의 공간성의 원리인 3재의 도가 밝혀진다. 5 황극의 세계는 인간의 세계이고, 15는 우주의 세계이다. 그래서 인간과 우주의 관계는 대각선화와 반대각선화의 관계이다.

3극인 우주의 세계는 10무극, 1태극, 5황극으로 구성되어 있다. 10은 5가 자기언급을 한 정대각선수이다. 이 수가 물건수인 1이 된다는 것으로서 10퇴1진은 전형적인 반대각선화이다. 반대각선인 이유는 대각선인 10이 명패수 5가 되어 물건수인 1과 사상작용을 하기 때문이다. 이때 10을 체라 하고 1을 용이라고 하며, 이러한 체용을 합덕하도록 하는 것이 바로 5이다. 대각선화가 되어 10이 자기 자리로 돌아오는 것을 '15존공'이라 한다.

그 동안 위험시 내지 무시당했던 10이 오히려 높임을 받는다는 말이다. 마야의 수 가운데 10은 인간의 해골바가지로 표시할 정도이다. 10은 5가 5 자신과 언급을 한 것이기 때문에 5가 명패일 때와 물건 생수일 때의 두 경우로 나누어 생각할 수 있다. 그래서 5황극(명패)을 중심으로 설명하면 오황극의 본체가 십무극이며, 오황극의 작용이 1태극이다. 10과 1이 합덕이 되면 '5황극'이다.(정역, 뇌풍위용정수, 이현종, 52) 15가 중심이 된다는 것은 '반대각선화'를 중심으로 말한다는 뜻이다. 이는 10이란 대각선수를 중심으로 삼극을 설명한다는 뜻이기도 한다. 5를 중심으로 한다는 것은 5가 명패가 되어 생수 1을 만나 대각선화를 주도한다는 뜻이다. 이렇게 역도에 관한 설명은 모두 10과 5의 원리(15)와 10과 1의(11) 원리가 그 내용의 전부라 할 수 있다. 그래서 정역의 진면목은 반대각선화와 대각선화에 대한 주석 그 이상도 이하도 아니라 할 수 있다.

미제-기제와 대각선화-반대각선화

일부는 〈십오일언〉 3.12에서 "하도와 낙서의 이치는 후천과 선천이요, 천지의 도는 기제와 미제이다"라고 하여 하도·낙서의 선후천 문제와 미제·기제의 문제는 따로 떼어서 생각할 수 없다고 했다. 일반적으로 하도는 선천과 미제이고, 낙서는 후천과 기제로 알려져 있다. 일부는 〈정역〉 2장에서 "하도낙서의 원리 내용은 후천과 선천의 변화 작용 원리이고, 천지의 도는 수화기제괘와 화수미제괘로 표상된다"고 했다. 여기서 제기되는 문제는 왜 10으로 끝나는 하도는 미제이고 선천인데, 9로 끝나는 낙서는 기제이고 후천이냐이다. 서수상으로 볼 때 9가 선천-미제이고, 오히려 10이 후천-기제이어야 할 터인데 그 반대이다. 『주역』에서도 순서대로 63번괘는 기제이고 64번괘는 미제이다. 이렇게 모순되어 보이는 기제·미제와 선후천의 문제에서 대각선화와 반대각선화의 비밀을 찾을 수 있다.

 (도표36)을 통해 볼 때에 '체10용9'가 (용1)이다. 이것은 10에서 시작한다는 말이다. 이렇게 순서가 바뀐 데서 기제·미제의 비밀을 찾기로 한다. 여기서 하도와 낙서의 체용이 선후천에서 서로 바뀌고 변화가 순환 반복하는 비밀의 문이 열릴 것이다. 〈십오일언〉 3.13에서는 "용도(하도)는 미제의 상으로 거꾸로 생하며 거슬러서 이루는 것이니(도생역성) 선천의 태극이다"라 했고, 같은 3.14에서는 "낙서는 기제의 수이며, 거슬러 생하고 거꾸로 이루는 것이니(역생도성) 후천의 무극이다"라고 했다.

 역생도성과 도생역성을 전진과 배진으로 하여 칸트의 이율배반론의 배진론regression과 연관하여 설명을 더하면 다음과 같다. 칸트는 우주의 시작이 있느냐 없느냐의 질문에서 시간의 종말을 생각하기에 앞서서 시작과 끝 가운데 어느 하나를 막아두고 거기서 배진을 향해 셈해야 한다고 했다. 그는 과거를 막아놓고 거기서 시작을 한다. 그래서 '배진背進'이라고 하고 그 반대인 전진은 배제한다. 그런데 하도의 원리는 과거가 닫혀 있고 앞이 열려 있는 기제의 배진 형식으로 이를 '도생역성'이라 하고, 반대로 낙서는 과거가 열려 있고 앞이 닫혀 있는 미제의 전진 형식으로 이를 '역생도성'이라 한다. 칸트는 수의 이 두 방향의 작용을 몰랐다. 그의 이율배반론의 문제는 이렇게 지적될 수 있다.

여기서 태극을 1, 무극을 10이라고 한다면, 도생역성은 10, 9, 8, …, 1이고, 역생도성은 1, 2, 3, …, 9이다. 10을 대각선수라고 할 때 도생역성은 대각선수 10이 역진을 하는 것이기 때문에 이를 '역대각선화'라고 한다. 이는 10이 생수와 사상되는 반대각선화와는 다른 것으로 구별해야 한다. 역생도성은 대각선화의 과정이다(1에서 10으로 향하고 있기 때문에). 하도는 도생역성을 하여 역대각선화를 하고, 낙서는 역생도성을 하여 대각선화를 하고 있다. 10은 체이고 공이기 때문에 뒤에 숨어 있고, 나타나 작용하는 것은 9이다. 그래서 9로부터 시작하고 9로 끝난다.

10은 체로서 9를 용으로 그 안에 가지고 있으면 그것은 선천이고, 10을 귀체시켜 무극으로 만들면 10은 보이지 않고 9만 남아 후천이 된다. 질운운동에서 대각선 10이 흑점과 백점 가운데 어느 쪽에 속하느냐 하는 문제이다. 이것이 다음에 말할 기하학적 소멸의 문제와 연관이 된다.(6.1 참고) '10'을 체로 삼아 그것의 실존 여부에 따라서 선후천이 결정된다. 하도는 10을 체로서 가지고 있기 때문에 선천이나, 그것을 도생역성이란 작용을 시키면 후천 낙서 수 1에 도달한다. 1에서 1, 2, 3, 4, 5, 6, 7, 8, 9로 전진하는 것을 역생도성이라 하며 10은 셈하지 않는다. 그것을 셈하면 순서수 역설에 걸려버려 역생도성이 도성역생이 되기 때문이다. 이를 귀매의 원리라고도 한다.

이렇게 하여 10 없이 9만 있는 낙서가 오히려 후천이 된다. 도생역성에서 보면 오히려 10이 먼저이고 9가 나중이기 때문이고, 역생도성에서 보면 10이 나중이다. 이렇게 대각선화와 역대각선화의 순환 과정이야말로 선후천의 개념을 가장 명확하게 한다. 다시 말해서 대각선화(10) 다음에 역대각선화(10 다음에 9)가 된다고 할 때에 하도가 선천이고 낙서가 후천이다.

유목이 결국 이 사실을 몰라서 자연수 순서대로 보아 9가 먼저이고 10이 나중이기 때문에 '하9낙10'론을 주장하였다.[10] 김일부의 위와 같은 견해는 선후천 논쟁의 종지부를 찍는 것이나 마찬가지이다. 이는 10을 대각선수로 보았기 때문에 얻어진 결론이다. 즉, 대각선 논증이란 관점에서 보았을 때에 역의 제반 문제점들이 드러나게 된다는 것이다. 하/서 10/9 논쟁은 이렇게 대각선 논법의 적용에 의하여 그 전모가 선명하게 드러났다. 유목도 간과한 역생도성과 도생역성은 순환관계이기 때문에 선후천은 상대적이다. 그래서 '선천적 선천'과 '선천적 후천,' '후천적 선천'과 '후천적 후천'이 가능하게 된다.

이는 일종의 프랙털 현상이다. 이것을 대각선이라는 관점에서 볼 때에 명패수 5가 자기언급을 하여 10이란 대각선수가 만들어지고, 10이 다시 역대각선화 되어 물건수나 명패수가 되어 버리면, 다시 '대각선의 대각선수'인 메타-대각선수가 생기고, 이 메타-대각선은 다시 반대각선화가 되는 것과 같다. 이와 같이 선후천은 되먹힘을 무한히 반복하게 된다. 메타-대각선수에 해당하는 것이 바로 15이고 20이라 할 수 있다. 정역의 정중론이란 1~10 사이의 모든 수가 명패수가 될 수 있음을 말하는 것이고 보면 모든 수가 대각선수가 될 수 있음도 의미한다. 동양사상에서 선후천의 문제만큼 모호한 것도 없다. 그러나 여기서 대각선 논법을 적용해 본 결과 대각선과 메타-대각선의 되먹힘 현상이 선후천 문제인 것이 분명해졌다.

전진과 배진의 상관관계를 정역은 "후천은 선천에서 정사를 하니 수화기제이며, 선천은 후천을 향하여 정사를 하니 화수미제이다"(정역 4장)라고 했다. 선천을 막아 놓고 즉, 과거(선천)를 이미 완성된 것으로 하고

---

10) 김상일, '대각선 논법과 역'(2012) 8.8 참고.

거기서 미래(후천)로 전진하는 것이 수화기제(☲☵)이고, 반대로 미래를 열어 놓고 선천이 후천을 향하여 변하는 것은 화수미제(☵☲)이다. 그래서 선천을 '태극1'로 보고 이를 기제의 수라 하고, 후천은 '무극 10'으로 보고 미제의 수라고 한다. 10(후천 무극의 수, 미제의 상)에서 1(선천 태극의 수, 기제의 상)로 작용 변화하는 것을 도생역성到生逆成이라 하고, 그 반대인 1에서 10으로 작용 변화하는 것을 역생도성逆生到成이라고 한다. '도생역성'이 바로 칸트가 말하는 배진에 해당한다. 과거가 열려 있으면 작용을 시작할 기점이 없어지기 때문에 배진을 한 것이다. 이것은 간단한 ⋯ 3 2 1 0 -1 -2 -3⋯로 이해될 수 있지만 칸트 시대의 수학의 한계는 이런 이해도 어렵게 만들었다.[11] 이런 수의 진행 방향을 이해하자면 0 개념이 필수인데 칸트시대까지 서양 수학에서는 이것이 불가능했던 것이다.

과거를 닫아 놓는다는 점에서(기제) 칸트는 기제만 인정했다. 칸트는 도역과 생성의 관계를 몰랐다. 칸트는 수를 생수와 성수로 나눌 줄도 몰랐고 수가 순환한다는 것도 몰랐다. 이 점에 있어서 칸토어도 마찬가지였다. 칸토어와 칸트는 한 방향으로만 생각했기 때문에 도역 생성을 이율배반적으로 이해한 것이다.

이 문제를 해결한 철학자가 알랭 바디우이다. 그래서 바디우의 생각은 정역의 생각에 접근하고 있다.[12] 위에서 정역의 기제와 미제를 선후천과 관련하여 말한 것은 바로 이율배반론에 대한 대답이라고 할 수 있다. 칸트의 이율배반론이 갖는 한계는 곧 그의 당대가 갖는 수학의 한

---

11) 칸트시대의 수학의 한계란 다름 아닌 0 이하의 마이너스 셈법의 무지를 두고 하는 말이다.
12) 이 점에 대해서는 필자의 『알랭 바디우와 철학의 새로운 시작』(새물결, 2008년) 참고를 바란다.

계라 할 수 있다. 칸트는 칸토어보다 100여 년 전에 살았으며, 그의 당대에는 아직 실무한의 개념이 없었다. 그래서 그는 과거를 닫아 놓고 배진을 함으로써 이율배반론의 한계를 그대로 드러내고 말았다.

63.수화기제괘(䷾)와 64.화수미제괘(䷿)를 보자. 이 두 괘는 감괘와 리괘가 위아래가 바뀌어 된 괘이다. 그리고 감리는 건곤괘와 함께 정괘로서 3차원 대각선 대칭선상에 있는 괘이다. 생수와 성수가 서로 도와 역을 한다. 도와 역은 수가 움직여 진행하는 방향이다. 낙서의 역생 작용은 하도의 맨 마지막 작용수인 '1'을 시작 수로 하여 2, 3, 4, …, 9의 순서로 역생한다. 과거를 닫아 미래를 열어 놓고 배진을 한다. 이는 '하나로부터의 셈하기count from one'에 해당한다. 마지막 수 9는 1로부터 역생을 한다. 이 9수는 하도의 도생 작용으로 넘겨져 9는 후천무극수인 10으로 변하는 계기를 만든다. 즉, 9가 용하여 10이란 체를 만들기 때문에 '10체9용'이라 한다.

10체9용의 작용으로 후천으로 넘어가지만 대각선수 10은 5가 자기언급을 한 것으로서, 이러한 자기언급 작용 때문에 선천이 후천으로 변할 수 있다. 이것은 대각선화의 완성이다. 자기언급 작용으로 선천과 후천이 서로 접목이 될 수 있다는 말이다. 위상학적으로 이를 볼 때에 사각형의 뫼비우스띠에서 감괘와 리괘는 서로 도와 역으로 방향을 바꾸면서 순환한다. 대각선이 순과 역의 두 방향으로 순환한다는 뜻이다.

반대각선화는 대각선수 10이 물건수 1과 사상하는 것이다. 여기서 1을 '1태극'이라 한다. 수 1을 선천 태극이라고 하며 10무극이 1태극이 되는 것을 두고 역대각선화 또는 '도생역성'이라고 한다. 하도는 반대로 9, 8, …, 2, 1과 같은 순으로 작용한다. 이렇게 역생도성은 전진이고 도생역성은 배진이다. 역생도성과 도생역성은 서로 상반된 전개 방향이지만 서로 일치한다는 뜻이다. 여기서 1과 5와 10이란 기관차가 나머지 수들을 객차와 같이 끌고 뫼비우스띠 같은 철길 위로 달리고 있다. 이 철길 위로 이제 력수^{曆數}들이 지나간다. 객차들은 9라는 명패수와 1~10 사이의 수들을 곱하기 한 수들이다. 건책수와 곤책수들이 서로 연결되어 있다. 이 철길은 4차원 공간의 길이다. 그래서 전후도 없고 상하 좌우도 없다. 이런 위상공간을 그려내는 것이 정역도의 궁극적인 목표라고 할 수 있다. 이런 전후좌우도 없는 투명한 세계를 두고 '유리세계'라 하고 여기에 상제가 조림한다고 했다.

2.5 자기언급과 역설 발생으로서의 재륵

재륵과 행특의 대각선 정리

역이 출발한 근원으로 돌아가 '재륵'이란 말을 가지고 온다. 이는 수지를 재차 구부린다는 뜻이다. 소지는 5하면서 굴하고 6하면서 신한다. 이런 굴신 작용에서 5는 같은 소지로 두 번 작용을 한다. 이를 '재륵'이라고 한다. 만약에 이런 재륵 현상이 없다면 역은 무미건조한 단순 체계로 끝나고 말았을 것이다. 그러나 재륵을 통해 역은 비결정성의 문제로 우리를 이끌어가고 만다. 이런 재륵 현상 때문에 초과분의 문제와 돌출의 문제가 생긴다. 재륵이란 자기언급이란 뜻이며 자기언급 때문에 역설이 생긴다. 그리고 재륵이란 대각선이란 말과도 같다. 그래서 여기서는 이를 메타 언어로 사용해 역을 조명하려 한다.

『주역』〈계사전〉은 대연수 50과 함께 초과분의 수인 윤수가 생기는 것에 대해 다음과 같이 말하고 있다. 즉, "나머지 기수를 새끼손가락에 귀체시켜 윤수 원리를 상징한다[歸奇於扐 以象閏]"고. 여기서 말하는 '나머지 기수'란 5를 가리킨다. 5는 생수에서도 성수에서도 셈하지 않고 남아 있던 수이다. 같은 소지를 구부릴 때는 5이지만 그것이 자기언급을 하여 같은 소지를 다시 펴면 그것은 초과분이 되고 이를 윤수라고 한다. 이를 다른 수와 구별하여 '상象'이라고 했다. 그래서 "상이 불어난다. 그래서 이를 '상윤象閏'이라고 한다"고 했다. 5가 다시 불어나는 것, 다시 말해서 다시 자기언급을 하는 것을 '재윤再閏'이라고 한다. 이는 구부렸던 새끼손가락을 다시 펴는 것으로서 '재륵再扐'이라고 한다.

재륵을 통한 상윤에서 비로서 '괘'가 생겨 나타난다. 수가 자기언급을 하면 상이 되고, 상이 자기언급을 해서 수가 거듭 자기언급을 하면 괘가 된다. '재륵'이란 이렇게 역의 기본 골격을 만든다. 그래서 6효는 기수 5가 자기언급을 두 번 하여 증가한, 즉 재윤이 된 수이다. 6효가 이렇게 자기언급인 재륵을 통해 탄생하는 만큼 역설의 폭탄을 그 안에 안고 세상에 나타나는 것이나 마찬가지이다. 그리고 이렇게 하여 태어난 것이 괘이다. 그래서 한 개의 괘 속에는 재윤이란 2중적 자기언급이 들어가 있고, 이것이 역설 조장의 장본인이다. 수가 윤수가 되는 것은 '구부린다'를 의미하는 '륵扐'이며, 이를 '상'이라고 한다. 륵을 다시 륵하는 것을 '재륵'이라 하고 이를 '재윤'이라고 한다. 수지가 5개이지만 재윤을 하게 되면 6이 된다.

　이 재윤의 결과가 괘이다. 그래서 수와 상과 괘는 서로 자기언급이 두 번 반복된 것이다. 메타의 메타라 할 수 있다. 역설은 자기언급에서 발생한다고 할 때 괘는 역설의 도가니와 같다고 해도 과언이 아니다. 수에서 상으로 상에서 다시 괘로 거듭 자기언급을 하는 것이 괘의 탄생 비밀이다. 그 와중에 역설이 생긴다. 이러한 메타화 과정에서 괘가 생기기 때문에 소성괘 두 개가 중복되어 대성괘 하나가 된다. 하나의 대성괘는 자기언급에 의한 태생적 비밀 때문에 역설이 피할 수 없게 된다. 이것은 지금까지 내괘(하괘)와 외괘(상괘)의 관계에서 보아온 6효에서 역설이 발생하는 과정을 설명하였다. 정역은 바로 역의 태생적 비밀에서 역설을 추론해 내고, 이것을 해의하기 시작한다. 정역이 8괘가 아니고 10괘인 이유도 재윤에 있다. 10건에 2천, 5곤에 7지가 생기는 이유도 재윤 때문이다. 그래서 2천과 7지는 중괘로 표시한다.

　수지로 수를 셈할 때 동양 사람들은 모지부터 굴하기 시작하여(모굴1) 소지에서 접어 들어가 다시 모지를 신하면서 끝난다(모신10). "구부렸던 소지를 다시 움직여 펴서 나타난 6수를 작용원리로 하여 6효 중괘가 구성된다"고 한 것은 5를 체로 하여 6을 용으로 한다는 것을 두고 하는 말이다. 이 말은 6효 가운데 5효까지는 일관성을 유지하지만 마지막 상효에 해당하는 여섯 번째 효는 윤수, 재륵에 의한 것이다. 그래서 먼저 다섯 개와 일관성을 가질 수 없다. 경방이나 윤선거의 효변에서 보는 바와 같이 5효 다음에 6효는 변하지 않는다.(대각선 논법과 조선역, 2013, 3장 참고)

5효는 이미 변했기 때문에 그 아래 4효를 변화시킨다. 그러면 4효는 두 번 변한다. 이를 두고 '귀매의 원리sister-recursive principle'라 한다. 이 원리는 순서의 마지막은 전체 자체라는 순서수의 역설과 연관이 된다. 6효마저 변해 버리면 효들이 속해 있는 집합 자체가 변하게 되는 것을 방지하는 원리이다. 상효인 6효를 변화시키면 빈대 잡으려다 초가삼간 태우는 격이 될 수 있다.

그런데 만약 소지에서 6을 셈하려 하면 소지를 펴야 한다. 이를 '재륵'이라고 한다. 그러면 소지는 두 번 셈하였으니 윤수가 된다. 이 문제를 어떻게 해결할 것인가? 같은 수지가 5도 되고 6도 된다. 여기서 지금까지 없던 새로운 대칭 개념인 '체'와 '용'을 가지고 온다. 즉, 5는 '체'라 하고, 6은 '용'이라고 한다는 것이다. 그러나 소지가 굴신을 하여 5와 6이 되었기 때문에 이를 두고 5와 6은 자기언급적 관계인 재륵이라 한다. 같은 것이 체도 되고 용도 된다는 말이다. 여기서 역설이 나타나고 초과분이 나타난다. 그래서 '6효중괘'(2천과 7지 같이)란 이러한 역설과 초과분의 부산물로서 마치 역설의 판도라 상자와도 같다. 재륵은 역학의 무거운 짐인 난제거리를 만드는 산실이다.

소지의 이러한 이중적 작용 때문에 생긴 재륵의 짐이란 역설의 짐이다. 역사적 짐인 동시에 우주적 짐이다. 재륵 때문에 5세歲에 윤달을 넣는다. 6효 속에는 이러한 역설이란 난제거리가 태생적으로 안겨져 있었다. 이것을 두고 『주역』은 "역은 역수逆數이다"(『주역』 설괘 제3장)라고 하였다. 『주역』은 "6효의 움직임은 삼극지도이다", 혹은 "6효는 다른 것이 아니라 삼재지도이다"라고 한 말의 의미가 점차 밝혀지고 있다.

대각선수인 네 개 성수 9, 8, 7, 6을 '사세四勢' 또는 '사절四節'이라고 한다. 5가 1, 2, 3, 4의 생수와 체증하면서 성수 6, 7, 8, 9가 만들어지는 것은 대각선화이고 이를 '역생도성'이라고 한다. 이에 대하여 성수 9, 8, 7, 6이 5로 체감하면서 4, 3, 2, 1로 되는 것을 '역대각선화'라 하며, 이를 '도생역성'이라고 한다고 했다. 그래서 재극에 와서 대각선 정리는 새로운 국면을 맞게 된다. 대각선화와 역대각선화는 서로 상반된 방향으로 작용을 하게 된다. 그리고 여기서 천·지·인 3재의 변화와 우주 자연의 역수 변화가 따른다. 우주 속에서 벌어지는 대각선화와 반대각선화를 역수를 통해 지금부터 이를 체험해 보자.

'행특'과 15숫자의 성립

낙서 '9'라는 수는 홍범 9주에서 유래했다고 한다. 홍범은 복무卜巫를 통한 연계衍戒하는 방법을 두고서 '복오卜五 점용이占用二 행특行忒'이라 했다. 여기서 '복오卜五'는 우·제·몽·역·극雨霽蒙驛克으로서 우주 변화의 상징이고, '점용이占用二'는 길·흉 2를 의미한다. 그래서 '행특行忒'이란 말은 5와 2를 그 내용으로 하고 있다. 낙서원리는 복오에, 하도원리는 '점용이'에 그 근거를 두고 있다. 2와 5를 조절하는 것이 행특이다. 이를 조절하여 64괘 384효가 생긴다.

여기서 '복오'는 중괘구성원리가 되고, '점용이'는 효의 음양작용원리가 된다. 다시 말해서 복오란 수 5는 명패수 5의 연원이다. 점용이는 천수와 지수 또는 양수와 음수를 말하는 것으로서 물건수를 만드는 작용이다. 물건수가 이렇게 만들어지면 명패수 5가 이 물건수들과 사상 mapping을 해 대각선수들을 만들어낸다. '용이用二'의 음과 양의 작용으로 생수가 비로소 만들어지기 때문에 최초의 대칭은 음과 양의 대칭이다. 이렇게 생수가 만들어진 다음에 성수는 생수와 5의 더하기란 가법의 사상작용으로 만들어진다. 여기에 서양의 수 개념 형성과는 다른 면이 나타난다. 즉, 수를 명패와 물건으로 나누는 기법이 서양에는 없는 것이다.

수는 근본적으로 음과 양, 그리고 생과 성의 대칭이다. 그런데 생과 성의 대칭은 명패수와 물건수가 전제되고서야 가능해진다. 이때에 '복오'라는 수 5는 자기 자신이 명패수도 되고 물건수도 되는 이중적 역할 때문에 윤수를 만들어 낸다. 이것이 음윤수가 생기는 근본적인 원인이 된다. 그런 의미에서 '행특'이란 대각선화의 다른 표현이라 할 수 있다. 다시 말해서 행특이란 명패수와 물건수의 사상이다. 재륵과 함께 윤수가 만들어지는 숨겨진 비밀을 말하는 말이라고 할 수 있다.

홍범의 '복오 점용이'는 공자의 〈계사전〉에 와서 더 구체화된다. 즉, 〈계사전〉 상 제9장에는 '용이用二' 작용을 이렇게 말하고 있다. "천일 지이 천삼 지사 천오 지육 천칠 지팔 천구 지십은 용이를 두고 하는 말이다. 천수와 지수는 2를 두고 하는 말이며, 이렇게 2가 연속적으로 작용하는 것이 바로 '용이'이다"라 했다. 천수와 지수, 양수와 음수가 상호 작용함을 의미한다. 이어서 '천수오 지수오'라고 하여 천수도 다섯 개, 지수도 다섯 개라고 한다. 여기서 5는 수를 의미하기도 하지만 위位를 의미하기도 한다. '천오지육天五地六'이라 하고, 여기서 '천오지오'라고 하면 천은 자기언급을 하지만 지는 그렇지 않다는 것을 의미한다. '지육'은 없기 때문이다. 천수 5는 자기언급인 5//5가 가능하지만 지수 6은 6//6이 가능하지 않기 때문에 5/6은 자기언급의 파괴이다. 자기언급은 '짝짝이'란 말이며 //로 표시한다. '짝째기'란 자기언급의 파괴를 의미하기 때문에 /로 표시한다.

서로 곱하여 천수 5//5는 25가 되고, 지수 5/6은 30이 된다. 자기언급을 하지 않은 윤수가 생겨 지수는 천수보다 5(30-25=5)가 더 많아졌다. 위와 수가 일치하지 않은 데서 생긴 윤수이다. 자기언급을 하게 되면 위는 있는데 수가 없는 현상이 생긴다는 말이다. 그런데 이렇게 25가 되고 30이 되어 서로 짝째기가 생기는 데서 변화 창조가 이루어지고 귀신이 일행하기를 시작한다. 짝짝이는 타락 이전이고 짝째기는 이후이다. 타락 후 조화롭던 짝짝이가 짝째기가 되어버렸다. 그러나 이것은 진화다.

상으로 보면 음·양 양의를 상양象兩이라 한다. 상양에서 천·지·인이란 상삼象三이 생기고, 상삼이 바로 '단괘單卦' 또는 8괘 '소성괘Trigram'이다. 그러면 '상사象四'는 무엇인가? 단괘 상삼에 한 개가 추가되어 상사象四가 된다. 이를 사시四時, 또는 상윤象閏이라고 한다. 상이 덤으로 증가한다는 뜻이다. 우리는 가족관계 역설에서 초효가 효변을 하면 괘의 집합 자체가 달라지는 것을 보았다.(1.1 참고) 시생원리와 일치, 불일치 문제가 생기는 것을 보았다. 바로 '상삼'에 이러한 역설에서 초과분이 생기는데, 건집합의 진(☳)은 곤집합의 손(☴)으로 가야 하고, 곤집합의 손은 진으로 와야 한다. 그 이유는 바로 '상삼'의 상윤 때문이다.

그리고 '상사'가 상윤을 하면 '5세재윤'이 된다고 한다. 5세재윤에서 비로소 육효를 만드는 작용이 가능해지며 이런 작용을 하는 것을 두고 '재극이후괘再扐而后掛'라고 한다. 상이 상윤하여 6효 중괘가 만들어진다는 뜻이다. 이는 상삼 단괘에 이어 6효 중괘Hexagram가 만들어지는 원리를 이른 것이다. 이와 같이 삼효단괘의 '삼세일윤'과 6효중괘의 '오세재윤'이 되는 데서 단괘와 중괘가 만들어지고, 그 원리 속에는 역설이 깃들고 있다.[13] 이는 단괘 두 개가 명패와 물건이 된다는 것과는 다른 방법으로 6효가 성립되는 과정을 말한다. 다시 말해서, 효들이 만들어지는 원리는 시생원리라는 일관성의 결과가 아니고, 오히려 재륵에 의한 역설이 있기 때문에 그것들이 만들어진다는 것이다.

'윤', 초과분, 그리고 자기언급이라는 관점에서 6효가 증가하는 원리를 말하고 있는 것이다. 효의 세 획을 요소로 하는 집합 자체가 그 집합 안에서 3효와 같은 요소 가운데 하나가 되면(윤하면) '상사象四'가 된다. 같은 방법으로 상사가 재윤하면 5가 되고, 다시 같은 방법으로 5는 6이 된다. 이는 멱집합의 원리를 그대로 적용한 것이다. 멱집합의 원리에서 집합이 요소의 한 부분이 되는 것을 여기서는 윤이 생긴다고 한다. 다시 말해서, 자기언급이 윤을 만드는 장본인이다. 수와 상과 괘란 동일한 것인데 자기언급을 반복함으로써 발생하는 현상을 '윤'이라고 한다. 자기언급을 반복한다는 것은 일종의 재귀현상recursive인 것이다. 앞으로 8장에서 수지를 통해 초효가 상효가 되고 상효가 초효가 되는 현상에서 이러한 상윤 현상을 다시 만나게 될 것이다.

다음은 이러한 윤이 우주의 일월성신이 운행하는 데는 어떻게 나타나는지 알아 볼 차례이다. 『주역』 64괘의 384효를 384일로 하여 이를 기수碁數로 삼는다. 기수란 1년 동안의 일수를 두고 하는 말이다. 384일은 음윤기수 354일[14]에 윤월 30일을 더한 것이다. 이런 기수 일은 주초

---

[13] 이에 대한 자세한 내용은 '대각선 논법과 역' 1.2 참고 바람.
[14] 354는 360-6=354의 수이다. 기수 계산법에 의하면 366일에 6일을 체감하면 360이 되고 다시 360에서 6일을 체감하면 354가 된다.

에 형성되어 춘추시대에 이르러 공자의 〈십익〉에 그대로 전승되었다. 즉, '384'를 음윤역수[15]라 하며, 이 수에서 중정사상과 성명인사상이 유래한다.(유남상, 163) 이러한 음윤역수가 만들어진 것은 요순 이래 2천 여년 만의 큰 변화라 아니할 수 없다. 전반 1천 년에 해당하는 은 말까지는 양윤역수가, 주초부터 춘추전국시대까지 후반 1천 년은 음윤역수가 중심이 되어 발전되었다.

  이는 중국 역이 양이든 음이든 윤역수에 그 기초를 두고 있음을 의미한다. 그리고 이런 윤역수는 현재까지 사용되고 있다. 그러나 19세기 말에 한국에서 정역이 나타나 1년 기수를 360으로 하였다. 이 또한 대변화라 아니할 수 없다. 단적으로 말해서 정역수는 원력수 375에서 15를 제거한 360이라는 것이다.(정역 6-7장) 대각선수 15의 처리에서 역수의 대변화가 일어난 것이다. 그래서 대각선 정리는 정역에 이르러 대미를 장식하게 된다.

---

[15] 이에 대하여 요·순 두 윤수는 양윤수이다.

제3장
'제3의 인간 역설' 해의와 정역의 3극론

3.1 명패와 물건 간의 '제 3의 인간'

역수성통원리와 명패수의 발견

  고대인들이 점괘를 모아 그것을 분류해 둔다는 것은, 더 이상 신탁이 없어도 정보처리 차원에서 점을 칠 수 있다는 것을 의미한다. 이를 두고 점괘의 '데이터베이스화'라 한다. 잡다한 낱개의 점괘들을 하나로 일괄되게 만드는 것, 즉 괄집括集 행위가 이루어졌으며 이에 따라 낱수에 대한 온수가 생겼다. 여기서 말하는 '괄집'이란 서양 수학의 '집합'과 같은 말이라 할 수 있다. 점괘를 집합화하여 같은 집합 안에 들어가는 것들은 그 집합의 요소들이고 이들이 물건들이다. 그러면 그 집합 자체는 명패가 될 것이다. 이렇게 직조 기술의 발달과 함께 가로와 세로가 만들어지듯이 점괘에 명패와 물건이 만들어졌다. 사고 구조가 2차원으로 변한 대 혁명적인 의식 변화라 할 수 있다.

  그 집합 자체가 명패이다. 한 집안의 호주가 명패가 되는 것과 같은 원리이다. 점괘를 분류하는 가운데 건강, 가족사, 사업, 전쟁, 일기 등으로 분류할 때에 이러한 것들이 명패이며 집합의 명칭이 된다. 서양의 경우는 철학사상 플라톤에 의해 이런 행위가 처음으로 이루어졌으며, 그의 이데아론이 바로 이것에 해당한다. 다시 말해 플라톤 이후부터는 물건들을 처리할 때 그것의 이데아가 무엇이냐를 묻게 되었으며, 그 이데아가 다름 아닌 여기서 말하는 명패에 해당한다. '정치인'이란 명패 속에 낱 개개인의 정치인들을 귀속시킨다. 실로 인간의 의식은 이러한 집합 작용과 함께 움튼다.[1] '의자'란 명패 속에 개개의 의자들을 귀속시킨다는 말이다. 이를 두고 철학의 시작이라 한다. 소크라테스에게서 볼 수 없었던 사고 유형의 큰 변화이다.

정역에서는 플라톤 같이 명패를 처음 만든 인물을 '성인聖人'이라 했으며, 이러한 성인들이 낱개의 개물들을 괄집시켜 명칭을 만드는 행위를 '성통聖統'이라 한다. 쉽게 말해 플라톤이야말로 서양 역사상 처음으로 성통 행위를 한 자이다. 이데아와 같은 명패를 천이라 하고 수일 때는 '천수'라고 한다. 5가 바로 그러한 천수이다. 천수에 해당하는 것이 이데아라 생각하면 된다. 여기서 말하는 수는 물론 초숫자surnumber이다. '천5'라 하는 이유도 5가 이데아 같이 초월적 성격을 갖기 때문이다. 지금부터 천은 '초월', 지는 '내재'로 대비된다. 인간이 청동기시대를 거쳐 차축시대(기원전 6세기 전후)에 진입하면서 물건들의 보편적 성격과 그것의 명칭을 찾게 되었으며, 물건들에 대한 명패를 달기 시작했다. 『주역』에서는 성통을 받은 성인을 두고 "천명을 받아 천의를 주체적으로 통각한 사람"이라고 할 때에, 이 말의 의미는 이런 사람들은 성통을 통해 개개 물건들의 통일된 그리고 보편적 성격을 찾아낸 인물이란 뜻이다. 이렇게 성통한 인물로 일부는 〈15일언〉에서 포희, 신농, 황제, 요, 순을 들고 있다.

포희(복희)는 "만물의 정을 분류하고 노끈으로 그물을 만들었다"고 했

---

[1] 에덴 동산에서도 신이 인간을 창조한 다음에 동산에 인간을 데리고 나와 '이름'을 짓게 한다.(창 2:19) 물건들에 명패를 달게 한 것이다.

다. 이 구절 속에 명패수에 대한 결정적인 단서가 있다. '노끈'에 해당하는 것이 다름아닌 명패이다. 복희8괘도와 64괘도의 작도를 그의 권위에 돌리는 이유는 그가 역도를 직접 창안한 것 이상으로 사물을 그물 속에 넣어 분류하여 괄집했기 때문이다. 그물이란 씨줄과 날줄을 엮어 만든 것이기 때문이다. 복희8괘도의 경우 그가 직접 작도했다는 이상으로 그것은 다름아닌 가로와 세로가 만들어 내는 작품 그 이상도 이하도 아니다. 64괘의 배열은 차라리 그 다음 일이라 할 수 있다. 후대의 소강절의 작도라는 그 이상의 의미가 '그물'이란 말에 있다.

64괘를 방도 사각형 속에 넣은 이상 가일배법과 같은 가본으로 하느냐 아니면 8×8=64와 같은 승본으로 하느냐가 결국 명패수와 물건수를 분리하는 관건이 되기 때문이다. 여기서 괘의 상을 누가 먼저 그렸느냐는 아무런 의미가 없다. 수의 사각형인 방도와 가감승제 자체가 더 중요하기 때문이다. 가감승제를 할 때에, 특히 승(곱하기)을 할 때에는 명패와 그것의 대상이 되는 물건을 분리하는 것은 필수이다. 여기서 '그물'이란 공간은 경(세로)과 위(가로)로 나누지 않고는 만들 수 없다. 64괘란 이러한 경위에 의해 만들어진 그물망에 지나지 않는다. 그런 의미에서 포희가 그물 제작을 했다는 것은 인간의 직조기술 발달사에 있어서 실올을 세로(경)와 가로(위)로 짜서 옷을 해 입었다는 말과 같다.(深作光貞,1990, 115f)

신농씨가 "천하의 재화를 만들어 교역하게 하고"라고 한 말은 모두 명패수와 밀접하게 관계되는 말들이다.(〈계사전〉 하, 2장) 가라타니 고진의 책『건축, 은유, 화폐』는 인간이 재화를 사용하기 시작한 것이 메타적 사고를 하게 된 첫 동기라고 한다. 여기서 메타란 명패의 다른 표현이다. 화폐가 생긴 이래로 사람들은 개개의 물건의 물건들 대신에 화폐라는 명패로 대신하게 되었다. 물건에 명패를 단다는 것은 물건에 해당하는 화폐를 사용한다는 말과 같다고 할 수 있다. 시장이란 화폐와 물건이 서로 사상하는 공간이다. 인간의 메타 행위는 언어, 화폐, 건축을 통해 함께 나타난다. 금융 위기란 화폐가 물건을 대상으로 하지 않고 화폐 자체를 대상으로 한 후 전자매체가 시장 구실을 하는 데서 생긴 위기이다.

다시 말해서 시장에서 화폐를 실물과 아무런 상관없이 사고파는 데서 금융위기가 생겼다. 실물경제가 다시 요청되는 이유는 다름 아닌 화폐와 물건 사이의 일치라는 필요성 때문이다. 역에서 역설이 생기고 이를 극복하려는 과제란 다름 아닌 명패와 물건 사이의 불일치 바로 그것이라 할 수 있다. 정역은 생수와 성수를 도역 순환시킴으로써 이 과제를 수행하려고 한다. 물건과 대각선을 서로 순환시킨다는 것이다. 그 가운데서 명패수 5가 매개자 역할을 한다. 대각선 논법의 제 요소들이란 이런 순환의 논리이다.

역이 점괘들을 분류하여 명패수와 물건수로 경위를 만들지 않았더라면 이들은 모두 쓰레기더미 속에 들어갈 뻔하였다. 금세기 들어 은허殷墟에서 발굴된 많은 구복점 조각들은 주역, 특히 〈십익〉에 의해 그 경과 위가 만들어지면서 역의 진가가 드러났다. 이에 공헌을 한 인물이 바로 공자이다. 그래서 공자를 단순히 윤리 교사 정도로 본다면 그의 진면목은 반감되고 말 것이다. 그는 탁월한 논리학자였으며, 그의 윤리는 차라리 그의 논리에서 나왔다고 하는 것이 바른 판단이다. 공자를 '성인'이라 한 이유는 그가 명패와 물건을 성통시킨 인물이기 때문이다.

『주역』〈계사전〉은 말하기를 포희는 리괘를 취했고, 신농씨는 익괘와 서합괘를 취했고, 황제와 요순은 건과 곤괘를 취했다고 했다. 이 말은 성통의 연원을 두고 하는 말이다. 이들 괘들의 구조를 살펴보면 성통의 의미가 무엇인지 알 수 있다. 다시 말해서 이들 괘들은 대각선 논증과 관계가 있는 괘들이다. 이들 괘들은 자기 대칭(리, 건, 곤괘) 아니면 대각 대칭(익과 서합괘)을 이루고 있다. 30.중화리(☲), 41.풍뇌익(☳) 21.화뢰서합(☲), 1.중천건(☰), 2.중지곤(☷)은 모두 중괘들로서 자기 대칭 아니면 대각 대칭을 이루는 괘들이다.[2] 자기언급과 대각 대칭의 중요성을 알았었다. 그만큼 역의 대각선 정리를 의식하고 있었다는 말이다.

  포희, 신농, 황제는 이렇게 대각선화를 두고 "천명을 내면화시킨 것"이라고 한다. 천명의 내면화란 명패수와 물건수를 사상시켰다는 것의 다른 표현일 뿐이다. 이런 내면화를 두고 '신명지덕神明之德'이라고 했다. 그리고 신명지덕이란 삼재와 삼덕을 구별하는 것이라 한다. 삼재, 즉 천·지·인을 구별할 줄 안다는 것은 지를 물건수, 천을 명패수, 인을 대각선수(사건수)로 구별할 줄 알았다는 것을 의미한다. 공간상의 구별을 삼재三才라 하며, 삼재란 괘의 상을 통한 구별을 두고 하는 말이다. 이에 대하여 삼극三極의 구별은 수를 통한 구별로 황극·무극·태극을 두고 하는 말이다. 황극은 명패수, 태극은 물건수, 무극은 대각선수이다. 성인이란 이런 삼극과 삼재를 구별할 줄 알면서 동시에 체와 용을 구별할 줄도 안 것이다. 이들 인물에 비견되는 서양철학사의 인물이 플라톤이며, 그는 이데아와 물건을 구별할 줄 알았던 것이다.

  명패는 체로 물건은 용으로 3재에 대한 이해를 바꾼 것이다. 플라톤이 그의 후기 작품『파르메니데스』에서 다루어 놓은 '제3의 인간 논증 The Third Man Argument'은 실로 서양철학의 금자탑으로서 화이트헤드가 서양 철학은 플라톤 철학의 주석에 불과하다고 할 때에 이 논증을 두고

---

2) 중괘란 상하괘가 동일한 괘이고 대각대칭괘란 6효의 음양이 모두 반대로 대칭하는 괘들을 두고 하는 말이다.

한 말이라고 해도 과언이 아니다. 이 논증 속에서 명패와 물건이 나뉠 때에 어떤 종류의 역설에 직면하는가를 그가 치밀하게 다루어 놓았기 때문이다.

3재와 3극과 '제3의 인간 역설'

정역의 대각선 정리는 '삼재三才'와 '삼극三極'론으로부터 시작한다. 역에서 역설을 만드는 진원지가 바로 3재와 3극이다. 천·지·인의 3재는 공간성을, 태극·황극·무극의 삼극은 시간성을 나타낸다. 3재는 괘상을, 3극은 괘수를 다룬다. 주역 64괘의 중요성은 중천건(☰)과 중지곤(☷)의 두 괘 속에 있다. '중천건'이란 건이 중복돼 중괘, 즉 자기언급을 하여 만든 중괘란 뜻이다. '중지곤'도 마찬가지이다. 그렇다면 이 두 괘는 64괘 가운데 정대각선상에 있는 괘에 해당하기 때문에 역의 핵심 문제가 대각선을 떠나 생각할 수 없다는 것을 다시 한 번 강조해 보여준다.[3] 그런데 이런 대각선이 무시된 이유가 정역이 나타나면서 분명해졌다. 그 이유는 이렇다. 중천건과 중지곤을 6효 중괘라고 할 때에 이 6효 중괘가 표현하려고 하는 두 가지는 3재三才와 3극三極이다. 역의 역설이 공간성에서 발생했다는 말은 곧 천·지·인에서 발생했다는 말과 같다. 그렇다면 지금까지 역학 연구가 3재 중심적이었기 때문에 역설 속에서 미망에 빠지고 말았다 할 수 있다. 이제 역이 역逆에서 정역의 력曆으로 바뀐다는 것은 역설 해의에 시간 요소가 도입된다는 것을 의미한다. 그러나 역설이 문제시 된다는 점에서는 같다.

3재, 즉 천·지·인의 개념이 생기면서 천은 명패-세로, 지는 물건-가로가 된다. 여기서 인은 대각선이다. 여기서 '인,' 즉 사람이 앞으로 말

---

3) 방도에서 건과 곤은 정대각선상에 있다.

할 '제3의 인간'에 해당한다. 그래서 3재 사상은 대각선 문제와 직결된다. 이러한 시간적 요소인 3재적 사고를 인간들이 하기 시작한 것은 동서양을 막론하고 기원전 5세기에서 7세기 사이의 이른바 차축시대이다. 그 이전 청동기시대부터 인간이 하늘을 의식하면서 여신이 남신으로 변하는 계기가 3재론이 발단하는 시초라 할 수 있다. 그러나 그것이 철학자들에 의하여 담론으로 되기 시작한 것은 차축시대부터인데, 동북아에서는 춘추전국시대가 이에 해당한다. 이는 역에 데이터베이스화가 되던 시기이다.

역에서는 정인들이 점사들을 데이터베이스화하면서 이러한 작업이 가능하게 되었다. 점사들을 전쟁, 가족, 일기 등 명패별로 정리하는 것을 두고 데이터베이스화라고 한다. 그리스에서도 이러한 철학적 노력이 아테네 철학자들에 의하여 강도 높게 다루고 진행되었다. 우리가 그리스철학의 시작을 플라톤부터라고 하는 이유는 그의 저작물에서 '이데아'론이 처음으로 제기되었기 때문이다. '이데아'란 다름 아닌 사물 또는 물건들에 붙는 명패이다. 다시 말해서, 그로부터 사고의 경위인 세로와 가로 개념이 생기기 시작했다는 것이다.

그러나 이렇게 명패와 물건을 나누자 바로 발생한 것이 역설이었다. 다름 아닌 '제3의 인간 논증The Third Man Argument' 역설이라는 것이 바로 그것이다. 플라톤 이전의 철학자 파르메니데스가 거론한 이 문제를 플라톤이 그의 후기작품인 『파르메니데스』에서 소개하였다. 여기서는 3재론과 함께 플라톤이 말하는 '제3의 인간 역설'을 다룸으로써 역설의 문제가 어떻게 역과 상관되는가를 보고, 또 이 문제가 동서양에서 어떻게 다른 방향으로 나아가게 되었는가를 비교 관찰할 것이다. 성통이란 무엇이고 성인이 어떻게 탄생하는지를 알아보기로 한다. 이렇게 하는 목적은 어디까지나 역에서 역설의 문제가 갖는 비중의 중요성을 강조하는 계기를 만들기 위해서이다. 나아가 정역이 이 문제에 대해 어떠한 해의를 제시하는지를 알아보는 동시에 나아가 동서양을 막론한 세계 공통의 철학적 관심사가 무엇인가도 살펴보기로 한다.

이데아와 물건들은 삼재 개념에서 볼 때에 천과 지의 문제라 할 수 있다. 3재가 아니라 양재兩才라고나 해둘 수 있다. '제3의 인간'[4])이 3재 가운데 세 번째인 사람 '인人'에 해당한다고 하면, 서양과 동양의 문제 사이에 공통분모를 발견할 수 있을 것이다. 플라톤에게서 공간상의 역설 또는 3재의 역설이 처음으로 철학적 담론답게 다루어졌다고 할 수 있다. 양재와 3재의 차이점은 크다. 양재는 세로와 가로만 다루는 것이고, 3재는 여기에 대각선을 더하여 다루는 것이다. 양재가 천과 지의 둘이라면 3재는 천·지·인의 셋이다. 여기서 대각선에 해당하는 것이 바로 '인'이다. 플라톤에게서 공간성 역설은 그의 저작 전편에 걸쳐 다루어지는 문제이다. 공간성 역설의 궁지에서 그 출구가 바로 시간이다. 신플라톤 철학이 등장하는 배경이 여기에 있다. 시간의 문제는 신플라톤주의에 와서야 도입된다는 뜻이다. 그리고 이는 역설 해의와 무관한 것이 아니라는 뜻이다.

플라톤의 『파르메니데스』에서 우리는 제 3의 인간 논증을 통해 공간상의 역설의 심각성을 실감하게 될 것이다. 아래 소개하는 것은 노년의 파르메니데스와 청년 소크라테스 간에 나눈 대화의 내용이다. 그러나 이 대화는 2,500여년 서양 철학의 최대의 화두가 되었다 해도 과언이 아니다. 심지어는 최근 포스트모던 철학까지 파르메니데스에 회귀하는 이유도 모두 철학의 시원이 거기에 있었기 때문이다. 이 문제는 답이 없

---

4) '제3의 인간 논증'을 일명 '제3의 인간 역설'이라고도 한다.

는 영원한 질문으로 밖에는 남을 다른 길이 없는 난제 거리이다.

여기에 '큰 물건1', '큰 물건2', '큰 물건3', '큰 물건4'……가 있다고 하자. 그러면 이 큰 물건을 담는 '큼 자체large-itself'가 있어야 할 것이다. '큼 자체'가 있어야 그것에서 분유된 큰 물건들을 담는 것이 가능하기 때문이다. 여기서 '큼 자체'란 다름 아닌 큼의 형상 또는 이데아이다. 여기서 말하는 '큼 자체'가 바로 큰 물건들의 명패이다.

플라톤은 '큼 자체'와 '큰 물건들' 사이에 '닮음'이라는 공통성이 있다고 하면서, 이 둘을 묶어주는 제3의 이데아가 있어야 한다고 했다. 그러면 그것을 '큼 자체 2'라고 해보자. 그렇게 되면 원래의 이데아 '큼 자체1'은 독자성과 불변성을 잃게 되며, 이데아는 그 수가 많은 것 가운데 하나가 될 수밖에 없다. 명패의 수가 많아지는 데 당황하게 된다는 것이다. 그래서 파르메니데스는 청년 소크라테스를 향해 "이리하여 자네에게 각각의 형상(이데아)은 벌써 하나가 아니라 무수히 많게 될 것일세"라고 했다. 이는 물건에 명패를 다는 순간 생기는 것에 대한 문제점을 지적한 것이다. 역을 만든 정인들도 같은 문제에 직면한다. 많은 데이터들을 분류하여 명패를 달아주려 하자, 그 명패와 명패에 달리는 물건들이 같은가 다른가의 문제와 '명패의 명패'의 문제에 직면하게 된다.

이는 마치 도서관 사서가 도서관의 책들을 다 분류하여 목록을 달아 목록으로 된 책을 하나의 책으로 만들었을 때, 이 목록catalog으로 된 책도 하나의 책으로서 자기 도서관의 다른 장서들과 나란히 서가에 진열할 것인가 말 것인가를 고민하는 것과 같다. 만약에 책들의 목록인 책과 그 목록 속에 들어 있는 책들이 같다고 하여 같은 선반에 진열한다면 도서관 이용객들은 큰 혼란을 겪을 것이다. 그러면 이 책의 목록으로 된 책을 이 목록 속에 들어 있는 다른 책들을 함께 묶는 '제3의 목록

the third catalog'이란 책을 또 만들어야 할 것이다. 이 제 3의 목록 책을 다른 장서와는 다르다고 도서관 안에서 다른 책들과 다르게 제외시키면, 즉 다르다고 하면, 이는 다른 책들과 관계가 없는 장서가 되어버린다. 이 제 3의 목록은 사실상 대각선에 해당하는 개념이라 할 수 있다. 그렇다면 반대각선화와 반가치화가 갖는 의미는 여기서 무엇인가?

정인들의 고민과 '제3의 인간 역설'

점복서를 다루던 도서관의 정인들도 똑같은 고민에 빠진다. 그런 의미에서 우리는 플라톤의 말을 더 경청하여야 한다. 파르메니데스는 소크라테스에게 다음과 같이 풀어서 설명을 한다. 이와 같이 '큼들'(물건)과 '큼하나'(명패)의 관계와 관련한 대화 가운데 제3의 인간 논증에 해당하는 부분(132a-133a)을 직접 인용하면 다음과 같다.

> 내가 생각하기로는 자네가 다음과 같은 이유 때문에 각 형상이 단일한 '하나'일 것으로 여기고 있다고 생각되네. 그럴 때 (1)자네에게 어떤 많은 것들이 큰 것들로 보이게 될 걸세. 그러면 (2)그 모든 것들을 바라보는 자네에게는 하나이고 같은 그 '하나'인 어떤 이데아가 있다고 여길 것 같은데, (3)바로 이로 말미암아 자네는 '큰 것'을 단일한 하나로 여길 걸세. 그러나 (4)마찬가지 방법으로 큰 것 자체 및 다른 큰 것들 모두를 자네가 마음속에 그려본다면, (5)이들 모두를 큰 것으로 보이게 하는 별개의[제3의] 어떤 큰 것이 나타날 걸세. (6)그러므로 다시 이 모든 것들을 큰 것들이게끔 하는 다른 것이 또 나타날 걸세. 따라서 각 형상은 결코 단일하지 않고 수에서 무한하게 될 걸세.[5]

---
5) 플라톤, 《파르메니데스》(최민홍 옮김), 132a~133a.

여기서 a, b, c 등은 물건이라는 개별자들을 지칭하고, F는 이들 여러 (다자) 개별자들이 속하는 명패를 지칭하며, F-ness는 큼이라는 속성이다. 속성이란 명패에 들어가는 요소들의 동일한 성격과도 같은 것이다. 그래서 집합을 만들 때에 속성은 매우 주요하다. 속성 없이는 집합이 만들어질 수가 없기 때문이다.

물건들의 공통된 속성들을 묶어 명패를 만든다고 할 때에 명패는 동일한 속성을 갖는 것끼리의 물건들을 괄집시켜 집합을 만드는 역할을 한다. 다시 정리하면 물건들은 가로이고, F는 세로 명패이고, F-ness는 가로와 세로가 갖는 속성이다. 드디어 그리스 철학에서 물건과 명패의 경위가 만들어졌다. 실로 인류 문명사는 여기서 의식의 싹이 터 나왔다고 해도 과언이 아니다.

그렇다면 지금부터가 문제이다. 다시 말해서, 대각선 논증 문제가 발생한다. F가 'F-ness'라는 속성을 가져야 한다는 논리가 자연히 성립되기 때문이다. 먼저 양자 사이에 속성의 '같음'이라는 논리가 성립해야 한다는 것이다. 만약 명패가 F라는 속성을 갖지 않는다면, 즉 '다름'이라면 여러 개별자들을 묶는 역할을 명패는 할 수가 없게 된다. 위 인용문에 대해 20세기 분석 철학자 블라스토스는 다음과 같이 이 문제를 일반화시켰다(Vlastos, 1954, 319-349). 즉, 물건들과 명패 사이의 같음과 다름의 문제를 1950년대에 블라스토스는 다음과 같이 논리적으로 일반화시켰다.

⟨A1⟩ 만약 a, b, c라는 얼마간의 물건들이 모두 F라면, 하나의 F-ness라는 단일한 형상, 즉 그 형상을 통해 a, b, c를 모두 F로 인지하는 F-ness라는 단일한 형상이 존재한다(Vlastos, 1954, 319~349).

⟨A2⟩ 만약 a, b, c와 F-ness가 모두 F라면 F1-ness라는 또 하나의 다른 형상이 생겨난다. 곧 그것에 의해 a, b, c와 F-ness를 모두 F라고 인지하는 F1-ness라는 또 하나의 다른 형상이 있어야 한다.

'제3의 인간 논증'이란 다름 아닌 위 ⟨A1⟩(같음)과 ⟨A2⟩(다름)에 제시된 논증에 대해 제3의 논증이 가능함을 두고 하는 말이다. '제3의 인간'이란 F1이다. F와 a, b, c가 똑같이 F-ness라는 속성을 갖는다고 할 때에, 이 둘을 묶는 또 다른 제3의 F1-ness가 있어야 한다는 것이다. 물건들 a, b, c…에 대하여 F, F-ness, F1-ness… 시리즈를 '명패' 그리고 '명패의 명패' 씨리즈라고 하자. 현대 집합론의 멱집합에서는 F-ness 역시 집합 F의 한 요소들 [a, b, c…]로 포함包含될 수 있다고 할 것이다.

이에 대해 19세기 중엽의 수학자인 조지 불은 포함시킬 수 없다고 했으며, 칸토어는 포함시켜야 한다고 한다. 이 점에서 동양과 서양은 서로 다른 길을 걷게 된다. 동양과 현대 서양수학은 포함시킨다는 후자의 견해를, 서양의 유클리드 수학은 전자의 견해를 취한다. 제 3의 인간 F1-ness가 다름 아닌 대각선이다. 그래서 대각선을 반대각선화 한다는 것은 다름 아닌 F1-ness가 물건인 a·b·c…가 됨을 의미한다. 대각선이 가로와 같아질 수 있음을 의미한다. 그러면 이 양자는 동일한 속성을 갖는가 아니 갖는가?

이제 제3의 인간 논증은 중요한 논리적 문제를 제기하고 있으며, 이 제3의 인간에서 발생하는 역설을 해결하기 위해 아리스토텔레스의 논리학이 탄생한 것이다. 이 논증이 서양 철학사에서 갖는 비중은 그만큼 크다. 제3의 인간 논증에서 F-ness는 무한퇴행을 만들기 때문에 이를 막는 것이 논리학의 사명이라고 아리스토텔레스는 생각한 것이다. 그의 논리학『오르가논』은 이런 취지에서 쓰여 졌다 해도 과언이 아니다. 그래서『파르메니데스』를 플라톤의 작품이 아닌 아리스토텔레스의 그것이라는 설이 생겨났다. 파르메니데스와 오르가논은 바늘과 실의 관계와 같이 서로 이어지기 때문이다.

F1-ness가 만약에 F와 같다고 한다면, 다시 말해서 반대각선화가 된다면, 그것은 명패가 되어 버렸기 때문에 제2의 명패 F2-ness가 또 생겨나야 한다. 그리고 끝없이 Fn-ness 연쇄 고리는 생겨날 것이다. 이런 무한퇴행을 막는 방법은 F-ness와 물건들과의 연계 고리를 끊어버려 동일한 속성을 갖지 않는다고 해 버리는 것이다. 다시 말해서 반대각선화를 못하게 하는 것이다. 문제를 제기한 파르메니데스는 이 방법을 택할 것을 권한다. 그러나 플라톤은 망설인다. 이에 대해 아리스토텔레스는 그의 논리학을 통해 배중률을 가져 와 '가운데'(中) 항을 제거한다. 대각선을 제거한다는 말이다.

이데아와 물건들이 사상하는 것(대각선화) 자체를 막아 버리는 것이다. 이것이 다름 아닌 모순율과 동일률이다. 물건과 명패는 유형이 다르기 때문에 혼동해서는 안 된다는 것이다. 이것이 서양철학이 러셀까지 오는 바 3재 사상으로 가지 못하고 양재 이원론에 빠진 이유이다. 파르메니데스는 사실상 제3의 인간 논증이 만들어내는 역설 앞에 당황한 나머지 다자를 배제한 일자 중심적 사고로 선회하고 말았다. 플라톤의 초기, 중기, 말기 작품에 따라서 이에 대한 태도가 다른 것이 사실이다. 매우 애매한 입장을 취하고 있는 것이 사실이다. 그러나 후대 플라톤 학파들은 명패 중심적, 즉 이데아 중심적 사고로 기울어지고 만다.

제3의 인간 논증은 계란의 노른자위 같이 매우 주요한 주제이다. 역이 철학의 수준으로 그 수위를 높이고 철학다운 담론을 할 수 있는 근거는 바로 괘들을 명패와 물건으로 나눈 데 있다. 그리고 이렇게 나눈 이상 역설에 휘말리는 것은 피할 수 없다. 역이 태어날 당시의 낙원에 머물든지 아니면 타락을 단행하고 낙원을 탈출하든지 해야 한다. 하도가 낙원의 상태라면 낙서는 이미 거기서 탈출한 상태이다. 지금 우리의 의식 수준이 아직 낙서 수준에 머물러 있는 이유는 새로운 역을 기다리고 있기 때문이다. 정역은 다시 낙원으로 복귀를 희구하는 역이라 할 수 있다.

제3의 인간 역설과 자기언급

제3의 인간 논증을 가능하게 만드는 관건은 '자기언급'이다. 위에서 제3의 인간 논증과 러셀 역설이 그 성격에서 같음은 분석철학자 블라스토스가 증명했다. 러셀 역설과 거짓말쟁이 역설은 반드시 자기언급을 지니고 있어야 한다는 점에서는 서로 같음을 확인했다.[6] '자기언급'은 역설이 성립하기 위한 필요충분조건이다. 블라스토스가 제3의 인간 논증에서 찾아낸 자기언급(여기서는 '자기 서술')은 다음과 같다. 자기언급이란 의미론적으로 볼 때는 대상언어와 메타언어가 되먹힘(사상)을 하는 것이고, 논리적으로 볼 때는 집합과 요소가 서로 사상하는 것이다. 다시 말해서 대각선화이다.

제3의 인간 역설이 그 성격상 거짓말쟁이 역설이나 러셀 역설과 같은 이유는 바로 명패와 물건이 서로 그 속성을 놓고 사상하여 대각선화가 이루어지기 때문이다. '사상'이란 자기 속에 자기가 되먹힌다고 해서 자기언급이라고도 하고, 자기가 자기의 상을 사진 찍는다고 하여 사상寫像

---

6) 최근 자기언급 없이도 역설이 가능하다는 주장이 나오기는 했지만, 결국 역설 그 자체는 자기언급이라고 해도 좋다.(야마오카, 2004, 231~244)

mapping이라고도 한다. 아리스토텔레스 이후로 자기언급은 철학자들에게 가장 혐오스런 대상이 되었다. 그래서 철학자들은 최대한 자기언급적 요소를 제거해야 한다고 한다. 그러나 '대각선화'는 대각선 논법의 한 요소, 아니 필수 요소이다. 그런 의미에서 대각선 논법은 결국 거짓말쟁이 역설 혹은 러셀 역설과 궤를 같이하게 된다.

블라스토스를 통하여 제 3의 인간의 논증의 길을 다시 따라가 보기로 한다. 위에서 〈A1〉과 〈A2〉는 모두 "만약 …이면, …이다(If, then)"라는 조건문 형식으로 되어 있다. 제3의 인간 논증을 이런 조건문 형식으로 바꾸면 다음과 같다.

〈A1〉

전건: 만약에 a, b, c라는 얼마간의 물건들을 모두 F라고 한다면,

후건: 하나의 단일한 F-ness라는 형상, 즉 그 형상을 통해 a, b, c를 모두 F라고 할 수 있는 단일한 형상이 존재해야 한다.

(abc를 F-ness라는 속성으로 묶어 F라는 집합을 만들어 본다. 이 단계는 대각선 논법의 배열과 가로(abc)와 세로(F)를 만드는 과정이다.)

〈A2〉

전건: 만약에 a, b, c와 F-ness가 모두 F라면,

후건: a, b, c와 F-ness를 모두 F라고 하는 F1-ness라는 또 하나의 단일한 형상이 있어야 한다.

(이 단계는 대각선화(F1-ness)가 형성되는 과정이다.)

그러면 〈A1〉과 〈A2〉의 전건을 비교해 보기로 하자. 〈A1〉의 전건에

는 {a, b, c}라는 집합의 요소들밖에 없다. 그러나 〈A2〉의 전건은 {a, b, c, F-ness}와 같다. 즉, 다음과 같아지는 것이다. 멱집합의 원리가 적용된 것이다.

(정확하게 {a, b, c, F-ness}가 대각선화 단계의 표현이다)

〈A1〉의 전건: F-ness = {a, b, c} ⋯물건

〈A2〉의 전건: F1-ness = {a, b, c, F-ness} ⋯물건과 명패(대각선화)

그렇다면 F-ness의 시리즈는 다음에 보는 것처럼 무한히 이어질 수 있다.

〈A3〉의 전건

F2-ness = {a, b, c, F-ness, F1-ness}

(F1-ness는 반대각선화이다. 그리고 이것이 '제3의 인간'이다.)

〈A4〉의 전건

F3-ness = {a, b, c, F-ness, F1-ness, F2-ness}

⋯⋯

(대각선화와 반대각선화가 반복된다.)

즉, 제4, 제5의 인간⋯이 무한 탄생한다는 것이다. 이를 일반화하여 다음과 같은 제3의 인간 논증 공식을 만들 수 있다.

$$FN\text{-ness} = \{a, b, c, \cdots\cdots, F(N-1)\text{-ness}\}$$

⟨A1⟩과 ⟨A2⟩ 이후를 비교하면, ⟨A2⟩ 이후의 경우는 ⟨A1⟩에는 없는 자기언급이 등장한다. 즉, 집합이 자기가 자신의 집합 속에 원소로 포함된다. F2-ness가 자기 자신 속에 F1-ness를 원소로 포함하고 있다. 다시 말해서, FN-ness는 자기 속에 항상 F(N-1)-ness를 포함하는 것이다. N은 항상 (N-1)보다 하나 더 많다. 초과분이다. 드디어 역설의 근원지를 찾았다. 정역에서 이 점을 어떻게 다루는지 보아야 한다. 정역에서는 N은 1을 그 안에 임신하고 있다고 하여 '임일妊一'이라고 한다. 대각선은 그 안에 이렇게 '임일'하고 있다.[7]

현대 집합론에서 볼 때, 이는 멱집합의 원리를 일컫는 말이다. 그러나 고대 그리스 철학자들에게 있어서 이 원리는 위험천만이다. 물론 현대 철학자들 러셀과 블라스토스의 경우에도 예외는 아니다. 그러나 멱집합의 원리는 "F-ness 역시 F이다"(F-ness = F)라고 할 수 있다는 것이다. 집합이 제 자신의 부분과 같아지는 이러한 현상을 두고 자기언급이라고 한다. 블라스토스는 이를 '자기 서술self-predicate'이라고 했다. 그는 이 자기 서술이야말로 ⟨파르메니데스⟩의 제3의 인간 논증에서 '가장 중요한 것the most important single issue'이라고 지적하였다.(Vlastos, 1954, 233) 바른 지적이다. 그러나 해결이 잘못 되었다. 다시 말해서 집합이 자기 속의 한 부분으로 포함包含되는 것이 바로 자기 서술인데 이를 위험시 한다는 말이다.[8]

---

7) 이것이 다름 아닌 칸토어의 제 2 대각선 논증에 나타난 이-제로(E0)이다.('대각선논법과 역' 1장 참고)
8) 집합속에 자기 자신이 아닌 부분이 들어가는 것은 포함包涵이라 하고, 자기 자신이 들어가는 것을 포함包含이라고 한다. 만약에 'if~ then'이라는 문장 형식으로 표현한다면, 자기언급은 주격이 술격이 되어 자기가 자기를 서술하는 것이 된다. 그래서 이를 '자기서술'이라고도 한다. 이렇게 자기서술은 다음과 같이 또 하나의 명제를 만든다. 자기서술의 다른 말은 포함包含이다.

다시 말해서 이런 현상을 두고 블라스토스와 러셀을 비롯한 대부분의 서양철학자들은 이를 병적이라고 하면서 고대 그리스 철학자들이 왜 이런 불필요한 병적인 문제를 거론하고 있었는지 그 자체에 대한 회의를 하고 있다. 러셀도 자기언급적인 역설적 문장은 아리스토텔레스의 모순율을 어기고 있다고 보아 제거해야 한다고 하면서 당연히 abc와 F-ness 시리즈는 유형이 다르기 때문에 혼동해서는 안 되고 혼동하는 순간 역설에 떨어질 수밖에 없다고 한다. 이렇게 20세기 서양철학의 주류는 러셀의 이러한 뒤를 그대로 따르고 있다. 그리고 러셀의 이러한 전통은 궁극적으로 파르메니데스로부터 기원하고, 아리스토텔레스가 이를 그대로 이어받아 〈오르가논〉과 〈범주론〉 등 그의 존재론을 전개한다. 이러한 제3의 인간 역설을 해의하는 과정에서 유형론은 하나의 전형이 되어져 버렸다.

철학의 근본 문제는 물건과 명패 사이의 같음과 다름이다. 그리고 서양 철학은 '다름'을 선택하고 말았다. 천과 지의 사이(가운데)에 있는 인을 놓쳤다. 대각선을 부정하기 때문에 반대각선도 부정하고 말았다. 칸토어는 자기의 대각선 논증이 제3의 인간 논증과 어떤 연관이 있는지를 숙고했다는 흔적은 없다. 그가 플라톤의 필레보스를 언급하고 있는 것은 그의 대각선 논증이 제3의 인간 논증이 어떤 관계가 있는지를 암시하는 부분이라 할 수도 있다. 그래서 플라톤 자신이 명패와 물건 사이를 절연시킨 인물이라고 단정하는 것은 주저할 필요가 있다. 그러나 그의 제자 아리스토텔레스는 사정이 달랐다. 아리스토텔레스는 자기언급 제거에 자기 철학의 명운을 걸 정도였다. 결국 명패와 물건의 같음과 다름의 문제가 연속체 가설에서 칸토어가 말한 연속이냐 비연속이냐의 문제와 연관된다고 할 때에 서양이 동양과 근접하는 것은 20세기 들어와 괴델이나 코헨 같은 수학자들이 나타나면서부터이다. 이들은 마치 불교의 화두와도 같이 연속체 가설은 증명이 된다와 안된다는 상반된 두 결론에 도달했다. 이를 '괴델 정리'라고 한다.

블라스토스의 제3의 인간 논증에 관한 분석 자체는 탁월했다. 그러나 그가 내린 결론은 실망스럽다. 그는 명패와 물건이 같다는 동일성과 다르다는 비동일의 결론이 동시에 내려지는 역설적 상황을 받아드리지 못한다. 이런 역설을 그대로 증명한 수학자가 괴델이란 말이다. 플라톤은 제3의 인간 논증 자체를 만들지 말았어야 한다고 결론지었다.(Vlastos, 1956, 329) 즉, "만일 플라톤이 제3의 인간 논증의 후반부를 정당화하는 데 필요한(그리고 충분한) 모든 전제들을 확인했더라면, 그는 제3의 인간 논증을 도무지 만들지 않았을 것이다."(Vlastos, 1956, 329)라고 했다. 그래서 블라스토스가 역의 방도를 한 번 들여다 본다면 일고의 가치도 없는 한 망상가가 만들어 낸 작품 정도로만 보았을 것이다. 다시 말해서 방도 안에서 가로와 세로에 동일한 괘가 배열돼 있는 것을 보고 그는 비논리적 사고의 산물이라고 했을 것이다. 라이프니츠는 방도 속에서 이진수만 보고 나오고 말았다. 칸토어는 거기서 대각선 논법을 보았지만 그러나 칸토어는 그 속에서 연속체 가설을 만나고 말았다. 그것이 역설이라는 사실을 몰랐다. 그것을 안 사람이 괴델이다.

블라스토스의 분석적 작업은 현대의 러셀 역설과 관련하여 제3의 인간 논증을 한 단계 발전시켰다. 그러나 그의 결론에서 아쉬움이 남는 것은 그가 러셀 유형론의 한계를 넘지 못했다는 것이다. 바로 이러한 한계가 그의 주장 속에 잘 나타나 있다. 즉, 개별자 일반을 x라고 할 때에, "x의 값은 a, b, c와 같은 개별자에 국한한다"는 말은 개별자(多)와 형상[─] 간의 유형을 혼동해서는 안 된다는 것을 강하게 암시한다.[9] 그러나 "x의 값은 결코 개별자에 국한되지 않고 F-ness에도 그대로 적용된다." 김일부 정역의 중정론은 a, b, c, …가 똑같이 명패가 될 수 있다는 것을 입증하는 논리이다. 이 말은 x의 값이 F-ness에도 개별자에게도 모두 해당한다는 것이란 말이다. 이를 '멱집합의 원리'라 하며 이 원리를 수용하는 데서만 가능한 논리이다. 중정론에 가서 이러한 제3의 인간 역설 해의법을 만나게 될 것이다. 중정론의 진가는 서양 철학의 난제 가운데 하나인 제3의 인간 역설을 해의하는 과정에서 드러나게 될 것이다. 결론적으로 말하면 이데아와 사물은 같아지며 화이트헤드는 이를 '사실적 존재actual entity'라고 했다.

---

9) 이는 러셀의 유형론적 해법과 일치한다.

3.2 귀매의 원리로 본 대각선 논법

3극의 문제와 귀매의 원리

5가 자기언급을 하여 된 대각선수 10을 '무위수無位數' 또는 무극無極이라 하고, 10이 자기언급을 한 수 20을 '무무위수無無位數'라고 한다. 그리고 5를 황극皇極, 1을 태극太極이라고 한다. 여기서 태극·황극·무극을 3극이라고 한다. 이제부터는 이 3극 개념을 통해서 시간상의 역설을 해의해 나갈 것이다.

제3의 인간 역설은 공간상에 일어난, 즉 3재에서 일어난 역설이다. 3재에 대하여 시간성의 3극이 등장하는 이유는 바로 공간성의 역설을 해의하기 위해서이다. 서양 철학사에서 이 이데아의 역설을 극복하기 위해 시간성을 도입하기 시작하는데, 그 시작이 바로 신플라톤주의에 의하여 가능해졌다. 마찬가지로 역에서도 삼재의 공간성에서 발생한 역설을 해의하기 위해 시간성을 도입하는데, 이를 두고 3재에 대해 3극이라고 한다. 삼극은 상과 수를 동반하는데, 상수학은 바로 삼극에 그 연원을 두고 있다. 하도와 낙서의 상, 그리고 그 상에 따르는 수에 관한 것이 바로 3극이다. 그렇다면 지금까지 역학연구가 주로 3재에 치우쳐 있었음이 분명해졌다.[10] 그리고 『주역』이란 바로 3재 중심의 역이다. 이에 대하여 한국의 정역은 3극 중심의 역이다. 3재 중심의 『주역』을 '성명지리性命之理의 역'이라 한다면, 3극 중심의 정역은 '력수지리曆數之理의 역'이라 할 수 있다. 역수지리 역을 두고 "역은 력曆이다"고 한다.

---

10) 서경과 논어에서도 '천지 역수'를 단순히 천문학적 차원에서 사시변화의 법칙 정도로만 보았다. 그 결과 한 대 이후 역수지리는 그 자체가 사라졌다. 역수지리의 본체인 하도 낙서는 뒷전에 밀려나게 되었다가 다시 송대에 와서 그 명칭도 지어지고 도상이 확정되었다.(이병학, 2008, 18)

그런데 대각선 논법의 제 요소라는 관점에서 볼 때 3재와 3극은 서로 불가분리적이다. 현대 과학에서 시간과 공간이 그러하듯이. 역설은 명패수와 물건수가 서로 사상하는 데서(유형이 혼동되는 데서) 발생하는 것이라고 한다면, 여기서 명패와 물건의 수와 상을 무엇으로 하고, 그것의 관계를 셈하기 할 때에 가감승제 가운데 무엇으로 할 것인가의 차이에서 역의 공간성과 시간성이 결정된다. 이러한 관계 속에서 대각선수가 만들어진다. 그리고 정역은 중정中正 이론에서 1에서 10 사이의 모든 수들이 다 명패와 물건수가 될 수 있다는 것으로 결론을 삼고 있다. 이를 명패수의 '별개화singularization'라고 할 때에, 물건수와 사건수도 별개화될 수 있다. 이런 별개화는 대각선화와 반대각선화가 서로 순환 섭동작용을 함으로써 가능해진다. 앞으로 전개되는 전체 내용은 모두 이에 대한 설명내지 주석이라 할 수 있다.

여기서 말하는 '섭동작용'이란 말의 다른 표현은 '도역到逆'과 '생성生成'이다. 이 도역과 생성이 서로 교차하면서 '역생도성'과 '도생역성'의 두 작용이 가능해진다. 여기서는 이를 대각선화와 역대각선화의 관점에서 고찰할 것이다. 대각선화란 생수 1, 2, 3, 4, 5가 명패수 5를 통해 성수가 되는 1→2→3→4→5→6→7→8→9→10으로 작용하는 순서를 말하는 것으로서 이를 '역생도성'이라 하고, 역대각선화란 정대각선수 10에서 10→9→8→7→6→5→4→3→2→1로 작용하는 순서를 말하는 것으로서 이를 '도생역성'이라고 한다. 이때에 역생도성은 5가 체가 되고 다음 6이 용이 되어야 작용이 가능하기 때문에 이를 '5체6용'이라고 한다. 반대로 도생역성은 10이 체가 되어 작용을 해야 하기 때문에 9가 용이 된다. 이를 두고 '10체9용'이라고 한다. 5는 명패수이고 5가 자기 언급을 한 정대각선이 10이다. 그런데 이러한 10이 체가 되어, 다시 말해서 명패수가 되어 9를 통해 작용을 하여 물건수들을 만들어 내기 때문에 이는 역대각선화이다.

　이러한 두 가지 상반된 방향의 작용이 그리는 것은 '우주춤'이다. 이는 마치 회전문과도 같다. 두 순환작용은 우로보로스와 같이 꼬리가 입을 물고 다시 입이 꼬리를 물고 있는 것과도 같다. 인류 문명사에 태초의 상징으로 등장한 우로보로스가 이렇게 수를 통해 진화된 것이다. 지금부터는 회전문 우로보로스를 통해 동양 역학의 한 새로운 장면을 전개할 것이다. 그리고 3재의 천·지·인은 수로 변하여 기수는 천수, 우수는 지수라 한다. 천과 지라는 공간 개념이 이제 생과 성이라는 시간 개념으로 변한다. 1, 2, 3, 4, 5는 생수이고, 6, 7, 8, 9, 10은 성수라고 할 때에, 이제 3재는 생수와 성수 안에서 반복적으로 서로 연계되면서 작용을 한다. 수를 이렇게 작용하는 개념으로 파악하는 것을 서양에서 발견하기란 연목구어이다. 3재와 3극 개념을 통해 정역이 제3의 인간 역설을 어떻게 해의해 나가는가를 고찰할 차례이다. 이에 앞서 시간 개념이 무엇인지부터 정의해놓기로 한다.

　역이란 다름 아닌 '시'와 '종'을 다루는 것이라 할 만큼 시간 개념은 역의 요체와도 같다. 그러나 역의 시간 개념이 서양의 그것과 같다고 하면 착오이다. 후자의 시간은 어디까지나 물리적 시간이지만, 전자는 존재론적이다. 『주역』의 중천건괘 단사에서 "여섯 자리가 시에 따라서 완성되니 시로서 6용을 타서 천도를 어거하니"라고 할 때 6효를 6용에 대응시킴으로 효를 시간과 일치시키고 있다. 효의 위가 용이고, 용은 또 시이다. 3자가 서로 분리되지 않는 것이 역의 시간 개념이다.

　서양의 수 개념이 일직선으로 나열된 결과, 그 결과로 '무한'의 문제에 직면하였고 거기서 역설을 만났다. 그런데 6효의 위들은 아래서부터 순서대로 '초, 2, 3, 4, 5, 상'이라고 한다. 시와 종을 수가 아닌 '초初'와 '상上'이란 문자로 표시한 데에 각별한 관심을 가져야 한다. 이는 19세기 칸토어가 끝수와 전체수를 그리스어 오메가 ω와 히브리어 알레프 $\aleph$로 표시한 것과 같은 취지이다.[11] 수의 시와 종을 수로 표시하면 시작 이전의 수를 말해야 하고, 종료 이후를 말해야 하기 때문이다. 그러나 말로 시·종이라 하면 이러한 무한퇴행infinite regression의 오류에 빠지지 않게 된다. 이런 오류를 방지하는 방법이 수에 문자를 도입하는 것이다. 그런데 동양의 역은 서양보다 수천 년 전에 이미 이 기법을 알고 있었다. 서양은 20세기에 들어 와 비로소 수와 논리 그리고 언어를 일치시킬 줄 알게 되었다. 수와 논리를 일치시키면 러셀로 대표되는 논리주의가, 수를 언어와 일치시키면 힐베르트로 대표되는 형식주의가 탄생한다. 그러나 동서양이 모두 무한퇴행의 문제성을 알고 있었다는 점에서는 같다.

순서수의 역설은 일종의 귀매의 원리와 같다고 할 수 있다. 6효 가운데 5효까지만 변화를 시키고 마지막 여섯 번째 효는 남겨두는 것을 두고 귀매의 원리라 한다. 6효를 변화시키는 대신에 5효 전의 4효를 두 번 변화시키는 원리이다. 순서수의 끝수가 그 순서수 전체와 같아지는 것을 순서수 역설이라고 한다. 이 역설을 피하기 위해서 괘 안의 효를 변화시킬 때에 끝 효인 6효는 변화를 시키지 않는다. 건괘를 초효부터 변화시킨다고 할 때에 제 6효마저 변화를 시켜버리면 곤괘가 되어 버린다. 이것은 건괘 자체의 명패가 바뀌어 버리는 것과 같다. 무한 퇴행의 오류가 범하는 오류이다.

주역 54.귀매괘歸妹卦(䷵)에서 "귀매는 사람의 종시이다"라고 했다. 귀

---

11) 그러나 칸토어는 처음 시작 수를 그렇게 하지는 않았다.

매괘의 상하괘를 비교해 보면 초·중·상효에서 음양이 모두 반대이다. 그래서 상하괘가 끝나고 시작하는 곳에서 음양이 반대이다. 귀매괘는 이와 같이 하괘의 끝나는 곳에서 상괘의 시작하는 괘가 서로 만나 음양이 교체되는 것을 보여준다. 음은 양으로 가고 양은 음으로 가야 한다. 귀매괘가 결국 순서수의 역설인 시와 종의 문제와 직결되는 것을 보여준다. 그래서 3재가 공간상에서 '전체'가 부분의 한 요소가 되는 문제라면, 3극은 시간상에서 시가 종이 되고 종이 시가 되는 문제이다. 역은 '시종'이라 하지 않고 '종시'라고 하는 이유가 여기에 있다. 끝을 처음으로 생각하는 표현법이다. 순서수의 역설을 피하기 위한 표현법이다. 귀매괘가 순서수의 역설과 연관되는 이유는 여기에 있다.

귀매괘에 따르면 상괘의 초효는 하괘의 초효와 중효가 같은 양효이다. 그리고 하괘의 상효는 상괘의 중효와 상효가 같은 음효이다. 이는 미래가 과거 속에 있었고, 과거가 미래 속에 있음을 한 눈에 보여주는 것이다. 이를 두고 『주역』〈설괘전〉은 "지나간 과거의 일을 헤아리는 것은 순작용에 의하며, 미래를 아는 것은 역작용에 의하여 가능하기 때문에 미래의 일을 알고자 하는 역학은 역逆으로 셈하는 것이다"라고 한다.

아래 소과괘(䷽)의 한 구절은 귀매괘를 말하는 것이다. 즉, 하괘의 상효가 양이고 상괘의 초효가 양이다. 음이 양으로 변해 양이 다시 음으로 변한다. 상으로 향하는 것은 역逆이고, 하로 향하는 것은 순順이다." 여기서 상은 미래(선천)를, 하는 과거(후천)를 의미한다. 귀매괘에서 보면 양이 위로 향하다가 음이 되고 음이 양이 된 다음 다시 음이 시작한다. 양의 끝에 음이 있고 음이 양으로 된 다음 다시 음이 시작한다. 이러한 귀매괘와 소과괘는 모든 괘들에게 순서수의 역설을 어떻게 해의하는가를 한눈에 보여준다. 정역의 도역생성의 원리가 귀매괘에서 원용한 점이 많음을 알 수 있다. 귀매괘의 원리란 재귀의 원리이다. 재귀란 자기 언급의 다른 말이다.

'부동의 동자'와 체용의 문제

플라톤의 제자 아리스토텔레스는 이데아와 물건을 형상과 질료로 나누었다. 유형론의 발단이 여기서부터이다. 형상은 명패이고 질료는 물건이다. 대각선화를 완전히 패착으로 만들어버린 아리스토텔레스는 드디어 형상과 질료의 유형화의 길로 출구를 찾는다. 원인과 결과의 관계로 만들어버린다. 이때부터 우주는 유형화의 연쇄 고리인 양 되어져버린다. 다시 말해서, 그는 원인과 결과라는 인과 관계를 적용한 결과 궁극적 실재에 대한 물음에 직면하게 되었다. 사각형의 틀을 벗어나 직선화의 선을 그리기 시작한다. 그는 연쇄고리의 끝 고리를 부동의 동자라고 했다. 즉, '움직임'과 '움직이지 않음'의 문제에서 궁극적 존재는 '부동의 동자unmoved mover'라고 했다.

역에서는 움직이는 것을 용用, 움직이지 않는 것을 체體라고 한다. 그런데 아리스토텔레스는 '부동의 동자'를 그만 궁극적인 원인자로 봤다. 플라톤의 이데아론을 극복하려 했지만 그에게로 되돌아가고 말았다. 그 이유는 둘다 유클리드 수학에 그 철학적 기초를 두고 있었기 때문이다. 궁극적으로 가무한에 대한 미망에서 벗어나지 못한 것의 당연한 귀결이다. 아리스토텔레스 이후 역의 체를 부동의 동자와 같은 것으로 보는 우를 많은 철학자들이 범하였다. 그러나 역에서는 체는 용의 이면에 불과하기 때문에 용과 체는 잠시도 분리된 적이 없다.

칸토어 이전 서양의 수학은 처음과 끝을 모두 닫아버리지 못하였다. 닫힌 무한을 생각하지 못했기 때문이다. 역의 6효는 첫 효를 '초'라 하고 마지막 효를 '상'이라고 하여, 처음과 마지막을 수사 아닌 문자로 사용해 막아 버린다. 언어(사)로 막지 않으면 수가 배진하거나 전진하게 되고, 그 결과는 '부동의 동자' 같은 최초 원인자를 만나게 되기 때문이다. 이것이 칸트에 와서 '시작이 있다와 없다'가 모두 성립하는 이율배반을 만나는 원인이 된다. 64괘도 기제와 미제란 말로 이를 처리한다. 모두 부동의 동자 문제에 대한 나름대로의 대처 방안이라 할 수 있다. 칸트에 이르러 이런 문제가 드디어 이율배반의 문제로 괴물스럽게 등장한다.

역은 체용 개념을 적용하여 이런 이율배반의 문제를 다음과 같이 본다. 체와 용은 서로 상대적이다. 1에서 10 사이의 수에 체용 개념을 적용할 때 이 사이에는 직선으로 연속되는 것이 아니라 10/1, 5/6, 10/9의 세 곳에서 체·용의 쌍이 만들어진다고 본다. 즉, '10체1용,' '5체6용,' '9용10체'가 바로 그러한 쌍이다. 그런데 만약 이를 용의 크기 순서에 따라 체용 관계를 순차적으로 나열하면 '10체-1용-5체-6용-9용-10체'와 같다. 여기서 체용 관계는 순환적임을 알 수 있다. 10체가 처음인 동시에 마지막이기 때문이다. 두 번째로 가장 중요한 곳은 5체6용-9용10체이다. 이 순서에 따라 체용이 결정된다면 당연히 '9체10용'이 되어야 한다. 그러나 그렇지 않다. 5체와 10체가 처음과 끝수이다. 이는 5체와 10체가 처음과 끝이 된 이유는 용이 아닌 체로서 움직이지 않게 막음으로 무한 퇴행을 막기 위해서이다. 가무한을 막고 실무한을 말하기 위해서이다. 그러면 어떻게 작용이 시작되나. 6용-9용은 용에서 용으로 연결되니 아무 이상이 없다. 움직이는 것이 다음 것을 움직이게 하는 것이기 때문에 문제가 없는 것이다. 문제는 체와 용이 어떻게 연속적일 수 있느냐이다. 다시 말해서 5와 6, 그리고 9와 10이 어떻게 연결이 될 수 있느냐이다. 움직이지 않는 체가 움직이는 용과 어떻게 연속적이 될 수 있느냐는 말이다.(정역 구성원리, 174)

'5체6용-9용10체'라는 '체용-용체' 구조는 아리스토텔레스의 부동의 동자 문제에 절묘한 대답을 줄 수 있다. '5체6용-9용10체'의 구조는 작용을 하면서도 작용을 하지 않게 되고, 그러면서도 서로 연속하는 그러한 구조이다. 정지된 제1 원인자 같은 것이 있을 자리는 없게 된다. 이러한 역의 체용 개념에서 가장 중요한 것은 10체와 5체가 어떻게 연관이 되어 순환하느냐이다. '10체1용-5체6용'론이 나온다. 중앙의 '1용-5체'가 문제이다. 1과 5가 어떻게 연결이 되느냐이다. 용과 체가 어떻게 연속성을 갖느냐가 문제인데, 여기에 한 가지 방법이 있다. 그것은 5가 갖는 양면성이다. 5는 명패수이기도 하고 물건수이기도 한 자기언급적 성격 때문에 연속과 비연속의 문제를 가능하게 한다. 다시 말해서 5는 체도 되고 용도 된다는 말이다.

다시 말해서 5는 재륵이라는 주특기를 가지고 있다. 5는 체도 되고 용도 됨으로써 1용은 5용(혹은 5체)에 연관이 된다. 고로 변화를 주도하는 핵은 5의 자기언급에 있다. 이러한 5의 자기언급적이란 2중적 성격 때문에 5는 자기 자신의 초과분을 갖게 되어 5는 동시에 6이 될 수 있다. 5장6부와 5운6기 같은 짝째기 현상이 모두 여기서 유래한다. 이런 짝째기에서 창조성이 나온다. 이는 마치 윷놀이에서 윷가락 네 개가 다 닫히면 5점을 주어 모가 되고, 열려지면 윷이 되는 원리와도 같다. 윷가락은 4개이지만 그것에서 최다 5점이 나오는 비결은 이러한 자기언급 혹은 재륵의 효과 때문이다. 소지를 구부려 5가 되고 다시 펴 6이 되는 재륵 효과 말이다.[12]

---

[12] 7.2에서 사영론을 다룰 때에 재륵은 '촉류'란 말로 변한다.

이를 두고 김일부는 '포5함6包五含六'이라고 하였다. 포함包涵이 아니고 '포함包含'이다. 전자는 6안에 5가 들어가 '담긴다containing'는 뜻이지만, 후자는 5와 6이 상호 침투해 '들어간다involving'는 의미이다. '포5함6' 때문에 용6-용9가 가능해진다. 10은 5의 자기언급수이기 때문에 포5함6과 같은 방법으로 포9함10도 가능할 수 있다. 강조해 말하면, 여기서 중요한 것은 5의 자기언급이다.

도생역성到生逆成과 역생도성逆生到成을 가능하게 하는 비밀이 바로 '포5함6' 속에 있다. 그리고 그 이전에 5의 자기언급이 있기 때문에 두 가지 상반된 작용이 가능해진다는 것이다. 대각선 정리의 제 요소들 가운데 하나인 대각선화와 역대각선화의 문제를 이와 연관하여 생각해 보지 않을 수 없다. 김일부의 정역에는 생수와 성수가 도역을 한다는 데서 시작한다. 도는 순생과 순성이고 역은 그 반대이다. 생수는 가로수 물건이고, 5는 세로수 명패이고, 성수는 대각선수이다. 그렇다면 생수와 성수가 서로 도역을 한다는 것은 다름 아닌 대각선화와 역대각선화가 순환한다는 의미이다.

역易에서 역逆이 발생한 것은 역에 아포리아(난제)가 발생한 것이며, 이 아포리아는 명패수와 물건수를 구별할 줄 아는 데서 생긴 필연적인 결과이다. 제3의 인간 역설도 여기에서 예외가 아니다. 명패수 5와 물건수들을 더하기 하는 데서 대각선수 성수가 생긴다. 생수와 성수는 이렇게 역설적 구조를 숙명적으로 지니게 된다. 유형론적으로 물건과 명패를 나누어 위계질서를 만든 결과 부동의 동자를 만나게 되었다. 역에서도 부동의 동자 같은 난제 거리를 처리하기 위해 대두된 것이 체용론이다.

5체6용과 9용10체론에서 5는 자기언급을 하고 10은 자기언급의 결과이다. 자기가 자기 자신에 대하여 체용이다. 이러한 역설적인 5와 10

을 하도와 낙서에서는 기피해 온 것이 사실이고『주역』은 이들 수를 제거의 대상으로 보았다. 그런 점에서 볼 때 서양철학사에서 그렇게 한 것과 달라 보이지 않는다. 그러나 정역에서는 5와 10을 통해 동자와 부동자를 매개하여 이들 수가 없으면 작용 자체가 불가능하다고 본다. 여기서 존공과 귀공 그리고 체공 이론이 대두하게 된다. 수들의 순환, 이것이 부동의 동자 역설 극복 방안이고 이는 다음의 회전문 이론으로 자연스럽게 연결이 된다.

회전문으로서의 정역수와 대각선 정리

정역은 수를 생수와 성수로 나누고, 다시 생生과 성成을 도到와 역逆이라는 두 방향에 의해 회전시키는 도생역성到生逆成과 역생도성逆生到成이란 회전문을 만드는 것이다. 이러한 몇 가지 대칭 구조를 만드는 이유는 정역이 대각선 논증에 각별한 관심을 기울이고 있다는 것을 의미한다. 도생역성은 (10)→9→8→7→6→(5)→4→3→2→(1)과 같고 이는 하도의 방향이다. 역생도성은 (1)→2→3→4→(5)→6→7→8→9→(10)과 같고 이는 낙서의 방향이다. 이를 도표로 나타내면 다음과 같다.(임병학, 2008, 108)

→ 역생 도성(대각선화)

(기제)									(미제)
1	2	3	4	5	6	7	8	9	10
태극				황극					무극

(역대각선화)도생역성 ←

정역의 내용은 바로 이런 회전문과 같은 것에 대한 설명이다. 지금부터 회전문으로의 긴 여로가 시작된다. 정역이란 회전문에는 세 곳에서

태·황·무극이란 문고리가 있다. 1과 5와 10이 그것이다. 먼저 1과 10의 관계를 두고 10이 체고 1이 용이라고 하자. 10과 1은 체용 관계인 '10체1용'이다. 十와 一가 합하여 오행의 토±가 된다고 한다. 5황극은 바로 이 토±로서 태극인 1과 무극인 10이 합덕된 것이다. 1에서 10으로 향하는 역생도성은 '대각선화'로 그 반대인 10에서 1로 향하는 것은 '역대각선화'라 부르기로 한다. '대각선화'는 명패수 5와 생수의 합으로 만들어지나 대각선화는 1에서 대각선수 10을 향해 작용한다는 것을 의미하고, 역대각선화는 그 반대로 작용하는 것을 두고 하는 말이다

『정역』두 개 장의 제목은 〈15일언〉과 〈11일언〉이다. 이 두 제목은 그대로 반대각선화의 이름이다. 15는 10과 5의 합이고, 11은 10과 1의 합이다. 그런데 10은 대각선수이고 5는 명패수, 그리고 1은 물건수이다. 그렇다면 15는 대각선과 명패가 일치하여 반대각선화 된 것이고, 11은 명패수 10과 생수 1이 일치하여 반대각선화 된 것이다. 이 만큼 정역은 대각선화와 반대각선화에 주안점을 두고 전개된 역이라 할 수 있다. 반대각선화란 대각선 10이 물건(1)이나 명패수(5)와 사상하는 것을 두고 하는 말이다.

하도에서는 이미 수를 천수天數와 지수地數로 나눌 줄 알았고(즉, 양수와 음수), 물건수, 명패수, 대각선수도 나눌 줄 알았다. 하도수는 55이고 낙서수는 45이다. 55에서 대각선수 10을 뺀 것이 낙서수이며 이를 반대각선화라 한다. 45와 55란 두 수의 합이 100이다. 이를 '일원수一元數'라고 한다. 일원수는 다시 본체수 20과 작용수 80으로 나뉜다. 본체수는 하도 본체수 15와 낙서 본체수 5를 합한 20이다. 이는 모두 대각선에 관련된 수들이다. 일원수가 바로 력수曆數를 구성하는 근간이 된다. 100은 일원수, 300은 대일원수라고 한다. 무위수는 20이고 무무위수는 60

이다.[13] 무무위수 60은 80에서 20을 귀공한 수이다.

60에서 단 5를 귀공하면 하도수 55가 되고, 15를 귀공하면 낙서수 45가 된다. 모든 수들에 변함없이 들어가 회전문의 문고리 같이 작용하는 수가 대각선수에 연관된 5, 10, 15, 20이다. 하락 원리를 좌우하는 것은 다름 아닌 이들 대각선수에 의해 만들어진 무위수 20, 무무위수 60, 일원수 100이다. 본체로 보면 무위수이고 체용이 합덕된 것으로 보면 일원수 100이 된다.

이 세 종류의 대각선에 해당하는 수들이 서로 합체되어 있다는 사실도 알았다. 바로 이 합체의 순간에서 역易은 역逆으로 변한다. 여기서 역설이 발생한다는 것이다. 대각선화(생수에서 성수로)에서 역대각선화로(10에서 1로), 다시 반대각선화로(성수에서 생수로), 그리고 다시 대각선화로 회전한다. 수를 명패와 물건수로 나누는 순간 역설은 피할 수 없고 대각선화는 여기서 비롯한다. 명패와 물건이란 말은 체와 용의 다른 말이다. 동양의 역학이 수를 체용으로 보는 순간 역설은 피할 수 없다는 것이다. 메타와 대상 사이의 자기언급에서 역설이 발생하듯이, 수들 간에 체용을 적용하는 것은 역설이란 시한폭탄을 한 몸에 안고 있는 것이나 마찬가지란 뜻이다. 체는 명패로, 용은 물건으로 변하기 때문이다.

이런 역설을 해의하고 도전하는 방법에 시간(삼극)과 공간(3재)이란 두 함수가 있다. 낙서는 하도에서 생긴 역설을 해결하기 위해서 대각선수 10을 반대각선화시켜 물건수 속에서 작용하도록 만들었다. 10이란 체를 용으로 바꾼 것이다. 체용 개념이 여기서 유래한다. 명패수는 체이고 물건수는 용이다. 대각선에서는 체용이 함께 사상 작용한다. 그래서

---

13) 10을 '무위수'라 하면 20이 '무무위수'가 되고, 20을 무위수라고 하면 60이 무무위수가 된다.

10을 체로도 용으로도 볼 수 있기 때문에 역설의 본산지는 대각선이다. 대각선수 10을 하도에서는 체로 보고, 낙서에서는 용으로 본다. 공자가 〈계사전〉에서 하도수를 이렇게 본 것은 역학 연구의 대변화이고, 그런 의미에서 대각선 정리는 공자로부터 시작되었다 해도 과언이 아니다. 하도의 수를 이런 방법으로 설명하지 않는 한 역설은 나타나지 않기 때문이다. 하도에 있던 10이 낙서에서 사라진 이유는 낙서 속에서 용으로 변했기 때문이다. 그래서 하락은 10(55)과 9(45)로 짝째기 되며 10과 9의 가운데 수인 5가 결국 역의 모든 것을 좌우한다. 5를 황제의 자리에 두는 이유가 여기에 있다.

두 개의 5가 자기언급을 하여 합덕이 된 10과 10이 자기언급을 하여 가본을 한 20=10+10과, 승본을 한 100=10×10은 각각 '무위수'이고 '일원수'이다. 정역은 10과 10이 합덕(자기언급)이 된 것과 1과 1이 합덕이 된 것을 공空이라고 했다. 즉, "'십·십'과 '일·일'은 공이다"라고 한다. 공이란 자기언급의 결과란 말이다. 20을 본체도수라 하고, 100을 일원수라 한다. 80은 '사역생성 합덕변화 작용수'라 한다.

1과 1일이 자기언급한 것은 특별히 '임壬'이라고 한다. 잉태할 임姙이란 뜻이다. 1은 태극의 수이지만 그 속에 생수 1을 임신하고 있다.[14] 5와 같이 재륵을 할 수 있는 수이다. 10의 가본과 승본으로 자기언급을 하여 본체수와 일원수를 결정한다. 여기서 우리는 대각선수의 중요함을 다시 한 번 실감한다. 1과 1의 자기언급은 가본이든 승본이든 1이다. 하도와 낙서가 모두 1로부터 시작되지만 하도는 10으로 낙서는 9로 끝난다. 이와 같이 시작하는 것은 모두 1이지만 끝은 다르다. 다시

---

14) 간지와 연관하여서는 일임을 '초초일도初初一度'라고 한다. "초초일도는 유이면서 무이다"라고 하여 무에서 유가, 유에서 무가 탄생하는 비밀을 말하고 있다.(권영원, 2013, 393)

말해서 하도와 낙서는 같이 1에서 시작했지만 하나는 10에서 끝나고 다른 하나는 9로 끝난다. 그 이유는 대각선과 역시 역설의 문제와 연관이 되기 때문이다. 10은 1을 임신하고 있다가 출산을 해 버리면 9가 된다. 이를 '임일壬一' 1이라 한다. 그러면 1은 시작이면서 동시에 끝이다. 10에서 1이 출산이 되면 9가 되어버린다. 임신을 하고 있는 기간은 10이다. 이것이 하9낙10 혹은 하10낙9의 문제이다. 출산하기 전후의 문제라는 뜻이다. 전은 10이고 후는 9이다.

윤수와 대각선 정리

선진 이전의 역은 하도와 낙서에서 보는 바와 같이 공간과 시간의 구별이 없었다. 은말 기자까지는 역수 이론, 그리고 주대부터 한대까지는 괘상이론 중심의 역이 발달하였다. 그러나 한대 이후부터 역학 본연의 취지가 사라지고 만물의 일상적인 변화를 설명하는 데 치우쳤다. 물론 한대 이후에도 '하락수상河洛數象'과 '괘효단상卦爻彖象'이 연구되었으나 그것이 역의 본연의 취지에 걸맞게 연구되었다고는 볼 수는 없다. 공간에 치우친 역학이기 때문이다. 이에 대하여 김일부는 복희 이래 공자까지의 역을 과거역이라 하면서 자기의 역은 앞으로 올 미래역이라고 한다.

일부는 역을 단순히 우주의 변화를 주도하는 력曆으로만 보지 않고, 역을 인간의 주체와 연관을 시켜 "하늘의 역수가 네 몸에 있다"〈서경〉는 말에 충실한다.(《우서》 대우모 편; 유남상, 155 주45) 때에 따른 명을 '시명時命'이라 하여 이에 따라 역수를 밝힘으로써 우주사와 인간사를 결부시켰다. 이와 같이 한대 이후 실추된 역의 위상을 높여 역 본연의 취지로 돌아가게 했다.[15] 정다산이 유학을 선진 이전의 것으로 환원시켰듯이, 김일부는 역을 그렇게 하였다.

　괘상은 전설적으로 복희가 3효 8괘 단괘單卦를 만들었고, 이를 중복시켜 중괘重卦를 만들었다고 한다. 중괘의 내괘를 명패-세로로 삼고, 외괘를 물건-가로로 삼아 경과 위를 나눈 것이 소위 방도이다. 즉, 8괘를 사각형의 가로와 세로에 동일하게 배열한 것이 방도方圖이다. 이제부터 역은 방도의 경위를 알아보는 것이다. 대각선 논법을 알아본다는 말과 같은 말이다. 이 만큼 의식 구조에 큰 변화를 일으킨 사건도 없을 것이다. 단괘(소성괘) 속에는 가족 관계에서 보는 바와 같이 효가 변하면서 순서수의 역설을 만들었고, 중괘 속에서는 대각선수에서 보는 바와 같은 기수의 역설을 만든다. 단괘든 중괘든 역설은 반드시 나타난다는 것이다. 위에서 우리는 6효가 안고 있는 역설을 확인하였다. 공간성은 주로 효의 변화에 주안점을 두고, 시간성은 대각선상의 수와 그리고 괘에 의한 변화에 주안점을 둔다. 즉, 명패수 5와 대각선수 10이 주도하는 숫자가 만들어 내는 변화는 실로 우주와 삼라만상의 여러 변화 그 자체이다. 일월의 변화인 력曆은 결국 반대각선수 15에 의해 조직되고 주도되는 것, 그 이상도 이하도 아니다. 역 속에 나타나는 윤수閏數란 다름 아닌 역설의 수이다.

　수를 주름잡듯이 셈할 때에 윤수가 나와 윤일과 윤년이 생긴다고 할 때, 일월의 변화인 시간의 변화 속에서도 역설은 그대로 등장한다. 바로 이 점에 김일부가 착안한다. 역설 해의를 위해 공간적 차원에서 시

---

[15] 한 대 이후 위진 시대에 역이 풍수지리 도참설에 이용당함으로서 역의 본래적 성격이 사라진 것을 두고 여기서는 '실추'라고 한다. 그러나 한 대 이후의 역에서도 역설 해의라는 관점에서 볼 때 괄목할 만한 공헌을 하였다고 인정할 수 있다. 이때의 역이 공간상의 역설 해의에 공헌한 점을 무시할 수 없다는 것이다. 특히 경방의 역설 해의의 노고는 치하할 만하다.

간적 차원으로 옮겨 놓은 것이 "역은 력曆이다"라고 한 말의 배경이다. 공간적 변화는 하나의 괘 안에서 일어나는 것을 말하고, 시간적 변화는 괘와 괘 사이의 연결고리, 그리고 같은 괘 안에서 효변을 하는 것을 두고 하는 말이다. 시간과 공간 모두에서의 변화, 이러한 변화는 모두 역설 해의와 연관이 된다는 것이다. 역설이 조장하는 방향과 비결정성과 불확정성이 변화를 유발할 수밖에 없다는 것이다. 그래서 역逆이 없으면 력曆도 없다. 10과 15와 같이 대각선에 관련된 수들이 운동하는 방향을 고찰하는 것이 다름 아닌 력曆이고, 하도와 낙서에서 보는 바와 같이 공간상에서 고찰하는 것이 역逆이다. 그래서 대각선상에서 보면 역의 전체 모습을 한눈에 보게 된다.

　단괘 안에서 효가 만드는 역설을 피하기 위해 중괘를 만드는데, 중괘는 더 큰 역설인 윤수를 만들어 낸다. 공간상의 역설을 피하기 위해 시간상으로 갔는데 거기서는 더 큰 우주적 역설이 나타난 것이다. 원역, 윤역 두 개, 그리고 정역으로 나눌 때에 이를 두고 '4역'이라고 한다. 정역은 그 15를 375에서 감한다. 윤역 두 개는 그 사이의 주름살이다. 4역을 수로 표시하면 375(원역), 365, 355¼(윤역, 요기/순기), 그리고 360(정역)과 같다. 원역은 375인데, 15수만 여기서 제거하면 공자역 혹은 정역인 360이 된다. 여기서 일부는 그의 역과 공자의 역은 같다고 본다.[16] 10을 대각선수 15를 반대각선수로 볼 때에, 문제는 대각선화와 반대각선화가 회전하는 곳이 바로 윤역 두 개이다. '윤閏'은 문 안에 왕이 들어 있는 상이다. 문안에 15수가 들어 있고, 15는 5 황극이 만든 수이다.

　'윤'은 덤이란 뜻이고 초과excess란 뜻이고 돌출excresence이란 뜻이다.

---

16) 그런데 원역과 정역은 그 양상이 같을 뿐이다. 이를 분별하지 못하는 것을 윌버의 말을 빌리면 전분별과 초분별을 분별하지 못하는 것과 같다고 본다.

자기언급 때문에 이런 돌출이 생긴다. 그리고 역설은 자기언급 때문에 생긴 현상이라고 할 때, 자기언급은 자기를 이중으로 만들고 여기서 자기라는 초과분이 생긴다. 그렇다면 명패수 5가 물건수 5와 자기언급을 하는 것이 이런 초과 현상과 연관성이 있다. 이렇게 윤역은 역설의 역이고 이 역설을 만드는 장본인이 15이다. 15를 체증하고 체감하는 이유가 결국 역설 해의와 관계가 있다. 체증이 '익益'이라면 체감은 '손損'하는 것으로서 이는 손익법과 연관이 되는 문제이다. 체증하고 체감하는 것이 하도가 낙서로, 낙서가 하도로 변하는 배경이다. 여기서 15를 체로 돌리는 것을 두고는 김일부는 '귀체歸體'라 하고, 15를 공으로 돌리는 것을 두고는 '귀공歸空' 또는 '존공尊空'이라고 한다.

 그러면 체와 공의 의미는 무엇인가? 이는 역설 해의와 밀접하게 관련된 용어들이다. 15는 반대각선화이기 때문에 15를 체로 돌린다는 것은 10으로 돌린다는 것으로 대각선화이다. 10은 체와 공의 양면을 가지고 있다. 즉, 10체1용이면 반대각선화이다. 10은 명패 5가 자기언급을 한 대각선화된 수이다. 이러한 10이 체냐 공이냐에 따라서 대각선화와 반대각선화의 방향이 결정된다. 10의 귀체와 귀공을 종래에는 같은 의미로 보았는데 필자는 이렇게 다르게 본다. 대각선화냐 그 반대이냐에 따라서 체도 되고 공도 된다는 것이다.

 이렇게 정역의 중심 과제는 윤역 속에 있는 윤수의 처리에 달려 있다. 원역수 375에서 15를 귀공하면 360이 되나, 문제는 두 개의 윤수 366(요기)과 365¼(순기)의 처리 문제이다. 역설이 이 윤수 속에 끼어 있기 때문이다. 요순 이래 지금까지 이 윤역이 지배하고 있다는 것은 우리 시대가 이런 윤수 역설에 의한 갈등의 시대에 살고 있음을 의미한다. 이렇게 윤역 자체가 둘로 갈라지는 이유와 원역에서 윤역으로 다시 윤역에서 정역으로 변하는 과정 자체에 대한 설명을 앞으로 정역이 해내야 한다.

역에 시간 개념이 적용된 것은 이미 한 대의 맹희나 경방 등에 의해서도 이루어진 바이다. 그러나 맹희의 괘기설에 의해 괘와 수를 우주의 제 사건들에 은유적으로 일대일 대응시킨 것이지 그것이 역설 해의라는 논리적인 관점에서 시간 개념을 다룬 것은 아니다. 이 점에서 경방의 상수역과 김일부의 정역과는 다르다. 그러나 경방 이후 상수역은 일부에 의하여 제 빛을 보게 된다. 일부는 공자와 주자로 이어지는 역의 정통 계열에 서서 하도와 낙서에 시간 변화라는 개념을 적용하나, 그의 역을 경방 등의 괘기설과 일치시키면 안 된다.

정역 이전에도 여러 문헌 속에서 요의 기수朞數는 366일, 그리고 순의 기수는 365¼이라고 했음에도(《요전》서경, 《회남자》권3 천문훈) 불구하고 지금까지의 역학 연구는 이에 대한 언급을 하지 않고 있다. 특히 당대 공영달의 《상서소》나 송대 채침의 서경 주에서 순의 주기는 365¼이라고 했으나 선행 연구가들이 역수 연구에는 별 관심을 갖지 않았다. 그는 역설 해의라는 관점에서 력曆을 보고 있어서 김일부는 한 대의 괘기설에서 말하는 시간 개념과는 차원이 다른 측면에서 역을 논하고 있다.

역을 기수 개념에 적용하기 위해서는 낙서의 성수와 생수 개념을 4역에 적용하여야 한다. 명패수 9가 성수 9, 8, 7, 6과 각각 곱하기 작용을 하면 81, 72, 63, 54가 되고 이 네 마디를 '사상수'라고 한다. 여기서 생수 1, 2, 3, 4는 증가 방향으로 성수 9, 8, 7, 6은 그 반대 방향으로 움직이며 감소한다. 체증과 체감으로서 서로 표리表裏 관계이다. 위에서 본 바와 같이 성수인 9, 8, 7, 6에 의하여 4역인 원역9, 윤역8, 윤역7, 정역6이 결정된다. 81시, 72시, 63시, 54시가 그것이다. 생수인 1, 2, 3, 4는

4역의 구성 마디가 된다. 용9역인 81시는 원역, 용8역인 72시는 요기 윤역, 용7역인 63은 순기 윤역, 용6역인 54는 정역이다.(도표42)

　원역에서 정역으로 이와 같이 변하는 것을 두고 '역수원리'라고 한다. 원역은 본체도수 15가 포함되어 음(10)과 양(5)의 결합인 음양합덕이다. 그러나 두 윤역에서는 본체도수 15가 9와 6으로 나누어진다. 그래서 음수인 용8에 의한 72(8곱하기 9)와 양수인 용7에 의한 63(7곱하기 9)은 각각 음윤역과 양윤역이 된다. 이렇게 음양이 나뉘는 요순시대가 선천시대이고, 그것이 다시 합덕되는 정역시대가 후천시대라는 것이다.

　그런데 이상에서 말한 요·순의 두 기수(366과 365¼)는 그 자체가 음윤역수가 아니고 모두 양윤역수이다. 지금까지는 역수의 큰 주름 네 개(81, 72, 63, 54)를 중심으로 관찰해 보았다. 다음은 그 큰 주름 안에 있는 작은 주름들을 관찰할 차례이다. 위에서 본 바와 같이 일수로 기수를 보는 것은 '큰 주름'이고, 시수로 보는 것은 '작은 주름'이다. 두 주름 사이의 관계를 보면 1일을 12시로 보았을 때에 0.75일은 9시가 된다. 그러면 9가 일수로 명패가 되느냐 아니면 시수로 명패로 되느냐가 문제시 된다. 여기서 일수를 시수로 바꿀 때에 잔주름이 생긴다. 두 주름 사이의 관계를 아래에서 논하기로 한다.

제4장
대연수의 책수와 대각선화 문제

4.1 대연지수의 탄생

수들의 성육신화

지금까지는 정역의 기수를 이해하기 위한 준비과정이었다. 이제부터는 정역 자체를 이해할 단계이다. 『정역』은 상편과 하편으로 구성되어 있다. 상·하편의 제목은 각각 〈십오일언+五一言〉과 〈십일일언+一一言〉이다.[1] 제목 자체가 반대각선화의 문제임을 알리고 있다. 전자는 명패수 5와의 반대각선의 문제를, 후자는 생수인 물건수와의 반대각선화의 문제를 다루고 있음을 암시하고 있다. 정역에 와서는 대각선화와 반대각선화, 그리고 역대각선화의 문제가 중심 부위에서 부상하고 있다. 대각선수인 10과 명패수 5와 물건수 1이 모두 등장하여 그것이 글의 제목자체가 되고 있다. 이들 수들은 비를 담고 있는 구름인 '밀운密雲'이라고 했다. 그런데 이런 밀운의 상태가 변하여 쏟아져 내리는 형국이 바로 정역이라 할 수 있다.

'십오일언'이란 "십과 오가 한 말씀을 한다"는 뜻이다. 여기서 10과 5

---

1) 이 두 말은 정역의 대명사와 같다. '십오일언'은 '십일일언'에 대한 칭호와도 같다. 이를 『주역』에 비유하면 전자는 건곤괘로 시작하는 『주역』 상경과 같고, 후자는 함항괘로 시작하는 『주역』 하경과 같다.(이정호, 1985, 23) 그러나 필자는 이를 대각선 논증이라는 관점에서 관찰할 것이다.

를 '말씀言'과 연관시킨 것은 그것들을 인격화했다는 뜻이다.[2] 10을 두고는 '음양이 측량할 수 없는 신'이라 하고, 나아가 '신의 묘한 만물의 말씀'이라고 했다. 정역은 이러한 10을 무극無極이라고 했다. 이에 대하여 5는 황극皇極이라고 한다. 그리고 1은 태극太極이다. 10, 5, 1은 모두 하도를 기준으로 하여 생긴 수 개념이다. 즉, 5는 하도의 중앙에 10은 그것을 둘러싼 외곽에, 그리고 1은 5의 '중앙의 중앙'에 있는 1백점白點을 두고 하는 말이다. 5는 명패수, 10은 명패수가 자기언급을 한 정대각선수이다. 그런 의미에서 김일부는 한남당과 같이 '하도'를 중심으로 하여 전개된다.[3] 그러나 일부는 도역과 생성을 통해 하락의 일치를 실현하려고 한다.

이러한 말들이 생기는 배경을 아는 것이 중요하기 때문에 하도와 낙서를 먼저 비교하고, 나아가 정역에서는 10과 5를 어떻게 처리하는가를 알아보기로 한다. 우선 가시적으로 볼 때 정역도에는 1에서 10까지의 수가 모두 다 보이고 괘도 8개가 아닌 10개이다. 복희도가 8괘8수, 문왕도가 8괘9수인데 반해 정역은 8괘10수(혹은 12수)이다. 괘상이 향하고 있는 방향도 복희나 문왕 8괘도와는 다르게 밖에서 안으로 향하고 있다. 이 말은 시생원리에서 효가 발생하는 순서가 정역에 와서 도치되었음을 의미한다. 초·중·상효 순서가 아니고, 상·중·초효의 순서이다. 그래서 먼저 두 도상들과는 달리 괘들의 방향이 전도되어 있다. 괘의 발생순서가 하도나 낙서와는 정반대로 다르다는 것을 의미하고 이러한 전도는 바로 위와 치의 전도이며, 이는 반대각선화 또는 반가치화와 연관이 되는 문제이기도 하다.

하도와 낙서 모두 5가 다른 수들을 주변으로 한 중앙에 자리 잡고 있

---

[2] 한자에서 십什과 오伍는 사람 '인人' 변에 쓰이고 있다.
[3] 김상일, 『대각선 논법과 조선역(2013)』 4장 참고.

다. 5가 다른 수들에 대한 명패수 역할을 두 도상에서 하고 있다는 의미이다. 그러나 정역도에서는 중앙의 5와 10이 모두 외곽으로 나가고 말았다. 낙서에 남겨둔 5마저 탈중심화시키고 말았다. 문제는 밖으로 나간 5와 10을 어디에다 배열할 것이냐이다.[4] 정역도에서 괘는 8개이고 수는 10이다. 즉, 복희도에서는 8괘8수였고, 문왕도에서는 8괘9수 였다. 그런데 정역도에서는 8괘10수이다. 5를 중앙에 남기고 10은 가시적으로 제거해 버렸기 때문이다. 이렇게 2,500여년 간격으로 초과분의

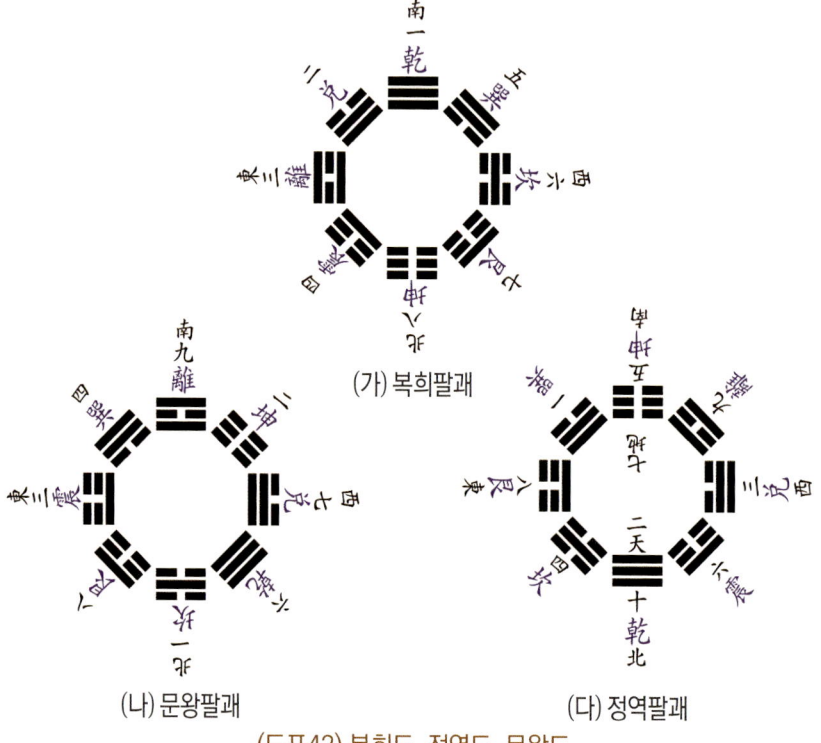

(도표42) 복희도, 정역도, 문왕도

---

[4] 이 책의 결론은 이 문제를 거론하는 것으로 한다. 1923년에 발견된 현행본은 2천-10건과 7지-5곤을 남과 북에 각각 배열하고 있지만, 이정호선생은 2천-3태와 5곤-6지를 동서에 배열을 한다. 왜 이런 차이가 생기는지를 이집트의 12황궁도를 가져와 설명하게 될 것이다.(10.2)

수가 1개씩 증가하였다. 모두 자기언급성의 문제 때문이다. 낙서 마방진에서 보는 바와 같이 8괘에 대응이 없는 중앙의 5가 추가되었다. 그래서 9수가 되었다. 정역도에서는 10건과 5곤이 자기언급(중괘)을 하여 2천과 7지가 되기 때문에 2개의 수가 증가할 수 밖에 없다.

즉, 정역에서 5곤은 '7지'로 10건은 '2천'으로 중복된다. 5는 성수, 7과 10은 생수 2와 함께 배열한다. 이것이 어떻게 가능한가. 가능하다. 그것은 바로 시생원리에서 괘가 발생하는 순서를 상향에서 하향으로 돌리는 것으로 가능해진다. 이는 일종의 재륵이다. 이 방법이 바로 도역과 생성이 순환할 수 있는 원리인 것이다. 그래서 정역도의 괘 배열과 도역생성은 서로 모순되지 않는다. 이에 대한 상론은 정역도에 대한 위상학적 고찰과 함께 더 논의될 것이다.(6.2)

5는 전체를 주관하는 '온수'와 같다. 이에 대해 다른 물건수들인 생수들은 '낱수'이다. 온과 낱을 수적으로 구별하여 명패수와 물건수를 구별할 줄 안다는 것은 인류 문명사에 보통 대단한 일이 아니다. 플라톤의 이데아론에서 보는 바와 같이 말이다. 5라는 명패수가 생기면서부터 이데아가 생기고, 거기서 제3의 인간 역설 같은 것이 나왔다. 역에서는 생수에 이 명패수가 더해져 성수가 만들어져 드디어 생성이론이 가능하게 된다. 가로와 세로 개념이 생기기 전에는, 즉 '경위經緯'가 생기기 전에는 생성이 불가능하다는 것을 의미한다.

의복 발달사에서 볼 때에도 인간이 비로소 씨줄(경)과 날줄(위)을 만들어 옷을 만들어 입는 직조기술이 생겨났다는 것은 의식구조의 차원 상승을 의미한다.(沈作光貞, 1990, 125-131) 경위를 파악하는 일이 생기면서 언어, 화폐, 의상에 차원 변화가 생긴 것이다. 하도와 낙서가 등장한 의미가 여기에 있다. 두 도상에는 모두 명패수 5가 중앙에 위치해 있다.

하도는 5가 자기언급을 하고 있고, 자기언급을 한 것이 대각선수 10인데, 낙서에서는 이것이 반대각선화 되었다. 10은 명패수 5가 물건수 5가 사상된 대각선화된 수이다. 이러한 10이 다시 낙서에서 명패수가 되는 것은 '반대각선화'라 할 수 있다. 그런데 이 대각선수를 반대각선화 하여 명패로 하였을 때 조성되는 수를 '대연수大衍數'라 부른다. 우리는 이러한 대각선을 다시 명패화하는 것을 경방과 노서 윤선거의 역에서도 이미 보았다.(김상일, 2013, 3장) 정역은 이를 두고 '십오일언'이라고 했다.

석합보공(질운운동)에서 대각선화와 반대각선화는 서로 9-1. 8-2, 7-3, 6-4와 같이 석析과 합合으로 대칭을 한다. 대연의 수 50을 이렇게 네 마디로 끊어 내는 것을 '대연지수절大衍之數節'이라고 한다. 이때에 네 마디 사이에 있는 10과 5와 1은 그대로 삼극을 나타낸다. 10은 무극, 5는 황극, 1은 태극이다. 네 마디가 4상의 수 '4'이고, 여기에 '6효'의 수 6을 곱하기를 하면 '24'가 된다. 24에 양수 또는 천수인 9와 음수 또는 지수인 6을 곱하면 각각 216과 144가 생기고 이것이 바로 '건책수'와 '곤책수'이다.

$$9 \times (4 \times 6) = 216 \cdots 건책수$$
$$6 \times (4 \times 6) = 144 \cdots 곤책수$$

지금부터 정역의 중요한 수 개념은 모두 건·곤 두 책수를 중심으로 전개된다. 책수의 비는 3:2=216:144이고 이는 삼천양지론으로 이어지고 음악의 완전 5도 그리고 그리스의 그노몬 개념과도 직결된다. 건과 곤의 책수를 좌우하는 것은 양을 상징하는 수 9와 음을 상징하는 수 6

이라 할 수 있다. 여기서도 9:6=3:2됨이 주요하다. 두 책수는 모두 곱하기 승본으로 결정된다. 여기서 마지막으로 가본이 적용되어 두 책수를 더한 것이 바로 216+144=360으로서 이것이 정역의 기수彛數이다. 그리고 정역의 기수에서 반대각선수인 15를 가한 375가 원역의 기수이다. 375에서 15를 감한 360이 정역의 기수이다. 그 사이에 두 개의 윤역이 들어 있다. 대각선화와 반대각선화 하는 과정 사이에 바로 윤역이 들어 있다는 것이다. 이것이 태양계가 생긴 이래로 주행하는 지구의 기수이다. 이는 망원경을 통한 관측 없이도 계산해 낸 책수이다. 우리의 관심사는 이 윤역에 있으며, 이 윤역이 만들어지는 과정에 10과 15가 절대적인 역할을 한다.

여기에서 우리는 『주역』의 말 가운데 있는 모순을 발견한다. 즉, 대연지수 50 가운데 왜 양수인 5는 지수(5곤)라 하고, 음수인 10은 천수(10건)라고 하느냐이다. 그 반대여야 하는데 말이다. 그 이유에 대한 설명은 다음과 같다. 건괘가 자기언급을 한 정대각선에 해당하는 괘는 중천건괘(☰)인데, 이 중천건괘를 두고 "10을 체로 하여 9를 쓴다"라고 하여 '10체9용'이라고도 한다. 그리고 곤괘가 자기언급을 한 정대각선에 해당하는 중지곤괘(☷)의 경우는 5를 체로 6을 용으로 하는 '5체6용'이라고 한다.

중천건괘는 10이 체가 되고, 중지곤괘는 5가 체가 되기 때문에, 음수인 10이 건괘에 해당하고, 반대로 양수인 5는 곤괘에 해당한다. 그래서 정역에서는 "지10은 천이 되고, 천5는 지가 된다"(《정역》 십일일언 30장)고 했다. 그러나 10과 5라는 체에는 9와 6이란 용이 항상 동반된다. 그래서 결국 9는 천수(양수)이고 6이 지수(음수)이기 때문에 10이 건에, 5가 곤에 속한다고 하는 말이 일관성을 잃는 것은 아니다. 그러나 아래 7장과 8장에서는 5곤7지와 2천10건이 5개의 수지로 괘를 만들어 나갈 때

에 자연스럽게 얻어지는 현상이라는 것을 알게 될 것이다.[5]

중천건괘와 중지곤괘는 모두 자기언급을 하는 정대각선에 해당하는 괘들이기 때문에 이들 괘들이 작용할 때 건은 9, 곤은 6으로 자기 자신에 해당하는 양수(천수)과 음수(지수)로 하지만, 그러한 작용을 가능하게 하는 체는 그것과는 반대되는 양수는 음수가, 음수는 양수가 되어야 한다. 즉, 9용은 10체여야 하고, 6용은 5체가 되어야 한다. 이렇게 체용은 짝째기임을 다시 확인한다. 그래서 체를 중심하여 말하면 천은 음수가 되고, 지는 양수가 된다는 말이다. 우유와 치즈의 관계와도 같다. 치즈는 고체이고 우유는 액체이지만 둘은 같은 것이다.

정역의 이러한 견해는 자기언급성과 정대각선을 의식하고 하는 말이다. 우리는 위에서 자기언급을 하는 과정에서 수가 상으로 상이 괘로 변하는 것을 보았다. 상·수·사 트로이카는 모두 동류이다. 같은 것이 자기언급을 하는 메타화 과정에서 그 이름만 다를 뿐이다. 이런 메타화 과정에서 역설이 생기며 러셀은 역설을 해결하는 방법으로 상수사들 간의 유형을 혼동하지 말라고 할 것이다.

사상분체도수 159와 일원추연도수 216

〈계사전〉 셈본으로 되돌아가 수의 문제를 다시 정리하기로 한다. 가본의 경우 낙서는 5수를 체(중극)로 하여 1에서 9까지로 표현한 것이고, 하도는 10수를 체로 하여(중극) 1에서 10까지의 수를 천지생성수로 표현한 것이다. 이를 두고 낙서는 5위의 천지 공간적 구조를, 하도는 일월 시간적 변화의 원리를 논리화한 것이다.(유남상, 1997, 167) 여기서 15의 경우 5는 명패수이고 10은 대각선수인데 그것이 합해져 15가 되었다는

---

[5] 또 이 문제는 정역의 이본異本 간의 비교문제이다.

것은 일종의 반대각선화이다. 정역은 이와 같이 철두철미하게 반대각선화의 논리에 의하여 전개된다. 다음에 말할 '일원추연수'와 '사상분체도수' 역시 대각선 논법의 제 요소들에 근거하여 전개된다.

시공간 양면성을 모두 다룬 것이 정역이라는 것은 〈계사전〉의 두 가지 셈본인 가본과 승본을 모두 고려의 대상으로 삼는다는 것을 의미한다. 9×9는 81, 8×9는 72, 7×9는 63이란 사덕의 합인 (81+72+63=216)을 건책수라 하고, 1×9는 9, 2×9는 18, 3×9는 27, 4×9는 36, 6×9는 54의 합인 (9+18+27+36+54=144)를 곤책수라 한다. 두 수를 합하면 정역의 역수인 360이 된다. 여기서 특기할만한 점은 '5×9는 45'가 빠져 있다는 것이다. 음양 생성수 전부를 9를 명패로 곱하기 하여 4역 변화의 기준이 되는 360 정역의 기수朞數가 계산된다. 하도와 낙서에서는 5를 명패수로 하고 생수를 5와 더하기 하여 성수를 만들었다. 즉, 가본을 사용했다. 그러나 정역에서는 력수曆數를 다룸에서 9를 명패수로 하여 곱하기 승본을 사용한다. 이 점에서 역이 역逆에서 력曆으로 달라지는 점이다. 이제 역이 력曆이 되면서 수의 크기도 달라졌고 새로운 용어들이 생겨난다. 위에서는 두 가지 방법으로 건책수와 곤책수를 계산하였다.

〈계사전〉에서는 건책수 216을 '일원추연수'라 하고, 곤책수 144에 15를 더한 159를 '사상분체도수'라고 한다. 다시 말해서, 하도 낙서에서는 5를 명패수로 더하기 작용을 했는데, 정역에서는 9를 명패수로 곱하기 작용으로 기수를 셈한다. 9의 곱하기와 더하기 작용에 관하여 만들어지는 변화는 위에서 자세히 보았다. 이와 같이 9의 승법에 의해 정역이 다른 두 역과 달라진다. 건과 곤에 '책'이 더해지면서 더하기가 곱하기로 변한다. 명패수도 5에서 9로 변한다. 9는 이미 대각선수인데, 이

대각선수가 명패수로 변한 것이다.[6]

4역의 시간적 변화를 공간적으로 표현한 것을 '사상분체도수四象分體度數'[7]라고 한다. 공간상에서 발생한 역설을 해의하기 위하여 시간성을 도입한 결과, 그 수의 크기가 달라진 것이다. '사상분체도수'란 4역의 생성변화 과정을 공간과 시간성의 측면인 천지일월 사상의 체용도수로 나타낸 것이다. 여기서 '천지'는 공간, '일월'은 시간 개념이다. 9×9 승법에 의한 역수법을 '추연원리'라고 한다. 일원추연수一元推衍數를 216, 사상분체도수四象分體度數를 159라 한다.(『정역』 4장) 주역에서는 이를 '건지책 216', '곤지책 144'라고 한다. 여기서 곤책수 '144'를 '분위도수分位度數'라고 한다. 분위도수가 물건수라면 본체도수 15는 명패에 해당한다. 이런 분위도수와 본체도수를 합한 159가 바로 '사상분체도수'이다. 반대각선수 15가 명패수 역할을 한다. 여기서 대각선 논법의 제요소들은 자기 되먹힘인 프랙털 현상으로 변한다.

그래서 사상분체도수는 대각선화이다. 그 이유는 15가 이미 대각선화에서 반대각선화된 수인데, 이것이 다시 명패수가 되어 분위도수와 더하기 한다는 것은 일종의 대각선의 프랙털 현상이라 할 수 있기 때문이다. 이것은 천지일월 변화인 력曆을 체(명패)와 용(물건)의 관계로 나타낸 것이다. 이는 체와 용이 반복해 되먹힘 함으로써 도역생성작용이 일어나고, 대각선화와 반대각선화가 반복되는 것을 보여주는 것이다. '반대각선화' 된 15가 다시 명패가 되는 현상이 나타난 것을 '프랙털'이라고 한다. 대각선 논법의 이해에 있어서 일대 전환이라 할 수 있다.

먼저 9가 명패수가 되는 이유는 다음과 같다. 하도와 낙서에서는 명

---

6) 5는 자기언급 때문에 변화작용 자체를 못한다. 정역은 9로 이를 대체한다.
7) '천지일월'을 두고 '사상'이라고도 한다.

패수 5와 물건수들이 더하기 작용에서 생긴 성수를 대각선수로 한다. 대각선수 10을 명패수로 한다고 할 때 10은 체이므로 작용을 하지 못하기 때문에 9가 작용을 한다. 그래서 9는 작용하는 수의 극수라 할 수 있다. 9가 명패가 되어 대각선수 성수와 곱하기를 하여 6×9=54, 7×9=63, 8×9=72, 9×9=81의 네 마디 주름을 만든다. 이 네 마디를 시수로 하여 이를 일수로 바꾼 것은 주름에 대한 '주름살'이다. 이는 사영론과 직결된다. 주름살 4개는 54시=4.5일, 63시=5.25일(순윤역), 72시=6일(요윤역), 81시=6.75와 같다. 일日은 주름이고 시時는 주름살이다. 12시가 1일에 해당한다. 순환점과 반환점 그리고 변환점에서 곱하기 셈 작용을 하게 되면 거기서는 작용이 멈추고 자기언급을 해 버린다. 소용돌이와 같은 곳이다. 그런데 이런 소용돌이가 있어서 고기들은 머물러 쉴 수가 있다.

  명패수와 물건수가 자기언급 작용을 하여 대각선수가 되는데, 대각선수가 명패수가 될 때는 더하기가 곱하기로 변하면서 작용을 한다. 우리는 위에서 더하기에는 가로와 세로만 작용하지만 곱하기에는 대각선이 작용하는 것을 보았다.(2.3) 순서수에서 더하기가 곱하기로 변한 것을 보았다. 이들 곱하기 작용에 의하여 생긴 수를 '대연지수'라 한다. 천지지수는 5를 체로 6을 용으로 한 수이고, 대연지수는 10을 체로 9를 용으로 한 수이다. 10과 5는 체 또는 공이기 때문에 작용을 할 수 없어서 9와 6이 용이 되어 작용을 한다. 이렇게 천지와 우주의 질서가 만들어진다. 10이란 대각선이 작용을 하여야 하지만 9가 대신해 주기 때문에 부동의 동자가 문제시되지 않는다. 이는 아리스토텔레스의 부동의 동자 역설을 해결하는 방법 가운데 하나이다. 9와 10은 서로 포함包含하는데, 10는 부동이고 9는 동이라는 뜻이다. 부동과 동이 서로 포함包

숨 관계라는 이 사실은 존재론의 많은 숙제를 풀게 한다. 그 이유를 알아보기로 한다.

〈계사전〉은 '천지지수'와 '대연지수'를 구별한다. 전자는 가본으로, 후자는 승본으로 셈한다. 용9와 용6은 명패수 5와 10을 대신하는 작용을 하는 수이지만, 체용이 동일하기 때문에 9와 6의 작용은 그대로 10과 5의 작용이다. 이들 용9와 용6이 육효가 성립하는 원인을 제공한다. 용9와 용6이 곧 양수와 음수이기 때문에 음양의 조합으로 6효가 만들어진다. 9와 6의 비는 3:2이다. 반고 이후 김일부는 자기 당대까지의 문명사를 나열하면서 "아, 오늘이여, 오늘이여, 63, 72, 81일 건책도수는 일부역으로 귀일된다"(정역 상경)고 했다. 이들 대연수 역시 9를 명패수로 한 계산법, 즉 $7 \times 9 = 63$, $8 \times 9 = 72$, $9 \times 9 = 81$에 의한 것 그 이상도 이하도 아니다.

'용9용6' 작용은 본체수 15가 9와 6으로 나뉘어 합덕 작용한 것이다. 두 수의 합덕 작용은 초과분의 윤수인 '용8용7'로 변한다. 여기서 중요한 것은 15는 5의 자기언급에 의하여 생겨난 초과분이고, 정대각선에 해당하는 10이 다시 반대각선화된 수라는 점이다. 그래서 15가 나누어진 용9용6이 작용을 하면 자연히 거기서 초과분이 파생되는데 여기서 윤역이 생긴다. 9-9는 81에서 파생하면 두 윤수는 9×8은 72에서, 9×7은 63에서 생긴다. 윤수란 요기와 순기를 두고 하는 말이다. 원역 375도에서 9의 승수인 72와 63을 시수 단위로 차례로 체감해가면 366과 365¼이 생겨 나온다. 이에 대한 상론은 다음에 이어진다.

네 마디로 된 일수日數가 '주름'이라면 시수時數는 '주름살'이라 했다. 주름살을 만드는 방법을 다시 설명해 두기로 한다. 15도(일)라는 주름은 180시라는 주름살이 된다. 180시는 99시+81시로 계산한다. 그 이유는 일원수 100이 작용을 하자면 1을 빼야 하고[8], 그 1이 80에 더해져 81이 되기 때문이다. 여기서 1이 바로 대각선 논법의 초과분에 해당한다. 원역 375일에서 15일을 귀공하면 정역 360일이 된다. 그 사이 두 윤역을 계산하는 방법은 다음과 같다. 9라는 수를 한 번은 일수로 한 번은 시수로 셈하는 데서 두 윤역이 결정된다.

즉, 375일에서 주름인 9일을 귀공하면 366일 요기가 나온다. 다시 366일에서 같은 주름인 6일을 귀공하면 360일이 나온다. 문제는 그 사이의 두 윤역을 셈하기이다. 윤역을 셈하기 위해서는 일수를 시수로 바꾸어야 한다. 즉, 1일이 12시이기 때문에 9시는 0.75일이다. 366에서 0.75일을 감하면 365.25일이다. 이것이 순기이다. 이렇게 하여 원역 375일, 요기堯紀 366일, 순기舜紀 365.25일 그리고 정역 360일이 결정된다. 다시 요약하면 반대각선수인 15일을 시수로 바꾸어 180시로 하는 데서 시작된다. 180 시수 가운데 81시에서 72시 사이는 일수 주름인 9일을, 72시에서 63시 사이는 시수 주름살인 9시(0.75일)를 제거한다. 정역은 원역 375에서 15를 모두 귀공(빼기)하였을 때 남은 360도이다. 우리는 다시 한 번 여기서 15 본체도수가 중요한 역할을 하는 것을 발견하게 된다.

4역의 기수를 정하는 법의 독특성이 관심의 적이 되지 않을 수 없다. 15일을 9로 나누기 하면 9가 한 번 들어가고 나머지가 6이다. 그래서 375와 360 사이에서 9일을 한 번 감하고 나머지 6일은 시수로 하여 셈하여야 한다. 첫 번째 시수 9시는 0.75일이다. 81에서 9를 감한 366일(요기)에서 9시(0.75일)를 감하면 365.25(순기)가 된다. 6일의 시수는 72, 5일의 시수는 60, 4일의 시수는 48, 3일의 시수는 36, 2일의 시수는 24,

---
[8] 1은 전체수이기 때문에 뺀다.

1일의 시수는 12와 같다.

　일수를 시수로 바꿀 때에 9로 나누기 한 다음 나머지 일수는 시수로 셈하여 기수를 정한다. 이것은 9일9시라는 프랙털 기법이다. 망원경을 통한 관측없이도 정확하게 기수를 9일 9시란 9수의 자기반복적 방법으로 정할 수 있는 이유는 이 우주의 구조가 자기 반복적이기 때문이다. 물론 9일 9시 9분 9초의 방법까지 사용할 수 있다. 9로 나누기 하여 나머지는 항상 그 아래의 단위로 셈하면 된다. 9일 다음에 9시, 9시 다음에 9분 등과 같다. 공자가 미처 몰랐던 기수법이다. 공자의 합리주의는 이런 프랙털 현상을 되도록 기피하려 했다. 이것이 그가 역을 력으로 이해하지 못한 원인이다. 9수가 우주 조화의 수인 것은 (도표40, 41)에서 확인되었다.

4.2 수의 '주름살'로서 정역수

49, 48, 47, 46의 사상작용

역을 통해 대각선 논법 연구의 시작은 방도(문왕64괘도) 속에 있는 정대각선을 통해 제 요소들 찾기였다. 그리고 한 대성괘의 내괘(하괘)와 외괘(상괘)를 명패와 물건수로 보는 데서 역설적 구조를 발견한 것이다. 그러나 6효가 발생하는 시생원리에 해당하는 가일배법인 2^6을 통해 역설을 설명하는 곳이 바로 〈계사상〉 제9장이다. 특히 정역은 이곳에서부터 력수를 찾아내고 나아가 역은 력이라고 한다. 먼저 계사상의 말부터 직접 들어본다.

> 대연의 수는 50으로서 그 작용은 49이다. 그것을 둘로 나누어 양의 원리를 나타내고, 하나를 들어 손가락에 걸어서 3재 원리를 나타내며, 넷으로 세어서 사시 원리를 나타내고, 그 나머지 기수를 새끼손가락에 귀체시켜서 윤역 원리를 나타낸다. 5세에 다시 윤달을 넣어 재윤 원리를 표상하는 것이다. 그러므로 구부렸던 새끼손가락을 다시 편 이후에 6효 중괘가 구성된다.(계사상, 9장)

지금까지의 역학 연구는 이 구절에 대하여서는 별다른 주의를 기울이지 않았다. 그 이유는 위 인용구가 점치는 방법을 말하는 것 정도로만 알았기 때문이다. 이 구절이 점치는 순서를 말하고 있는 것이 사실이지만, 이 속에는 다름 아닌 인간사와 우주사에서 역설을 어떻게 처리하느냐가 가장 간명하게 담겨져 있다. 그리고 위에서 언급한 그리스 철학의 제 3의 인간 역설 같은 것도 이 속에 포함돼 있다. 위 계사전의 인용구를 이해하기 위해서는 몇 가지 용어 설명이 앞서야 한다.

서양의 '초숫자surnumber'는 단순한 개념으로서의 수가 아니고 작용을 하는 수이다. 수가 작용을 할 때 이러한 수를 역에서는 '책수策數'라고 한다. 건이 작용하는 책수를 '건책수乾策數'라 하고, 곤이 작용하는 책수를 '곤책수坤策數'라고 한다. 수가 작용하여 크게 늘어나는 것을 '대연수大衍數'라고 한다. 바디우는 이러한 수의 증가를 '일향적 셈하기count for one'라고 한다. 바디우의 수 개념 역시 존재론적이며 그가 다루는 수는 초수이다. 서양의 수학이 수를 증가시키다 무한이란 역설을 만난 것을 상기할 때에, 역은 어떻게 무한의 역설 문제를 해의하고 있는가? 우선 '책수'와 '대연수'라는 말을 중심으로 위의 〈계사전〉 인용구를 이해하기로 한다.

수가 증가하는 부분에 대하여 "대연의 수는 50으로, 그 작용은 49이다"라고 했다. 수가 증가하면 자연히 '무한'의 문제에 직면하게 되는데, 역은 이를 방지하기 위하여 음과 양 두 방향으로 수가 증가한다고 본다. 음과 양으로 수를 보는 것의 다른 말은 손익법으로 본다는 말과 같다. 수를 좌우로 나눌 때에 좌와 우에 짝째기가 나오도록, 예를 들어서 '3천양지'와 같은 방법으로 수의 증가를 말하자는 것이 수를 음양으로 나누어 보는 것과 손익법으로 보는 것의 핵심이다.[9]

그래서 대연의 수를 '50'이라고 한 것은 음과 양, 즉 지와 천의 두 방향으로 증가하여 50이 된다는 것을 의미한다. 두 방향을 두고 '양의원리兩儀原理'라고 했다. 두 방향으로 움직여 작용할 때 이를 천지합덕이라 하고, 그 합수가 대연의 수 '50'이라는 뜻이다. 그런데 '양의원리'는

---

[9] 자연수를 순서대로 나열하면 반드시 음수와 양수는 n과 n+1, 아니면 n+1과 n과 같이 짝째기가 된다. 이것이 음수와 양수가 갖는 의미이다. 이런 음양의 짝째기에 창조의 비밀이 담겨 있다.

방향성을 갖는데 그 방향이 서로 반대라는 것이다. 그래서 서양의 무한이 한 방향으로 정향적orientable으로 움직이는 것과는 다른 비정향적nonorientable이다.

　작용을 가능하게 만들자면 50에서 1을 감하여 49가 되게 해야 한다. 1은 태극으로 처음이고 전체이기 때문에 1을 제거해야 셈이 일관성을 갖기 때문이다. 만약에 서양에서도 무한에서 하나 감한다는 발상이 있었다면 무한퇴행의 오류에 빠지지는 않았을 것이고 칸트의 이율배반론 같은 발상 자체도 없었을 것이다. 감하는 이유는 1은 '체'이기 때문에 용과 함께 작용을 하게 되면 자기 신분을 망각하는, 다시 말해서 체신을 잃는 것이 되기 때문이다. 여기서 1을 '태1'이라고 하는데 이것이 바로 초과분인 것이다. 우리는 이미 제3의 인간 역설에서 F-ness를 통해 이를 확인하였다. 다시 2를 감하면 48, 3을 감하면 47, 4를 감하면 46이 된다. 그러면 수는 좌우에서 손익을 하고 있다.

$$50-1=49$$
$$50-2=48$$
$$50-3=47$$
$$50-4=46$$

　이 네 마디를 두고 "넷으로 세어서 사시四時 원리를 나타내고"라고 했다. 대연의 수 50의 작용수가 49라고 한 것은 50에서 1을 체감한다는 것을 의미한다. 그 이유를 강조해 다시 말하면, 50 속에는 50을 작용하게 하는 체에 해당하는 수 1이 들어 있는데, 바로 이것이 위에서 말한 '체1'이다. 물론 여기서 체1은 태극이다. 수가 작용을 하자면 체에 해당하는 수를 체감시켜야 한다. 그래서 '49'가 된다. 멱집합의 원리에 의하여 부분 속에는 전체 자체가 포함되어 있기 때문에 이것을 체감시켜야 역설 없이 수들이 작용을 할 수 있게 된다는 뜻이다.

 정역에서는 태극1을 체감시키는 것을 '귀체歸體'라고 한다. 대각선수 10에서 체감하기 때문에 역대각선화라 할 수 있다. 반대각선화에 대해 거울 대칭 개념에 해당한다. 1950년대 디랙에 의해서 짝짝이 대칭성이 무너지고 짝째기 비대칭이 만들어지는 것과도 같다. 귀체가 되고 나면 수는 전진(역)과 배진(순)을 하게 된다. 49, 48, 47, …과 같이 배진을 하기도 하고, 1, 2, 3, …과 같이 전진을 하기도 한다. 이것이 체감이고 체증인 것이다. 초수는 이와 같이 양면으로 표(역逆)/리(순順) 작용을 한다. 짝째기로 2가 3이 되지만(표表), 그 이면에서는 49, 48, 47, 46과 같이 체감된다(리裏). 1단위에서 성수가 9, 8, 7, 6으로 체감되는 반면에, 그 이면에서는 생수가 1, 2, 3, 4와 같이 체증한다. 전자를 도성到成이라 하고, 후자를 역생逆生이라고 한다. 이는 짝째기를 만드는 원리이다.

 이러한 49, 48, 47, 46의 네 마디 작용을 사상작용四象作用이라고 한다. 여기서 명패수 5의 체감수 50-5=45는 제외되었다. 제외된 것이 아니라 숨겨진다. 5와 그것의 자기언급수인 10이 '지5'와 '천10'이 되어 천지합덕되어 분생작용을 한다. 다시 말해서 10과 5의 합덕인 15없이는 네 마디 작용이 일어나지 못한다. 그래서 이를 '분체도수'라 한다. 10은 정대각선수이고, 15는 10이 반대각선화된 것이다. 여기서 성수는 9→8→7→6은 순방향으로, 그리고 생수 1→2→3→4는 역방향으로 작용을 한다. 10이 촉매 역할을 하여 9-1, 8-2, 7-3, 6-4와 같은 짝짝이를 만든다. 이를 '석합보공'이라고 하며, 이런 순역 양방향은 5×9=45에서 서로 만나게 된다. 이를 '합덕일체'라고도, 생성수가 사상작용을 한다고도 한다. 5가 주체가 되어 이러한 생수와 성수가 석합보공하여 만들어 나간다. 이 5의 자리가 '공'의 자리인 것이다

'주름'으로서의 정역수와 대각선 정리

실로 정역의 기수를 결정하기 위해서는 가감승제 네 개의 셈본을 모두 동원해야 한다. 지구가 태양 주위를 1년 운행하는 데 걸리는 시간, 즉 기수가 네 번 변해왔다는 것이고, 9일 9시라는 자기언급 기법과 그것을 파악하는 데는 네 본의 셈본이 모두 동원되어야 한다는 것이다. 기수를 아는 데 필요한 단서는 15, 10, 5, 1이다. 이들 수에 대한 가감승제가 기수를 결정하기 때문이다.[10]

먼저 승본이 동원되어야 한다. 역에서는 1일을 '12시'로 본다. 그래서 12시를 15와 곱하여 180을 만든다. 10을 자승하여 100을 만든다. 180과 100 사이의 가감 셈법에 의하여 기수의 주름살이 만들어진다. 그리고 9를 명패수로 하여 생수와 성수를 곱하기 하여 81, 72, 63, 54와 9, 18, 27, 36의 네 마디 큰 주름을 만드는 데도 승본을 사용한다.

다음 가감본은 석과 합에서 합에 해당하는 것이 가본이고, 석에 해당하는 것이 감본이다. 지금부터 가감승제가 어떻게 사용되는가를 보기로 한다. 100에서 1을 감하여 99를 만든다. 1은 태극수이고 집합 자체이기 때문에 감하여야 한다. 99에 명패수 9를 더해 나가 108, 117, 126, 134와 같이 체증하는 방향과 함께 180에서 **빼기**인 체증을 반대 방향에서 해 나가기로 한다. 체증과 체감을 거울대칭으로 해 나간다는 말이다. 100에서 180 사이의 수들이 이렇게 석합보공을 해 나가면 기수의 주름살이 다음과 같이 만들어진다.

---

10) 윷판의 참먹이, 모, 뒷모, 찌모 그리고 방에 해당하는 곳이다.

180- 99=81
180-108=72
180-117=63
180-126=54
180-134=45

　다음은 나누기 제본이다. 명패수 9를 시수로 하여 '9시간'으로 하면 그것은 12시간이 1일이기 때문에 9시는 0.75일이다. 여기에 나누기가 적용된다. 375에서 9일을 감한 366이 윤역의 요역의 시작이다. 15일에서 9일을 감하고 나면 6일이 남는다. 이 6일이 366에 끼어 있는 '윤수' 또는 군살이다. 이 6은 9보다 작은 수이기 때문에 9를 일수에서 시수로 바꾸어야 한다. 그래서 366부터는 9시(0.75일)를 제하여 나가는 방법을 취해야 한다. 이렇게 가감승제 네 개의 셈본이 다 적용되지 않으면 정역 기수를 계산할 수 없다. 여기서 중요한 것은 명패수 9이다. 가감승제 네 본에 모두 적용되는 것은 9이기 때문이다. 생성을 5가 주도했다면 우주의 기수는 9가 주도한다. 위에서 본 바와 같이 기수를 만드는 관건이 되는 단서는 15에 12를 곱하기 한 180이라는 사실을 아는 것이 주요하다.

　김일부는 역을 원역, 윤역(2개), 정역으로 나누고, 이를 '사역四歷'이라고 했다. 기수로 보아 원역은 375도(또는 일), 제요 윤역은 366도, 제순 윤역은 365¼도, 정역은 360도이다. 다시 말해서 정역은 원역 375에서 15수를 감함으로써 얻어진 수 360이다. 반대로 360에 15를 가함으로써 원역 375도가 된다. 360도는 공자가 말한 것이기도 하여 공자역이라고도 한다. 이는 일부의 정역과 같다. 그래서 일부의 역은 공자의 역이다. 이것이 일부의 정역이 갖는 대강이다.

그런데 중요한 것은 원역과 정역 사이에 있는 가운데 '윤역'이다. 윤역은 요기 366도와 순기 365¼도 둘인데, 윤역의 윤수가 생기는 이유는 바로 초과분의 시간 때문이고, 이는 역설과 무관한 것이 아니다. 윤수가 역설을 조장하고 그 빌미를 제공하는 이유는 '15'라는 수 때문이다. 결국 정역의 내용은 375에서 360으로 변하는 중간지대에 있는 두 윤수들을 어떻게 경과할 것이며, 어떤 경과 과정을 거쳐 375가 360이 될 것이냐이다. 그래서 결국 윤수가 생기는 이유인 15에 대한 집중토론이 핵심 주제로 제기된다.

먼저 원역수 375를 어떻게 산출해 내느냐이다. 그것은 건책수 216과 곤책수 144에 15를 더한 것(159)을 다시 더한 수(216+159=375)이다. 제요 기수 366은 375에서 일수로 9를 감한 수이고, 제순 기수 365¼는 366에서 시수로 9시를 감한 수이고, 정역 360은 제순 기수에서 다시 시수 9를 감한 수인 동시에 원역수 375에서 15를 감한 수이기도 하다.

시수와 일수를 바꾸는 방법에 대한 고찰은 다음과 같다. 먼저 15를 15일 또는 15도라고 한다. 이를 시수로 바꾸면 15×12시=180시와 같아진다. 180도는 100+80이지만 100이 작용을 하자면 1을 감하여 99를 만들어야 한다. 이는 50에서 1을 감하는 것과 같은 원리이다. 감해진 1은 80에 가하여 81이 된다.[11] 81이 되는 다른 방법은 9가 명패수가 되어 9, 8, 7, 6과 곱하기 작용을 할 때에 81, 72, 63, 54가 됨으로 가능해진다.

원역에서 윤역으로 넘어올 때에는 일수, 즉 9일을 체감하지만, 요기 윤역에서 순기 윤역으로 넘어올 때에는 시수, 즉 9시를 체감한다. 9시

---

11) 1은 물건수가 되어 같은 성격의 80에 더해진다.

를 일수로 셈하면 9시÷12=0.75일과 같다.[12] 이와 같은 규칙으로 원역에서부터 두 개의 윤역, 그리고 정역 360까지 셈을 하면 다음과 같다. 이를 하나의 '주름fold'으로 보고 각 주름 안의 작은 주름을 '주름살'이라 부르기로 한다.

0번째 주름	375-15	= 360일	원역(180=99+81)
첫 번째 주름	375일-9일	= 366일	요기 윤역1(81시에서 9시 체감하면 72시(6일)
두 번째 주름	366일-0.75일	= 365.25일	순기 윤역2(72시에서 9시 체감하면 63시(5.25일)
세 번째 주름	365.25일-0.75일	= 364.5일	
네 번째 주름	364.5일-0.75	= 363.75일	
다섯 번째 주름	363.75일-0.75일	= 363일	
여섯 번째 주름	362.25일-0.75일	= 361.5일	
일곱 번째 주	362.25일-0.75일	= 361.5일	
여덟 번째 주름	361.5-0.75일	= 360.75일	
아홉 번째 주름	360.75일-0.75일	= 360일	

(도표44) 기수의 주름과 주름살

원역과 정역 사이는 아코디언의 주름과도 같다. 한 주름 사이가 0.75일(9시간)이다. 단 원역(0번째)과 윤역1 주름 사이는 9일(108시)이다. 윤역1번(요기)과 아홉 번째 주름 사이는 6일(72시)이다. 두 번째(순기)에서 아홉 번째 주름 사이는 5.25일(63시)이다. 81, 72(6일), 63(5.25일)은 9를 명패로 9, 8, 7을 곱하기한 세 마디 주름이다.

366에서 363일까지 3(36시간)일, 363일에서 360일까지 3일(36시간)로

---

12) 일수를 시수로 바꾸는 이유는 두 윤수 사이는 일수 적용을 할 수 없기 때문이다. 그 이유는 두 사이가 1일이 되지 않는 0.75일이기 때문이다.

서 모두 72시간(6일)이다. 이것은 천지 사이에 있는 일월이 변하는 도수이다. 이 도수에 따라서 천지가 운행하고 일월이 바뀐다. 그런데 이렇게 일월이 변화하는 기수를 9의 곱하기에 의하여 결정된다. 서양이 망원경을 동원하여 관찰해 얻어진 결과와 완전히 일치한다. 이것이 초숫자에 가감승제를 적용했을 때에 지금까지의 1년 기수와 앞으로 될 기수를 함께 계산할 수 있게 된다.

그런데 이러한 기수 결정법을 정하는 단서가 바로 15를 시수로 바꾸어(15×12시=180시) 이를 180으로 하는 데서 출발한다. 180시에서 81시를 추출하여 여기서 81, 72, 63이라는 세 큰 주름을 만들고, 그 안에 작은 주름을 여덟 개를 만들때 마치 아코디언의 그것과 같은 규칙적인 주름이 생겨났다.

여기서 중요한 것은 81을 만드는 두 가지 방법이다. 15에 시수 12시를 곱하여 180을 만든 다음, 여기서 100을 감하고 남은 80에 1을 더하는 방법과 9를 명패수로 하여 9를 곱하는 방법이 그것이다. 81에서 9를 감한 72부터는 시수 12를 일수로 바꾼 0.75일을 감해 나가 주름살을 만든다. 375 원역에서 정역 360으로 바꾸는 또 다른 방법은 대각선수 15를 375에서 감하는 방법이다. 어떤 방법이든 15의 역할이 중요하다. 15를 감하는 방법이니 대각선화이다. 반대로 360에서 15를 가하는 것은 반대각선화이다. 15가 이미 반대각선화이기 때문이다. 반대각선화를 감하는 것은 대각선화가 되고 가하는 것은 반대각선화이다.

요약을 하면 원역 375에는 군살 또는 초과분 15가 들어 있다. 그리고 15는 5와 10의 합이다. 이것을 제거하는 과정이 바로 정역의 기수를 정하는 과정이다. 군살을 만드는 장본인이 바로 '15'였다는 것이다. 15는 5가 자기언급을 한 10에 다시 5를 더한 것이다. 대각선화에서 다시 반대각선화하여 여기서 생긴 수가 15이다. 이 15를 시수 12를 곱하여 180을 만든 다음 석합보공의 방법으로 주름살을 만들었다.

주름살 조별로 본 대각선과 반대각선

99와 180 사이에서 석과 합이 보공을 하면서 석·합이 한 조가 된다. 즉, 1-9조, 2·3-8·7조, 4-6조, 5조, 10조, 공조(0조)의 6개 조가 그것이다. 여기서 5와 10과 0은 석·합 대칭되는 조가 없어서 그 자체가 하나의 조가 된다. 이들 조들 사이의 관계를 이해하기 위해서는 도역 생성의 회전문 구조를 구체적으로 파악하는 것이 무엇보다 중요하다. 주름살 조별은 형이상학의 본질적인 문제를 고려의 대상으로 삼는 것이라 할 만큼 주요하다. 이는 또한 4역의 구체적 생성변화의 원리에 해당하는 문제라고도 할 수 있다.(임병학, 2008, 164) 대각선화와 반대각선화가 어떻게 순환하는가를 보여주는 대목을 두고 '천지역수원리'라고 한다.[13] '천지역수원리'는 네 개의 큰 주름 속에 잔주름살을 구조적으로 분석해 보이는 원리이다.

〈천지역수원리도설〉은 6개 조들을 주름살로 나누어 대각선화와 반대각선화가 어떤 구조로 순환 작용하는가를 구체적으로 설명하고 있다. 이는 실로 역설 연구에 획기적인 전환을 알리는 것이라 아니할 수 없다. 왜냐하면 주름살을 조절하는 것으로 역설을 해의하기 때문이다. 다시 한 번 6개의 '주름'을 '조별'로 나누어 분류하면 다음과 같다.

---

13) 2008년도 연경원은 {주·정역경합편}(周正易經合編)을 발간하면서 '천지역수원리도' 기1에서 6개의 원리도를 작도하였다. '간지도수원리도' '천지도덕·도수원리도' '십일귀체원리도' '십로존공원리도' '뇌풍정위용정도수원리도' '천지역수원리도' '십오존공·사역변화원리도' '중위정역(曆)원리도'가 그것이다. 특히 '간지도수원리도'는 다시 '천간도수원리'(하락원리)와 '지지도수원리'로 나눈다.

1. 0조, 2. 10조, 3. 1-9조, 4. 2·3-8·7조, 5. 4-6조, 6. 5조 등이다.(연경원, 2008, 109-118) 이들 6개 조들은 석합보공 관계에 의하여 만들어진 것들이다. 6개의 조들에 대한 설명과 그것이 서로 연관되는 관계는 대각선화와 역대각선화의 순환관계 바로 그것이다. 여기서 0조·10조·5조는 바로 대각선 자체를 말하는 것이기 때문에, 이들이 서로 어떻게 연관되느냐가 결국 이것은 대각선화와 반대각선화와 역대각선화를 설명하는 것이 될 것이다.

먼저 1. 0조, 2. 10조, 3. 1-9조를 연속적으로 나란히 배치한 이유를 설명하는 것이 정역의 대각선 정리를 설명하는 총론격이라 할 수 있다. 나란히 배치한 이유는 하도와 낙서의 도역생성작용 원리가 동시적이기 때문이다. 즉, 용1은 0에서 나오고 용9는 체10에서 나온다. 전자는 대각선화의 시작이고, 후자는 역대각선화의 시작이다. 두 작용이 동시적이라는 뜻이다. 경영대칭은 동시적이다. 이러한 이유로 용1과 용9를 한 조에 편성하였다. 용2·용3과 용8·용7은 '2·3-8·9조'에 같이 편성하였다. 용4와 용5는 4-6조에 편성하였다. 마지막으로 체5는 단독으로 편성하는 것으로 보아 대각선 정리의 문제가 핵심인 것을 한눈에 파악할 수 있게 한다. 이렇게 조를 편성한 구조로 보아서도 한눈에 이는 대각선화와 역대각선화의 문제라는 것을 한 눈에 파악할 수 있다.

앞으로 수지상수론을 논할 때에 이러한 조별 배열을 가시적으로 쉽게 이해하게 될 것이다. 예를 들어서 엄지를 굴하고 '모굴1'이라고 하면 이것을 역방향에서 셈하면 '식신9'가 되는 것과 같다. 배진에서 모굴1 하면서 '10' 하는 순간 그것은 전진의 9이다. 8하면 7이다.

2·3과 8·9가 한 조가 되는 배경도 모두 이러한 수지의 원리와 같이 설명될 수 있다. 김일부가 직접 수지론을 말했는가는 아직 의문이지만

위 계사전 인용구에서 본 바와 같이(4.2) 역에서 괘가 발생하는 원리를 이상적으로 설명하는 방법 가운데 하나가 수지에 의한 것이다. 여기서 말하는 조별이란 대연수들의 석합보공을 두고 하는 말이다. 10과 0, 1과 9, 2와 8, 3과 7, 4와 6, 그리고 5와 5와 같이 서로 석합보공을 하는 짝들이 만나 역수를 셈하는 것이다. 다시 말해서 사각형 안에서 가로와 세로가 만나서 만드는 대각선 관계가 여기서도 문제시 된다. 이때 5와 5가 만나는 10은 정대각선이고, 나머지는 모두 가로나 세로가 치우친 편대각선들이다.[14] 그런데 이런 대각선들이 김일부에 와서는 모두 우주 변화를 표상하는 역수가 된다.

드디어 밀운이 비가 되어 내린다는 뜻이다. 우리는 이러한 석합보공 속에서 우주의 시수와 일수의 변화를 읽어내는 흥미를 갖게 될 것이다. 석합보공이라는 공간 개념이 김일부에게 와서는 도역생성이라는 시간 개념으로 변한다. 석과 합이 서로 보공하듯이 도와 역이 동시적으로 작용하기 때문에 10과 0, 1과 9, 2·3과 8·7, 5와 5가 동시적으로 작용을 하여 짝을 만든다는 것이다. 우리는 이들의 석합보공을 다음 정역의 중정원리에서 다시 보게 될 것이다.(5장)

우리는 위에서 4역의 기수를 결정하는 과정에서 두 가지 종류의 주름을 생각하지 않을 수 없었다. 1일은 12시이다. 12시를 15도와 곱한 수 180에서 주름의 역동적인 작용은 시작한다. 99와 81의 두 부류로 180을 나누면 이들은 100과 180 사이의 주름살이다. 주름살을 보면 81에서 9를 감해 나가 81, 72, 63, 54를 만든다. 이는 9를 성수 9, 8, 7, 6을 곱한 수와 같다. 여기서도 81은 9가 자기언급한 수이다. 81에서 원역이

---

14) 정대각선에서는 가로와 세로에서 같은 수가 사상한다. '편대각선'이란 가로와 세로가 서로 다른 수들까지 사상하는 것을 두고 하는 말이다.

시작한다. 석합보공 관계에 있는 9와 생수가 곱하기를 한 것이 9, 18, 27, 36, 45이다. 이 네 쌍의 큰 주름들은 조를 만든다. 일자리와 십자리의 수가 서로 합하여 조를 만든다. 위에서 이미 일자리와 십자리의 곱하기와 더하기의 비밀을 소개한 바 있다.(2.3)

먼저 '0과 10조'부터 생각해 본다. 김일부는 "중은 십십일일지공++――之空이다"라고 했다. '공' 또는 '무'에 해당하는 수는 '20'이다. 이를 두고 '무무위수'라고 한다. 20은 정대각선수 10이 더하기 하여 자기언급을 한 수이다. 그래서 20을 두고 '십십++ 양십상합兩+相合'한 수라고 한다. 십과 십이 자기언급을 했다는 뜻이다. 그리고 두 개의 십이 합하면 20이지만 서로 곱하기인 상승을 하면 100이 된다. 이런 '100'을 두고 '일원수―元數'라고 한다. 100을 두고는 '양십상승이위일원백도수兩+相乘而爲―元百度數'라고 한다. 더하기 자기언급은 '상합'이고, 곱하기 자기언급은 '상승'이다.

이렇게 모든 셈하기 작용은 0과 10조에서부터 시작된다. 하도 10과 낙서 9가 합덕된 체10용9의 원리에 의하여 수의 시작이 여기서부터이다. 100은 작용을 하자면 1을 체감해야 하고, 그 1은 80에 체증되어 81이 된다. 180수는 천지도수원리를 셈하는 중심기준도수이기 때문에 '중심추기도수中心樞機度數'라고 한다. 시수 단위로 셈을 하면 180도는 15에 12시를 곱한 수라고 했다. 그리고 15는 일수 단위로 셈을 하면 건수 9일와 곤수 6일의 합덕 수인 15일이다. 이렇게 조별 나누기는 철저하게 대각선 개념으로 이루어진다. 4역 가운데 원역은 시수 단위로 셈하여 375일이 된다. 이를 두고 '15존공위체+五尊空爲體'라고 한다. 이 말은 360에 15를 더한 수라는 뜻이다. 15는 10을 대각선화한 다음 (존공) 그것을 반대각선화(위체)하여 만든 수이다. 이 15를 정역 기수 360

에 더한 수가 375이다. 이것이 원역의 기수이다. 반면에 정역은 일수 단위로 수를 셈한다. 이를 '9·6합덕 위용九六合德爲用'이라고 한다. 9와 6을 두고 일명 '건곤책'이라고 한다. 위에서 말한 건책과 곤책을 상기하기 바란다. 건책수와 곤책수를 만들 때 9와 6이 사용된 것을 기억하자. 이 두 가지 작용에 의하여 '중위정역원리'가 이루어진다. 건곤책의 비례는 3:2라는 사실을 염두에 두어야 한다. 이것이 3천양지와 연관하여 주요한 관건이기 때문이다.

이렇게 180은 크게 두 개의 부류수로 나뉜다. 100과 80, 또는 99와 81이다. 100은 일원수이고 80은 사상변화도수이다. 일원수는 100과 180 사이의 주름살을 갖고, 사상변화도수는 1과 10 사이의 주름살을 갖는다. 전자는 100에서 9를 한 개의 주름살로 하여 체증을 하고, 후자는 81에서 9를 한 개의 주름살로 하여 체감을 한다. 여기서 '임일壬一'에 각별히 유의하여야 한다. 100은 1을 그 몸에 임신하고 있다는 뜻이다. 전체 1이 부분 속에 잉태돼 있다는 것으로서, 이는 멱집합의 원리의 다른 말이다. 이 임신한 1을 잉태하고 나면 99가 된다. 임신하고 있으면 100이고 잉태하면 99가 된다. 그래서 잉태 전후가 100과 99이기 때문에 100과 99는 같다. 그 1이 80에 가서 거기서 자라기 때문에 81이 된다. 이 1이 바로 초과분이다. 주름살은 결국 이 초과분을 처리하는 기법이다. 100(99)에서 체증을 하고, 81에서 체감을 하는 작용이 지금부터 시작이 된다. 칸토어가 이 점을 몰랐고 간과했다.[15]

그런데 체증하는 100(99)~180 주름살 사이는 역생도성을 하고, 체감

---

15) 서양 수학사에서는 1970년 대에 콘웨이가 Surreal Number를 개발하면서 이러한 주름살론을 알게 된 것이다. 주름살론에 의해서 수가 발생하는 원리를 다시 정의할 수 있게 되었다.(Knuth,1974, 참고)

하는 81~36 사이의 주름살은 도생역성을 한다. 9로 상승하는 수들이 전자에서는 증가하고 후자에서는 감소한다. 두 개의 주름살이 모두 닫힌계bounded이다. 닫힌계 안에서 운동을 가동시키는 방법을 말하는 것이 정역이다. 닫힌 범위는 1에서 10 사이이다. 그래서 역생수 x라 하면 도생수는 (10-x)이다. 이를 도표로 표시하면 다음과 같다.

90+9=99	180−99=81	90−9=81(9×9)	9(1×9)	용1 용9
99+9=108	180−108=72	81−9=72(8×9)	18(2×9)	용2 용8
108+9=117	180−117=63	72−9=63(7×9)	27(3×9)	용3 용7
117+9=126	180−126=54	63−9=54(6×9)	36(4×9)	용4 용6
126+9=135	180−135=45	54−9=45(5×9)	45(5×9)	용5 용5

(도표45) 도역생성의 체증체감관계

이를 다시 요약하여 나타내면 아래와 같다.(김주성, 1999, 412)

$$(9\times9=81)+(1\times9=9) = 90$$
$$(8\times9=72)+(2\times9=18) = 90$$
$$(7\times9=63)+(3\times9=27) = 90$$
$$\underline{(6\times9=54)+(4\times9=36) = 90}$$
$$270 + \quad 90 = 360$$

(도표46) 주름과 주름살의 가감승제

1용, 2용, 3용, 4용은 역생을 하고, 9용, 8용, 7용, 6용은 도생을 한다. 그리고 역생과 도생은 서로 곱하기 승본을 한다. 그래서 둘 사이의 관계는 $x \times (10-x)$와 같다. 이를 두고 페어홀스트 방정식이라고 한다. 1부터 10사이의 값을 x에 대입하면 방정식이 x의 값이 증가하는 것이 감소하고 감소하는 것이 증가하게 한다. 예를 들어서 모굴1(x)하면 식신 9(10-1)인 것과 같다. 식굴2하면 중신8(10-2)이 된다. 이것은 정역이 말하려고 하는 중위수 사상의 요체이다. 이러한 페어홀스트 방정식에 따라서 조별로 고찰을 해보면 아래와 같다.[16]

1과 9조: 1조와 9조의 주름살은 다음과 같다.

첫 번째 주름1 : 375일 - 9일 = 366일 : 81시에서 9시간 체감하면 72시(6일)

아홉 번째 주름9 : 360.75일- 0.75일 = 360일 : 9시에서 9시간 체감하면 0시(0일)

0조는 작용을 못한다. 그래서 역수는 용1에서부터 시작을 한다. 0곱하기 9는 0이지만, 1곱하기 9는 9이기 때문이다. 모든 다른 수와는 달리 1만은 자기가 자기를 임신한다. 또 1곱하기 1은 1이다. 이를 두고 임일妊―이라고 한다. 1더하기 1은 2이지만 1곱하기 1은 항상 1이다. 더하기는 외부에서 가해 오는 것이지만, 곱하기는 자기 자신에 대한 언급이기 때문이다. 이러한 1이 자기 임신을 하는 수 '임일'인 1을 100에서 체감한다. 이는 마치 사각형 안에 흑점과 백점을 석합보공시킬 때 대각선 10에서 1을 빼야 석합보공이 되는 것과 같다. 10이 그대로 있는 한 작

---

16) 아래의 내용은 임명학의 『易學과 河圖洛書』(2008)에서 원용되었다.

용을 하지 못하기 때문이다. 자기 속에 자기가 하나 더 들어 있는 초과이기 때문이다. 태극1이 바로 그것이다. 모두 자기언급이란 논리적인 현상 때문이다. 하10낙9냐 하9낙10이냐의 논쟁도 이에서 다른 것이 아니다. 1을 가할 것인가 감할 것인가의 문제이다.

1-9조: 주름살을 용1과 용9로 나누어 9를 명패로 한 곱하기 작용을 하면 1×9=9와 9×9=81과 같다. 전자를 '용1'이라 하고, 후자를 '용9'라고 한다. 용1은 첫 번째 주름살을 만든다. 9×9=81은 4역 변화작용 원리를 주도하고 거기서 출발하는 수이다. 81에서 9를 체감하면 72가 된다. 동시에 99에서 81을 체증하면 180이 된다. 81은 원역 375에 해당하는 자리이다. 전자는 시수로 후자는 일수로 셈하기에 적용된다. 다음 72는 원역이 종료되고 윤역이 시작되는 수이다. 그래서 이를 두고 용9원역작용의 '요종도수要終度數'라고 한다.

용1과 용9는 상반된 방향에서 석합보공 작용을 한다. 용1은 99에서 9를 체증하고(108), 용9는 81에서 9를 체감하는(72) 작용을 시작한다. 전자에서는 주름살이 늘어가고, 후자에서는 주름살이 줄어드는 작용을 한다. 늙어가면서 젊어간다고나 할까. 둘 다 대각선수에서 그 작용이 가능해졌지만 전자는 대각선화의 방향으로, 후자는 그 반대 방향으로 작용을 한다. 대각선화와 반대각선화가 동시작용을 한다는 말이다. 여기에 정역의 역설 해의의 묘미가 있다. 180을 향해 체증되는 것은 반대각선화이고, 그 반대인 100(99)으로 향하는 것은 대각선화이다. 180은 15에 의한 수이고, 100은 10에 의한 수이기 때문이다.

2-3조와 8-7조: 2-3조와 8-7조의 주름은 다음과 같다.

두 번째 주름 : 366일 - 0.75일=365.25일: 72시에서 9시간 체감하면 63시(5.25일)

여덟 번째 주름 : 361.5 - 0.75일=360.75일: 18시에서 9시간 체감하면 9시(0.75일)

세 번째 주름 : 365.25일 - 0.75일=364.5일 : 63시에서 9시간 체감하면 54시(4.5일)

일곱 번째 주름: 362.25 - 0.75일=361.5일 : 27시에서 9시간 체감하면 18시(1.5일)

용2의 중요성은 거기서 원역이 끝나고, 음윤역(요기)이 시작한다는 데 있다. 다시 말해서 81 다음 72가 시작한다. 72시가 일수로는 6일이다. 체10용1인 원역이 처음으로 잉태한 윤수가 6이다. 용2의 주름살 모양새는 (109-117=9)가 석합보공된 (180-117=63)과 같다. 용2와 석합보공을 하는 용8은 명패수 9와 상승을 하여 체감 주름살 72를 만들어 낸다. 72는 체10용1이 두 번째로 만들어 낸 윤도수의 주름살이다. 72는 용8이 시작하는 도수이고 64는 마치는 도수이다. 64에 마치고 63이 다음 주름살에서 시작한다. 요기 윤도수가 처음으로 시작하여 역생이 아닌 도생작용이 시작하고 마침 작용을 하는 곳이다.

용3은 용2의 주름살 다음이기 때문에 3×9=27이다. 용3의 중요성은 거기서 윤역(요기)이 시작한다는 데 있다. 다시 말해서, 72(8×9) 다음은 63(7×9)이다. 63시가 일수로는 5일 3시(5¼)이다. 체10용1인 원역이 처음으로 잉태한 윤수이다. 용3과 석합보공을 하는 용7은 명패수 9와 7이 상승을 하여(63) 체감 주름살을 만들어 낸다. 이는 체10용1이 두 번째로 만들어 낸 윤도수의 주름살이다. 63시를 일수로 바꾸면 5¼일(5일 3시)이다. 5일 3시(5.25일 또는 5¼일)는 63에서 9를 체감할 때에 55에 이르게 하는 수이다.

4-6조 : 4조-6조는 특이하다. 대각선 5보다 4는 한 개 과소過少하고, 6은 한 개 과대過大하다. 용6의 체는 5이어서 '체5용6'이다. 그러나 지금 4가 6과 짝을 짓고 있다. 4는 9와 상승하여 36시(3일)이고 6은 9와 상승하여 54시(4.5일)이다. 그 사이에 5가 9와 상승한 45시(3.75일)가 들어 있다.

네 번째 주름: 364.5일-0.75=363.75: 54시에서 9시간 체감하면 45시(3.75일)

다섯 번째 주름: 363.75일-0.75일=363일: 45시에서 9시간 체감하면 36시(3일)

여섯 번째 주름: 363일-0.75일=362.25일: 36시간에서 9시간 체감하면 27시(2.25일))

5가 4와 6 사이에서 조절 역할을 해야 한다. 다시 말해서 과소와 과대 사이에서 황극수 5가 하는 조절 여하에 따라서 4역 간의 원활한 순환이 가능해진다. 칸트는 과대와 과소에 의하여 이율배반이 생긴다고 보았다. 이성이 과소해지면 현상계로, 과대해지면 초월계로 향한다. 4용은 5에서 0.75일(9시간) 과소하고, 6용은 0.75일(9시간) 과대하다. 그래서 요기 윤역(366일)과 정역(360일) 한가운데 5(363일)가 있다.

'용3용7'이 서로 석합보공을 제대로 하자면 반드시 '용4용6'을 거쳐야 하는데, 용4용6은 그 사이에 5를 끼고 있다. 가교 5가 있다는 뜻이다. 5는 공인데. 공의 작용없이는 아무것도 불가능하다는 의미이다. 그런데 용4와 용5가 서로 상봉이 되기 위해서는 '겸허謙虛'해야 한다. 용4는 겸손해야 하고 용6은 자기를 비워야 한다. 용4는 과소이고 용6은 과 대하기 때문이다. 용4는 과소이기 때문에 노력해야 하고, 용6은 과대이기 때문에 겸손해야 한다. 그래서 이를 '노겸勞謙'이라고 한다. 여섯 번째 주름의 36도는 밑으로 내려와 석합보공 작용을 하여 126에 9를 더하기 하여 135(136)을 만든다. 용6은 6×9=54가 된 것과 용4의 4×9=36이 석합보공을 하여 90이 된다. 용4는 역생의 끝이고 용6은 도생의 끝이다. 도생작용이 81로 시작을 하여 용7의 종료도수 54(63~54)에 이르러 역생 용3의 종료도수 126도와 더불어 더하기 작용을 하니 180도가 된다. 그러나 역생과 도생의 연결 작용이 5를 통하지 않으면 안 되기 때문에 노겸을 하지 않을 수 없다. 이는 실로 이율배반을 피하기 위한 역의 지혜, 나아가 동양의 지혜라 할 수 있다. 이성이 과대하지도 과소하지도 않게 조절하는 것을 두고 손익법이라 하며, 칸트는 이를 몰랐었다.

하도의 10 무극수와 낙서의 1 태극의 중심도수 5 황극도수를 본체로 삼고(가교로 삼고), 용4와 용6이 서로 노력과 겸손을 하게 되면 무사히 다리를 건너가 역생과 도생이 순조롭게 성취될 수 있다. 이는 『주역』의 미제와 기제의 연결 문제라고도 할 수 있다. x와 $(10-x)$을 서로 곱하기 할 때에 x의 값이 10이 되면 상승의 결과는 0이 된다. 5이면 25이다.[17] 1이면 10이다. 1과 5와 10의 세 마디에서 주름살은 펴졌다 좁혀졌다 한다. 그러나 우리의 관심사는 어디까지나 대각선이기 때문에 이들 수들이 대각선 제 요소들과 어떤 관계가 있는지에 관심을 기울여야 한다.

5조: 황극 5를 체로 삼고 용4는 노력하고(노겸), 용6은 겸허할 때 다리를 무난히 건넌다. 즉, 용4는 노력하여 역생작용을 한 결과 36이 작용

---

[17] 방정식 $x × (10-x)$에 10과 5를 x에 대입을 하면 쉽게 결과를 알 수 있다.

을 한다. 다른 한편 용6은 54로 작용을 한다. 36과 54의 합은 90이고 90과 90의 합은 180이다. 노력과 겸허를 했을 때 얻을 수 있는 값이다.

이상 조별 주름살로 보았을 때에 정역의 기수 계산법은 석합보공을 따르고 있음을 발견한다. 그리고 이는 8장에서 말할 수지상수론의 구조와 연관이 된다. 4역의 생성변화는 체10용9(용1)에서 시작하여 용8, 용7과 용2, 용3으로 '시생성장'을 한다. 체5용6(용4)으로 되는 것을 '성도합덕'된다고 한다. '용9용1'은 '원역'의 변화라 한다. 여기서 용8(양윤역) 용2(음윤역)가 출생한다. 그것이 다시 장성하면 용7(양윤역)과 용3(음윤역)이 된다. 용7(양윤역)이 다시 용6(용4) 정역으로 완성된다. 시생과 성장 그리고 완성의 과정이 여실히 나타났다.

용9 원역에서 용8(양윤역)로 변하는 것은 음양이 분생하는 변화이다. 용8(양윤역)에서 용7(양윤역)로 변화가 다름 아닌 처음 시생한 윤역이 장성하는 변화이다. 용8(양윤역)에서 용7(양윤역)로, 그리고 용6 정역으로의 변화는 음양이 곧 성도합덕으로 완성 변화하는 것이다. 일부의 원역에서 9도가 체감하여 제요 윤역(366일)이 만들어지고, 제요 윤역에서 9도가 체감되어 제순 윤역(365¼)이 만들어지고, 제순 윤역에서 다시 9도가 체감되어 공자의 정역이 만들어진다. 이는 성통에 따라 이어지는 변화이지만 기수를 중심으로 하여 추리를 하면 일부의 기수 안에서 윤역과 정역이 운행되는 것이다.(임병학, 2008 163~174참조)

여기서 마지막으로 남는 문제가 결국 정역 기수를 결정하는 '용6'이다. 일부의 기수 안에서 윤역과 정역이 운행된다고 할 때, 이 말은 4역의 생성변화 과정은 정역을 이루어 가는 과정으로서 4역의 생성 변화가 4 단계를 거치면서 정역이 운행된다는 의미이다. 이 4단계가 곧 정역의 구성요소들이다.(임병학, 2008, 163~174 참조)

정령과 율려 작용과 네 마디 주름살

4역의 변화는 네 마디 큰 주름살이 만들어 내는 것이다. 81, 72, 63, 54와 같이 등차적으로 체감하는 네 마디와 9, 18, 37, 36과 같이 등차적으로 체증하는 네 마디가 바로 그것이다. 이들은 거울 대칭 관계 혹은 페어홀스트 방정식에 해당한다. 전자를 '역생도성'이라 하고 후자를 '도생역성'이라고 한다. 또 전자를 '정령작용政令作用'이라 하고 후자를 '율려작용律呂作用'이라고 한다. 전자는 밖으로 드러나는 것이고, 후자는 안으로 숨겨드는 것이다. 나타난 그리고 숨겨진 두 질서가 갊아드는 장면이다. 이 두 작용이 순서에 따라 서로 합하면 언제나 90이 된다. 81+9=90, 72+18=90…, 54+36=90과 같다. 이를 두고 석합보공이라 한다. 이는 큰 수들 사이의 또 다른 석합보공이라 할 수 있다. 네 마디 주름을 각각 고찰해 보면 다음과 같다. 우리는 이런 현상을 윷판 사영론을 통해 확인하게 될 것이다.

원역 용9와 81의 관계에서 81은 표면적 정령도수이고 그것의 이면적 율려도수는 9이다. 두 수의 합은 90이다. 같은 방법으로 요기 윤역 용8과 72의 관계에서 72는 표면적 정령도수이고, 그것의 이면적 율려도수는 18로서 두 수의 합은 90이다. 순기 윤역 용7과 63의 관계에서 63은 표면적 정령도수이고 그것의 이면적 율려도수는 27이다. 두 수의 합은 90이다. 정역 용6과 54의 관계에서 54는 표면적 정령도수이고 그것의 이면적 율려도수는 36이다. 두 수의 합은 90이다. 이 네 수들의 합은 360이 된다. 이렇게 승본과 가본을 동시에 사용해서 정역도수 360을 만들었다. 가본을 사용하여 (9+8+7)=24와 (1+2+3+4+6)=16을 만든 다음, 다시 승본을 사용하여 9를 곱하면 전자는 건책수 216이 되고, 후자는 곤책수 144가 된다. 그리고 다시 두 책수들의 합은 360이다. 낙서에서 서로 마주보는 수의 합은 10이다. 이를 9로 곱하면 90이 되고, 90을 4로 곱하면 360이 된다. 이것은 정역수 360이 만들어지는 다양한 방법을 두고 하는 셈법이다. 이렇게 다양한 방법으로 가능한 수만이 우주의 공간 안에서 행성들 간의 충돌과 마찰을 피하고 조화를 유지할 수 있게 한다.

다음은 일원수 100과 대일원수 300이 정역수 360과 어떤 관계인지를 알아볼 차례이다. 정역수 360을 다시 체와 용 개념으로 나눈다. 대각선수는 10이고 반대각선수는 15이다. 15가 체로서 다시 대각선수 10과 명패수 5로 나누어질 때 10의 용은 9이고 5의 용은 6이다. 다시 한 번 여기서 5가 체이고 6이 용인 점과, 9가 용이고 10이 체인 점에 유의해야 한다. 이것이 바로 '부동의 동자' 역설을 피하는 방법이기 때문이다.(3.2참고)

그런데 15를 체로 볼 때 9·6은 합덕하여 용이 된다. 9와 6의 합인 15는 체인데 9와 6은 용이란 점에 유의해야 한다. 9음 6양이 합덕하여 360 정역수를 만든다. 뒤집어서 360수를 이해함으로써 반대각선수 15를 이해할 수도 있게 된다. 다시 말해서 정역기수 360을 분석할 때 15 반대각선수의 정체를 밝힐 수 있다. 360수 속에 있는 반대각선수 15를 찾아내는 것이 목적이고, 15수의 체용관계를 파악하는 것이 역철학의 사명이기 때문이다. 이것을 찾지 못하면 정역은 철학으로서의 가치를 반감하고 만다.

이러한 360에 대하여 김일부가 직접 언급하는 구절은 다음과 같다.

360일은 정역수에 해당하니 대일원 300수는 9-9중에 배열하고, 무무위 60수는 1-6궁에 분장하여, 이 무위수 60수 중에서 5를 귀공하면 55의 하도수가 형성되고, 15를 귀공하면 45의 낙서수가 형성된다. 내가 자각한 역도의 바른 이치와 오묘한 참된 경전이 이 궁(1-6궁)과 중(9-9중)에 존재한다.(정역, 15일언, 제17, 18장, 구구음)

위의 인용구에 따르면 360수도 체와 용으로 나눌 수 있다는 것이다. 여기도 명패수와 물건수가 있다는 뜻이다. 체를 무무위수(60)라 하고, 용을 대일원수(300)라 한다. 60은 명패수이고 300은 물건수란 뜻이다. 300과 60을 다시 하도와 낙서 수에 근거하여 구조적으로 분석을 하면 다음과 같다.

물건수 또는 대일원수 300은 일원수 100을 3재로 곱한 수이고, 명패수 60은 무위수 20을 3재로 곱한 수이다. 다시 일원수 100은 하도수 55와 낙서수 45를 더한 수이고, 무위수 20은 하도의 체인 15와 낙서의 체인 5를 더한 수이다. 무무위수 20은 반대각선수 15를 다시 대각선수화한 수이다. 20은 대각선수 10의 자기언급한 것인 동시에 반대각선수 15를 명패수 5와 더하기했기 때문이다.

반대각선수 15는 천지 가운데 있는 해와 달이 변화하는 수이다. 그래서 이를 '일월역수변화수'라고 한다. 그리고 이 수는 단순히 우주 속의 해와 달이 변하는 수가 아니라 인격적 존재의 존재원리 수이기도 한다. 그리고 이 수는 선천과 후천을 가름하는 수이기도 하다. 칸토어의 대각선 정리가 이렇게 발전하는 것에 당혹감을 금할 수 없지만 이는 칸토어가 그의 대각선에서 발견하지 못한 존재론이라고 할 수 있다.

다시 반복해 말하면 용8은 요기, 용7은 순기의 두 윤역을 만드는 데 작용을 하고, 용6은 정역을 만드는 데 작용을 한다. 두 개의 윤역은 선천이고 정역은 후천이다. 하도를 선천, 낙서는 후천이라고 한 것과는 다른 정의이다. 대각선화와 반대각선화, 이것이 기준이 되어 선후천이 나뉜다고 할 수 있다. 명패수 5를 중심에 두고 선천과 후천에 대하여 정역은 다음과 같이 말한다.

> 선천이란 (명패수) 5를 체로 하여 6에서 9로 향하여 역으로 작용하는 용8의 세계이다.(이를 '역생'이라 한다) 음양이 서로 어긋나기 때문에 윤달을 사용하여 음양을 합덕시킨다. 후천은 (대각선수) 9에서 5로 향하여 순으로 작용하는 용6의 세계이다.(이를 '도생'이라 한다) 그러므로 음양이 합덕 되어 정중正中이 된다.(괄호안은 필자의 것임)(정역, 11일언, 제26장, 4정7 숙용중수)

이는 완전히 대각선 개념에 의하여 선후천을 구분하는 일부의 말이라고 할 정도이다.

위의 인용구에서 일부가 말하는 '역생작용'이란 대각선화를 두고 한 말이다. 대각선수 6, 7, 8, 9 순으로 작용하기 때문이다. 그리고 도생작용은 그 반대인 역대각선화를 말한다. 9, 8, 7, 6 순으로 작용하기 때문이다. 이런 작용을 반대각선화에 대하여 '역대각선화'라고 한다. 반대각선화란 명패수와 물건수의 사상을 전제하지만, 역대각선화는 대각선수 10에서 역생하느냐 도생하느냐에 따라 결정된다. 그렇다면 선천은 대각선화를, 후천은 역대각선화를 두고 하는 말이다. 대각선화 과정에서 윤역이 생긴다는 것이다. 윤역이란 칸토어 제2 대각선 정리의 초과분임을 다시 한 번 상기해야 한다. 즉, 선천의 세계에서 윤수가 생겨 윤역이 만들어진다는 것이다. 이 윤수를 제거하는 것이 후천 정역의 세계, 또는 반대각선화의 세계이다. 선천에서는 음양이 합덕이 되지 않아서 윤수가 생겼지만 후천에서는 음양이 합덕되어 이런 윤수가 제거된다. 그런 의미에서 4역 변화의 원리란 다름 아닌 대각선화와 반대각선화의 순환과정이고 초과분 해의의 전 과정이라 할 수 있다. 그리고 윤수는 원역에서 정역으로 추동시키는 과정의 수이기 때문에 불필요한 덤으로 있는 수가 아니다. 다시 말해서 윤수 없이는 추동작용 자체를 할 수 없다.

360과 15를 체용관계로 볼 때 선천과 후천에서 그 관계가 서로 상대적으로 다르다. 즉, 선천에서는 360이 체이고, 15가 용이다. 이 점에 각별히 유의하여야 한다. 15는 반대각선화의 수로서 그 속에 5가 체가 아닌 생수로서 작용을 하기 때문이다. 10이 체란 뜻이다. 그러나 대각선화일 때에는 5가 체이다. 이렇게 5는 물건수(생수)로도 명패수로도 될 수 있기 때문에 15가 반대각선화일 때는 그것이 물건수로 취급된다.

이렇게 15가 체가 아닌 용일 때에 15를 구성하는 10은 9로, 5는 6으로 용이 된다. 이를 두고 선천에서는 양(9)과 음(6)이 갈라진다고 한다. 그러나 후천에서는 9와 6이 합덕이 되어 15가 되면서 15는 용이 아니고 체가 된다. 이것이 바로 후천의 세계이다. 15가 체가 되면 360은 용이 된다. 15가 체가 되자면 낙서에서와 같이 5가 생수에서 명패수로 변해야 한다. 6용이 5체가 된다는 뜻이다. 드디어 반대각선화가 뒤집혀 후천의 세계가 열리고 360은 용으로 작용하게 된다. 15가 용이 아닌 체로 대접을 받는 것을 두고 '15존공(尊空)'이라고 한다. 이는 실로 정역이 실현하려고 하는 낙토와도 같은 경지이다.

이를 두고 정역은 방과 원의 관계로 다음과 같이 말하고 있다.

> 선천은 방을 체로 하여 원이 용이기 때문에 27삭 만에 윤달을 사용한다. 후천은 원을 체로 하여 방을 사용하기 때문에 360 정역이 운행되어 바르게 된다.(정역, 15일언, 제19장, 선후천 정윤도수)

원과 방을 대각선이라는 관점에서 다시 조명하면 다음과 같다. 원에 내접하는 방의 대각선이 원의 지름이다. 그래서 방의 대각선이 반대각선화한다는 것, 다시 말해서 대각선이 가로나 세로가 된다는 것은 원의 둘레인 원주위와 같아진다는 말과 같다. 다시 말해서, 방의 대각선이 반대각선화 된 것이 원이다.

선천은 대각선화 단계인 방이 체가 되고 원이 용이 될 수밖에 없고, 후천에서는 반대각선화된 원이 체가되고 방이 용이 될 수밖에 없다. 그래서 방과 원, 그리고 체와 용은 서로 수미일관 되게 연관이 된다. 삼재의 언어로 표현하면 원은 천天에, 방은 지地에 그리고 원은 천도에, 방은 지도에 연관된다. 그래서 선천에서는 지도가 체가 되고 천도가 용이 되는 반면에, 후천에서는 그 반대인 천도가 체가되고 지도가 용이 된다.

윤역이 지배하는 이유는 9와 6이 갈라져 '6용 9용'이기 때문이다. 위의 주름살에서 본 바와 같이 6과 9가 갈라져 그 사이에 7과 8이 작용할 때 윤수가 생겨났다. 6용이라는 것은 5체를 의미하고 5가 명패수로 작용하여 생수와 서로 작용을 하여 성수를 만들어내는 것이 이른바 대각선화이다. 지금까지 역을 논하는 과정에서 명패와 물건이 어떻게 사상되는가에 대한 구조는 설명을 하지 않았다. 그런데 정역이 이를 해내고 있다. 명패수 5가 생수 1과 사상을 하여 6이 되는 것을 두고 '역생도성'이라 한다. 이것이 선천이고 역생도성이다. 그래서 선천은 대각선화의 다른 말이다. 후천은 5가 대각선화 된 10이 체가 되어 10, 9, 8, 7…1의 순서로 역대각선화 되는 것으로서 이를 후천 혹은 '도생역성'이라 한다. 아래에서는 이에 대한 설명을 심화시켜 부연설명하려 한다. 이는 실로 역의 모든 것에 대한 이론이라고 할 정도이다.

제5장
칸토어의 대각선 논법과 중정론

　중위론은 정역의 꽃이다. 용의 눈과 같다 할 정도로 주요하다. 이 장에서는 칸토어가 왜 연속체 가설과 같은 문제에 직면하게 되었는가를 살핀 다음에 그 원인을 찾고 정역의 중위론과의 차이점을 발견하려 한다. 칸토어의 대각선 논법에서 드러난 연속체 가설의 문제는 수를 무한대로 사각형의 가로와 세로에 배열한 데서 발생한다. 경영대칭인 역생도성(전진)과 도생역성(배진)의 문제는 수에 대한 인식 자체를 근본적으로 다시 하게 만든다. 칸트의 이율배반 역시 수에 대한 직선적 이해에서 생긴 것임은 여기서 다시 재론할 필요도 없다. 이 장에서는 위에서 전개한 이론들을 배경으로 삼아 정역을 대각선 논법의 제 요소들 하나하나에 맞추어 가면서 설명해 나가기로 한다.

　삼재와 삼극 가운데 정역은 삼극의 문제에 치중하고 있다. 이 말은 괘상과 수 가운데 수에 치중한다는 것을 의미하는 동시에 역의 시간성을 주된 관심사로 삼는다는 것을 의미한다. 정역은 하도와 낙서를 상보하는 관계로 본다. 즉, 생수와 성수를 도역 관계로 봄으로써 하도와 낙서를 상호 보완하게 만든다. 하도와 낙서를 상호 보완한다는 것은 대각선화와 반대각선화를 보완한다는 말과 같다. 그래서 '역생도성'과 '도생역성'의 두 상반된 작용 가운데 전자는 대각선화이고 후자는 역대각선화이다. 그래서 대각선 논증의 여러 요소들을 확인하는 것을 통해 정역의 논리적 구조를 파악하기로 한다.

칸토어는 기하학에서도 유사한 연속체 가설과 같은 문제가 생긴다는 사실을 간과했다. 소위 '기하학적 소멸'이라고 하여 20세기 들어와 수학자들은 사각형 안에서 대각선이란 요소 때문에 가로나 세로의 칸이나 줄이 사라지는 현상을 발견하였다. 이를 '기하학적 소멸'이라고 한다. 이는 정역의 5와 10에 연관이 되는 사안이라 할 수 있다. 이어지는 장들에서는 이를 중심으로 정역을 설명해 나갈 것이다.

5장에서는 일차적으로 칸토어의 수 배열법과 정역의 그것을 비교한다. 양자 사이의 확연한 차이를 발견하고 대각선 논법이 성립하는 배경을 고찰한다. 중위론은 두 가지 큰 대칭을 근간으로 전개된다. 배진과 전진의 대칭과 굴과 신의 대칭이 그것이다. 전진 혹은 역생도성은 수를 1, 2, 3, 4, 5, 6, 7, 8, 9로 배열하는 것이고, 배진 혹은 도생역성은 10, 9, 8, 7, 6, 5, 4, 3, 2, 1로 배열하는 것이다. 그런데 전진과 배진은 다시 굴과 신으로 나뉘면서 굴배진/신배진 그리고 굴전진/신전진으로 나뉜다. 마치 음양이 사상으로 양분되는 것과 같다. 이 장에서는 수지를 통해 이들 대칭 관계를 파악하는 것으로 대종을 이룰 것이다.

5.1 정역의 중위론에 대한 고찰과 쟁점들

칸토어의 나열법과 정역의 나열법

칸토어가 왜 연속체 가설의 문제로 고심하게 되었는가? 그 이유는 김일부가 한 것과 같은 수 배열법을 몰랐기 때문이라는 것을 입증하는 것이 이 절의 목적이다. 칸토어의 집합론과 역은 초숫자의 문제를 다룬다는 점에서 같다. 초숫자를 칸토어의 집합론에서는 특히 '초한수transfinite number'라고 한다. 초한수는 종래의 가무한potential infinite과는 다른 그 반대되는 수 개념이다. 그리고 역에서 다루는 수들은 모두 이런 초한수들이라 할 수 있다. 서양에서 이런 초한수 개념을 알게 된 것은 콘웨이를 필두로 1970년대 중반부터이다.[1] 그러나 역은 수의 시작에서부터 초한수를 적용한다. 아니 역에서 다루는 모든 수는 초한수이다. 다시 말해서 역에서 음과 양, 생과 성, 그리고 위와 수를 나누는 모든 것이 초한수 기법이다. 생수와 5를 더하기한 것이 성수이고 그런 의미에서 성수는 대각선수이다. 그런데 칸토어가 집합론에서 초한수의 함函 크기를 측정하는 과정에서 대각선 논법이 나타났다.

즉, 대각선 정리에서 실수 무한은 무리수의 무한보다 더 크다는 사실이 증명되면서 초한수들 사이의 기수 크기와 그 순서가 문제시되었다. 역에서도 방도에서 이와 유사한 문제가 발생하였다. 집합론에서 기수 전체, 우수 전체, 유리수 전체는 모두 자연수 전체와 일대일 대응이 되지만, 실수 전체는 일대일 대응을 하지 않는다. 실수 안에 있는 무리수에 문제가 있다는 말이다. 무리수 전체에 들어가지 않는 수가 있음이 대각선 정리에서 증명이 되면서 결국 실수 전체는 무리수 전체보다 크다는 사실이 함께 증명되었다. 64괘 방도 안에서 정대각선상의 괘명은 8괘의 명칭과 같고 자기언급을 하는 것에서 역의 근본적인 문제는 시작한다. 정역에서 이런 대각선에 연관된 수는 5, 10, 15이고 상경과 하경의 명칭이 이에서 유래한다. 부분과 전체가 같아지는 역설이 이에서

---

[1] 서양에서는 1970년대부터 이런 초수자의 개념이 등장한다. H. Conway, On Numbers And Games, 1976, D.E. Knuth, Surreal Numbers, 1976, Harry Gonshor, An Introduction to the Theory of Surreal Numbers, 1986 등이 초수자에 관한 대표적인 자료들이다.

발생한다.

 이러한 정대각선에서 초과되는 수를 정역에서는 '윤수閏數'라고 한다. 이러한 윤수가 해와 달의 운행원리에도 그대로 나타나 역법이 달라진다. 원역, 윤역(요기와 순기), 정역, 이 네 가지 역이 모두 이들 윤수의 처리 과정에서 발생한다. 이러한 윤수 문제의 중심에 있는 수가 바로 5와 10이다. 5는 명패수, 10은 대각선수이다. 15는 정대각선수 10이 생수(혹은 명패수) 5와 더하기 하여 생긴 것이기 때문에 반대각선수이다. 10은 5가 자기언급하여 만들어진 수이기 때문에 역설의 근원지이며 중국에서는 기피의 대상이었다. 그래서 하도와 낙서에서는 10과 5의 처리 문제로 고심한다.

 한자에서 5는 一二三과는 달리 '五'로 했지만, 숫자로는 '伍'이다. 이 '伍'는 칸토어의 초한수 오메가ω와 같은 개념이다. 여기서 이를 다시 소개하는 것을 통해 그것이 역의 초한수와 같고 다른지를 살핀 다음, ω에 대한 고찰을 한 다음 이를 5와 10과 어떻게 상관이 되는지를 알아보기로 한다. 칸토어는 서수의 끝수를 오메가ω라 했고, 기수의 전체를 알레프 $\aleph$라 했다.(1.2참고) 그리스어 문자의 끝 글자와 히브리어 문자의 첫 글자를 가지고 와 초한수 '숫자數字'로 삼았다고 생각하면 된다.

 칸토어의 집합론에서는 ω와 같은 초한수로 셈하기 하는 것을 두고 '무한기수 이론'이라고 한다. '무한기수 이론'은 집합론의 빌미가 될 정도로 중요하다. 무한기수가 ω_0과 동등하냐 아니면 더 크냐에 대한 연구는 집합론의 최대 관심의 적이 되고 있다. 무한기수에 관한 연구 가운데 몇 가지 중요한 점을 요약하면 아래와 같다. 즉, 아래 요약은 역의 석합보공론과 연관하여 매우 중요하다 할 수 있다.

1. ω_0의 모든 요소, 즉 모든 유한한 순서수의 합은 기수 알레프 $\aleph$이다. 방도에서 위와 수는 서로 상대적이다. 세로 명패와 가로 물건은 서로 상대적으로 위가 되고 수가 된다. ω는 순서수이지만 그 순서수 전체인 기수는 $\aleph$와 같다. 위수이면서 기수이기 때문에 명패수 역할과 물건수 역할을 동시에 한다. 그런데 명패수 5는 자신의 위수와 기수가 같아 자기언급을 하듯이, 서수인 위수와 기수인 개수가 같아진다. 그런 의미에서 ω가 바로 5와 같다는 것이다. 유한수들의 경우 각 수들이 가지고 있는 본래적인 수의 크기에 따라서 정렬이 된다. 다시 말해서 유한 정렬의 용량에 따라 순서대로 정렬된다.

2. 고로 유한/무한의 정의는 그 양에 있어서 ω_0보다 '작다'와 '크다'로 내려질 수 있다.

3. ω_0는 그 자체가 하나의 기수이다. 즉, 가장 작은 최초의 자연수의 무한기수無限基數이다. 만약에 그렇지 않으면 ω_0과 그것보다 작은 정렬 사이에 일대일 대응이 가능해야 한다. 그리고 그것과 유한수 사이에도 그러해야 한다. 그런데 그것은 불가능하다. ω_0 그 자체가 하나의 기수 $\aleph_0$이기 때문이다. 이것이 다름 아닌 부르알리-포르테의 순서수의 역설이다. 칸토어의 기수의 역설 보다 10여 년 전에 발견되었다.

4. 무한기수, 즉 초한수 사이에는 크고 작은 차이가 있다. 대각선 정리에 따라서 실수의 초한수는 유리수, 또는 자연수의 그것보다 크다. 그러나 유리수와 자연수의 그것은 같다. 다시 말해서 ω_0보다 큰 실수 무한이 있을 수 있다. 이는 칸토어가 일으킨 수의 혁명 가운데 하나이

다. 공집합에서 무한기수로까지 양적으로 증가하는 양들의 크고 작은 범위가 가능하다. 그래서 최대로 큰 하나뿐인 '일자'란 있을 수 없다. 무한기수, 즉 초한수도 유한수와 같이 계산될 수 있다는 것이 칸토어의 대담한 발상이다. 오랜 동안의 환상이던 일자가 해체되고 말았다. 우리말 '한'이 왜 다양한 의미를 갖는지 그 이유가 분명해졌다.[2]

초한수를 계산하기 위해서는 일단 무한도 완전히 셈하기의 대상이 되어야 한다. 즉, 무한수도 일반수와 같이 기수와 서수 개념으로 바꾸어놓고 생각해야 한다. 다시 말해서 무한에 순서수 개념을 적용해 본다는 것이다. 무한수를 셈할 수 있다는 것을 증명한 것이 대각선 논법이다. 대각선 논법에 의하여 실수 무한은 자연수 무한보다 커다는 것이 증명되었기 때문이다. 그래서 순서수 개념을 유한수에도 무한수에도 똑같이 적용시킬 수 있다.

다시 종합적으로 정리를 하면 다음과 같다. 집합론에서 '농도power'란 어느 무한집합 속에 들어 있는 개수, 즉 기수를 의미한다. 그래서 그것은 순서수와는 다르다. 그런데 순서수에 나타났던 것과 같은 역설이 기수에서도 나타난다. 초한수 가운데 가장 작은 초한수는 자연수의 초한수로서 자연수를 셈할 수 있는 기수 전체, 즉 가산 농도를 $\aleph_0$로 표시한다. 이를 최초의 초한수라고 할 때, 이것은 초한수 가운데서도 가장 작은 자연수의 기수이다. 그러면 최초의 초한수에서 시작하여 순서대로 초한수의 계열을 만든다고 해보자. 만일 이렇게 자라나는 초한수들로 초한수 사다리를 만든다고 한다면, 이는 가산 순서수 전체 농도의 계열을 만드는 것이다.

---

[2] 한은 일一, 다多, 중中, 동同, 혹或 등 주요한 철학적 의미를 갖는다. 한은 서양의 일자와는 다르다. 한은 집합론의 멱집합의 원리를 그 속이 가지고 있다.

아래 이어질 네 개의 식을 통해 우리는 ω와 $\aleph$의 관계를 한눈에 파악할 수 있다. 아래와 같이 $\aleph$에 자연수 첨자를 붙여 이를 다음과 같은 식으로 만들어 보았다.

$$\aleph_0 \aleph_1 \aleph_2 \aleph_3 \dots\dots\dots\dots\dots\dots\dots \langle 식\ 1 \rangle$$

순서수 ω로 순서수를 만들면,

$$0,\ 1,\ 2,\ 3,\ \cdots,\ \omega,\ \dots\dots\dots\dots\dots\dots \langle 식\ 2 \rangle$$

와 같다. 다음은 $\aleph$와 ω를 결부하여 기수 $\aleph$를 크기순으로 나열하고 그 밑에 순서수 ω를 첨자로 달면 다음과 같다. 알레프와 오메가가 만나는 순간이다.

$$0,\ 1,\ 2,\ 3,\ \cdots,\ \aleph_0 \aleph_1 \aleph_2 \aleph_3 \cdots \aleph_\omega \dots\dots\dots\dots \langle 식\ 3 \rangle$$

다시 ω를 첨자로 하여 앞에서 진행했던 것처럼 순서수를 붙여보면 다음과 같다.

$$0,\ 1,\ 2,\ 3,\ \cdots,\ \omega\ \aleph_0 \aleph_1 \aleph_2 \aleph_3 \cdots \aleph_\omega,\ \aleph_\omega+1 \cdots \aleph_\omega+\omega,\ \cdots \aleph_\omega \dots \langle 식\ 4 \rangle$$

⟨식 4⟩는 순서수와 기수를 절묘하게 결합한 것이다. 자연수의 순서수 끝은 자연수 전체의 기수인 $\aleph_0$이 된다. 그리고 이 기수에 순서수를 지수로 첨가해 나간다. 그러면 순서수가 기수가 되고 기수가 순서수가 된다. 그렇다면 ⟨식 4⟩에서는 순서수와 기수가 그 앞뒤에서 분리될 수 없다는 사실이 나타난다.

그러면 기수의 역설과 순서수의 역설이 어떻게 해의되나. 그리고 칸트가 고민했던 이율배반의 문제는 어떻게 다루어지나. $\aleph_0$은 모든 자연수들인 무한집합들의 기수이다. 그리고 그보다 사다리의 한층 더 높은 곳에 위치한 $\aleph_1$은 자연수 전체를 포함한 유리수와 무리수 전체 집합의 기수여야 한다. 실수 전체의 집합의 기수인 C('Cantor'의 약자)는 $\aleph_0$보다 크다는 사실이 이른바 칸토어의 대각선 정리를 통해 증명했다.

칸토어는 수 이해에 있어서 직선적이고 일관성이라는 기본 관념을 벗어나지 못했다. 그래서 칸토어는 아무리 큰 무한집합에서도 그 계열을 척도로 하여 '순서'와 '기수'가 결정될 수 있을 것이라고 생각했다. 연속체 가설이란 근본적으로 수를 이렇게 직선적으로 나열하고 이런 척도가 있다는 데서 생긴다고 할 수 있다. 즉, 수를 부분과 전체로 나누고 전체가 부분의 관계를 포함包涵의 관계로 본 데서 화근이 들어 있었다. 즉, 실수 전체 속에 유리수와 무리수가 포함包涵된다고 판단한 데서 이러한 칸토어의 연속체 가설이란 문제가 생긴 것이다. 그러나 수는 포함包涵 관계가 아니고 포함包含 관계이다. 작은 수가 큰 수 속에 포함包涵되는 것이 아니고, 그 역으로도 가능하다는 포함包含 관계로 수를 파악하는 것이 역의 수 이해이다. 수를 포함包涵 관계로 이해한 원조는 두 말할 것 없이 유클리드 공리이다.

대각선 논법과 중정론의 발단

김일부는 그의 독특한 중정론을 통해서 수를 포함包含 관계로 이해하도록 만들어 버린다. 이를 아래 장에서 확인하게 될 것이다. 대각선 논법을 연속체 가설과 연관하여 간명하게 소개하면 아래와 같다. 즉, 아래에 두 개의 컬럼 A와 B가 있다. B에는 0과 1 사이의 모든 실수를 적고, A에는 거기에 해당하는 정수를 일대일로 대응시킨다.

컬럼 A		컬럼 B
1	↔	.1̲3493358
2	↔	.8 5̲ 195719
3	↔	.14 1̲ 59265
4	↔	.172 8̲ 3845
5	↔	.0414 6̲ 492
6	↔	.71582 3̲ 81

컬럼 B에서 정대각선상에 있는 숫자들의 밑에 선을 긋고 이를 골라 순서대로 적으면 .151863이 된다. 그리고 이 새로운 수의 각 자리에 1을 더하면 .262974가 된다. 이 새로 생긴 수는 컬럼 B 어디에도 없다. 왜냐하면 이 새 숫자는 컬럼 B의 수 첫자리에서 항상 다르기 때문이다. 그러면 이 새 숫자는 컬럼 A에서 일대일 대응이 되지 않는다. 그래서 실수(C)는 정수($\aleph_1$)보다 크다고 할 수 있다. 그렇다면 C가 $\aleph_1$이라는 말인가?(Schechter, 1998, 123~124) 칸토어는 그렇다고 믿었다. 그러나 1932년에 양자는 같기도 하고 다르기도 하다는 것이 괴델에 의하여 증명된다.

역의 방도 속에 있는 정대각선상에 있는 괘들을 골라서 이를 가로에 배열을 하면 절대로 방도 속에는 들어갈 수 없다. 방도에서 왜 정대각선상의 괘들은 8괘와 64괘 명칭이 동일한가에 대한 관심을 각별히 가질 때이다. 다시 말해서 역에서도 괘와 수를 일직선 상에 배열했을 때에 연속체 가설이라는 난제에 직면한다는 사실을 미리 알고 있었다. 칸토어는 실무한을 통해 어느 정도 무한을 유한화시키기는 했으나, 그리스 신화의 이카로스와 같이 무한의 사다리를 타고 하늘 위로 올라가다가 추락하고 만다. 역설이라는 태양 근처를 날아오르다 그만 추락한 것이다(다께우찌게이, 1999, 106). 이카로스의 위험성을 인식하고 있었다는 점에서는 동양에서도 예외는 아니다. 아니 그 위험성을 인지하고 그 위험성에서부터 탈출하는 길이 무엇인가를 아는 지혜의 산물이 역이라고 할 수 있다.

이제 우리는 정역으로 돌아와 대각선 논법의 증명 과정에서 수에 나타난 역설을 어떻게 해의하고 있는가를 볼 차례이다. 정역은 역설해의를 위해 수를 천수와 지수, 음수와 양수, 그리고 생수와 성수 등으로 나눈다.(1장 참고) '천사天四 지육地六 천오天五 천육天六 지사地四 천지지도天地之道 수지호십數止乎十'('15일언')에서 보는 바와 같이 수들 사이에는 짝이 있어서 일대일 대응을 하고(짝짝이), 수는 무한대로 이어지는 것이 아니라 단지 10에서 그친다고 했다. 그래서 10을 칸토어의 ω라고 할 수 있다. 이들을 모두 초한수라는 전제하에서 이렇게 동일시할 수 있다. 그러나 칸토어는 거기서 다시 셈을 시작한다. 10은 5의 자기언급 수이며 대각선수이다. 여기서 역설이 발생한다. 그래서 5와 10의 처리 문제가 곧 역설 해의의 문제이다. 고로 정역에서 5와 10을 처리하는 것과 칸토어의 그것을 비교하는 것은 역설해의라는 관점에서 필요한 작업이다.

먼저 칸토어의 나열법을 역에 적용한 후 서로 간의 비교를 통해 역설해의 법을 알아보기로 한다. ω는 ℵ와 함께 수가 아니고 문자이다. 초한수이다. 자연수 전체의 집합이란 개념을 표현할 때 그것은 수로 표현될 수 없고 문자화할 수밖에 없다. 수로 표현하면 다음 수를 또 수로 표현해야 하기 때문이다. 즉, 수로 표현하게 되면 다음 수를 또 표현해야 하고 그러면 무한퇴행의 오류에 빠지게 된다. 역에서도 수와 문자를 구별하여 5의 문자는 伍이고, 10의 문자는 十 혹은 什이다. 모두 사람 人이 들어가 있는 것이 특징이다.[3] 十은 가로와 세로 선이 중앙에서 서로 만

---

3) 천을 세로, 지를 가로라면 인은 대각선이다. 伍와 什을 이런 의미로 해석하는 것은 유의미

나 있는 것이 마치 대각선화를 상징한다고 볼 수도 있다. 이제 十을 ω 와 동일시하면 칸토어는 ω의 곱하기와 더하기를 계속하는 작업을 다음과 같이 하였다.

$$\omega$$
$$\omega+1=11$$
$$\omega+2=12$$
$$\omega+3=13$$
$$\omega+4=14$$
$$\cdots\cdots\cdots\cdots\cdots$$
$$\omega+\omega=2\times\omega=20$$
$$\omega+\omega+\omega=3\times\omega=30$$
$$\omega+\omega+\omega+\omega=4\times\omega=40$$
$$\cdots\cdots\cdots\cdots\cdots\cdots$$
$$\omega\times\omega=\omega2=100$$
$$\cdots\cdots\cdots\cdots\cdots\cdots$$

자연수는 ω와 곱하기 더하기를 하면서 수의 지구라트를 쌓는다.(도표 14참고) 그러나 이러한 수 이해가 역에서는 받아들여지지 않는다.

칸토어의 집합론은 수를 집합과 요소로 나눈다. 이 말은 수를 명패수와 물건수로 나눈다는 것을 의미한다. 그는 기수의 집합과 우수의 집합, 그리고 자연수 전체의 집합 등 명패수를 만들었다. 그는 자연수를 서수 오메가ω나 기수 알레프 $\aleph$와 같은 문자를 동원하여 수를 분류 했다. 그러나 역에서와 같이 수를 1~10으로 제한하고 생수와 성수를 나눌 줄은 몰랐다. 그러나 김일부는 "수는 10에서 그친다"고 했다. 1~10 사이의 수들 간의 자기언급 속에 수의 구조가 다 들어 있다고 본 것이 하다.

다. 칸토어는 미처 이 사실을 몰랐었다. 다시 말해서 1-5를 생수라 하고 5를 명패수로 하여 성수 6-10을 만드는 발상을 하지 않았다. 그가 만약에 역에서와 같이 하나의 대성괘 안에 들어 있는 효수를 '초2, 3, 4, 5상'으로 하고 시와 종을 문자 '초'와 '상'으로 가두었다면 연속체 가설의 문제는 다른 방향으로 전개되었을 것이다.

하도와 낙서 속의 수는 1~10이 고작이다. 여기서 선천과 후천의 개념이 도출된다. 명패수 5와 생수가 서로 사상을 하여 대각선수 성수가 만들어진다는 것을 칸토어는 몰랐다. 이렇게 사상을 하면 5는 5와 사상을 하여 10이 되고, 10이 다시 5와 사상을 하는 반대각선화가 된다. 대각선 10이 명패가 되고 같은 10이 사상을 하여 20이 된다. 이런 조작을 칸토어는 하지 않았다. 칸토어는 수를 체와 용의 관계로 보지도 않아 세 마디로 나뉘는 수들의 체용 관계를 몰랐다. 칸토어는 결국 순서수 안에 있는 명패수와 물건수의 구별을 하지 않았다. 수에도 주름과 주름살이 있는 줄을 몰랐다. 체와 용이 상대적으로 되먹힘 하듯이 대각선화와 반대각선화(혹은 역대각선화)는 되먹힘을 반복한다. 10을 공이라고 할 때에 이 전 과정을 귀공, 체공 그리고 존공들이라고 한다.

그래서 그가 말한 대각선 정리가 명패수와 물건수 사이의 사상관계에서 생기는 역설 때문이라는 중대한 사실을 알지 못했다. 세로와 가로에 같은 수로 배열할 때에 가로와 세로가 사상된 대각선에서 역설이 함의될 수밖에 없는 것이다. 이는 제3의 인간 역설이 생기는 것과 완전 동일한 구조이다. 플라톤의 제3의 인간 역설은 아리스토텔레스의 부동의 동자 역설과 결코 다른 성격의 것이 아니다. '자기언급'이라는 말을 '사용하면 결국 동일 구조라는 사실을 발견하게 된다.

칸토어가 일부의 '5체6용-9용10체'를 알았더라면 부동의 동자 역설을 피할 수 있었을 것이다. 칸토어의 대각선 증명에서 대두된 격자 사각형은 방도와 같은 구조이지만 역은 방도 다음에 원도를, 그리고 다시 문왕도를 작도하고, 또 다시 정역도를 통해 부단히 연속체 가설의 문제에 도전한다. 칸토어는 수를 명패와 물건으로 나누어 세로와 가로로 배열하는 것 자체가 연속체 가설의 문제를 야기시킨다는 사실을 몰랐다. 세로는 집합이고 가로는 요소로서 이 둘이 정대각선에서 자기언급을 할 때에 필연적으로 역설이 발생한다는 사실을 알았어야 할 것이다. 결국 연속체 가설은 가로와 세로의 문제, 그리고 집합과 요소 간의 문제였던 것이다.

괴델이 1932년 괴델 정리를 하기까지 연속체 가설은 역설이 만들어 내는 산물이란 사실을 몰랐다. 그래서 괴델 이전의 수학과 철학은 이것을 해결할 수 있는 성격의 문제로 판단하고 도전을 한 것이다. 다시 말해서, 수들 속에서 발견되는 순서수와 기수의 역설은 제거의 대상이고 제거시킬 수 있다고 판단하고 그렇게 도전한 것이다. 자연수를 연속적으로 이어지는 것으로만 보았기 때문에 연속체 가설의 문제에 휘말리게 되었다. 그래서 칸토어는 대각선 정리 속에 숨겨져 있는 대각선화와 반대각선화라는 명패수와 물건수 사이의 사상관계로서 파악하지 못하였다. 나아가 명패수가 물건수화 되는 2차적 과정도 몰랐다. 즉, 반대각선화와 대각선화의 관계를 파악하지 못했던 것이다. 이는 역의 출발에서 생기는 시생원리(연쇄적)와 가족관계(단계적)의 역설 속에 잠복되어 있었던 문제이다.

'신의 베틀'로서 중정원리

정역도는 실로 '베틀', 아니 '신의 베틀'과도 같다. 베틀은 전형적으로 씨줄과 날줄로 된 옷을 짜는 기구이다. 역학 연구는 어떻게 이상적인 베틀을 만들 수 있는가를 수천 년 동안 연구해 온 학문 분야이다. 최근에는 DNA와 소립자의 구조까지 역으로 설명하려 한다. 역이 철저하게 2진수적으로 전개되는 데서 현대 과학과 일치성을 찾으려 하나, 엄격한 의미에서 역은 그 성격이 집합론과 근사하게 같다. 현대 과학과 역이 합치하면서 혹자들 간에는 역이 '신의 언어'가 아닌가 확신한다. 그러나 이 책에서 필자의 연구는 역이 얼마나 철저하게 대각선 논법을 통해 역이 얼마나 비결정성의 문제와 비일관성의 문제로 고민하고 있는가를 고찰하려 하였다. 이 장에서는 정역의 중정원리를 통해서 역을 신의 베틀에 견주어 생각하려 한다.

중정中正원리 또는 중위 원리는 정역, 아니 역학 전반의 정수리와 같다고 할 수 있다. 주자를 비롯한 중국 역학자들의 중 개념과 정역의 그것이 어떻게 다른지를 아는 것은 또 다른 문제로 중요하다. 여기서는 중위 개념이 정역 자체 안에서 갖는 의미에 치중해 고찰할 것이다. 하도에서는 중이 5와 10이었고, 낙서에서는 5였다. 그러나 정역은 이런 중 개념을 해체하고 다중심론을 말한다. 다시 말해서 1~10 사이의 모든 수들이 중심이 될 수 있음을 입증한다. 들뢰즈의 말을 빌리면 전자는 수목형이고, 후자는 리좀형이다. 수목의 경우는 나무의 중심이 되는 뿌리가 하나뿐이지만, 고구마 같은 경우는 다중심적이다. 후자를 두고 리좀형이라고 한다. 정역의 중심이 마침 리좀형 같다는 말이다. 중심의 다중화, 이것이 김일부의 정역이 지향하는 궁극적 목표이다. 여기서는 이를 증명하기 위해서 여러 가지 방법론이 동원될 것이다.

예를 들어서 로이드의 '기하학적 소멸' 같은 것은 19세기 미국에서 발견된 것이지만 '하10낙9론'을 명쾌하게 설명할 수 있는 이론인 동시에 정역의 중정론을 뒷받침할 수 있는 이론이기도 한다. 어떠한 경우이든지 이를 증명하는 과정에서 대각선 논법은 필수불가결하게 거론될 것이다. 중심의 다중심화, 그리고 모든 존재들의 복잡화를 통해 김일부가 그려내려 하는 세상의 모습은 '유리세계琉璃世界'이다. 마치 어항 속과 같이 사방 어디서 들여다보아도 투명하고 특정한 중심이 없는, 즉 모든 곳이 중심인 그러한 세계 말이다. 그러나 여기서는 이러한 유리세계 자체를 설명하자는 것이 목적이 아니고, 그러한 이상세계까지 이르는 논리가 무엇인가만을 제시할 뿐이다.

중정원리는 정역연구의 주요부분이라 할 수 있다. 그 이유는 그 내용 속에 대각선 논증의 문제, 순서수와 기수의 문제, 수지상수론의 문제, 위상기하학의 문제 등이 내포돼 있기 때문이다. 특히 수지상수론은 정역의 독특한 수 개념과 중위 개념을 만들어 내는 정역의 한 특징과도 같다.[4] 마지막으로 수지상수론을 중심으로 일부의 중정론을 검토할 때에 무엇보다 중요한 것은 '하10낙9'의 문제를 일부가 어떻게 보았는가이다. 그리고 이것은 수지상수론의 결론이라고 할 수 있다. 결론부터 말하면, 주자가 하10과 낙9를 분리해서 중 개념을 말한 데 반하여 일부는 이를 연속적으로 보는 것이 특징이다.

강조해 말해서 정역의 대각선 정리를 총정리하는 것은 중정中正 원리이다.[5] '중정'이란 말은 『시경』과 『서경』에서부터 유래하여 『중용』에서 재론된다. 정역의 중정론 또는 중위론中位論도 유교의 '중' 또는 '시중'

---

[4] 수지상수론이 김일부 자신의 작품인지는 확실하지 않지만 수지상수론이 정역이 다른 역과 다르게 하는 특징적인 것은 분명하다.
[5] '중'은 공간성 개념에 해당하는 것이고, '정'은 시간성 개념에 해당하는 것이다. 전자는 천도에 후자는 인도에 관계된다. 그래서 '중정'은 천지, 그리고 시공간의 모든 것에 해당하는 실로 '모든 것의 이론 theory of everything'이라고 할 수 있다.

사상을 계승하는 면이 있지만, 일부의 중위론은 정역 사상을 기반으로 한 중정론이다. 위에서 본 바와 같이 체와 용으로 보았을 때 정역 이론을 총결산할 수 있는 두 말은 '십오존공위체'와 '구륙합덕위용'의 두 원리라고 할 수 있다. '십오존공'은 말 그대로 15를 체로 삼아 높인다는 것이다. 반대각선화를 체(명패)로 삼는다는 것으로서 그 원리는 용6과 용9에 있다. 이는 1과 10사이의 소통이다. 그 소통을 위해서는 부동의 동자 역설을 극복해야하는 데, 그 극복의 비결이 용6용9에 있다. 15는 바로 6과 9의 합으로서 체가 된다. 용9용6의 체가 15가 된다는 말이다. 용의 용은 체라는 역설 말이다.

그래서 중정원리는 십오존공과 구륙합덕으로 가능해 진다. 즉, 이 둘을 종합한 것을 두고 정역은 '중위정역원리中位正易原理'이라고 한다. 여기서 '중'은 중용의 중과 같다. 그러나 '위'는 용6용9가 매개가 된 '포5함6-10퇴1진위'의 '위'를 의미한다.(임병학, 2007, 180) 지금까지 우리는 대각선 정리를 통해 두 원리를 파악해 왔다. 일부는 동양 전통 속에서 가장 중요하게 다루어져 오던 '중'이란 개념을 이렇게 완전히 새롭게 이해하고 있다. 나아가 대각선 정리를 통한 중을 이해할 때에 그 진면목을 파악할 수 있게 될 것이다.

일부의 중정론은 어디까지나 초한수론에 근거한 중정론이다. 한국 철학에 논리학이 없다고 하지만, 일부의 정역론을 비롯한 아직 연구 황무지인 조선 역학사 그리고 원효의 『판비량론』은 한국적 사유가 바탕이 된 논리서라고 할 수 있다. 중국이나 서양의 논리학과는 다른 종류의 논리학이 우리에게 있었다. 김일부의 중위론은 정역 하편 〈십일일언〉에서 정율론 다음으로 거론되는 주제이다. 즉, 정령론과 려율론을 말한 다음 바로 이어서 다루는 것이 중위론이다. 정역에는 정위正位와 중위中位의 두 가지가 있는 데 이 둘을 합하여 '정중'이라고 한다.

'정위'는 위치를 바르게 한다는 뜻이고, '중위'는 중앙의 위치를 잡는다는 뜻이다. 정역에서는 중을 체로 하고 정을 용으로 한다. 그래서 정위는 상대적이지만 중위는 절대적이다. 칸트는 전진은 버리고 배진만을 택했지만 정역의 중위는 전진과 배진을 동시에 고려한 중앙을 의미한다. 마치 고구려 고분 벽화에서 말이 달리는 방향과 짐승이 달리는 방향이 반대일 때에 궁수가 그 중앙을 찾아 활을 쏘는 것과 같은 것이라 할 수 있다. 이런 기법은 서양의 경우 미분적분을 통해 발전하였고, 사실상 현대 과학은 미분적분의 공헌이라 할 수 있다.

5.2 중위론과 순서수 역설의 해의 문제

칸토어가 대각선 논법을 통해 직면한 연속체 가설이란 덫에 빠진 이유는 수를 위에서 본바와 같이 직선적으로 나열했기 때문이다. 수를 사각형 안에 가로와 세로에 직선적으로 나열하는 데서 문제가 발생한 것이다. 다시 말해서 대각선 논법의 제 요소들 가운데 '배열'에서부터 문제가 있었던 것이다. 김일부의 정역에서 다루는 중위론은 수를 도생역성이라는 배진법과 역생도성이라는 전진법, 두 가지 방법을 구사한다.

순서수의 역설에서 순서의 끝은 전체와 같아지고, 그것은 새로운 순서 계열의 첫 번째가 된다. 여기서 초과분이 생긴다는 사실을 간과했다. 결국 중위론이 배진과 전진의 두 가지 배열법을 구사하는 이유는 궁극적으로 이러한 순서수 역설의 문제를 다루고 해의하기 위한 것이다.

끝으로 중위론의 위상학적 고찰은 그것의 가시적인 기하학적 공간 개념을 통해 파악하는 것이다. 필자는 역을 위상학적으로 고찰해야 의리역과 상수역을 조화시킬 수 있다고 주장한다. 위상학적 고찰을 한다는 것은 배진수와 전진수를 배열하는 방법에 있어서 일차원적 직선-원-원기둥-뫼비우스띠-사각형-사영평면의 순으로 고찰하는 것을 두고 하는 말이다. 이 순서에 따라서 단계적으로 차원이 상승하는 과정을 살펴 나가면 일부가 말하려고 했던 중위론의 전모가 드러나게 된다. 그 결과로 얻어진 부산물은 바로 1970년대 중반부터 서양에서 대두된 초수이론의 맥락에 가 닿게 된다. 다시 말해서 콘웨이에 의한 수의 발생이론과 중위론은 밀접하게 관련이 된다는 사실이 자연스럽게 알려질 것이다. 초수이론은 5.4에서 다루어 질 것이다.

ㅁ자 사각형 속의 중위론

중위론은 지금까지 거론된 정역의 제 쟁점들을 재 점화하는 것으로부터 시작한다. '중위' 혹은 '중위수'는 말 그대로 위와 수에 관한 문제를 다루는 것이 특징이다. 역의 수 이해 방법이 서양과 다른 것 가운데 하나가 위와 수를 같게도 다르게도 나누어 보는 것이다. 물론 서양에서도 집합론의 등장과 함께 역의 이러한 수 이해법을 알게는 되었지만 동양에서는이전에 이미 알고 있었다. 집합론이 물건의 수를 먼저 보는 것이 아니고, 그것이 담길 그릇을 먼저 보는 것이라 할 때에 그 그릇에 해당하는 것이 '위位' 혹은 '자리'이고 물건에 해당하는 것이 '수數'에 해당한다.

이러한 이유로 위/수의 대칭 문제가 중위론을 통해 여기서 재조명될 것이다. 지금까지는 '중'이라 할 때에 보통 위만을 고려하든지 아니면 수만을 고려의 대상으로 삼았었다. 그러나 정역의 중위론은 양자를 동시에 고려의 대상으로 삼는다. 그리고 정역의 중위론은 수지를 상대로 위와 수를 동시에 거론하는 데 그 특징이 있다. 어린아이들이 수 개념을 처음 배울 때에 수지를 사용한다. 장성한 다음에는 더 이상 수지를 사용하지 않고 수의 개념을 사용한다. 그러나 수지 속에는 최첨단의 수이론, 즉 초수이론이 그 속에 담겨 있다. 김일부는 우리를 다시 유아 시절로 되돌려 놓고 있다. 손 특히 오른손 하나 속에 거의 '모든 것의 이론'이 담겨 있다 할 정도이다.[6]

도역생성론과 수지상수론은 모두 손바닥 안에서 다루어진다. 온 우주가 장중에 담겨져 있다 할 정도로 10개의 수지는 마치 우주 비밀의 열쇠와도 같은 역할을 한다. 수지 굴신이 도역생성론과 관련이 되면 그것이 중위론이 되고, 수지상수론과 관련이 되면 그것이 8괘론이 된다.

---

[6] 좌우수 가운데 편의상 우수를 중심으로 생각하기로 한다.

수지를 통한 굴신론은 5개의 수지를 3개의 전환점으로 나누는 데서 시작한다. 세 개의 전환점이란 순환점(모지), 변환점(중지), 반환점(소지)이 그것이다. 중위론과 상수론을 다룰 적에 세 개의 전환점을 고려하는 것은 같지만 수지상의 위치는 다르다.

중위론의 경우에서는 순환점(모지)과 반환점(소지)을 중점적으로 거론한다. 그러나 다음 장에서 다루어질 수지상수론의 경우에서는 순환점, 변환점, 반환점이 모두 주요시 되나 특히 변환점(중지)이 중점적으로 거론된다. 이는 중위론은 모지와 소지 중심이고, 상수론은 중지와 소지 중심으로 다루어진다는 것을 의미한다. 세 군데의 전환점들에 도역수들이 일대일 대응과 함께 회전하면서 수지들이 굴신을 반복할 때에 중위가 어떻게 결정되는가를 살피는 것이 중위론이다. 여기서는 칸트의 이율배반을 의식하여 역생도성을 '전진'이라 하고, 도생역성을 '배진'이라고 편의상 불러 사용하기로 한다.

도생역성인 일명 배진은 10, 9, 8, 7, 6, 5, 4, 3, 2, 1과 같고, 역생도성인 일명 전진은 1, 2, 3, 4, 5, 6, 7, 8, 9, 10과 같다. 중위론은 이렇게 경영대칭으로 서로 역진하는 두 방향에서 수가 굴신을 하면서 셈하기 작용을 할 때에 이를 수지를 통해 중을 잡아 보는 것이다. 일부는 이러한 중위론을 '11일언'에서 말하고 있다. 다시 말해서 배진과 전진을 할 때에 양자가 만나는 순간을 포착하는 것이 다름 아닌 중위론이라고 말하고 있다. 포착되는 순간을 두고 '중정'이라 한다. 그래서 중을 공간 개념만으로 이해해서는 중위론 파악이 어렵다.

순간의 중은 지나가고 다음 중은 다가온다. 그래서 양적으로는 비대칭적이다. 이 점이 산술적 중과는 다른 점이다. 산술적 중은 두 수를 합한 것을 양등분하는 것으로서 이러한 중 개념으로 정역의 중위론을 이해하는 데는 한계가 있다. 그러나 이러한 산술적으로 중을 말하는 것과 수가 배진과 전진을 하면서 비례적으로 순간을 포착하는 중을 동시에 말하고 있는 것이 중위론의 특징이다. 바로 이러한 이유로 수와 위를 구별하는 이유가 필요하게 된다.

그래서 중위론 속에는 위/수, 전/배진, 굴/신 그리고 수와 위의 동/이와 같은 제 대칭들이 있으며 중은 이들 몇 개의 대칭들 간의 그것을 의미한다. 마치 미분 적분을 셈하듯이 중위론에 접근하지 않으면 안 된다는 뜻이다. 여기에 수가 근본적으로 어떻게 발생하는가를 보여주는 초수론은 중위론을 이해하는 데 있어서 대강이 된다. 수학론 혹은 초수론은 수의 발생 기원을 말하고 있는데, 중위론 역시 궁극적으로는 수가 어떻게 발생하는가를 말하고 있다 할 수 있다. 다시 말해서 가운데 중을 중심으로 좌우에 수의 과대와 과소를 말하고 있다는 점에서 초수론과 중위론은 같다.

정역의 '11일언'에서 일부가 말하는 중위론을 직접 들어본 다음, 이를 도표로 간편하게 만든 후에 이에 대한 상세한 내용을 관찰하기로 한다. '11일언'에서 일부가 직접 언급하고 있는 중위론은 다음과 같다. (도표 48)과 (도표47)을 동시에 비교하면서 보아야 한다.

⓪번. 십일은 십십일지중 11+10=21
　　 (순환점)
①번. 십은 십구지중 10+9=19
②번. 구는 십칠지중 9+8=17
③번. 팔은 십오지중 8+7=15
④번. 칠은 십삼지중 7+6=13
⑤번. 육은 십일지중 6+5=11
　　 (반환점)

⑥번. 오는 일구지중 5+4=9
⑦번. 사는 일칠지중 4+3=7
⑧번. 삼은 일오지중 3+2=5
⑨번 이는 일삼지중 2+1=3
⑩번. 일은 일일삼지중 1+0=1
　　(순환점)
⑪번. 영은 일영지중 0+-1= -1
　　N　+ (N − 1)　　= M

(도표47) 배진 중심의 중위론 표

　위의 (도표47)은 배진을 중심하여 일부가 직접 말한 내용에 설명의 편의를 도모하기 위해서 필자가 임의로 작성한 것이다. 산술적으로 볼 때에 10은 20의 중이어야 하고, 9는 18의 중이어야 하는데 19의 중이고 17의 중이다. 그래서 일부가 말하려고 하는 중의 개념을 파악하기 위해서는 특단의 조치를 취해 놓아야 한다. 여기서 상반된 두 달리는 방향을 역생도성(전진)과 도생역성(배진)이라고 할 때에 수지로 셈하기를 할 때에 전진과 배진은 반드시 굴신이 반대이어야 한다. 배진이 좌향이라면, 전진은 우향이어야 한다. 이는 일부가 말하려고 하는 중은 반드시 전배진 굴신간의 중이어야 함을 의미한다.
　그리고 굴/신과 전/배진의 대칭을 표현하기 위한 도구는 수지이다. 인간의 손가락은 인간의 진화와 그 역사를 같이 하고 있으며 나아가 우주의 진화 과정의 산물이기도 한다. 그래서 우주 천체의 운행 비밀도 장중에 들어 있다 해도 과언이 아니다. 인디언 원주민들의 암각화에서 빈도 높게 나타나는 것이 손가락과 발가락이다. 이는 아마도 수지를 천체 운행 구조를 셈할 때에 사용한 때문이라고 본다. 마야인들에게 있어서 천체 관측은 그들의 역사와 운명을 같이 할 정도로 주요하다. 그들은 13, 18, 20의 세 숫자로 장주기 그리고 단주기 달력을 만들어 사용했다. 앞으로 일부의 중위론을 거론하는 과정에서 마야인들이 사용했던 천체 주기법도 장중에 있었다는 것을 알게 될 것이다. 먼저 일부의 중위론을 장중에 넣어 알기 쉽게 하나의 직사각형(도표48)으로 표시하면 아래와 같다.

(도표48)은 대각선 논법의 제반 문제들을 항목별로 나누어 제기하고 있다. 그 속에는 연속체 가설의 문제, 순서수의 문제, 공집합의 문제, 멱

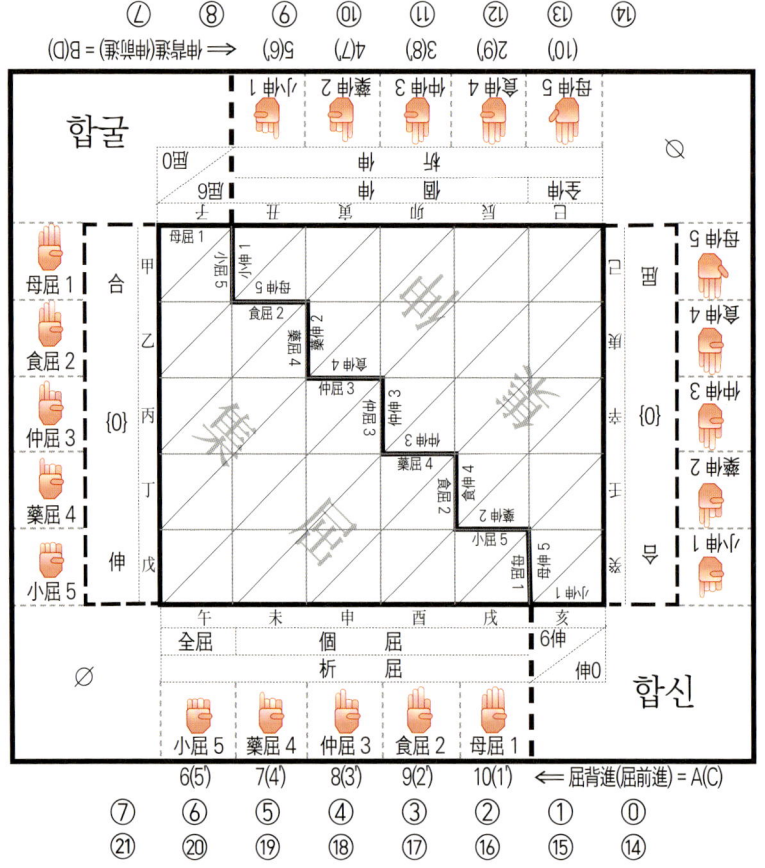

(도표48) 수지의 굴신에 의한 중위론

집합의 문제 등등이 내포돼 있다. 우선 항목별로 문제 제기를 한 다음, 일련번호 순서대로 이에 대한 부연설명을 가하려고 한다. 배진수(전진수)를 상하에 배치하고 해당 수지는 세로선 눈금에 배열했다. 사각형 좌우에는 합신 합굴 속의 수지를 배치하고 가로 눈금에 배열했다.

(1) (도표48)에는 두 개의 외곽과 내곽사각형이 있다. 동양식으로 우수로 모굴1-식굴2-중굴3-약굴4-소굴5-소신1-약신2-중신3-식신4-모신5의 순으로 셈을 할 때에 이 속에는 다음과 같은 집합에 관한 용어들이 들어 있다.

>(개굴): 모굴1-식굴2-중굴3-약굴4
>(개신): 소신1-약신2-중신3-식신4
>
>{(전굴)}: 소굴5
>{(전신)}: 모신5
>
>{합굴}: 수지 5개를 모두 동시에 굴한 것 ⎫ 쥐락펴락
>{합신}: 수지 5개를 모두 동시에 신한 것 ⎭
>
>[집굴]: 합신을 담고 있는 바탕 자체인 위
>[집신]: 합굴을 담과 있는 바탕 자체인 위

(2) 외곽 사각형은 집굴과 집신으로 바탕인 위 자체로서 공집합 ∅로 표시한다. 자리만 있을 뿐 자체로서 굴신이 없다. 그래서 수를 줄 수 없다. 개굴/개신이란 소지와 모지를 제외한 다른 4개의 수가 굴신을 하는 것을 두고 하는 말이다. 굴신을 하기 때문에 고유한 수를 가지고 있다. 전굴/전신의 경우 소지와 모지는 계열의 끝인 동시에 수지 전체이

다. 그래서 전굴/전신이라고 한다. 전굴/전신은 5번째 소지와 모지가 굴신을 하면서 '5'라 하는 것이다. 전신은 모신5인데 서양에서는 모지를 'thumb'이라 하고, 다른 수지 4개를 'finger'라 한다. 이는 서양에서는 전과 개를 구별한다는 것을 의미한다. 동양에서는 '손가락' 혹은 '수지'라고 할 때에 전과 개를 구별하지 않는다.

(3) 수지로 셈하기에서 가장 주요한 부분은 전굴/전신이다. 이는 그 형태가 개굴/개신이면서 동시에 합굴/합신이기 때문이다. 전굴/전신은 수지나 모지 하나가 굴신하는 것이지만 합굴/합신은 수지 '5개'가 동시에 굴신을 하는 것이다. 이때에 전굴/전신은 합굴/합신과 그 형태가 같다. 5번째는 5개 전체이기 때문이다. 이를 '안토安土'라 한다. 순서수로 볼 때에 5번째로 계열의 끝인 동시에 개수로 볼 때에 수지 전체이다. 전자일 때에는 '전굴/전신'이라 하고, 후자일 때에는 '합굴/합신'이라고 한다. 전형적인 순서수의 역설을 그대로 보여주는 대목이다. 주먹 전체를 굴신하는 것이 합굴 합신이다.

(4) 합굴/합신에 대하여 개굴/개신과 전굴/전신을 합하여 '석굴/석신'이라고 한다. 개와 전은 수지 5개를 낱개로 나누어 굴신을 하는 것이기 때문에 석굴/석신이라 한다. 이를 두고 '곤지곤지'라 한다. 이에 대하여 합굴/합신은 수지 5개를 동시에 모아 굴신를 하는 것이다. 이를 두고 '잼잼'이라고 한다. 집굴/집신은 모든 굴신 작용이 생기는 자리인 바탕 자체이다. 현대 집합론에서는 이를 공집합 $\emptyset$로 표시한다. 수는 굴신에 의하여 결정이 되는데, 반드시 수지 한 개의 굴신으로 수가 만들어 진다. 그런데 합굴/합신은 수지 5개가 모두(주먹) 동시에 굴신하는 것이기 때문에 0이란 수를 준다. 그래서 집굴/집신인 공집합 $\emptyset$와 합굴/합신인 0이 대소 비교를 하면서 모굴1 혹은 소신1이 탄생한다. 이 점에 관해서

는 앞으로 초수론에서 상론될 것이다.

(5) 일상적으로 셈할 때에는 석굴/석신만을 의식한다. 그러나 모굴1 할 때에는 수지 5개를 모두 신하고 있는 것을 전제해야 하는 데 이것이 바로 '합신'에 해당한다. 합신은 합굴을 전제로 하고 있다. 합신과 합굴 이전에는 집굴과 집신이란 위가 전제 된다. 두 개의 집굴과 집신이란 빈 그릇을 비교할 때에 제 3의 0이 담긴 그릇이 생긴다. 제 3의 그릇이 다름 아닌 합굴/합신이다. 그다음 공집합과 0을 비교하면 제 4의 그릇인 석굴/석신(개굴/개신과 전굴/전시을 포함), 모굴1-식굴2-중굴3-약굴4까지는 개굴이고 소굴5는 전굴이다.(곤지곤지) 전굴 다음에 합신과 합굴을 한 다음에(잼잼) 소신1로 이어져 소신1-약신2-중신3-식신4(개신)-모신5(전신)로 이어진다. {합굴/합신}-(개굴/전굴)-{합신/합굴}-(개신/전신)-{합굴/합신}과 같은 순서이다. 지금은 1차원 직선으로 연결을 시켰지만 위 (도표48)을 원기둥-뫼비우스띠-클라인병-사영평면등으로 위상학적으로 변화시키는 데 따라서 곤지곤지 잼잼은 유리세계인 모든 대칭이 사라진 투명 세계를 그려낼 것이다. 이들 전체적인 모습은 윷판에서 확인될 것이다.

잼잼론으로 본 합굴과 합신

민속 교육인 곤지곤지 잼잼의 '잼잼'에 해당하는 것이 합굴과 합신이다. 무의식을 의식하지 못하듯이 셈할 때에 개굴/개신 그리고 전굴/전신 만을 의식하기 때문에 합굴/합신이 고려의 대상이 되지 않았다. 그런데 문제는 전굴/전신이 합굴/합신과 그 형태에 있어서 동일하다는 데 있다. 다시 말해서 수지 5개가 모두 굴하거나 신하고 있다는 점에서 양자는 같다는 말이다. 동일해지는 것에서 연속체 가설의 문제가 생긴다.

즉, 전굴/전신이 합굴/합신과 연속이 되느냐 안 되느냐의 문제가 생긴다.

여기서 유의해야 할 것은 집신과 집굴은 굴신이 없는 허굴과 허신이라는 점이다. 다만 자리만 차지하고 있는 위일 뿐이다. 지금까지의 내용을 알아보기 쉽게 표시하면 아래와 같다.

[집신] : {합굴-합신}-(개굴-전굴)-{합신-합굴} …동양식
[집굴] : {합신-합굴}-(개신-전신)-{합굴-합신} …서양식

(도표49) 동양식과 서양식 셈하기 비교

위의 (도표49)를 통해 볼 때에 동양식과 서양식 셈하기의 차이는 집굴과 집신 가운데 어느 것을 전제하고 시작하느냐의 차이인 것이 나타났다. 그리고 양자는 서로 순환 관계 안에 들어 있다. 즉, 집굴과 집신 가운데 어느 것을 전제하느냐에 따라서 다른 것이 시작하기도 하고 끝나기도 한다. (도표48)에는 내외, 좌우, 상하, 굴신이라는 4차원의 대칭이 들어 있다. 이 4차원의 대칭을 합치시키는 것이 정역 중위론이 목적하는 바이다.

동양식은 집신을 위로 하고, 서양식은 집굴을 위로 한다. 동양은 수지를 다 편(집신) 상태에서 모굴1 하면서 시작하고, 서양은 수지를 다 굴한 (집굴) 상태에서 소신1 하면서 시작한다. 집신이란 위가 정해지면 개굴은 모굴1부터 약굴4까지 가고, 전굴은 소굴5이다. 집굴이란 위가 정해지면 개신은 소신1에서 식신4까지 가고, 전신은 모신5이다. 이때에 전신은 합신과 전굴은 합굴과 그 형태가 같아져 버린다. 순서수의 역설 때문이다. 이를 두고 일명 귀매의 원리라고도 한다. 전신이 합신과 전굴

이 합굴과 그 형태에 있어서 같아져 버리는 문제에서 연속체 가설의 문제가 생긴다. 둘 사이는 연속인가 비연속인가.

합신과 합굴을 잼잼이라고 할 때에 개와 전의 굴신은 '곤지곤지'라고 할 수 있다. 공기놀이에서 잼잼에 해당하는 것은 공기알을 모두 하늘 위로 던졌다 한꺼번에 받는 것이다. 윷놀이에서 모에 해당하는 것이다. 전굴과 전신은 소지와 모지로서 각각 '5번'이고, 합신과 합굴은 수지 5개 전체로서 '5개'이다. 전자를 서수라 하고 후자를 기수라고 한다. 그래서 양자 모두에서 역설이 나타난다. 한 개의 수지가 굴신을 할 때에만 1점을 줄 경우 합신과 합굴은 수지 5개가 동시에 굴신을 하기 때문에 수를 주는 원칙에서 제외된다. 그래서 0이란 수를 준다. 아무것도 없는 수라는 뜻이다.

먼저 이들 용어들에 대한 구체적인 설명을 더해 두기로 한다. '집합'이란 말을 '집'과 '합'으로 대별한 다음 여기서 굴신을 결합하여 '집굴'과 '집신,' 그리고 '합굴'과 '합신'의 넷으로 나눈다. 집굴과 집신이 위라면 합굴과 합신은 0이란 수이다. 그래서 집굴과 집신에는 수를 주면 안 되어 이를 공집합 ∅로 표시한다. 집굴과 집신은 외곽사각형 자체를 굴과 신의 두 위로 나눈 것으로서 내곽의 바탕 자체이다. 이러한 바탕 자체는 수지로 셈할 때에 셈이 시작되기 전의 전제와도 같다. 외곽에 대하여 내곽 안에는 집굴과 집신이란 위가 수로 갖추어 갖게 된다. 외곽에서는 없던 수가 내곽에서는 만들어져 나온다.

집굴과 집신이 외곽에서는 위位로서 존재하고, 내곽에서는 수數로서 존재한다는 말이다. 외곽이 허虛라면 내곽은 공空이다. 허에는 수가 작용을 하지 못하지만 공에서는 작용을 한다. 허는 공의 바다이다. 외곽은 공집합을 담는 그릇이다. 석합보공이라고 할 때에 이는 수가 굴과 신의 쌍을 만드는데 소굴5-소신1, 약굴4-약신2… 등과 같이 굴신 수지수의 합이 6이 되는 것을 두고 하는 말이다. (도표48)에서 6은 집신과 집굴의 대칭, 즉 도표상 좌우수의 합이다. 상하수의 합은 7이다. 집신과 집굴은 정대각선으로 좌우에 나뉘어 석합보공을 한다.

   집신과 집굴이란 허의 그릇 속에 두 개의 공집합이 담긴다. 만약에 이 두 공집합의 크기를 비교를 하게 되면 그 안에는 아무런 수도 없다. 그래서 0이란 수가 탄생한다. 다시 말해서 집굴과 집신의 두 공집합을 비교할 때에 그 비교 속에는 0이란 수밖에는 아무런 수도 없다는 말이다. 합굴과 합신은 내곽과 외곽의 가장자리에 있다. 합은 석과 대칭을 만든다. 석은 다시 전굴/전신과 개굴/개신으로 나뉜다. 합굴과 합신은 대각선이 반대각선화와 반가치화를 한 것으로서 위인 집굴과 집신이 수로 변한 것이고, 그 수는 0이다. 이것은 최초의 수인 동시에 모든 수이다. 그래서 합굴과 합신이라고 한다. 5줄에 8칸이 된 이유는 합굴과 합신이 추가되었기 때문이다. 가로와 세로가 5개인 정사각형으로 직사각형을 만들면 6칸이 되며 여기에 합굴과 합신 두 개가 첨가되었기 때문이다. 이는 5행과 8괘와도 연관이 될 만큼 주요한 기하학의 이론이다. '4분 5열'이란 말에서 보는 바와 같이 사각형을 4분 시키면 열은 5개가 된다. 이는 기하학적 소멸에서 다시 거론될 것이다.

   (도표48)에서 그릇 안에는 고유한 수지와 수지수, 그리고 고유 숫자를 주고 이를 '번番'이라고 한다. 그래서 1번은 '소굴5/모굴1'이다. '번番'에 해당하는 수는 ①, ②… 등으로 구별하였다. 이에 대하여 배진수와 전진수는 0, 1, 2, 3… 등으로 표시한다. 집굴과 집신이란 공집합 안에서 수지가 굴신을 할 때마다 새로운 수가 증감을 하면서 내곽안에 격자 형식으로 생겨난다. 집굴과 집신에는 각각 15개의 격자matrix가 들

어 있어서 모두 30개이다. 여기에 합신과 합굴이 추가되어 모두 32개이다.[7] 합굴과 합신에 해당하는 자리수는 특히 ⑦-⑦'과 ⑭-⑭'에 해당한다. 사실 수지론은 합굴/합신 즉 잼잼에 대한 주석이라 할 정도이다. 합신과 합굴이 추가될 때에 3개의 마야수 13, 18, 20이 정확하게 이해된다.[8] 다시 말해서 곤지곤지 짝짝궁은 석굴과 석신의 굴신 작용에 해당하고, 잼잼은 합신과 합굴의 작용에 해당한다. 짝짝이가 짝째기로 되는 이유는 합신과 합굴 때문인 것이 들어나기 시작한다.

  합굴과 합신은 수지 5개를 모두 한꺼번에 굴신하는 것이기 때문에 5개의 줄 모두를 하나의 수 0으로 표시한다. 합굴과 합신 안에는 굴신 부재라 할 수 있다. 개별적인 수지가 각개 굴신을 하는 것을 개굴과 개신이라고 한다. 이에 대하여 전굴과 전신은 소굴5와 모신5에 해당하는 경우이다. 5개 수지의 굴신 끝에 해당하는 것이 전굴과 전신이다. 굴에서는 소굴5가, 신에서는 모신5가 전굴과 전신에 해당한다. 전굴과 전신은 셈하기의 끝인 동시에 수지 전체이다. 그리고 소굴5는 소신1과, 모신5는 모굴1과, 서로 연계된다. 연계되는 가운데에 합신과 합굴이 있다. 합신은 집굴의 대각선이 반가치화/반대각선화가 된 것이고, 합굴은 집신의 대각선이 반가치화/반대각선화가 된 것이다

반가치화와 반대각선화와 중위론

  내곽사각형 안에서 세로와 가로가 사상하는 것을 '짝pair'이라 한다. 짝은 굴굴과 신신과 같이 같은 성끼리 맺는 관계이다. 짝은 중지(중굴3/중신3)를 중심으로 나뉘면서 그때마다 (도표48)의 가로와 세로가 바뀐

---

7) 천간지지를 세로와 가로에 배열하여 60갑자를 만들었다. 6칸 5줄로 나눈 결과이다.
8) 이 세 수들은 모·중·소지와 같은 순환점에 해당하는 것들이다.

다. 집굴 안에서의 짝들은 모굴1/소굴5, 식굴2/약굴4, 중굴3/중신3, 약굴4/식굴2, 소굴5/모굴1이고, 집신 안에서의 짝들은 소신1/모신5, 약신2/식신4, 중신3/중신3, 식신4/약신2, 모신5/소신 1이다. 도표 상에서 볼 때에 /의 좌측은 가로이고, 우측은 세로이다.

두 개의 짝들이 정대각선의 좌우상하로 대칭을 만드는 것을 두고 '쌍couple'이라고 한다. 쌍은 굴신 혹은 신굴의 관계와 같이 다른 성끼리 맺는 관계이다. 이를 -로 표시한다. -의 좌우는 세로선으로는 좌-우이고, 그리고 가로선으로는 상-하이다. 거듭 말해서 짝이 가로와 세로에서 서로 같은 성들끼리(굴굴과 신신) 맺는 관계라면, 쌍은 서로 다른 성들끼리(굴신과 신굴) 맺는 관계를 두고 하는 말이다. 그래서 '모굴1/소굴5' 등은 짝이고, 두 개의 쌍들끼리 관계 맺는 것은 '소굴5-소신1,' '모신5-식굴2,' … 등과 같다. 쌍은 집굴과 집신 간의 상하와 좌우에서 맺는 관계인데, 이때에 상하 쌍의 경우 가로 간의(상하) 합은 항상 7이고, 세로 간(좌우)의 합은 항상 6이다. 석굴과 석신 안에는 각각 15개의 짝들이 들어 있어서 모두 30개인데, 15개의 짝들은 어느 하나도 중복되거나 반복되는 것이 없이 '유일회적unique'이다.

전굴의 짝들을 세로의 상에서부터 순서대로 보면 모굴1/소굴5, 식굴2/소굴5, 중굴3/소굴5, 약굴4/소굴5, 소굴5/소굴5와 같다. 세로 '소굴5'가 명패가 되어 다른 수지들을 거기에 물건으로 달고 있다. 그리고 소굴5는 소굴5/소굴5에서 자기 자신이 가로도 되고 세로도 되어 물건이면서 동시에 명패가 되는 자기언급을 하고 있다. 물론 석신에서는 소신1/모신5, 약신2/모신5, 중신3/모신5, 식신4/모신5, 모신5/모신5로서, 모신5가 명패가 되어 다른 수지들을 거기에 달고 있고, 모신5/모신5는 자기언급을 한다. 전굴과 전신 속에는 수지들이 다 모여 있어서 '전'이라고 한다. 합굴/합신과 형태가 같으나 전굴/전신은 엄연히 석굴/석신에 속해 있다. 이에 대하여 개굴과 개신들 속에는 굴신을 막론하고 전체를 의미하는 수자 '5'가 빠져 있다. 전굴/전신은 서수 5이고, 합굴/합신은 기수 5이다.

이렇게 짝과 쌍으로 나눈 후 다시 수지들의 좌우와 상하의 대칭을 나누는 이유는 15개의 짝들이 정대각선에서 마주 보면서 대칭 관계를 만드는 것을 보기 위해서이다. 정대각선에 있는 짝들과 쌍들은 마름모형 사각형 속에 들어 있다. 짝과 쌍을 나누는 이유를 전기의 충전充電과 감전感電에서 보면 이해가 된다. 배터리를 충전할 때에는 음음(신신)과 양양(굴굴)으로 붙여야 한다. 같은 성끼리 짝을 만들어야 한다는 것을 의미한다. 그러나 감전일 때에는 음과 양, 그리고 양과 음과 같이 다른 성들끼리 쌍을 만들어 주어야 한다. 그래서 위 (도표48)에서 보면 석굴과 석신은 같은 성들의 짝들끼리 모여 충전을 하고 있는 것을 볼 수 있다. 그러나 이들 짝들이 대각선에서 쌍으로 만나서 감전을 하고 있다. 짝짓기로 충전하고 쌍짓기로 감전하고 있다. 중위론이란 이렇게 충전과 감전 사이에서 일어나는 하나의 작용에 불과하다. 우리의 수지들 안에는 이렇게 충전과 감전을 하는 원리가 담겨져 있다.

석굴과 석신 안에서 각각 15개의 짝들이 만들어지면 쌍은 자연스럽게 결정이 되고, 쌍들은 마름모 정대각선을 만든다. 물론 정대각선이외의 다른 편대각선에서도 굴신을 하여 다른 다양한 쌍들이 만들어진다. 정대각의 경우는 짝들이 5개이고, 편대각의 경우는 4개, 3개, 2개, 1개 등과 같다. 이제 관심의 적은 정대각선상의 짝들이 반대각선화와 반가치화를 했을 경우이다. 쌍들끼리는 감전을 하는데 이를 특히 '석합보공析合補空'이라고 한다.

전굴은 '소굴5'를 전신은 '모신5'를 그 안에 포함包含하는 경우인데 이는 곧 수지 계열의 끝인 소지와 모지에 해당한다. 순서로서의 끝은 곧 계열 전체 개수와 같아진다. 모신은 '다섯 번째'인 동시에 '다섯 개'이다. 이를 '순서수의 역설'이라고 한다. 전굴과 전신은 이러한 역설을 그 안에 가지고 있다. 이에 대하여 합굴과 합신은 정대각선 자체가 반가치화/반대각선화한 것이라 할 수 있다. 이에 대한 설명은 아래에서 다시 다루어질 것이다.

김일부의 중위론은 '모굴1'을 '10'이라 하면서 차례로 10, 9, 8, 7, 6, 5, 4, 3, 2, 1과 같이 '배진背進'으로 셈하기를 하는 방향과, 이에 대하여 '모굴1'을 '1'이라 하면서 1', 2', 3', 4', 5', 6', 7', 8', 9'로 '전진前進'으로 셈하는 방향으로 나눈다. 이때에 배진과 전진은 고구려 고분 벽화에서 포수가 호랑이와는 서로 반대 방향으로 달리면서 겨냥하는 것과 같다 할 수 있다. 벽화 안에는 포수와 호랑이가 같은 방향으로 달리면서 사냥하는 장면도 있다. 달리는 호랑이에 대하여 포수 자신이 달리는 것도 동시에 셈하는 데서 미적분학이 생겨난다. 그런데 김일부의 중위론은 호랑이와 포수가 서로 반대 방향으로 달리는 경우인데 이를 도생역성(배진)과 역생도성(전진)이라고 한다. 이는 앞으로 말할 콘웨이의 초수론에서 말하는 수의 발생이론과 맥을 같이 하는 것이다.

동양식 셈하기 하는 방법의 순서에 따라서 합굴/합신 다음에 '모굴1' '식굴2' '중굴3' '약굴4' '소굴5,' 그리고 '소신1' '약신2' '중신3' '식신4' '모신5'라 일렬로 나열해 본다. 위가 수로 변하자면 반드시 굴신을 해야 한다. 굴신이 없는 위에는 수가 없다. 굴신이 없는 위 자체를 공집합이라 하고 이것이 집굴과 집신이다. 그러나 합굴/합신은 개개의 수지로 나뉘어 굴신을 하는 것이 아니기 때문에 0이란 수를 갖는다.

수가 없다는 것을 표시하는 것이 바로 0이다. 그런 의미에서 0은 다른 수들과 구별되는 수이다. 이러한 특이성 때문에 오랜 동안 0을 수로 취급하지 않으려 했었다. 수지수의 셈하기 순서에 따라서 배진수와 전진수가 일대일로 대응을 한다고 보면 된다. 이들 수지의 굴신과 거기에 따른 숫자는 각각 고유한 것이다. 예를 들어서 절대로 '약굴4'나 '소굴5'를 '약굴2'라든지 '소굴4'라고 해서는 안 된다. 이 말은 5개의 수지들은 굴신에 따라 고유한 자기의 수를 가지고 있다는 것을 의미한다.[9]

이들 수지의 계열들이 가로와 세로, 그리고 대각선에서 언제나 순서에 따라 상하와 좌우에 배열이 되는데, 이는 칸토어의 대각선 논법에서는 발견할 수 없는 배열 방법을 일부는 구사하고 있는 것이다. 그래서 우리는 (도표48)의 내곽사각형의 격자 안에서 가로와 세로의 양쪽 모두에서 석합보공을 생각하여야 한다. 수지 5개는 세로 6칸이고, 가로 5줄을 만든다. 그 안에 들어 있는 것은 실위와 실수이다. 그러나 집굴과 집신은 실위와 실수가 없는 가위와 가수이다. 이들 가위와 가수가 차지하고 있는 곳이 다름 아닌 집굴과 집신인 외곽사각형이다. 합굴과 합신은 정대각선이 반가치화/반대각선화한 것이기 때문에 내곽과 연계되어 그 속에 포함되면서 또한 포함되지 않는다. 그래서 내외곽과는 '연속적 불연속'을 만든다. 여기서 연속체 가설의 문제가 생긴다.

합신/합굴은 집신/집굴과 0과 ∅으로 구별한다. 양자의 같고 다름에 대해서는 수학자들 간에 의견이 분분하다. 칸토어와 동시대인 데드킨드는 이 둘은 같다고 보았다. 스튜어트도 이 둘이 다르다고 할 수는 없다고 한다. 여기서 같고 다름에서 '같잖음'의 문제가 제기된다. 이들 합

---

9) 이러한 수지수의 고유성은 대각선 논법의 반가치화와 함께 주요한 의미를 갖는다. 다시 말해서 수지의 종류가 변할 때에는 반드시 고유한 수도 동시에 따라 변해야 한다.

신과 합굴이 대각선화와 반가치화의 과정을 거치면 내곽 안의 대각선이 된다. 즉, 반가치화란 굴과 신을 반대로 하는 것을 두고 하는 말이다. 석신 안의 정대각선이 반대각선화와 반가치화한 것이 합굴과 합신이다. 즉, 석굴 안 정대각선상의 짝들인 모굴1/소굴5, 식굴2/약굴4, 중굴3/중굴3, 약굴4/식굴2, 소굴5/모굴1을 반가치화하면 모신5/소신1, 식신4/약신2, 중신3/중신3, 약신2/식신4, 소신1/모신5가 된다. 이를 세로로 바꾼 것이 다름 아닌 합신이다. 석신 안의 정대각선 상의 짝들도 같은 방법으로 반가치화와 반대각선화를 하면 합굴이 되고 합굴은 집굴 안에 포함된다.

칸토어의 대각선 논법에서 발생하는 초과분은 합신과 합굴과 같은 가수 때문에 생긴 것이다. 합굴과 합신이 추가되어 모두 8칸으로 된 내곽사각형 안에는 모두 32개의 격자가 들어 있다. 합신과 합굴에는 격자의 구별이 없고 전굴과 개굴에는 비대칭적으로 격자가 구별되어 들어있다. 여기서 비대칭적이란 합과 석의 비대칭과 전굴과 개굴 간의 비대칭을 두고 하는 말이다. 비대칭이란 일대일 대응을 할 수 없는 대칭 관계를 두고 하는 말이다.

이제 다시 사각형의 외곽과 내곽으로 돌아와 볼 때에 사각형 안에는 '순환점'과 '반환점'이 들어 있다. 순환점은 모지에서, 반환점은 소지에서 만들어진다. 중지는 변환점이라고 하는데 수지상수론은 변환점 중심이고, 중위론은 반환점과 순환점 중심이다. 그러나 위에서 지적한 바와 같이 한 짝끼리는 변환점 중심으로 바뀔 만큼 중지는 주요하다. 짝이 만들어지지 않으면 쌍도 만들어질 수 없다. 특히 다음 장에서 말할 수지상수론에서 중지의 역할은 매우 주요시된다. 배진의 경우 반환점이 합신에 해당하고, 순환점이 합굴에 해당한다. 이 두 전환점들은 문의 돌쩌귀와 같이 주요하다. 반환점과 순환점은 집굴에서 집신으로, 집신에서 집굴로 교체시키고 연결시켜 수지들이 원환을 만들도록 해 주는 역할을 한다. 이 전 과정을 '도리도리 짝짱궁'과 '곤지곤지 잼잼'이라고 한다. 사각형 안의 이들 세 전환점들은 앞으로 말할 위상학에서 더욱 주요하게 부각될 것이다.(6.2)

5.3 문화 속의 짝째기론

정역을 가능하게 하는 원동력은 짝째기임이 밝혀졌다. 2.1에서 이미 본 바와 같이 현대 물리학에서도 우주와 물질의 구조가 짝짝이인 줄로 알았었는데 1950년대 중엽 반물질이 발견되면서 짝째기인 것이 확인되었다. 지금까지 정역을 다루는 과정에서 반복되면서 나오는 말이 '짝째기'이다. 이 절에서는 한국과 그리스 두 문화 속에서 짝째기 문제가 어떻게 다루어지는 지를 살펴보기로 한다. 한국 문화 속에서는 한글, 윷놀이, 그리고 단동십훈을, 그리스에서는 그노몬을 가지고 와 정역과 연관하여 설명하기로 한다.

놀이 문화로 본 짝째기론

우리 문화의 놀이 문화에서 윷과 공기놀이에서 셈법을 관찰하면 짝째기 현상을 쉽게 발견할 수 있다. 이에 대하여 설명을 가하기 전에 세종대왕이 한글을 창제할 때에 어떻게 이런 논리적 기법을 도입했는지를 관찰해 보기로 한다. 한글을 창제할 때에 역에서와 같이 위와 수(혹은 치)를 분명히 구별하면서 시작하였다. 이를 위음位音과 치음値音이라고 하자. 즉, 목구멍 자체는 위음으로서 ㅇ으로 표시하고 이것이 현재의 '이응음'으로 위음이다. 그러나 이것은 공집합과 같이 다만 위만 있을 뿐 어떤 음가도 없다. 그런데 여기서 비로소 소리가 생기면 그것이 ㆁ이다. ㅇ은 위이고 ㆁ은 위에 해당하는 음이다. 그런데 지금 후자는 사용하지 않고 있으며 전자를 후자를 대신하고 있다. 후자가 소리가 있는 '이응'인데 전자가 지금 대신 그 역할을 하고 있다. 세종대왕이 노발대발할 일이다. 한글의 자음은 천·지·인 3재에 대응을 시킨 초·중·종성을 반드시 구비하여야 한다. 무음이라도 자리는 있어야 한다. 집신/집굴과 합신/합굴이 셈하기에서 빠져서는 안 될 이유가 한글 창제 원리에서도 발견된다.

윷놀이에서 윷가지가 재껴짐일 때에만 점수를 주고 엎어짐일 때에는 주지 않는다. 전자를 수라 할 때에 후자는 위이다. 재껴짐과 엎어짐의 비가 1:3이면 도, 개는 2:2, 걸은 3:1, 윷은 4:0이다. 그런데 모는 그 비가 0:5이다. 그러면 모에는 전혀 점수를 주지 말아야 하는데 5점을 준다. 이는 일관성이 깨어지는 셈법이다. 엎어짐에는 점수가 0이어야 하는데 가장 많은 점수인 5를 준다.

이를 어떻게 설명을 해야 할 것인가. 이를 논리적으로 설명할 수 있게 해 주는 것이 (도표48)이다. 모를 모지에 해당하는 전신 혹은 전굴로 보면 될 것이다. 재껴짐을 신이라 하고 엎어짐을 굴이라고 할 때에 소신1은 도, 약신2는 개, 중신3은 걸, 식신4는 윷이라고 할 때에 모신5가 모에 해당한다. 그러나 다른 4개 수지와는 달리 모지는 finger가 아니다. 그래서 모는 다른 4개들과 연속적이면서 동시에 비연속적이다. 전신은 합신과 그 형태가 같다. 만약에 모를 합신으로 본다면 0이다. 그런데 0의 부분집합은 {{0}, ∅}이다. 그리고 {0}=1이다. 이에 근거하여 윷4에 1점을 더해 모 5점을 줄 수가 있다. 위에서 말 한 대로 합신에서 모굴1 그리고 합굴에서 소신1이 나올 수 있는 배경이 여기에 있다. 0의 부분 집합 속에는 자기 자신인 {0}과 공집합 ∅가 포함되기 때문에 1이란 수가 생긴다. 여기서 자기자신이란 자기언급이며 {0}이 1이 되었기 때문에 초과분이 생겼고 초과분 때문에 짝째기가 된다. 자기자신이란 전신/전굴 혹은 합신/합굴의 다른 말이다.

이런 현상은 공기놀이에서도 발견이 된다. 공기놀이는 5개의 공기알로 5개의 점수를 내는 것이 윷과 같다. 공기놀이는 단동십훈 가운데 '곤지곤지 잼잼'에 해당하는 놀이 같이 보인다. 곤지곤지란 오른손 식지로 왼손 바닥 중앙을 찍는 행위이고, 잼잼은 수지 5개 모두를 한꺼번에 모아 굴신하는 것이다. 후자의 경우는 합굴/합신과 동일하다. 그렇다면 곤지곤지는 다름 아닌 석굴/석신에 해당한다. 석굴/석신에는 개굴/개신과 전굴/전신이 들어 있다. 이제 공기놀이는 아래와 같이 다섯 과정을 거쳐 전개된다.

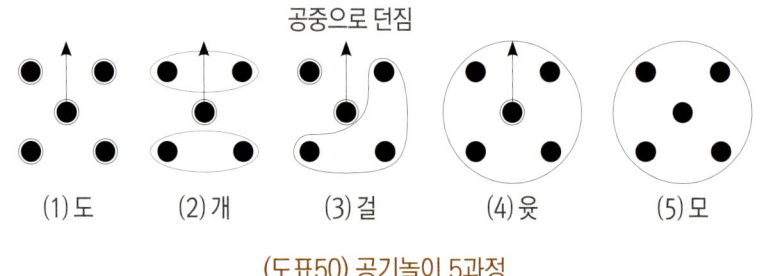

(도표50) 공기놀이 5과정

(1)-(4)번의 네 전 과정에서 공통된 것은 방바닥에 5개의 공기알을 모두 던진 후 그 중에 한 개의 공기알을 잡아 공중에 올린 후(곤지), 바닥에 있는 나머지 것들을 잡는 것(곤지)이다. (5)번은 이 규칙을 깬다. 손바닥 자체가 방바닥이고 손등 자체가 공중에 해당한다(잼잼). 행위 자체가 곤지곤지 잼잼의 그것과 같다. 바닥 자체를 백원으로, 공기알을 흑원으로 할 때에 백원 안의 흑원은 손에 공기알이 담김을 의미한다. 공중으로 올리는 것은 화살표 ↑로 표시하였다. 이때에 손에 담기는 방법은 1개씩 네 번(1), 2개씩 두 번(2), 1개와 3개씩 두 번(3), 4개를 한 번(4)과 같다. (1)-(4)번에서 바닥의 것들을 잡는 방법에서 차이가 생긴다. 공중에 올리는 것이 (1)~(4)에서는 항상 1개이지만, (5)에서는 5개 모두 동시이다.

공중에 올리는 것과 바닥의 것을 잡는 비례에 따라서 점수가 결정된다.

공기놀이에서 유의해 보아야 할 점은 두 개의 바닥이다. 하나는 공기알이 던져지는 '방바닥'과 그것들을 받는 '손바닥'이다. (1)-(4)에서는 이것들이 구별되지만, (5)번에서는 손바닥만 있고 방바닥은 없다. 방바닥은 위位이고, 손바닥은 수數이다. 방바닥에 공기알이 없을 때는 집신/집굴이고(공집합), 5개의 공기알이 거기에 던져지면 합신/합굴이다. 그리고 손바닥에 공기알이 담기면 석굴/석신이다. 석굴/석신에서 (1)-(3)번은 개굴/개신이고(도개걸), (4)번은 전굴/전신이고(윷), 그리고 (5)번이 바로 합굴/합신(모)이다. 여기서 굴신은 '담김'과 '안 담김'으로 구별한다. 참고로 공중에 올리는 것은 수지에서 모지에 해당한다고 보면 된다. 즉, 모지가 다른 수지들과 대응하는 것이 공기놀이라고 할 수 있다. 이제 5가지 전 과정에 대한 구체적인 설명을 가하면 아래와 같다.

(1) 바닥에 5개의 공기알을 모두 빈 방바닥(집)에 던져 그 중 한 개의 공기알을 잡아 그것을 공중空中으로 올린 후(곤지), 4개를 차례로 1개씩 잡아서 공중에 띄운 공기알을 손바닥에 다 받는다(곤지). 그러면 손 안에 5개의 공기알이 다 담긴다(합). 이는 빈 손바닥이란 그릇 속에 공기알을 일대일로 대응시켜 다 담기게 하는 것이다. 공중에 올린 공기알과 방바닥의 다른 공기알끼리는 모두 1:1 대응을 한다. 집합론적으로 볼 때에 손바닥과 방바닥 간의 '담김'과 '안 담김'의 대응인 것이다. 모지가 나머지 수지들과 하나하나 일대일 대응을 하는 것과 같다. 윷놀이의 '도'에 해당한다. 그러나 윷놀이에서는 담김(재껴짐)만을 셈한다. 그러나 공기놀이에서는 담김과 안 담김의 비례를 모두 셈한다.

(2) 바닥에 5개의 공기알을 모두 던진 후 그 중 한 개의 공기알을 잡아

그것을 공중空中으로 올린 후, 한 번에 2개씩 집어서 받는다. 이때에 바닥의 공기알은 담기는 것과 안 담기는 것이 2:2의 비이다. 1:2 와 1:2로서 윷놀이의 개에 해당한다. 모지가 나머지 4개의 수지들을 두 개씩 나누어 2:2로 대응하는 것과 같다.

(3) 바닥에 5개의 공기알을 모두 던진 후 그 중 한 개의 공기알을 잡아 그것을 공중空中으로 올린 후, 1개를 집고 3개를 집거나, 3개를 집고 1개를 집는다. 담기는 것과 안 담기는 것의 비는 1:3 혹은 3:1이다. 즉, 공중에 올리는 것 1개에 바닥에 있는 1개는 1:1 대응을 하고 나머지 3개는 1:3 대응을 한다. 이때에 1:3과 1:1 가운데 어느 것을 먼저 하든 상관없다. 윷놀이의 걸에 해당한다. 거듭 말해서 윷놀이에서는 1:1은 셈하지 않고 1:3만 하여 이를 '걸'이라고 한다.

(4) 바닥에 5개의 공기알을 모두 던진 후 그 중 한 개의 공기알을 잡아 그것을 공중空中으로 올린 후, 바닥의 4개를 모두 한꺼번에 잡는다. 이상의 세 가지 경우와는 다르게 방바닥의 공기알이 비례로 나뉘지 않고 네 개 모두가 한꺼번에 손바닥과 대응이 된다. 다시 말해서 엄지가 다른 수지 4개와 동시에 대응이 된다. 그래서 이상 세 경우는 '개굴/개신'이지만 이 4번은 이와 구별하여 '전굴/전신'이라고 한다. (도표50)의 (4)번에서 보는 바와 같이 공중에 올리는 것과 다른 것들이 모두 동일한 원 속에 들어 있다. 공중에 올리는 것(모지)이 다른 세 경우에는 비례로 나뉘는 것 사이에 있지만, (4)번에서는 이런 구별이 없어져 버렸다. 올리는 것 자체가 나머지 수지 4개들과 비례를 만들고 있기 때문이다. 모지가 셈하기의 끝이고 전체 자체이기 때문이다. 순서수의 역설을 한 눈에 보여준다. 윷놀이의 윷에 해당하고, (도표48)의 전굴/전신에 해당한다.

(5) 방바닥에 공기알을 던지기 자체를 하지 않는다. 아니 던진 후에 5

개 모두를 손바닥에 담은 후에, 즉 5개의 공기알을 한꺼번에 손바닥 안에 담은 후에 손등으로 5개를 모두 꺾어 올려 공중에 띄운 후 다시 손 안에 5개 모두를 담은 후 손에 잡는다. 잡힘 후에 공기알의 수만큼을 셈한다. 윷의 '모'에 해당한다. 그러나 윷놀이에서는 모에 5점을 주지만 공기놀이에서는 손바닥에 잡힌 개수만큼만을 셈한다.

그런데 (도표50)을 (도표48)과 비교 설명하는 것은 유의미하다. 먼저 굴과 신이란 공기알 하나를 공중에 올려 바닥에 있는 것을 잡아 손에 담을 때에 '담김'(굴)과 '안 담김'(신)의 비례 관계로 볼 때에, (1)-(4)는 석굴/석합에, (5)는 합굴/합신에 해당한다. 석굴/석합 가운데 (1)-(3)은 개굴/개신에, (4)는 전굴/전신에 해당한다. 수지로 셈할 때에 왜 집굴/집신, 합굴/합신, 석굴/석신(개굴/개신과 전굴/전신)의 구별을 했는지 그 이유를 공기놀이를 통해 분명하게 알 수 있게 되었다.

집굴/집신이란 손바닥 그 자체이다. 윷놀이와 다른 점은 재껴지는 것에만 점수를 주는데 공기놀이에서는 위에서 보는 바와 같이 담기는 것과 안 담기는 것을 비례로 나눈 후 담김에 성공하는 것에만 점수를 주고 놀이를 계속하게 한다. (4)번 전굴/전신의 경우를 보면 5개의 공기알이 모두 동일한 원 안에 담겨져 있다. 그러나 공중에 올리는 1개와 바닥의 4개 사이에는 구별이 있다. 그러나 (5)번의 경우는 4번과 같이 동일한 원 안에 5개의 공기알이 다 들어가 있으나 공중에 올리는 것이 없기 때문에 둘 사이에는 구별이 없다. 다시 말해서 5개 모두가 백원 안에 들어 가 있어서 공중에 올리는 것과 나머지 것들 사이에 구별이 없다. 이런 경우를 두고 합신/합굴이고 단동십훈의 '잼잼'에 해당하고 윷놀이의 묘미다.

전굴/전신과 합굴/합신의 구별은 수지상에 그 형태가 같다고 했다.

그러나 (4)와 (5)는 그 모양이 유사하나 같지 않다. 집합론의 멱집합으로 볼 때에 합굴/합신은 어느 집합의 부분 속에 자기 자신이 포함된다고 할 때에 (5)가 바로 자기 자신이 자기 자신의 집합 속에 부분으로 포함되는 경우이다. 다른 경우에는 공중에 집어 올리는 것이 1개 있어야 하는데 (5)번에서는 5개 모두가 다 공중에 올려진다. 올려 다시 잡을 때에 손바닥에 담기는 것과 담기지 않고 방바닥에 떨어지는 비의 합은 항상 5로 석합보공한다. 다시 말해서 2개가 담기면 3개가 안 담기고, 1개가 담기면 4개가 안 담긴다. 물론 5개 다 담기면 5점이다.

그리스의 그노몬과 짝째기론

중위론의 배열법은 각인 ㅅ자형, 방인 ㅁ자형, 그리고 원인 ㅇ자형으로 전개된다. (도표48)에서 각과 방은 쉽게 확인된다. 두 개의 삼각형이 정대각선에서 마주 붙어 사각형이 된 것이 (도표48)이기 때문이다. 즉, 집굴과 집신은 두 변이 각각 5개 격자로 된 이등변 삼각형이다. 두개의 이등변 삼각형 밑면을 서로 마주 붙이면 세로5와 가로6인 ㅁ자형인 내곽 직각사각형이 된다. 원인 ㅇ자 형은 위상학과 관련하여 다음 장에서 (6.2) 다루어질 것이다. ㅅ자형이 ㅁ자형으로 바뀌자 5:6이란 짝째기 현상이 생긴다. 그 이유는 두 ㅅ자형을 정대각 대칭에서 서로 마주 붙였기 때문이다. 이 정대각선에서 초과분인 가로가 생겨난다. 바로 이러한 ㅅ자형을 두고 그리스 수학자들은 '람다형λ,' 혹은 '그노몬gnomon'이라고 했다.

(도표48)은 대각선 논법의 요소들 가운데 배열, 가로, 세로, 대각선, 반대각선화, 반가치화를 한 눈에 보여주는 효과를 가지고 있다. 위를 나타내는 '⓪번'과 '⑪번' … 등과 같은 숫자 번호들과 '순환점'과 '반환

점'과 같은 말들, 그리고 영문 기호들은 필자가 임의로 삽입한 것들이다. 배진과 전진을 모두 연속적인 일련번호 ⓪번과 ⑪번 … 등으로 순서에 따라 달아 두었다. 이 일련번호는 가위와 실위를 구별하지 않고 연속적이게 했다. '가수'란 초과된 수이고, '가위'란 자리만 있고 수가 없는 것을 두고 하는 말이다. 연속과 비연속의 문제는 결국 가위와 실위 사이의 그것이라 할 수 있다.

즉, 이렇게 위와 수를 구별하지 않고 번호를 달아 준 이유는 이들이 연속적임을 보여주기 위해서이다. 우주 전체 운행 구조를 이해하는 데 있어서 이러한 연속적 배열방법은 매우 주요한 역할을 하기 때문이다. 이들 가위와 가수 없이는 우주변화원리를 설명할 수 없을 정도이다. 마야인들의 13, 18, 20이라는 세 수는 바로 이러한 위와 수에 일련번호를 다는 데서 그 기원을 두고 있다.[10] (도표48)에서 보면 이들에 해당하는 수들에서 순환과 반환 그리고 변환이 생기는 것을 볼 수 있다.[11] 아직도 마야 연구 학자들은 이 세 수들의 기원에 관하여 잘 알지 못하고 있다.[12]

동양식 셈법에 따라 모지를 굴하면서(이를 '모굴1'이라 함) 이를 '10'이라 하고 이를 시작으로 10, 9, 8, 7, 6, 5, 4, 3, 2, 1로 진행하는 것을 도생역성, 혹은 '배진'이라 한다. 같은 모지를 굴하면서(같은 '모굴1'이라 함) 이를 '1'이라 하고 1, 2, 3, 4, 5, 6, 7, 8, 9, 10으로 진행하는 것을 역생도성, 혹은 '전진'이라고 한다. 그래서 (도표48)의 사각형 아래 가로선에서

---

10) 13, 18 그리고 20의 세 수들이 모두 이들 일련번호를 통해서 확인이 된다.
11) 이들 세 수들은 윷판에도 그대로 나타난다. 즉, 윷판을 4분원, 2분원, 그리고 온원으로 나눌 때에, 그 수가 13, 18, 20이 된다. 이는 수지셈법에서 가위와 가수를 모두 고려한 결과로 얻어진 소산물이다.
12) 즉, 학자들에 따라서는 방울뱀의 산란 주기 그리고 옥수수의 성숙주기와 같은 불확정한 생물 주기에 연관을 짓고 있다.

는 배진과 전진이 동시에 굴을 하는데 이를 각각 '굴배진A'(10, 9, 8, 7, 6)와 '굴전진C'(1', 2', 3', 4', 5')라고 한다. 반대로 사각형의 위 가로선에서는 배진과 전진이 동시에 신을 하는데 이를 각각 '신배진B'(6, 5, 4, 3, 2, 1)와 '신전진D'(5', 6', 7', 8', 9', 10')라 한다. 굴배진은 10으로부터 셈을 하기 때문에 '십으로부터 셈하기Count From Ten'(CFT)라 하고, 굴전진은 1로부터 셈을 하기 때문에 '일로부터 셈하기Count From One'(CFO)라고 한다. 신배진과 신전진은 모두 5로부터 셈하기 때문에 '오로부터 셈하기Count from Five'(CFF)라고 한다. 이러한 구별은 중위수 셈하기에서 방향을 정할 때에 주요시된다. 일부가 중위수를 말할 때에 '십x지중'에서 '일x지중'으로 바꾸는 이유가 이런 구별에서 기인한다.

  배진수에 대하여 전진수는 1', 2', 3'… 등과 같이 숫자에 ' 부호를 첨가하여 배진수와 구별한다. 이렇게 전배진수를 일대일로 대응시키고 여기에 수지의 굴신과 굴신에 따른 일련번호(位)에 해당하는 수를 다시 대응을 시켜 내곽사각형 상하에 달아 둔 ①과 ②…등과 같은 수는 굴신 전체에 달아 놓은 것으로서 위에 해당하는 일련번호이다. 수지의 굴신수는 12345로 반복이 되지만 이들의 위에 해당하는 일련번호는 반복이 되지 않고, 사각형 안에서 수지의 굴신에 따라 한 방향으로 화살표에 따라 순서대로 수가 진행한다.

  수지 5개는 굴신하면서 셈하는 순서에 따라서 두 종류인 굴형인 '모굴1-식굴2-중굴3-약굴4-소굴5'와 신형인 '소신1-약신2-중신3-식신4-모신5' 뿐이다. 이 두 개의 형이 곧 '석굴'과 '석신'이다. 이 두 개의 굴형과 신형이 두 가로와 두 세로, 그리고 두 개의 대각선의 어디에 배열되느냐에 따라서 중위수가 결정된다. 그런데 여기서 유의해야 할 점은 수지와 거기에 따르는 수는 고정적이고 고유하다는 점이다. 같은 수지라도 굴/신 가운데 어느 것이 들어가느냐에 따라서 수지수가 이에 따라서 변한다. 예를 들어서 '약신2'의 경우 굴신만 바꾼 '약굴2'는 없다. 대신에 약굴은 항상 '약굴4'이다. 왜냐하면 약굴은 반드시 '약굴4'로 유일하기 때문이다. 이는 대각선 논법의 반가치화를 다룰 때에 주요시할 수밖에 없는 요소 가운데 하나이다. 다시 말해서 수지와 거기에 따른 수는 고정적이어야 하기 때문에 굴신만 변할 뿐 거기에 따른 수지와 수는 불변이란 말이다.

그런데 여기서 수지 다섯 개에 달린 수들이 굴의 경우는 모지에서 시작하여 소지에서 끝나지만, 신의 경우에는 소지에서 시작하여 모지에서 끝난다. 굴신에 따라서 방향이 반대로 변하는데 전자는 좌향하고 후자는 우향한다. A(굴배진)와 C(굴전진)는 좌향을, B(신배진)와 D(신전진)는 우향을 한다. 거듭 말해서 동일한 석굴과 석신 안에서는 같은 굴굴과 신신끼리 짝을 만들면서 충전을 하고, 이렇게 충전된 것이 사각형의 대각선을 대칭으로 쌍을 만들면서 감전을 한다. 양(굴)과 음(신)이 쌍하여 감전을 하니 거기서 수라는 자식들이 생겨나고 그 수가 다름 아닌 배진수와 전진수들이다. 감전을 할 때에 석합보공을 하는데, 중위수란 석합보공(질운운동)의 산물이다.

세로인 상하 굴신의 합은 5이고(예를 들면 소신1과 약굴4의 합은 5), 가로의 좌우 굴신의 합은 6이라는(소굴5와 소신1의 합은 6) 짝째기 문제는 피타고라스 학파가 고민한 그노몬의 현주소이다. 결국 중위론은 짝째기의 문제인 만큼 그리스인들이 그노몬을 통해 이해한 이 문제의 요점을 여기서 짚고 넘어가려 한다. 일부의 중위론을 이해하는 데 참고가 되기 때문이다. 다음 절에서는 그리스인들의 그노몬과 우리의 단동십훈을 연관시켜 놓음으로 중위론을 문화를 통해 비교 이해를 해 보려 한다.

(도표48)은 석굴과 석신의 두 이등변 삼각형(ㅅ자 형)을 굵은 선으로 마주 붙여 놓은 6칸 5줄인 직사각형(ㅁ자 형)이다. 그런데 피타고라스 학파의 사람들은 삼각수와 사각수가 정수론의 시작이라는 것을 알고 있었다. 즉, 그들은 사각수는 동일한 계수의 삼각수 바로 이전 삼각수를 더한 것과 같다는 사실을 알고 있었다. 다시 말해서 계수 n인 삼각수가 1+2+3+⋯+n인 경우 사각수의 수는 ½n(n+1)이라는 등식으로 성립한다. 위 (도표48)을 통해 볼 때에 밑변(정대각선) n이 5인 두 개 삼각형(석굴과 석신)의 밑변끼리 마주 붙이면 하나의 직사각형이 생긴다. 이 때에 세로는 5=n이고 가로는 6=n+1이다. 그러면 가로 6(칸), 세로 5(줄)인 직사각형이 생겨나고, 그 안에 들어 있는 격자들의 개수는 30이 된다. 밑변에서 5+4+3+2+1=15로서 전형적인 그노몬이 이렇게 생겨난다. 합신합굴이 초과되어 32가 된다.

여기서 세로에 1이 추가되어 가로가 된 이유는 삼각형의 밑변인 대각선을 반대각선화하여 세로로 만들었기 때문이다. 이렇게 새롭게 만들어진 것이 다름 아닌 합신과 합굴이다. 실제 수지로서 셈할 때에 수지 5개를 한꺼번에 굴신시키는 잼잼에 해당한다. 이 5개 모두를 1로 취급한다. 공기놀이의 마지막 단계에서 5알 모두를 손등에 얹은 다음 위로 올려 손을 뒤집어 잡는 것과 같고, 윷에서 모가 생기는 것과도 같다. 윷가지 4개 모두 재껴 편(합신) 윷에 4점을 주고, 윷가지를 모두 뒤엎은(합굴) 모에 1점을 추가한 5점을 준다. 굴신에 합굴과 합신이 필요한 이유가 윷놀이에서 선명해진다.

이렇게 생각할 때에, 그리스인들이 그노몬에서 한 가지 못 본 부분이 있다. 즉, 그들은 전굴과 전신만 보았지 합굴과 합신은 보지 못했다. 곤지곤지만 보았지 잼잼을 보지 못했다. (도표48)에서 세로가 n일 때에 추가 되는 것이 n+1이 아니고 n+2란 사실을 몰랐었다. 19세기에 와서 칸토어에 의해 집합론이 등장하면서 멱집합power set(부분집합)이 가능하게 되어 집합 안에는 자기 자신과 공집합이 들어간다는 사실이 알려졌다. 이는 추가분 혹은 초과분이 한개 더 덤으로 들어간다는 말이다. 이 초과분이 외곽안의 가위인 합굴과 합신이다. 그래서 (도표48)에서 세로가 n+2가 되어 모두 8칸이 된 것이다. 세로 6칸에 합굴에서 1개 그리고 합신에서 1개 모굴 2개가 더 추가되었다. 즉, 세로 6칸에 2가 추가되어 8개가 된다. 정대각선이 반가치화/반대각선화된 것이 가위를 만든다. 단동십훈에서 볼 때에 전굴(전신)과 개굴(개신)과 합굴과 합신은 곤지곤지와 잼잼의 관계로서 이것을 그리스인들이 보지 못했다.

집신에서 '모굴1'하면서 셈을 시작하여 소굴5에서 끝내는 순간 수지 전체를 다시 신하고(합신) 굴해 주어야(합굴) 다음 집신으로 교체될 수 있다. 수지 한 개씩 굴신하는 것이 석굴(석신)이라면 수지 5개 모두를 굴신하는 것은 합굴과 합신이다. 여기서 석굴과 석신 가운데 있는 전굴과 전신은 합굴과 합신과 형태가 같다. 그러나 공기놀이 (도표50)의 (5)나 (4)에서 보는 바와 같이 그 형태가 같지 않다. 우리의 사고를 혼란시키는 것이 바로 이 부분이다. 형이상학의 존재론에서 고민하는 부분이 모두 이에서 다른 것이 아니다. 제 3의 인간의 논증 역시 이런 혼란에서 야기된 것이다. 공기놀이를 다시해야 할 이유가 크다.

서양인들은 그래서 전굴과 전신에 해당하는 모지를 finger에서 구별하여 'thumb'이라 해버린다. 혼란을 피하기 위한 불가피한 조치이다. 그러나 그것은 미봉책에 지나지 않는다. 그리스인들은 그래서 개와 전을 분리시키고 말았다. 인류가 이 구별을 할 줄 알기까지는 오랜 시간이 걸렸다. 그러나 동양에서는 모지도 모든 수지 가운데 하나로 보아

서양이 미처 보지 못했던 합굴과 합신을 셈에 넣는다. 실로 0의 발견은 합굴과 합신으로부터 시작된다고 해도 과언이 아니다.

　서양에서도 합신과 합굴을 나름대로 생각하고는 있다. 즉, 수지 다섯 개를 모두 굴한 것을 전제하고(합굴) 거기서부터 소지를 신하면서 셈하기 시작을 하고, 동양에서는 수지 다섯 개를 모두 신한 것을 전제하고(합신) 거기서부터 모지를 굴하면서 시작을 한다. 동양에서는 굴을 양이라 하고 신을 음이라고 하는데 그 이유는 신은 수동적인데 동양이 모굴1하는 것은 수동적인 합신을 전제하고 있다는 것을 의미한다. 다시 말해서 신이 피동적으로 전제된다고 하는 것은 합신을 의식하고 있다는 것을 의미한다. 이에 대하여 서양은 굴을 피동으로 전제했기 때문에 '소신1'하면서 셈을 시작한다.[13] 이제부터 동양식 셈하기를 할 때에 합신이 전제된다는 사실을 항상 명심하여야 한다. 합신 이전에는 합굴이, 그리고 그 바탕(외곽 공기놀이의 '방바닥')은 집신이다. 이렇게 생각할 때에 소굴5(전굴) 다음에 반드시 합신과 합굴을 한 다음에 소신1이 시작하게 된다. 이렇게 서양과 동양의 셈법 차이는 합신과 합굴 가운데 어느 것을 전제하느냐의 차이일 뿐이다.

　그런데 정역의 중위론에서는 동양식과 서양식을 모두 고려해야 한다. 서양식은 소신1-약신2-중신3-식신4-모신5이지만, 동양식은 굴신이 반대가 되어 모굴1-식굴2-중굴3-약굴4-소굴5이다. 김일부의 중위론을 이해하기 위해서는 '모굴1'하기 전에 수지 5개가 모두 신한 것을 (합신) 전제해야 하고, 소신1하기 전에 모지5개를 모두 굴한 것을(합굴)

---

13) 굴을 양이라고 하고 신을 음이라고 하는 이유도 여기에 있다. 다시 말해서 동양에서는 신은 수동적이고 여기서 굴하면서 셈이 시작되기 때문에 굴을 양이라고 한다. 서양에서는 굴이 수동적이고 신이 능동적이다.

전제하기를 의식해야 한다. 바로 이 두 합굴과 합신도 사각형 안에 넣어야 하기 때문에 세로에 8개 칸이 생기게 된다. 이는 멱집합에서 제 자신도 자기 집합의 한 부분이 된다는 원리인 것과 같다. 즉, 어느 집합의 부분집합은 반드시 자기 자신과 공집합 ∅을 포함해야 한다.

이렇게 5개의 수지 가운데 어느 하나를 굴신하는 순간 가로와 세로와 대각선의 삼자가 동시에 결정된다. 이 말은 (도표48)에서 짝과 쌍이 동시에 만들어진다는 것과 같다. 또 충전과 감전이 동시에 생긴다는 말과도 같다. 예를 들어서 모굴1의 짝은 모굴1/소굴5이고, 그 쌍은 모굴1/모신5이다. 짝은 집굴과 집신 격자 안에서 가로와 세로가 굴굴 혹은 신신으로 맺는 충전 관계이고, 쌍은 같은 집굴과 집신 격자 안에서 세로의 좌우와 가로의 상하가 맺는 감전 관계라 했다. 그래서 (도표48)은 좌우(세로)와 상하(가로)의 2차원에 굴신차원이 더해진 3차원이다. 굴신을 사각형의 전후로 보아도 무방하다. 이러한 이유로 짝과 쌍은 3차원의 전후, 좌우, 상하에 의해 결정된다. 여기서 움직이는 시간을 가미할 때에 4차원이 된다. 이러한 3차원과 그 이상의 차원에서 중위를 잡는 문제는 동서고금의 공통된 고민거리라 할 수 있다.

그리스인들은 그노몬을 통해서, 우리는 유아기 때부터 그 가운데 중을 잡는 법을 교육하는데 그것이 단동십훈이다. 다시 말해서 유아 교육법으로 그리스인들에게 그노몬이 있었다면, 우리에게는 단동십훈이 있었다. 수지 하나를 굴신하는 순간 전후좌우상하를 모두 둘러보는 훈련을 시키는 것이 바로 단동십훈이다. 즉, 단동십훈檀童+訓이란 1~2세 아이들에게 이러한 차원 개념을 훈련시키는 것이다. 여기서는 필요상 10훈 가운데 제 2~4훈만을 소개하고 이를 수지론과 연관을 시켜 보려 한다.

그노몬과 단동십훈

제3훈인 '도리도리道理道理'는 머리를 좌우로 돌리게 하면서 아이에게 가르치는 십훈 중 최초의 교과목이다. 이에 대하여 제 2훈인 '시상시상 詩想詩想'은 머리를 상하로 움직이면서 상하의 구별을 훈련시키는 것이다. (도표48)은 하나의 격자 안에서 수지의 굴신에 따라서 상하와 좌우를 살피게 하는 학습용이라 할 수 있다. 석합보공이란 합하고 나누어 공에서 서로 보합한다는 뜻이다. '보합'이란 쌍을 맺는다는 뜻이다. 이렇게 하여 수지 5개가 짝을 만들게 되면 궁이 만들어진다. 굴과 신이 보합을 하면 항상 6(세로) 아니면 5(가로)이 된다. 6과 5에서 굴신을 서로 보합을 한다는 말이다. 보합을 하는데 따라서 배진수와 전진수가 생긴다. 그래서 단동십훈이란 석합보공의 다른 말이라 할 수 있다.

짝짝궁의 궁이 다름 아닌 세로선상에서 굴과 굴 그리고 신과 신이 짝을 만드는 것이다. 그런데 곤지곤지는 대각선의 좌우에서 굴과 신 그리고 신과 굴의 쌍끼리 쌍을 맺는 것이다. 정대각선은 가로와 세로가 사상된 중앙이다. 이 중앙과 주변의 가로나 세로가 서로 대응하는 것이 곤지곤지이다. 그런데 이러한 대각선상의 것들을 반대각선화와 반가치화를 하면 그것이 합굴과 합신이 되고 합굴과 합신은 잼잼에 해당한다.

다시 말해서 도리도리 짝짝궁을 통해 가로와 세로가 사상돼 대각선화가 되면 곤지곤지 잼잼을 해 대각선을 반가치화와 반대각선화를 하여 합굴과 합신을 만든다. 도리도리 짝짝궁으로 중심이 생기면 중심과 주변의 조화를 시켜야 하는데 그것이 곤지곤지 잼잼이란 말이다.

제4훈인 '지암지암持闇持闇'은 두 손을 폈다 쥐었다 하는 동작과 함께 "지암지암(잼잼)" 하며 손놀림을 한다. 제5훈인 '곤지곤지坤地坤地'는 왼손바닥을 펴게 한 다음 오른손 검지로 왼손 바닥을 찧게 하는 것이다.

곤지곤지 잼잼은 도리도리 짝짝궁과는 달리 대각선화 그리고 다시 반대각선화하는 것과 연관이 된다. 대각선은 가로와 세로가 사상된 중이기 때문이다. 그래서 도리도리 짝짝궁은 석굴(석신)인 개굴(개신)과 전굴(전신)에 연관이 된다면, 곤지곤지 잼잼은 합굴(합신)과 서로 연관이 되는 문제로서 그 성격이 판이하게 다르다. 에덴동산에서 이름 짓는 행위가 도리도리 짝짝궁이라면,[14] 동산의 중앙과 주변의 나무를 구별하는 것이 곤지곤지 잼잼이다. 구약성서에서 아담과 이브는 도리도리 짝짝궁는 성공적으로 했지만 곤지곤지 잼잼에서 실패를 했다.

고개를 상하 좌우로 돌리는 것을 '도리도리 짝짝궁'이라 할 때에 이것은 짝을 만드는 것이다. 이렇게 가로와 세로가 사상되어 짝을 만들면 그것이 대각선이 된다. 짝이 사각형이라면 대각선은 마름모형이다. 이제 대각선이 반대각선화가 되면 합굴과 합신이라는 세로(혹은 가로)인 궁이 만들어진다. 다시 말해서 대각선이 세로로 반대각선화 되면 그것이 합굴이고 합신이다. 대각선화에서 반대각선화 되고 다시 대각선화가 되는 과정은 곤지곤지 잼잼에 해당한다.

이렇게 궁이라고 하는 곳이 0으로서 (도표48)의 좌우 양단 끝에 있는 합굴과 합신이다. 도리도리 짝짝궁을 하는 과정에서 대각선화가 만들어지는 과정을 보게 되었고, 곤지곤지 잼잼을 통해서 다시 대각선이 반대각선화가 되는 것을 보았다. 이렇게 대각선 논법을 시각적으로 확인할 수 있는 기제장치로서 위 (도표48)만큼 도움이 되는 것도 없을 것이다. 가로와 세로가 사상되는 것이 대각선이고 보면 대각선화는 도리도리 짝짝궁의 결과에 불과하다. 단동십훈은 도리도리 짝짝궁 다음으로

---

[14] 창세기 2장 19절에서 신이 인간에게 사물들에 이름을 짓게 한다. 이것은 명패와 물건을 구별하게 하는 훈련으로서 세로와 가로 개념을 가르치는 행위이다. 이는 도리도리 짝짝궁에 해당하고, 동산의 중심과 주변을 나누게 하는 것은 곤지곤지 잼잼에 해당하는 교육과정이다.

곤지곤지 잼잼을 함으로써 대각선화에서 반대각선화를 시도한다. 이 두 과정을 통해 일부가 말하려고 한 중위론의 전모를 파악하게 될 것이다.

사각형의 내곽은 수지의 굴신에 따라 두 개의 집합이 만들어지게 하는데 하나는 집굴={모굴1, 식굴2, 중굴3, 약굴, 소굴5}이고, 다른 하나는 집신={소신1, 약신2, 중신3, 식신4, 모신5}이다. 수지가 나열되는 순서는 모지와 소지에서 굴신을 하면서 시작했을 때에 그 순서에 따른 것이다. '소굴5' 혹은 '약신2'라고 할 때에 5와 2는 순서와 개수를 동시에 의미한다. 다시 말해서 5개의 수지가 하나의 작은 집합들을 만드는데 이를 '부분집합'이라 한다. 부분집합은 석굴과 석신, 합굴과 합신, 석굴과 석신을 포함한다. 그 속에 공집합과 자기자신도 부분으로 포함된다.

'부분part'은 '요소elements'와 구별되어야 한다. 부분은 집합에 '포함including'된다 하고, 요소는 '귀속belonging'된다 한다. 그런데 부분집합에서 문제가 생긴다. 소굴5나 모신5의 집합을 전굴과 전신이라고 하는 이유는 수지 5개를 모두 자기 안에 귀속시키고 있는 동시에 그것은 곧 굴셈과 신셈하기의 끝인 한 개 이기 때문이다. 이는 멱집합의 역설과 순서수의 역설을 말하고 있는 대목이다. 여기서 대각선 논법의 연속과 비연속의 문제, 그리고 중위수론의 논리적인 문제점들이 제기된다. 알랭 바디우는 지금까지 수학에서 귀속과 포함을 구별하지 못해 왔다고 하면서 귀속에 3개의 요소들이 있다면 그것이 만드는 부분집합은 2^3으로서 부분들이 요소들 보다 항상 더 커진다고 했다.[15] 커지는 원인이 다름 아닌 부분집합에는 공집합과 자기 자신이 포함되기 때문이다.

소굴5는 전굴로서 (도표48)의 ⑥번인 세로 칸에서 수지 5개를 모두 귀속시키면서 집굴 안에 포함돼 있다. 전굴과 전신은 위 공기놀이의 (도

---

15) 집합 {a, b, c}의 멱집합은 2^3에 의해 {∅, a, b, c, ab, bc, ca, abc}이다.

표48)의 (4)번에 해당한다. 멱집합에서 집합 자신이 자기 집합 안의 부분으로 포함되는 것과 같다고 할 수 있다. 이렇게 소굴5나 모신5와 같이 집합이 자기의 집합 안에 한 부분으로 포함될 경우를 특히 전굴(전신)과 구별하여 '합굴(합신)'이라 부르기로 한다. 그런데 심각한 문제는 개굴과 개신에는 석합보공의 쌍이 보이는데 전굴과 전신에는 쌍이 안 보인다는 데 있다. 개굴과 개신이 굴신으로 석합보공을 하고 있다면 전굴 ⑥'번과 전신⑬번은 5개의 칸과 줄이 모두 굴아니면 신이기 때문이다. 그러면 개굴과 개신에는 쌍이 있는데 전굴과 전신 자체에 해당하는 쌍은 무엇인가? 그 쌍을 어떻게 찾아낼 수 있을 것인가. 소굴5나 모신5도 모굴1과 소신1이라는 짝은 가지고 있다. 짝이 있다면 반드시 쌍도 있어야 하기 때문에 전굴과 전신의 쌍을 찾아 나서야 할 채비를 해야 할 차례이다. 이들 쌍을 찾는 과정에서 콘웨이가 발상한 수의 탄생원리를 찾는 초수 원리를 알게 될 것이다. 그리고 그리스 그노몬 속에 쌍 찾는 비밀이 있다.

그리스의 그노몬과 중위론

직선으로 나열되는 하도수와 낙서수를 공자와 요순에 연결시키는 것은 그만큼 그 의의가 크기 때문이다. 유치원생도 이해할 수 있는 단순 나열법이지만 신은 수학자였다고 할 만한 모든 것의 이론들이 그 속에 들어 있다. 위에서 말한 정령은 손도수로 우수인 2, 4, 6, 8, 10이고, 려율은 손도수로 기수인 1, 3, 5, 7, 9이다. 그러면 이렇게 단순해 보이는 수 나열법에 일부는 왜 그렇게 집착을 하고 있는 것인가. 그 이유를 알자면 그리스 수학으로 돌아가 그노몬gnomon이라는 것을 살펴보면 그 중요성을 이해하고도 남음이 있을 것이다.

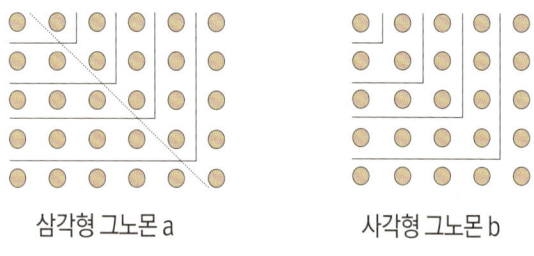

삼각형 그노몬 a   사각형 그노몬 b

〈도표51〉 삼각형과 사각형의 그노몬

　그리스인들은 동양이 5행을 말할 때에 4원소설에 집착해 있었다. 동양은 생수와 성수로 나눌 줄 알았고 그것을 5행과 일대일 대응을 시키는 동시에 그것을 통해 마방진을 만들 줄 알았다. 피타고라스는 생수에 해당하는 1, 2, 3, 4의 네 수에 집착하여 이를 '테트락티스tetractys'라고 했다. "신과 인간을 창조한 거룩한 넷인 테트락티스여 우리를 축복하소서"(Loshou, 81)라고까지 예찬을 하였다. 그러나 여기서 피타고라스는 5를 제외하였다. 그 이유는 완전수 10이 네 수의 합 1+2+3+4=10으로 만들어지기 때문이다. 그리고 이 테트락티스는 음악의 2:1, 4:3 그리고 3:2의 비례를 만들어 내기 때문에 더욱 신비의 대상이 되었다.
　그러나 피타고라스는 이들이 짝째기라는 사실에 대해서는 무지하고 말았다. 가장 주요한 것을 놓치고 말았다. 테트락티스는 생수이고 이들 각각에 5를 더하면 6, 7, 8, 9라는 성수가 만들어지고 생수와 성수의 일대일 대응이야 말로 오행으로 가는 길목이다. 동양에서 볼 때에 이 사실을 모른 피타고라스를 수학의 아버지라고 할 수는 없을 것이다.
　테트락티스가 파생해내는 수학적 문제는 크다. 테트락티스식 수 나열법을 '그노몬'이라고 한다. 하도수 10과 낙서수 9는 그것이 서수인 동시에 기수이다. 기수로 생각하여 1, 2, 3, 4, 5, 6, 7, 8, 9, 10을 구球로 된 구슬을 쌓는 방법으로 셈을 할 때에 테트락티스는 다음과 같이 기하학적으로 나열될 수 있다. 이때에 삼각형으로 쌓는 방법과 사각형으로 쌓는 두 가지 방법을 생각할 수 있다. 다음 그림에서 좌측은 삼각형으로 그리고 우측은 사각형으로 쌓은 것이다.

 삼각형에서는 하락수 계열을, 그리고 사각형에서는 기수와 우수 계열을 발견할 수 있다. 기수 계열인 1, 3, 5, 7, 9는 려율이고, 우수 계열인 2, 4, 6, 8, 10은 정령이다. 삼각형과 그 안에 있는 개수를 셈하는 방법은 $\frac{1}{2} \times n(n+1)$과 같다. 여기서 n은 해당 삼각형의 밑변의 개수이다. 예를 들어서 삼각형의 밑변이 10이면 $\frac{1}{2} \times 10(10+1)=55$이다. 이것이 바로 하도수이다. 그리고 낙서수는 $\frac{1}{2} \times 9(9+1)=45$이다. 여기서 발견된 주요한 한 가지 사실은 삼각형의 밑변에 해당하는 것이 다름 아닌 사각형의 두 개의 대각선이라는 점이다.

 서양에서는 4fingers와 1thumb로 구별한다고 할때에 이 구별의 차이는 매우 크다. 순서수의 역설과 관련이 있기 때문이다. 전체인 동시에 끝수인 모지를 부분과 분리시키는 것이 서양이고 분리시키지 않는 것이 동양이기 때문이다. 서양식으로 셈을 할 때에 모지는 끝이다. 그래서 끝은 다른 수와 구별해야 한다. 끝은 동시에 전체에 해당하기 때문이다. 아니면 역설이 발생한다. 다시 말해서 집합의 전체가 부분으로 포함되느냐 되지 않느냐의 차이이기 때문에 매우 주요한 관점의 차이를 여실히 보여주고 있다. 전굴(전신)을 개굴(개신)과 구별해야 한다. 이것이 서양의 사고방식이다.

 10은 2와 5의 배수이고 서양에서 10을 의미하는 decade는 dekem에서 유래했으며 그 의미는 '두 손two hands'이란 뜻이다. 10의 약수인 2와 5는 음양과 오행을 의미한다. 그리고 10은 천간이다. 이렇게 볼 때에 음양오행론에 어떤 신비적인 의미를 부여할 아무런 이유도 없다. 네 수의 합이 1+2+3+4=10인데, 아리스토텔레스는 이렇게 수가 증가하는 것에 특별한 관심을 갖는다. 정역은 5를 첨가해 15를 거론한다. 특히 동형반복적으로 동일한 형태가 반복하면서 증가하는 것을 두고는 특히 '그노몬gnomon'이라고 한다.

만약에 테트라티스를 그노몬의 형태로 배열을 하면 중위론의 비밀을 알 수 있다. 수의 두 가지 종류인 서수와 기수 가운데 기수에 관심을 두고 10이란 수를 배열해 보는 것이다. 역의 하도와 낙서란 다름 아닌 흑점과 백점을 이용해 개수 형식으로 배열한 것이다. 마찬가지로 그노몬도 수를 개수로 나타내는 것이다. 그리스인들이 아래와 같이 그노몬을 그릴 때에 동양에서는 하도와 낙서가 발전되었던 것이다. '그노몬'이란 말 그대로 수를 개수로 집적에 쌓아 올릴 때에 당연히 무한의 문제에 직면하게 된다. 그러나 하도와 낙서는 그노몬의 형태가 서양과는 판이하게 달랐다. 그러나 양자가 모두 공기알을 사용해 개수를 셈하였고 그것을 쌓아 층을 만드는 점에서는 같았다. 그노몬은 단 1, 2, 3, 4의 네 층이지만 역에서는 흑점과 백점으로 나누어 그것의 비례를 10:9 혹은 9:10으로 짝째기를 만든다.

역에서 1, 2, 3, 4를 생수라 하듯이 피타고라스학파에서도 1-4의 수를 만물의 어머니라 하여 "성스럽고 성스러운 테트라티스tetratys여, 당신은 모든 창조물이 끊임없이 흘러나오는 뿌리의 원천을 품고 있습니다."(과학 언어, 61)라고 했다. 사영론의 주요함을 말하고 있다. 역에서는 1-5까지의 수를 생수生數라고 한 것에서 양자간의 차이성을 발견하게 된다. "4는 10이며 완전한 삼각형이자 우리들의 암호이다"라고까지 했다. 여기서 4가 완전한 수인 원인은 '완전한 삼각수'란 말에 기원을 둔다. 그리스인들이 수를 점으로 셈하기 시작했다는 것과 기하학적으로 파악했다는 것을 의미한다. 이는 동양의 역에서 그렇게 한 것과 일견 같아 보인다. 그러나 결과는 판이하게 다르다. 5의 철저한 배제 그것이 그리스인들의 정신이었다. 그러나 석합보공이란 관점에서 보면 동서양 간에 일치성을 엿볼 수 있다.

그리스인들은 이 테트라티스를 통해 정수만을 수로 다루었다. 이것이 정수론의 시작이라 할 수 있다. 무리수를 그렇게도 두려워 한 이유도 그것이 정수가 아니기 때문이다. 그러나 동양의 역은 생수를 대각선화하여 성수를 만들고 이를 일대일 대응을 시키는 기법과 반대각선화와 반가치화의 요소들을 발견해 낸다. 서양에서는 테트라티스에서 대각선 논법을 발견하고, 수의 불완전성, 나아가 수에는 위와 수가 있다는 사실을 19세기 말에 와서야 알게 된다. 그러나 피타고라스의 사람들은 테트라티스 속에 이런 수학의 비밀이 있다는 사실을 알고는 있었지만 그들은 이를 두려워했다. 그래서 그들은 수의 발견자인 동시에 수의 무지자인 수의 훼방꾼들이라고까지 할 수 있다(단치히, 2007, 62).

우리는 앞으로 그노몬을 통해 하락의 수, 정령과 려율의 수, 그리고 3천양지의 비례 수까지 모두 짝째기라는 관점에서 고찰하게 될 것이다. 그리고 대각선논법과 연관하여 수의 비결정성까지도 파악해 알 수 있게 되고, 나아가 그노몬을 통해 원방각의 관계까지도 알게 될 것이다. 그노몬을 삼각형(람다형 λ)으로 배열하느냐, 사각형으로 배열하느냐, 사각형 가운데서도 직사각형으로 하느냐, 정사각형으로 하느냐, 원으로 배열하느냐에 따라서 기수와 우수의 탄생 비밀도 알게 될 것이다. 이를 두고 각각 ㅅ자형, ㅁ자형, ㅇ자형이라고 부르기로 한다. 그노몬을 통해 하락수의 탄생과 정령(2, 4, 6, 8, 10)과 려율수(1, 3, 5, 7, 9)의 탄생 비밀부터 알아보기로 한다.

위 (도표51)을 통해 볼 때에 정령과 려율은 직사각형(a)이냐, 아니면 정사각형(b)의 차이에 의한 대각선이 달라지는데, 이에 따라서 수가 결정되는 것을 알 수 있다.(Quadrivium 358) 그리고 두 개의 직사각형과 정사각형 안에 작은 사각형을 크기에 따라서 차례대로 만들어 나가면 려율의 경우(a)에는 점들이 음수인 2, 4, 6, 8, 10개가, 그리고 정령의 경우(b)에는 점들이 양수인 1, 3, 5, 7, 9개가 들어가면서 증가하는 것을 발견한다. 정대각선이 전자의 경우에는 점들 사이에 들어가고, 후자의 경우에는 점 자체가 대각선이 된다. 정역의 중위수도 10:9, 9:8, ….등과 같이 음수와 양수가 번갈아 가면서 짝째기를 만든다. (도표51)에서 a와 b는 세로는 같으나 직사각형과 정사각형의 가로의 비는 6:5이다.

피타고라스 학파의 사람들은 삼각수와 사각수가 정수론의 시작이라는 것을 알고 있었다. 즉, 그들은 사각수는 동일한 계수의 삼각수 바로 이전 삼각수를 더한 것과 같다는 사실을 알고 있었다. 즉, 계수 n인 삼각수가 1+2+3+…+n인 경우 사각수의 수는 ½n(n+1)이란 등식이 성립한다. 위 도표의 (a)를 통해 볼 때에 밑면 n이 5인 두 개 삼각형의 밑변끼리 마주 붙이면 하나의 직사각형이 생긴다. 이때에 세로는 5(n)이고 가로는 6(n+1)이다. 그러면 직사각형이 생기고 그 안에 들어 있는 점들의 개수는 30이 된다. 삼각형 안에 들어 있는 것은 15가 되어 ½n(n+1)이란 등식이 성립한다. 계수가 n=10인 삼각수는 55이고 그 이전의 n-1=9는 45이다. 이것은 하도수와 낙서수가 생겨났다. 그리고 두 수의 합은 대원수 100이다.

삼각형의 저변을 n이라고 할 때에 그 삼각형 안에 들어 있는 점들의 개수와의 관계표를 만들면 다음과 같다.

n = 1, 2, 3, 4, 5, 6, 7, 8, **9, 10**, 11, 12, 13···
½n(n+1) = 1, 3, 6, 10, 15, 21, 28, 36, **45, 55**, 66, 78, 91···

위의 표를 통해 볼 때에 하도수와 낙서수는 다름 아닌 n이 10(55)과 9(45)인 것이 분명해졌다. 식으로 이를 나타내면 다음과 같다.

½n(n+1)=1/2×10×11=55 밑변이 10인 직각삼각형 (a)
½n(n-1)=1/2×9×10=45 밑변이 9인 직각삼각형 (b)

하도 직각삼각형과 낙서 직각삼각형의 수를 합하면 100이라는 말은 한 변이 10인 정사각형 10^2=100이란 말과 같다. 다시 말해서 하도와 낙서 삼각형이 대각선에서 마주 붙으면 정사각형이 된다(도표51b). (a)의 두 직각 이등변 삼각형의 밑변(대각선)이 하나로 되면 정사각형이 되어 버리고(b), 두 개의 삼각형 가운데 하나의 밑변이 n이면 다른 것은 n-1이 된다. 10이면 9가 되어 짝짜기가 된다. 그러면 이는 중위수의 비례이며, '중'에 해당하는 대각선이라는 삼각형의 밑변이 둘로 되느냐(직각사각형)(a), 하나로 되느냐(정사각형)(b)의 차이인 것이다. 10이 되느냐 9가 되느냐는 직사각형의 대각선이 밑변이냐 정사각형의 대각선이 밑변이냐의 차이인 것이다.

이는 방과 각의 관계인 것이다. 그러면 한 변이 n인 정사각형은 그 안에 밑변이 (n+1)인 직각 이등변 삼각형과 (n-1)인 직각 이등변 삼각형을 두 개 포함하고 있다. 그리고 직사각형에서 직각 이등변 삼각형의 밑변이란 정사각형에서 두 개의 인접하는 대각선이다(도표51a). 이때에 n은 정확하게 (n+1)과 (n-1)이란 손익 관계 속에 있다. 전자는 n보다 1이 익하고, 후자는 손한다. 정역의 중위수 개념은 이러한 손익 관계 속에 성립하는 것이다. 궁수와 목표물이 상반된 방향으로 달릴 때에 과녁을 적중하는 것이 중위이고 중위는 손익법의 다른 말이다. 이런 손익법을 두고 율려라고 하는 것이다. 특히 동양 음악에서 손익법은 음률 조절에 필수적인 기법이다.

미로와 중위수

아래 (도표52)에서 정사각형을, 정대각선을 중심으로 좌우로 나누면 흑백 이등변 삼각형이 두 개 생긴다. 그런데 백색의 밑면은 하도수 10이고, 흑색의 그것은 낙서수 9이다. 하10낙9냐 하9낙10이냐 논쟁의 현주소이다. 하락이란 흑백 가운데 어느 것으로 하느냐의 차이로써, 결코 양자는 분리될 수 없음을 말해주고 있다. 정역이 말하려고 하는 점이 바로 여기에 있다. 양자 간의 동이를 논하는 데 있어서 주요한 개념은 '대각선' 그리고 '방' '각' '원'이다. 다시 말해서 (도표52)에서 볼 때에

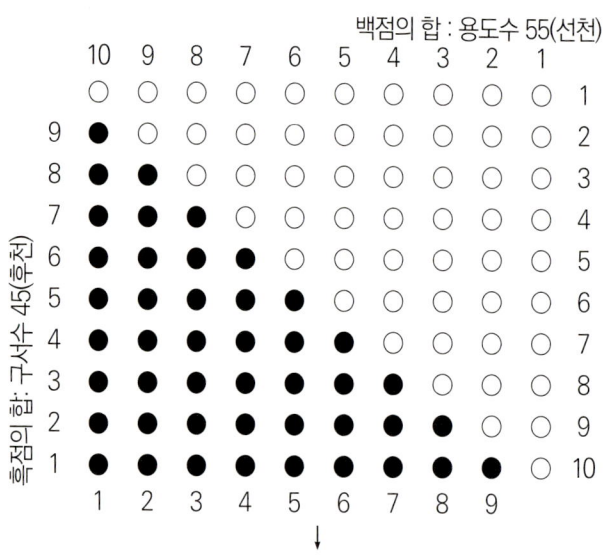

(도표52) 하도55낙서45

정사각형(방)을 정대각선을 중심으로 두 개의 삼각형(각)으로 나누었을 때에 정대각선에서 9와 10이란 두 수가 분리된다.

두 개의 삼각형을 흑점과 백점으로 구별하는 것으로부터 테트라티스에 대한 탐구는 시작된다. 여기서 관찰의 주요 대상은 삼각수와 사각수의 관계이다. 3각수와 4각수와의 관계에서 흥미를 더해주는 것은 원방각의 문제이다.

두 개의 직각삼각형 밑변의 개수가 n으로 같으면 이것이 대각선에서 만나 두 개의 삼각형이 합하여 한 개의 직사각형이 된다. 이렇게 만들어진 직각사각형의 가로와 세로는 n과 (n+1)로서 짝째기가 된다. 이렇게 만들어진 것이 (도표52)이다.

이제 이를 더 간편히 하여 가로와 세로가 각각 3개의 점들로 된 정사각형이 어떻게 원방각으로 변하는가를 보기로 한다. 즉, 아래 (도표53a)와 (도표53b)는 9개의 점들이 어떻게 원방각이 될 수 있는가를 한눈에 보여준다.

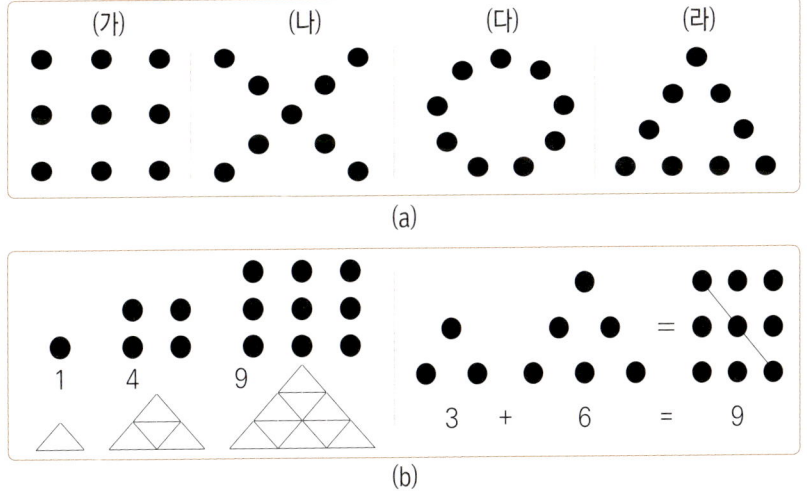

(도표53) 흑점 9의 방과 각

제5장 칸토어의 대각선 논법과 중정론 291

가로와 세로가 3인 정사각형의 정대각선과 부대각선의 X자 형을 (나) 반대각선화하여 원주가 되게 하면 방이 원으로 변해 버린다(다). 그리고 정사각형의 가로와 세로 그리고 두 대각선에 있는 10개의 점들을 삼각형의 변으로 바꾸면 한 변이 4인 정삼각형이 된다(라). 정사각형의 3이 정삼각형의 4가 된 이유는 대각선상의 점들이 삼각형의 변으로 변했기 때문이다. 일종의 반대각선화이다. 그래서 내릴 수 있는 주요한 결론은 정사각형 안의 정대각선과 부대각선이 반대각선화가 되면 원으로도 각으로도 변해 버린다는 것이다.

하도수 삼각형의 밑변 n=10과 낙서수 삼각형의 밑변 9=(n-1)을 마주 붙여서 직사각형을 만들면 (도표52)와 같아진다. 하도수는 백점으로 낙서수는 흑점으로 표시하였다. 이는 9와 10의 관계의 문제이다. 유목은 '하9낙10'이라 했고, 소강절과 주자는 '하10낙9'이라고 했다. 한국의 퇴계는 후자의, 그리고 율곡은 전자의 입장을 취한다. 후대에 주자의 설이 정설로 굳어졌다.

흑점 삼각형(낙서) 안에는 흑점이 45개, 백점의 삼각형(하도) 안에는 백점이 55개 들어 있다. 삼각형 밑변의 수는 흑점의 경우는 9개, 백점의 경우는 10개이다. 만약에 대각선의 수를 모두 같게 10으로 하면 직사각형이 된다. 직사각형이 되면 가로와 세로가 n과 (n+1)의 짝째기가 된다. 이를 두고 기하학적 소멸이라고 하며 다음 장에서 다루어질 것이다. 직사각형이 되면 흑점과 백점의 수는 동일해진다. 그렇다면 선천과 후천, 그리고 하도와 낙서는 기하학적으로 볼 때에 서로 분리될 수 없는 성격의 것이다. 다시 말해서 정사각형을 직사각형으로 바꾸면 가로와 세로의 수가 짝째기가 되고 이것이 10:9냐 아니면 9:10이냐의 문제를 야기 시킨다.

그리고 정역의 중위수론은 대각선상의 수로 볼 때에 10:9, 9:8, 8:7…, 1:0으로 좌우로 확산되는 것이라 할 수 있다. 흑백점은 서로 1+9, 2+8… 등과 같이 석합보공을 한다. 그리고 하나가 전진을 하면 다른 하나는 배진을 하면서 수가 증감을 한다. 이런 비례를 사영론에서도 볼 것이다. 바로 이러한 면모를 여실히 보여주는 것이 정역의 중위론이다. 다시 말해서 정대각선과 부대각선을 모두 고려의 대상으로 삼을 때에 사각형 안의 다른 편대각선들도 모두 고려의 대상으로 삼을 때에 그것이 중위라고 하는 것이 정역의 이론이다.

5.4 대각선 논법과 초수론

대각선 논법과 역설의 발견

 (도표48)은 단동십훈의 도리도리 짝짝궁과 곤지곤지 잼잼을 한 눈에 보게 한다. 굴굴과 신신이 짝을 지어 석굴과 석신의 짝을 만드는 것은 (가로와 세로) 도리도리 짝짝궁이고, 합굴과 합신(대각선)이 궁을 만들어 대각선을 반가치화/반대각선화를 하고 있다. 이 두 기능은 그 성격에 있어서 같지 않다. 아래에서는 이 두 과정이 성립하는 과정을 대각선 논법에 관련하여 설명을 하려고 한다. (도표48)에서 세로 칸은 6(8)이고, 가로 줄은 5개이다. 이는 일상에서 동양식으로 수지 5개로 셈을 할 때에 굴과 신을 한 번 할 때마다 수를 하나씩 증가시켜 나가는 구조를 그대로 보여준 것에 지나지 않는다. 그러면 수지는 5개인데 왜 세로는 8칸인가? 이것이 도표가 갖는 큰 의미이다.

 도표를 작도할 때에 적용된 큰 원칙 가운데 하나가 굴신 없이는 수가 증감할 수 없다는 것이다. 외곽의 집굴과 집신에서는 아직 굴신이 없는, 그래서 수가 없는 가수만 있는 위 자체인 공집합 $\emptyset$ 이다. 그리고 합굴과 합신은 수지 하나가 굴신을 할 때에만 수를 주는 원칙을 어기기 때문에 수가 없는 0이다. 그러면 공집합과 0이 $\{\emptyset, 0\}$ 혹은 $\{0, \emptyset\}$이면 어떤 수가 다음에 만들어지는가? 이러한 문제를 다루는 수학의 분야를 두고 '초수론'이라고 한다. 그러면 지금부터 초수론에로의 여행을 떠나기로 한다.

 수지 셈하기에서 계열의 끝과 처음인 합굴과 합신의 요소인 모굴1의 짝은 소굴5이고, 소신1의 짝은 모신5이다. 짝은 동성끼리이다. 이들은 짝은 있지만, 짝들의 쌍은 없다. 쌍은 (도표48)에서 보는 바와 같이 석굴과 석신의 사상으로 만들어지는 대각선인데 석굴의 모굴1과 소굴 5과 석신의 소신1과 모신5는 시작과 끝, 그리고 끝과 시작이기 때문에 그것에 해당하는 쌍이 안 보인다. 쌍은 이성끼리이다. 없는 것이 아니라 집신과 집굴 안에 들어 안 보인다. 다시 말해서 내곽 안에 있는 것이 아니라 외곽안에 있다. 공집합 안에 있다는 말이다. 그래서 문제 해결의 관건이 바로 공집합(집굴/집신)에 달려 있다.

　이들 짝들은 다른 짝들과 달리 굴신의 끝이고 시작인 동시에 수지 5 개를 모두 그 안에 귀속시키고 있기 때문에 이들이 귀속된 것을 개굴(개신)과 구별하여 전굴(전신)이라고 한다. 이런 상황에서 모굴1/소굴5(소신1/모신5)의 쌍을 발견하는 데는 두 가지 방법이 가능하다. 전굴과 전신은 순서수의 역설에 의해 순서의 끝인 동시에 전체 자체이고 다음 순서의 시작이다. 굴의 끝(소굴5)은 신의 시작(소신1)이고, 신의 끝(모신5)은 굴의 시작(모굴1)이다. (도표48) 격자 안의 가로와 세로를 사이에 두고 좌우와 상하에서 만드는 짝과 쌍들끼리의 합은 7과 6이다.

　쌍은 짝과 달리 대각선에서 반드시 굴과 신으로 다른 성들 끼리 관계를 맺는다. 즉, 정대각선에서 세로와 가로에서 쌍들이 만들어진다. 격자 안에서 세로 쌍은 사각형의 상하에서, 가로 쌍은 좌우에서 만들어진다. 이때에 상하 쌍인 가로 간의 합은 항상 7(예: 약신2+소굴5)이고, 좌우쌍인 세로 간의 합은 6(예: 식굴2+식신4)이다. 석굴과 석신에서 5+4+3+2+1=15라는 그노몬을 만든다. ㅅ자형 두 삼각형의 밑변이 대각선이 되어 마주 붙을 때에 가로가 6이고, 세로가 5인 ㅁ자형 직사각형이 새로 생겨난다. 그래서 직사각형 속에는 석굴과 석신에 해당하는 각각 15개의 짝들이 들어 있다. 대각선은 마름모(◇)형인데, 특히 정 대각선상에서 쌍들 간 가로와 세로의 합굴과 합신은 다음과 같다.

합굴과 합신은 석합보공인 대각선화이다. 쌍들은 정대각선에서 좌우와 상하에서 만나는데 석굴의 전굴 안에 있는 '모굴1'과 석신의 전신 안에 있는 '소신1'에는 해당하는 쌍이 없다. 이 쌍을 찾아 주어야 한다. 찾아 주는 데 있어서 한 가지 원칙 가운데 하나는 쌍은 반드시 굴신 관계이어야 한다는 것이다.[16] 쌍을 찾기 위해서는 정대각선의 가로에 있는 쌍을 찾아 아래와 같이 나열하는 것이다.

세로(쌍)	가로(쌍)
모굴1+모신5	(굴6)+소신1
식굴2+식신4	소굴5+약신2
중굴3+중신3	약굴4+중신3
약굴4+약신2	중굴3+식신4
소굴5+소신1	식굴2+모신5
	모굴1+ (신6)

〈도표 54〉 정대각선상 쌍들 간의 굴신표

〈도표54〉를 통해 알려고 하는 것은 석굴과 석신 안에 있는 수지 계열의 처음인 모굴1과 소신1의 쌍을 찾는 것이다. 〈도표48〉에서 보면 모굴1과 소신1의 상하 쌍은 없다. 그런데 상하 쌍의 합은 항상 7이어야 하기 때문에 쌍은 항상 수로 6이어야 한다. 그래야 1+6=7이기 때문이다. 그런데 이들 쌍들이 있는 곳은 내곽이 아니고 외곽이다. 다시 말해서 모굴1의 쌍은 집신 안에 있고, 소신1의 쌍은 집굴 안에 있다. 그런데 집굴과 집신은 모두 공집합이기 때문에 수지의 굴신이 아예 없다. 그래서 이를 특별 처리하여 모굴1의 쌍은 (신6)이고, 소신1의 쌍은 (굴6)으로 표

---

16) 이에 대해 짝은 항상 '굴굴' 아니면 '신신'이어야 한다.

시한다. 이렇게 모굴1과 소신1의 쌍이 정해지면 이들의 짝을 찾아 주어야 한다. 짝들끼리는 굴굴아니면 신신이어야 하고, 합은 항상 6(6+0=6)이기 때문에 결국 짝은 0이 된다. 짝들은 같은 성이기 때문에 '굴굴' 아니면 '신신'이어야 한다. 그래서 (굴6)의 짝은 (굴0)이고, (신6)의 짝은 (신0)이다.

이러한 방법으로 얼마든지 쌍들을 찾아낼 수 있다. 이것이 다음에 말할 콘웨이의 초수론과 맥을 같이 한다. 다시 정리하면 0과 6은 내곽 안에는 없는 외곽 안에 있는 가수들이기 때문에 이를 괄호( )안에 처리하여 표시하기로 한다. 그런데 수지는 모두 1~5개이기 때문에 수지수가 가위에서(외곽에서) 5를 초과하거나 1이하의 수가 될 경우에는 5를 더하거나 빼서 1~5 사이의 수가 되도록 해야 한다. 그리고 5를 더하거나 빼는 것은 굴신을 바꾸는 것과 같다. 다시 말해서 수지 5개를 더하거나 빼기하는 것은 합신과 합굴에서 보는 바와 같이 잼잼에 해당하여 굴신이 서로 반대로 된다. 그래서 (굴6)은 (굴6)-5=신1과 같고, 0은 (굴0)+5=신5와 같다. 물론 (신6)-5=굴1이고, (신0)+5=굴5이다.

이해를 돕기 위해서 이와 연관하여 여기서 참고로 말해 둘 사항은 시계에서 13시는 13-12=오후1시가 되듯이 수지 5를 더하기와 빼기를 하면 오전에서 오후로 오후에서 오전으로 바뀐다. 오전과 오후가 바뀌는 것이 굴신 변화라고 보면 된다. 시계 원리와 같은 원리에 의하여 (신6)-5=굴1로 그리고 (신0)+5=굴5로 바꿀 수가 있다. 쌍들끼리는 굴신이 반대이어야 하고 가로의 합은 7이고, 세로의 합은 5이어야 한다는 규칙도 준수되었다. 여기서 얻어진 소득은 가수와 가위의 역할 문제이다. 초수론에 의하면 가위와 가수는 실로 모든 수들이 태어나는 모태matrix와 같다 할 정도로 주요하다. 아래 8.2에서 황궁도를 다룰 때에 이 점이 더욱 부각될 것이다.

　이러한 전 과정은 수지를 통해 실제로 셈하기를 해 보면 답이 쉽게 발견된다. 석굴에서 '소굴5'하면 이것은 수지 5개가 모두 굴한 것이다. 다음 석신의 시작인 소신1로 넘어가기 위해서는 수지 5개를 모두 한 번 신해주고(합신), 굴해주어야(합굴)한다. 굴신을 할 때마다 수지수 고유성 원칙을 따라야 한다. 그래서 모굴1/소굴5에 이 고유성 원칙을 적용하면 모신5/소신1이 된다. 고유성 원칙이란 굴신은 변하지만 수지와 수지수는 고유하다는 것을 의미한다. 고유성 원칙에 따라 소신1-모신5인 짝을 반가치화시키면 5모굴1/소굴이 된다. 반가치화란 굴이 신이 되고 신이 굴이 되는 것을 두고 하는 말이다. (도표48)의 가로-세로가 세로-가로로 변하고 석신에서 석굴로 이동을 한다. 사각형의 우하에서 좌상으로 이동을 한다. 즉, 대각 대칭 이동을 한다.

　소신1/모신5는 석신 안 전신의 처음이고, 집신 정대각선의 우하에 위치한다. 그리고 그것의 좌상이 바로 집신 정대각선의 끝인 모굴1/소굴5이다. 이렇게 정대각선상에서 방향이 반대로 바뀌는 것을 두고 '역대각선화'라 한다. 반대각선화는 대각선이 세로나 가로로 바뀌는 것이라면, 역대각선화는 대각선의 방향이 반대로 되는 것이다. 우하에서 좌상으로 좌상에서 우하로 방향이 역전되는 것을 '역대각선화'라 한다. 거듭 강조해 말하면 반가치화일 때는 가로와 세로의 위치가 변하지 않고 수지수 고유성의 원칙을 지키지만, 역대각선화가 될 때에는 가로와 세로의 위치가 변한다는 사실에 각별히 유의하여야 한다. 가로와 세로가 바뀐다는 것은 물건과 명패가 서로 바뀐다는 것을 의미하는 것으로서 이는 러셀의 유형론을 무색케 하는 것이나 마찬가지이다.[17]

---

[17] 집굴과 집신 안에서 발견되는 사실은 중굴과 중신을 중심으로 하여 동일한 수지수의 가

'공백의 가장자리'에서 대각선 정리

그런데 문제의 시작은 지금부터이다. (도표48)에서 쌍 찾기는 초수론을 말하기 위한 전주곡에 불과하다. 집합론으로 보았을 때에 외곽은 공집합 $\emptyset$로 표시했다. 그러면 외곽에 있는 것은 모굴1/소굴5과 소신1/모신5의 쌍들과 합신과 합굴이다. 그런데 합신과 합굴은 석굴과 석신의 정대각선이 반가치화/반대각선화 한 것이다. 그러면 합신과 합굴은 내곽과 외곽 사각형의 경계선에 있게 된다. 이를 가위와 가수라고 한다. 이를 알랭 바디우는 '공백의 가장자리edge of void'라고 했다. 합신과 합굴은 수지의 가로와 세로를 나누는 실선이 없는 점선으로 표시돼 있고 그 안에는 굴신으로 수가 생겨나는 가로줄도 없다. 이것이 다시 대각선화되어 정대각선화가 되면 그 속에 가로와 세로가 다시 생겨나 실수와 실위가 된다.

그러면 공백의 가장자리에 해당하는 합신과 합굴을 어떻게 집합론적으로 표시를 할 것인가? 이를 공집합 $\emptyset$와 구별하여 0이라고 한다. 그 이유는 수는 굴신이 있어야 가능한데 합신과 합굴은 주먹 전체가 굴신(0)하지만 집굴과 집신은 자리[位] 자체이지 굴신이 없기 때문에 $\emptyset$이다. 0이란 수는 특이한 수로서 '수가 없다는 것 자체'를 표시하기 위해 고안된 수이다. 그래서 공집합 $\emptyset$와 0은 같은가 다른가에 대한 논의는 수학자들 간에 분분하다. 같기도 하고 같지 않기도 한 '같잖음'의 문제이다.

그런데 이러한 같잖음의 문제에 착안하여 콘웨이는 정확하게 이를

$$0=\{\emptyset, \emptyset\} \quad \text{(식1)}$$

로와 세로가 변경된다는 점이다. 예를 들어서 석굴의 정대각선상의 식굴2/약굴4가 중굴을 중심으로 하여 약굴4/식굴2로 바뀐다. 대각선 논법에서 명패가 물건이 되고 물건이 명패가 될 수 있음을 말하는 것으로서 러셀의 유형론을 무색케 하는 것이다.

로 표시한다. 0과 ∅의 사이 관계를 표시한 것이 (식1)이다. 이것이 콘웨이 초수론의 출발이다. (도표48) 사각형 격자 안의 가로를 ―(으)로 세로를 ｜(이)로 표시할 때에 가로와 세로의 사상을 '의'라고 한다. 수란 이러한 의에서 발생한다. 같은 공집합을 두 개 { }의 안 좌우에 배열을 하고 양자 간의 '크고 작음more and less' 혹은 다소多少를 비교하면 그것이 0이란 사실을 알게 된다. 여기서 말하는 다소는 손익법을 두고 하는 말로서 율려론과 연관이 된다.

  공집합끼리는 크고 작음을 비교할 수가 없다. 해당 수가 없기 때문에 그것을 '0'으로 표시한다는 말이다. 다소를 음양이라 할 때에 음양이란 수는 2와 3, 그리고 3과 4와 같이 다소가 짝째기인 비교이다. 음양수는 항상 이와 같이 짝째기여야 한다. 그런데 공집합은 이런 다소의 비교가 없기 때문에 0으로 표시하게 된다는 것이 콘웨이의 생각이다.

  (식1)을 (도표48)을 통해 확인하는 방법은 쉽다. 공집합 ∅ 두 개를 집신과 집굴의 그것으로 보면 되기 때문이다. 다시 말해서 공집합 두 개가 좌우에 배열될 때에 그 가장자리에서 합신과 합굴의 0이 다소간의 비교를 통해 생겨난다. 합신과 합굴 안에는 바로 이러한 '의'가 성사돼 있지 않기 때문에 '의의 부재'로서 0이다. 가로와 세로가 성립할 수 있는 점선인 테두리만 갖추어져 있다. 이를 0이라고 정의한다. 그래서 테두리 자체도 없는 공집합과는 구별을 한다. 그런데 0은 두 개의 공집합 좌우 사이에서 다소의 비교로서 탄생한다. ∅와 ∅ 사이는 ≱가 성립 불가인 0이다. 이것이 (식1)이 알려주는 비밀이다.

  이렇게 0을 찾은 다음 0이후와 그 이전인 1과 -1을 같은 방법인 다소의 비교를 통해 찾은 것이 (식2)이다.

$$-1 = (\varnothing, \{0\})$$
$$1 = (\{0\}, \varnothing) \dots\dots\dots\dots\dots\dots\dots\dots (식2)$$

0과 ∅을 좌우 어디에 배치하여 다소를 비교하는데 따라서 -1과 1이란 수가 생겨난다. (식2)의 성립 가능성도 (도표48) 안에서 찾을 수 있다. 데드킨드를 비롯한 수학자들은 ∅=0 그리고 {0}=1로 본다. 이는 '같잖음'의 논리인 것이다. -1과 1이 만들어지는 장관을 (식2)가 보여준다.

다음은 0과 1을 좌우 어느 쪽에 배치하느냐에 따라서 -2와 2가 생겨날 것이다. 그 다음 3, 4, 5…도 모두 이런 '의'의 방법인 가로와 세로의 배치에 따라서 수가 만들어진다. 이렇게 만들어진 수들을 김일부는 배진과 전진의 두 방법으로 나열을 하고 있다. 결국 중위론이란 수의 발생이론과 연관이 되며 수를 전후 좌우 상하의 공간 속에 배열할 때에 수가 그 속에서 잉태된다. 아래는 위에서 말한 내용을 콘웨이의 두 가지 규칙을 적용하여 다시 재론하는 방법으로 중위론과 초수론을 연관시킬 것이다. (식1)과 (식2)가 성립하는 배경에 관하여 아래에서 이어 토론이 될 것이다.

수들의 고향인 공집합

수가 어떻게 발생하는가는 현대 수학의 주요 과제 가운데 하나이다. 유클리드의 수 개념은 자연스럽게 사용했다고 하여 자연수를 정의없이 사용했었다. 그러나 19세기 말부터 페아노를 비롯한 수학자들은 수를 논리적으로 정의하는 시도를 한다. 집합론도 그 일환으로 생겨난 것이다. 물건을 그릇에 담는다고 할 때에 종래의 수학은 물건을 먼저 생각했지만, 집합론은 담을 그릇을 먼저 생각한다. 위의 공기놀이에서 보는 바와 같이 공기알을 던지는 '방바닥'이 물건이 담길 그릇이고 '손바닥'은 그것을 담는 그릇이다.(도표50 참고) 집합론에서 이런 구별을 하는 것은 가장 중요한 과정이다. 집신·집굴에 해당하는 방바닥을 '위'라 한다. 합신 합굴은 손바닥 자체이다. 드디어 집합론 이후 역에서와 같이 수와 위를 구별할 줄 알게 되었음을 의미한다. 물건을 담는 그릇이 바로 집신/집굴이며 이를 위라 한다. 아무 물건도 담기지 않는 빈 그릇 자체를 공집합이라 하여 $\emptyset$로 표시한다.

물건을 담는 그릇이 집굴과 집신인 외곽이고, 그것에 담기는 물건이 석굴과 석신인 내곽이다. 그런데 외곽도 내곽도 아닌 그 사이의 공간이 있는데 그것이 대각선에 의하여 만들어진 합신과 합굴이다. 공집합을 그릇에 담으면 $\{\emptyset\}$로 표시하고 이를 1이라고 한다. 이 때에 0과 $\emptyset$가 같으냐 다르냐의 문제가 제기 된다. 데드킨드는 $0=\emptyset$라고 하여 이를 동일시한다. 이안 스튜어트의 말을 직접 들어 보자.

> 0을 $\emptyset$로, 1을 $\{\emptyset\}$로, 2를 $\{\emptyset,\{\emptyset\}\}$로 정의할 수 있다. 그래서 0과 $\emptyset$가 다르다고 하는 것은 전적으로 옳지 않다. 그러나 이에 대하여 다르게도 생각할 수도 있다. 이것이 바로 문제가 되는 수학의 쟁점이다.
> (Stewart,1995, 325)

그러면 0과 $\emptyset$가 다르다고 생각하는 것은 무엇을 의미하는가? 여기서는 이를 '같잖음'이라고 했다. (도표48)의 외곽 사각형 안에는 집굴과 집신이란 두 개의 공집합 $\emptyset$가 있다. 집굴/집신에 합굴/합신은 어떻게 나오고, 또 합굴/합신에서 석굴/석신은 어떻게 만들어지는 것인가? 이는 정역의 핵심되는 질문이라고 할 수 있다.

바로 이러한 수의 발생 과정을 질서 정연하게 설명해 주는 것이 다름 아닌 콘웨이의 초수론이다. 콘웨이는 두 개의 공집합을 비교함으로써 수 발생이론에 대한 설명을 시작한다. 여기서 이 두 개의 공집합을 집굴과 집신으로 된 쌍이라고 하자. 콘웨이가 『Number and Game』(초수론과 게임이론)'에서 두 개의 공집합 쌍에서 0이 발생하는 과정을 (도표 48)로 설명하기로 하자.

5개의 수지들은 굴과 신으로 쌍을 만들고 있다. 모든 수지들의 굴신 쌍들은 모두 집굴과 집신 안에 들어 있다. 이 두 집합 안에 들어 있는 수를 x라고 할 때에 x는 집신과 집굴 안에서 쌍을 만들고 있다. 이때에 (도표48)안에는 공집합과 공집합 아닌 두 가지 종류의 집합이 있다. 공집합이란 집굴/집신을, 공집합 아닌 것(0)은 합굴/합신과 석굴/석신이다. 그래서 합굴/합신은 세 가지 집합 사이에서 중간적 역할을 담당한다.

초수론은 먼저 공집합 두 개를 좌우에 배열함으로써 수의 발생을 시작한다. 좌측과 우측을 (도표48)에서는 집신과 집굴로 생각하면 된다. 여기서 L은 좌측 집신을, R은 우측 집굴을 의미한다. xL와 xR는 수가 아니고 '수들의 집합sets of numbers'이다. 수들의 집합도 쌍이지만 그 안에 있는 수들도 '그 자체가 쌍'이다. 공집합도 쌍이고 석굴/석신 안의 식굴과 약신도 쌍이다. 콘웨이 초수론에서 유의해야 할 대목은 다름 아닌 '수들'과 그 '수들의 집합'을 구별하는 것이라 할 수 있다.

초수론은 공집합(집굴/집신)과 공집합 아닌 것(합굴/합신과 석굴/석신)으로 대별하여 서로 다른 규칙, 그러나 연계되는 두 개의 규측들을 적용하여 수의 발생 과정을 다룬다. 콘웨이는 '수들의 집합'은 X와 같이 대문자로, '수들'은 x와 같은 소문자로써 구별한다. 이러한 설명을 전제로 할 때에 콘웨이 초수론의 첫 번째 규칙은,

(규칙1): "모든 수들 하나하나는 자기 이전에 만들어진 수들의 집합에 대응을 한다. 두 개의 집합을 좌우로 나눌 때에 좌측 집합 안에 있는 어떤 수도 우측 집합 안에 있는 어떤 수보다 크거나 같지 않다."

이를 (도표48)로서 설명을 하면 다음과 같다. 두 개의 집합을 집신과 집굴이라 하고 이를 사각형의 좌우에 나눌 때에 좌측 집합 안에 있는 어떤 수도 우측 집합 안에 있는 어떤 수보다 크거나 같지 않다고 하자. 이를 기호로 나타내어 위에서 말한대로 대문자 X는 '수들의 집합sets of numbers'을, 소문자 x는 '수들numbers'을 표시한다. 그러면

(규칙1)은 "$x=(X_L, X_R)$이라고 할 때에 이는 $(X_L \not\geq X_R)$이다"

로 읽힌다. X_L은 좌측 집신을, X_R은 우측 집굴을 각각 나타낼 때에, x_L은 X_L 안의 어떤 수이고, x_R은 X_R 안의 어떤 수라고 할 수 있다. 이때에 이들은 $x_L \not\geq x_R$을 만족시켜야 한다. 이는 곧 x_L은 x_R보다 '크거나 같지 않음 not greater or equal(NGOE)'임을 의미한다. NGOE는 사실상 '짝째기'임을 두고 하는 말이다. 수의 발단이 짝째기에 있음이 증명될 것이다. 그런데 문제는 만약에 어떤 수든지 이렇게 '수들의 집합으로 된 쌍'이라고 한다면, 도대체 그 시발점 혹은 출발점을 어디에 둘 것인가? 바로 이 질문에 답을 주는 것이 콘웨이 초수론이 공헌하는 것이라 할 수 있다. 이 질문은 천지 창조의 첫날을 어떻게 잡을 것이냐와 동일한 질문이다.

X_L과 X_R은 반드시 이전의 쌍들이 있기 마련이다. 이 쌍을 낮과 밤이라고 할 때에 창조의 첫날 자체는 어디서 창조되는 것인가? 혹은 시작되는 것인가? 결국 X_L과 X_R은 '공집합empty set'일 수밖에 없다. 그렇다면

위 규칙1에 따라서 $(X_L \not\geq X_R)$라고 적을 때에 이 말은 X_L과 X_R이 모두 공집합이란 뜻이다. 첫날에 있는 것은 공집합뿐이기 때문이다. (도표48)에서 볼 때에 그것은 집신과 집굴이다. 그렇다면 둘은 모두 동일한 공집합인데 어떻게 같은 것끼리 '크거나 같지 않다'라고 말할 수 있을 것인가? 결국 두 개의 동일한 '공집합 안에는 어떤 요소도 없음no element of the empty set'이라고 표현할 다른 방법이 없기 때문에 다른 공집합의 어떤 요소와도 커거나 같다고 말할 수 없게 된다. 이것은 참인 진술이다. 그 이유는 공집합 안에는 어떤 요소도 존재하지 않기(0) 때문이다. 그래서 공집합의 대소 비교 안에는 아무것도 존재하지 않다는 것을 표시한다면 그것이 다름 아닌 0이다. 0이 이렇게 탄생한다. 즉,

$$0 = \{\varnothing, \varnothing\} \quad \cdots\cdots\cdots \langle 식1 \rangle$$

과 같다. 〈식1〉은 위 (규칙1)을 만족시킨다. 창조의 첫 날에 0이 창조되었다. 집굴과 집신이 NGOE를 하여 합신/합굴인 0이 태어났다. 집신과 집굴의 두 공집합의 '크거나 같지 않다'의 비교에서 0이 태어났다는 말이다. 두 공집합이 자기언급을 하여 0이 태어났고 그것이 합굴/합신(0)이다. 〈식1〉은 창조 첫날의 공식이다. 이렇게 집굴과 집신에서 0이 나오니 이것이 합신과 합굴인 $\varnothing$와 '크거나 같지 않음'을 비교하여 그 다음의 석굴 석신인 1, 2, 3… 등이 태어난다.

창조의 둘째 날은 0을 $\varnothing$의 좌와 우에 배열함으로써 1과 -1을 다음과 같이 만들어 낸다.

$$-1 = (\varnothing, \{0\}) \quad \cdots\cdots\cdots \langle 식2 \rangle$$
$$1 = (\{0\}, \varnothing) \quad \cdots\cdots\cdots \langle 식3 \rangle$$

⟨식2⟩가 어떻게 증명이 되는 것인지를 검증할 차례이다. ⟨규칙1⟩에 따라서 검증을 해 보자.

$$x는 -1$$
$$X_L = \varnothing$$
$$X_R = \{0\}$$

과 같다. ⟨규칙1⟩을 여기에 불러 오면 "$x=(X_L, X_R)$이라고 할 때에 ⟨규칙1⟩에 의해 이는 $(X_L \not\geq X_R)$이다"와 같다. 이는 $-1=(\varnothing, \{0\})$에서 X_R인 $\{0\}$보다 크지 않고 $\varnothing$와 같지 않은 것은 다름 아닌 -1이다.

이어서 ⟨식3⟩을 증명해 보기로 한다.

$$x=1$$
$$X_L = \{0\}$$
$$X_R = \varnothing$$

⟨식3⟩에 ⟨규칙1⟩을 여기에 불러와 적용을 하면, $1=(\{0\}, \varnothing)$에서 X_R인 $\varnothing$보다 크지 않고 X_L인 $\{0\}$과 같지 않은 것은 다름 아닌 1이다. 이의 증명을 위해 ⟨규칙1⟩을 적용하면 "0은 공집합 안의 어떤 요소 보다 크거나 같지 않다"고 할 때에, 여기서 '공집합 안의 어느 요소보다도 크지 않음'이란 말에 유의하여야 한다. 이 말을 이해하기 위해서는 공집합의 속성에 대한 고찰이 필요하다. 다른 집합과 달리 공집합이 더 커진다는 말은 역설적으로 공이 더 커진다는 말과 같다. 그래서 0이 공집합안의 어떤 요소들 보다 크지 않다고 하는 것은 역설적으로 0보다 더 크다는 것을 의미한다. 그러면 그것은 1이다. 이것은 순수 사고의 유희로서 천지창조의 단석이다. 태초에 ⟨식1⟩이 있었다.

X_L 혹은 X_R이 공집합이면 $X_L \not\geq X_R$은 다른 어떤 집합 안에 있든 상관없이 항상 참이다. 다소의 비교 자체가 없다는 말이다. 공집에서는 짝째기

가 참이란 뜻이다. 이 말은 짝째기를 통해 무한히 많은 수를 공집합을 통해 창출해낼 수 있다는 것을 의미한다. 공집합의 속성을 여기서 다시 한 번 천명을 하기로 한다. 즉, '공집합 안의 어떤 요소보다 더 커진다'는 것은 역설적으로 공집합보다 더 작아진다는 것을 의미하기 때문에 0이 공집합 안의 어느 요소보다 더 크지 않다는 말은 0이 공집합보다 더 작아지지 말아야 함을 의미한다. 그러면 0보다 더 큰 1이어야 한다는 말과 같다

다음은 공집합이 아닌 집합인 경우인 석굴/석신인 경우에도 $X_L \not\geq X_R$이 유효한지를 알아보기로 한다. 콘웨이의 두 번째 규칙에 의하면,

(규칙2): "하나의 수(x)가 다른 수(y)보다 작다고 하는 경우는 다음과 같은 경우이다. 즉, 첫 번째 수(x)의 '좌측 집합의 어떤 수(X_L)'도 두 번째 집합(Y_R)의 어떤 수보다 크거나 같지 않아야 한다(no greater and equal to). 그리고 동시에 두 번째 수(y)는 '우측집합의 어떤 수(YR)'도 첫 번째 집합의 어떤 수와 작거나 같지 않아야 한다(less and equal to)."와 같다.

(규칙2)를 기호로 나타내면 다음과 같다. "x≤y는 $X_L \not\geq y$이면서 $x \not\geq Y_R$과 같다"로 읽힌다. 위의 두 콘웨이 규칙들은 일부의 중위수론에도 그대로 적용될 수 있다. 왜냐하면 모든 중위수는 x≤y와 같이 (n-1)≤(n)이기 때문이다. 그렇다면 김일부 정역의 중위수론은 현대 수학의 초수론이라는 관점에서 볼 때에 주요한 의미를 갖는다. 그러면 1과 -1이 창출되는 과정을 (규칙2)를 통해 정당한가를 증명해 보기로 한다. x와 y를 각각 -1과 1로 대입을 한다.

$$1=y$$
$$Y_L=\{0\}$$
$$Y_R=\varnothing$$
$$-1=x$$
$$X_L=\varnothing$$
$$X_R=\{0\}$$

-1(x)이 1(y)보다 '작거나 같다less and equal'를 증명하기 위해서 (규칙2)를 적용하면,

"∅는 1보다 커거나 같지 않다" $\varnothing \not\geq 1$ $X_L \not\geq y$ .... 〈식5〉

"-1은 ∅보다 커거나 같지 않다" $-1 \not\geq \varnothing$ $x \not\geq Y_R$ .... 〈식6〉

식5와 식6이 모두 식3과 식4가 정당함을 증명해 보이고 있다. 규칙1은 집굴/집신에서 합굴/합신이 발생되는 과정과 합굴/합신에서 석굴/석신이 발생하는 과정을 설명하고 있다. 그런데 (도표48)은 정대각선 좌우에 집굴과 집신이 만들어 낸 공집합이 아닌 석굴/석신의 수들이 들어 있다. 이 후자의 경우에는 규칙2를 적용하여야 한다. (도표48)의 좌우와 상하에는 (도표54)에서 보는 바와 같은 짝째기들이 짝과 쌍을 이루고 있다. -1과 1은 어느 수 n에서 (n-1)과 (n+1)의 관계이다. 그리고 -1과 1은 공집합과 0의 대소 관계의 비교에서 만들어진다. 결국 공집합과 0의 대소 관계는 무한한 수를 얼마든지 만들어 낼 수 있다는 것을 의미한다.

첫째 날이 0이고 둘째 날이 1이 되니 여기서 짝째기가 생긴다. 콘웨이는 공집합인 집굴과 집신이란 두 개의 그릇에서 0이란 수가 어떻게 탄생

하는가를 1972년 연구 발표하였다. 그는 자기 이론을 정립하기 위하여 두 개의 규칙을 먼저 소개한다. 규칙의 큰 전제는 모든 수들은 '큼과 작음large and small'란 다소의 관계(손익법)로 표시할 수 있다고 보는 것이다. 위 〈도표48〉에서 이들 짝째기들을 '의'의 형식으로 확인하였다. 이런 대전제하에 만들어지는 두 개의 규칙들을 만들었다.(Knuth, 1972, 10-11)

콘웨이의 초수론은 0과 ∅의 크고 작음을 판가름한 다음에 수들이 어떻게 이어져 만들어지는가를 보여주자는 데 그 근본 취지가 있다. 그래서 콘웨이 방법론은 수와 집합을 구별함을 전제로 한다. 이는 수와 위를 구별한다는 말과도 같다고 할 수 있다. 집굴/집신을 다른 것들과 구별한다는 것을 의미한다. 공기놀이의 '방바닥'과 '손바닥'을 구별할 줄 아는 것과도 같다. 물건과 물건이 담기는 그릇을 구별하여 생각한다는 말과 같고, 소문자와 대문자를 구별할 줄 아는 것과도 같다.

다시 정리하면, 〈규칙1〉을 적용할 때에 0이 탄생하였다. 좌측 집합∅의 어떤 수도 우측 집합∅의 어떤 수보다 크지도 않고 같지도 않기 때문이었다. 그 이유는 ∅는 어떤 요소로서의 수도 가지고 있지 않기 때문이다. 공집합 안에는 어떤 수도 있지 않아서 좌우 두 공집합끼리는 서로 크다고도 같다고도 말할 수 없기 때문에 어떤 수도 없다는 의미에서 '0'이다. 집에서 합의 굴신이 생겨나는 배경이다. 굴신을 해야 수가 생기고 다소간의 차이가 생기는데 굴신이 없기 때문에 어떤 수도 없다는 의미에서 0이 탄생한다. 이는 일종의 거짓말쟁이 역설의 적용이다. '없다는 것의 없음'은 0이란 '있음'이라는 것의 증명이기 때문이다.

여기서 세롭게 문제시되는 것이 있다. 그것은 공집합의 속성property of the empty set이다. 1이 만들어지는 〈식3〉에서 나온 이론이다. '공집합보다 더 크다greater than empty set'란 말은 역설에 걸린다. 왜냐하면 다른 집합과는 달리 공집합은 아무 것도 없는 비어 있는 집합이기 때문에 "0이 공집합의 어떤 요소보다 더 크지 않다"는 말은 0이 공집합보다 크다라는 말과 같다. 공집합이 0과 동일시 될 수 있기 때문에 이 말은 0보다 더 큰 수를 의미하는 것이고 그 수는 바로 1이다. 1이 이렇게 하여 탄생한다. 공집합은 커지면 커질수록 0에서 수가 점점 적어져 -1이 되지만, 커지지 않으면 오히려 1이 되는 이치이다. 공집합은 커지면 작아지고, 작아지면 커진다. 사실 콘웨이의 초수론을 이해하려고 할 때에 이런 공집합의 역설, 거짓말쟁이 역설에 대한 기본 이해는 필수이다. 여기서 '석합보공析合補空'의 정체가 분명해졌다. 공에서는 빼기와 더하기가 서로 상보한다. 즉 공에서는 빼기가 더하기이다.

(규칙2)는 0과 ∅가 자기 자신과 '같음과 같지 않음'을 통해 다른 수들을 생산해 내는 방법에 관한 것이다.[18] 재귀 혹은 자기언급을 통해 자기와 같기도 하고 같지 않기도 함을 비교하는 것이 결국 수를 만들어 내는 비결이란 의미이다. 예를 들어서 일부가 9는 '17지중'이라고 할 때에 9가 9 자기 자신과 같고 다름을 통해 자기 자신보다 1 작은 수(-1) 8을 만드는 것이다. 9=(n)과 자기보다 하나 작은 짝째기인 수 8=(n-1)의 합인 17의 중이 9이다. 그래서 지금까지의 중개념과 다른 것은 중이 자기 자신과 자기 자신보다 하나 작은 수 간의 중이란 말이다. n과 (n-1)은 상호 증감하는 질운 운동을 한다. 그래서 콘웨이의 초수론은 정역의 그것과 같다고 할 수 있다. 석합보공의 역설, 그것이 중위론이다.

---

18) 한국 사람들이 일상 대화 속에서 '같잖다'고 하는 것은 '같지 않다'를 의미하고 이는 '어처구니없다'를 의미하기도 한다.

초수론으로 본 중위론

김일부의 중개념에는 이와 같이 자기언급이 필수이다. 다른 예로 8은 '15지중'이라고 할 때에 이 말은 8이 자기 자신인 8과 자기와 짝째기인 7과의 사이란 뜻이다. 산술적 중의 경우는 중이란 자기 자신을 기준해서는 안 되지만 김일부의 중은 자기 자신과(n) 자기 자신의 짝째기(n-1)와의 중임을 말하고 있다.

그러면 (도표48)의 외곽 사각형 안에는 집굴/집신인 공집합 $\emptyset$의 방바닥인 그릇에 합굴/합신인 0이 손바닥에 처음으로 담긴다. 콘웨이의 초수론은 이 양자 간의 다소관계에 관한 것이 전부라고 해도 과언이 아니다. 이제 콘웨이는 외곽 사각형 안에 있는 $\emptyset$와 0을 구사하여 -1과 1 구하기에 나선다. 우선 이 둘을 좌우에 다소 관계로 배열을 할 때에 1과 -1이 생겨나온다. 1과 -1을 구하기 위해서 (규칙2)를 다시 천명해 두기로 한다. (규칙2)를 단동십훈과 수지수론에 결부시켜 나타내면 아래와 같다.

$$x \leq y \text{는 } X_L \not\geq y \text{이면서 } x \not\geq Y_R \text{ (규칙2)} \quad \cdots \cdots \cdots \cdots \text{(식2)}$$
$$-1 = (\emptyset, \{0\})$$
$$1 = (\{0\}, \emptyset)$$

그래서 이들은 집합과 요소간의 관계이다. 그런데 이들에 규칙2를 적용했을 때에 아래 식들이 성립한다.

$$x \leq y \text{는 } -1 \leq 1$$

(x가 y보다 작거나 같다면, -1은 1보다 작거나 같다.)

$$X_L \not\geq y \text{는 } \emptyset \not\geq 1$$

(X_L이 y보다 크거나 같지 않다면, $\emptyset$는 1보다 크거나 같지 않다.)

$$x \not\geq Y_R \text{는 } -1 \not\geq \emptyset$$

(x가 Y_R보다 크거나 같지 않다면, -1는 $\emptyset$보다 크거나 같지 않다.)

콘웨이의 규칙에서 주인공은 공집합 $\emptyset$이다. 석합보공의 주인공은 '공'이다. 공집합을 좌우 어디에 배치하느냐에 따라서 그것과의 크고 작음의 다소 비교를 할 때에 수가 생겨나기 때문이다. "만물이 모두 공"이라는 노자의 말대로 공집합의 공작으로 모든 수들이 탄생한다. (도표 48)로 돌아가 볼 때에 공집합이란 외곽 사각형이다. 이는 내곽의 바탕이고 위이다. 내곽의 석굴과 석신이 서로 상대적이 될 때에, 즉, 공집합이 공작을 시작할 때에 이 공작에 해당하는 것이 다름 아닌 0=($\emptyset$,$\emptyset$)이다. 이렇게 하여 0이 탄생한다.

다음은 이렇게 생겨난 0과 자기를 태어나게 하고 자기 이전에 있었던 $\emptyset$이 0의 좌우에서 0과 대소 비교를 할 때에 1과 -1이 태어난다. 그러면 2는 1과 공집합과의 비교를 통해 태어날 것이고, 이 말은 공집합과 '공집합의 공집합'의 비교로 2가 태어난다는 말과도 같다. 즉, 2=($\emptyset$, {{$\emptyset$}})와 같고, 이어서 3=($\emptyset$, {{{$\emptyset$}}})이다. 이렇게 공집합을 공작시키면 무한대의 수를 만들 수 있다.

김일부가 공을 5라고 보고 그것이 자기언급한 10을 '무위수,' 그리고 10이 자기언급을 한 20을 '무무위수'라고 했다. 10에서 5를 감하면 5가 되고 5를 증하면 15가 된다. 이는 '5분손익법'이라 할 수 있고 규칙1과 2는 '공분손익법空分損益法'이라고도 할 수 있다. 다시 말해서 공을 더하고 덜해서 만 가지 수를 생산해 낸다. 일부는 5의 자기언급인 10에서 모든 수가 그친다고 했다. 5와 10이면 모든 수를 도출할 수 있기 때문이다. 10이 공집합에 해당하는 수이기 때문이다.

다시 (도표48) 전체에로 눈을 돌려 볼 때에 시각적으로 콘웨이의 규칙들을 쉽게 확인할 수 있다. 도표의 좌측은 개굴-전굴-합신-집신이고, 우측은 개신-전신-합굴-집굴이다. 이를 집합론적인 기호로 표시를 하면

집굴과 집신 ∅ (5, 10, 15가 이에 해당)
합신과 합굴 0
석굴(개굴과 전굴) 1
석신(개신과 전신) -1

두 개의 공집합인 집굴과 집신이 서로 크고 작음을 비교하여 0을 만들고, 0과 ∅가 서로 비교하여 1과 -1을 만든다. 이때에 1은 개굴의 '모굴1'이고 -1은 개신의 '소신1'이다. 그런데 모굴1의 짝인 (신0)의 0은 ∅의 우측에 배치되고, 소신1의 짝인 (굴0)은 ∅의 좌측에 배치된다. 좌우와 우좌에 따라서 다소라는 손익법의 차이가 생긴다. 이런 차이에서 수가 생긴다. 마치 댐에서 물이 낙차하는 차이에서 전기가 발생하는 것과도 같다.

1=({0}, ∅)   개굴(모굴1)=({합굴}, 집신) $x=(X_L, X_R)$
-1=(∅, {0})   개신(소신1)=(집굴, {합신}) $y=(Y_L, Y_R)$

(도표48)에서 집신과 합신은 좌우에, 집굴과 합굴은 우좌에 배열돼 있다. 이런 배열의 차이가 결국 1과 -1을 만들어 내게 한다. 모굴1과 소

신1은 가로와 세로, 그리고 굴신이란 3차원에서 대칭을 하는 대각대칭 관계이다. 그대로 뫼비우스띠 구조를 반영한다. 이는 다음 장에서 위상학과 연관하여 상론될 것이다.

실제 셈하기에로 돌아와 한 번 생각해 보면 한결 이해가 쉬워진다. 동양식 셈하기로 할 때에 모굴1(배진수10)을 하자면 잼잼인 (신5)가 전제되어야 하는데 이러한 (신5)에 해당하는 것이 합신이다. 다시 말해서 모굴1은 수지 5개가 모두 신한 합신인 (신5)가 전제되어야 하는데, 이것은 전신과 그 형태가 같다. 그리고 (신5)는 합굴인 (굴0)과 같다. 즉, 수지 5개를 모두 편다는 것은 구부린 것이 하나도 없다는 것을 의미한다. 이를 하나의 계열로 만들어 보면 아래 표와 같다.

	(1 2 3 4)	소굴5	0	∅	∅	0	(-1 -2 -3 -4)	모신5
	(개굴)	(전굴)	(합신)	(집신)	(집굴)	(합굴)	(개신)	(전신)
	짝짝	궁	잼	곤지	곤지	잼	짝짝	궁
배진:	(10 9 8 7)	6	0				(5 4 3 2)	1
전진:	(1 2 3 4)	5					(6 7 8 9)	10

(도표55) 배진/전진 그리고 수지 굴신표

도리도리 짝짝궁으로 개굴의 모굴1에서 배진수 '10'하면서 시작을 하면 그것이 전굴이란 궁을 거쳐 곤지곤지 잼잼(합굴/합신)을 한 후, 개신의 소신1이 시작되어 전신인 모신5에서 '1' 하면서 끝난다. 전굴의 끝은 전신의 처음이 된다. 그 끝과 처음이 교체되는 과정에 합굴과 합신(잼잼)이 반드시 들어간다. 이는 실제로 셈하기에서 반환점인 소지와 순환점인 모지에서 다섯 개 수지를 모두 동시에 잼잼해 주는 것을 의미한다.

이렇게 잼잼이란 합굴과 합신의 다른 말인 것이다. 동양식 셈에서 합신이 반드시 전제된다.

(도표55)가 보여주는 주요한 사항은 김일부가 배진과 전진을 동시에 말하게 된 이유라 할 수 있다. 그것은 콘웨이가 말하는 수의 발생 이론과 밀접한 연관이 돼 있음이 (도표55)를 통해서 확연히 드러났다. 즉, 배진수의 진행방향으로는 좌-우이던 것이 전진수의 진행방향으로는 우-좌가 된다. 즉, (1)- 0- ∅- ∅- 0-(-1)에서 보는 바와 같이 (1), 0, ∅, (-1)이란 4자 간의 순서 관계에서 볼 때에 배진에서의 좌우가 전진에서는 우좌로 바뀐다. 이를 석합보공 혹은 질운이라 한다. 그런데 위에서 이미 확인한 바와 같이 콘웨이는 이들 네 개의 수들의 좌우를 바꾸어 배열함으로써, 다시 말해서 좌고우면左顧右眄하는 것이 수를 창출하는 근본 원리임을 발견한 것이다. 그리고 김일부가 바로 이러한 노작을 해 낸 것이다. 그래서 김일부의 중위론은 궁극적으로 최신 서양의 수의 발생 원리인 것이다. 결론적으로 말해서 콘웨이의 초수론에 의하면 공집합 둘(집굴/집신)이 좌우에서 비교 작용을 하는 것이 {∅, ∅}이고 여기서 합신합굴 0이 탄생한다. 탄생된 0과 공집합∅이 서로 좌우에서 그 크기를 비교 작용을 할 때에 1={{0}, ∅}과 −1={∅,{0}}이 탄생한다. 이렇게 창조의 첫날과 둘째 날이 생긴다. 공집합의 역설에서 더하기와 빼기가 같아진다. 공은 작아 없어지는 것이 커지는 것이다.

우리는 여기서 일부가 중위론에서 설명하려 했던 0과 1과 그리고 -1의 관계를 초수론을 통해 알 수 있게 되었다. 이렇게 공집합을 포함한 네 수가 알려진 이상 그 다음의 수는 얼마든지 두 개의 규칙들을 적용해서 창출해낼 수 있다. 두 가지 규칙에서 공통된 점은 '짝째기'이다. 그리고 짝째기를 조장하는 것이 공집합의 거짓말쟁이 역설이라는 사실

도 알려졌다. 이렇게 창출돼 나온 수들이 내곽 사각형 석굴과 석신 안의 수들이다. 0과 1을 좌측 집합에, 그리고 ∅를 우측 집합에 넣으면 숫자 '2'가 탄생한다. 즉, 2={(0,1) | ∅}와 같이. 좌측과 우측은 반드시 짝째기로 '보다 크거나 같지 않다'고 하든지 '보다 작든지 같지 않다'고만 하면 얼마든지 수가 창출된다.(Gardner, 2001, 595) "저녁이 되고 아침이 되니 하루가 지났다" 창세기의 이 말도 짝째기이다. 왜 음양수가 항상 짝째기인가도 알게 되었다.

여기서 '크거나 작거나'를 어느 수를 중심으로 하여 이전과 이후로 나누어 보게 되면 이전과 이후가 바뀌는 데 돌쩌귀 역할을 하는 것이 합신과 합굴이다. 합신과 합굴은 단동십훈의 잼잼에 해당한다고 했다. 잼잼은 자기언급 현상인 것이다. 잼잼은 주먹이 '쥐락펴락'하는 굴신의 다른 말이다. 자기언급의 경우에서 자기와 자기가 같지 않아진다. 이를 '같잖다'라고 한다. 그래서 역설을 만날 때에 우리는 같잖다고 하는 것이다. 합굴과 합신은 석신과 석굴의 정대각선을 반가치화/반대각선화한 것이다. 이를 곤지곤지라고 한다.

전굴과 전신 안에는 소굴5/소굴5와 모신5/모신5가 들어 있다. 이는 가로와 세로가 짝째기인 규칙을 어기고 있는 것처럼 보인다. 그러나 그렇지 않다. 그 이유는 자기와 자신에 대하여 같거나 작기 때문이다. 5는 5-5=0이기도 하고 5=0이기도 하다. 5인 동시에 0이고 0인 동시에 5이다. 밤 12시는 0시이기도 12시이기도 하다. 합(굴5)는 합(신0)이다. 다시 말해서 수지 5개를 모두 굴한다는 것은 신하는 것이 0이란 의미이다. 합(신5)은 합(굴0)[19]으로 5=0이다. 그래서 0은 0자신과 같기도 하고 크기

---

19) 합(굴5)이라 한 것은 합굴와 전굴은 같이 수지 5개가 굴한 것을 구별하기 위해서이다. 합굴은 '5개'이고 전굴은 '5번'이다. 전자는 기수이고 후자는 서수이다.

도 한다. 0과 5가 같은 이유는 반환점 소지와 모지에서 신5=굴0이고, 굴5=신0이기 때문이다. 그러나 굴/신은 완전히 다르고 굴신을 할 때마다 수가 증감을 하는데 신5와 굴0, 그리고 굴5와 신0은 동시적이다. 다시 말해서 수지를 다 편 '신5'는 그 자체가 수지가 다 굴한 굴0이다. 마찬가지 경우로 굴5는 신0이다. 그래서 자기 자신이 자기 자신보다 크기도 하고 같기도 한 '같잖음'의 문제가 생기고 이러한 같잖음에서 수가 발생한다. full(5)는 fail(0)이다. '붸다'는 '비우다'이다.

김일부의 중위론은 바로 이 점을 공략하고 있다. '십은 십구지중'이라 하자면 '모굴1'(10) 할 때에 모굴1은 식신4(9)와 동시적이다. 10은 자기 자신인 10과 9의 사이의 수란 뜻이다. 그런데 바로 이런 자기 자신이 자기 자신에 대하여 짝째기가 생기는 데서 수가 발생한다는 것이 콘웨인의 발상인 것이 일부의 그것과 동일하다. 자기가 자기 자신에 대하여 굴신을 한 다음에야 크고 작음의 차이가 생겨서 수가 드디어 발생한다. 이렇게 하여 콘웨이의 초수론은 김일부가 말하는 중위론과 그 맥락을 같이 한다고 한다. 석합보공의 '공'에서만 짝째기의 역설이 생긴다.

굴신을 한 번 할 때마다 수에 짝째기가 생긴다. 계사전에서 음양을 '양의兩儀'라고 할 때에 이는 음양은 짝째기란 말과 같다. 음수와 양수는 2와 3, 6과 7 등과 같이 반드시 짝째기이다. 이런 짝째기 관계를 '양의'라고 한다. 음양 양의는 굴신 작용의 다른 말이다. 음양은 태극이 자기언급을 해서 자기와 자기 자신 사이에 짝째기를 먼저 만들어야 하고 이렇게 만들어진 짝째기가 음과 양이다. 태극 이전의 무극은 공집합으로서 공집합은 자기 자신인 공집합과 자기언급을 하여 태극을 만든다. 창세기의 첫날은 '0순위zeroth'로부터 시작된다. 0이 양의로 나뉘어 "밤이 되니 낮이 된다"라고 한 것이다. 한국 사람들의 순번을 셈할 때에 반드시 0순위부터 시작하는 이유가 여기에 있다. 0순위에서 '같음'과 '같지 않음'과 짝째기를 만든다.

10\9, 9\8, 8\7, 7\6, 6\5, 5\4, 4\3, 3\2, 2\1, 1\0과 같이 짝째기를 만든다고 할 때에,[20] 여기서 우리는 5장6부, 3한4온, 음계의 온음계 3\2 의 비례를 확인한다. 그 가운데 2\1은 음양\태극론이고 1\0는 '일시무시'론이라 할 수 있다. 이와 같이 중위론은 음양이 작용하는 기틀을 의미하는 것으로서 이는 계사전의 '양의론'의 연장이라고 할 수 있다. 공자가 말하지 못한 부분을 일부가 말하고 있는 것이다. 공자는 음양의 굴신 관계는 보았지만 그것이 전진과 배진으로 진행하는 것은 말하지 못했다. 배진과 전진을 동시에 하면서 합치하는 순간을 두고 특히 '정중正中'이라고 한다. 정중은 순간이며 그것은 시간의 경과 과정이다. 궁수가 동물을 명중하는 순간이다.

사격술을 다시 언급하는 것으로 결론을 대신한다. 현대 사격술에서도 정조준이 되자면 조준선 정열을 먼저 하여야 한다. '조준선 정열'이란 자기언급으로서 총 자신이 자신 안에 있는 가늠쇠와 가늠구멍을 일직선상에 나란히 일치시키는 것이다. 이렇게 조준선 정열이 끝난 다음에 과녁을 겨냥해야 한다. 이것이 정조준이다. 그래서 사수는 자기가 과녁을 향해 가고 과녁은 자기를 향해 오고 있다고 생각을 해야 한다. 궁수가 사격을 하듯이 수를 정립해 나가는 것이 초수론이다. 9는 9 자신의 수와 먼저 조준선 정열을 해야 8에 정조준할 수 있다. 이를 두고 '구는 십구지중'이라 한 것이다. 이에 대한 자세한 논의는 다음에 이어진다.

---

20) '짝짝이'는 / 로 '짝째기'는 \ 로 표시하기로 한다.

제2부
중위론과 위상학

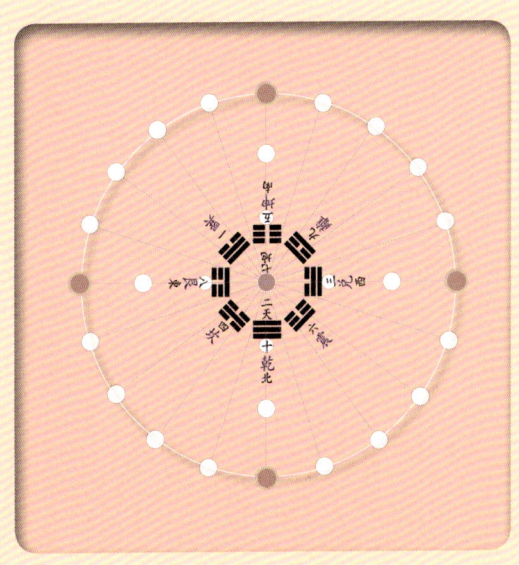

제6장
중위론으로 본 초수론과 위상학

  인류 문명사에 나타난 기록물 가운데 역의 강물만큼 길고 오래된 것도 없을 것이다. 한 대의 상수역 그리고 송명대의 의리역은 지금 평행선을 달리고 있다. 필자가 대각선 논법과 연관하여 3부 연작으로 글을 쓰는 이유는 인류 문명의 미래를 여는 열쇠가 역이라고 판단했기 때문이다. 그러나 지금까지 두 종류의 역은 대안이 될 수 없다. 조선의 다산을 비롯한 역학 연구는 두 역을 종합하는 데 있었다 해도 과언이 아니다. 19세기 중엽 서양 수학계에 등장한 위상학은 역의 구조를 파악하는 데 있어서 더없이 좋은 도구이다. 필자는 이에 이를 도구로 빌려와 역을 재조명하고 재구성하여 이를 '위상역'이라고 한다.

  먼저 기하학적 소멸과 위상역을 연관시키고 위상학을 거짓말쟁이 역설과 연관시켜 보는 것은 저자 나름대로의 공헌이라 할 수 있을 것이다. 클라인병과 사영평면은 사각형 대각선의 반대각선화와 대각선화의 과정을 반복하는 과정에서 서로 변형된다는 사실을 여기서 입증할 것이다. 정역의 중위수를 사각형의 가로와 세로 상에 배열을 할 때 이들이 위상학과 연관이 안 될 수는 없을 것이다. 아니 위상학을 통해 역 나아가 정역 연구의 새로운 모습을 발견하게 될 것이다.

  김일부는 그의 『십일귀체시』에서 10은 십구지중, 9는 십칠지중, 8은 십오지중, 7은 십삼지중, 6은 십일지중, 5는 일구지중, 4는 일칠지중, 3

은 일오지중, 2는 일삼지중, 1은 일일지중, 중은 십십일일지중이라고 했다. 6장은 이에 대한 주석이다.

6.1 중위론과 초수론

중위론의 기하학적 의미

정역은 모두 열 개의 '중'을 말하고 있다. '중'이란 대각선을 두고 하는 말이다. 지금까지는 '10'만 정대각선이고 중이었다. 그런데 일부의 주장에 따르면 모든 수가 중이 될 수 있다고 한다. 우리는 이미 중국의 유목도 명패가 5만 되는 것이 아니라고 했고(대각선논법과 역 8장), 조선의 노서 윤선거는 이를 더욱 분명히 했다(대각선 논법과 조선역, 3장). 들뢰즈는 이러한 다중심화를 두고 그의 『천의 고원』에서 수목형과 리좀형으로 비교를 했다. 수목형은 큰 뿌리가 하나 있고 거기에 작은 잔뿌리가 달려 있는 형이다. 그러나 리좀형rhizome은 이러한 큰 것과 작은 것의 구별이 없이 사방으로 모든 뿌리들이 벌어져 뻗어나가는 고구마나 감자 같은 뿌리 형을 두고 하는 말이다. 5라는 수는 나무의 큰 뿌리와 같고 거기에 잔가지와 같은 생수들이 달려 있는 형이다. 이것이 하도형이고 낙서가 이를 바꾸었으나 아직 5가 중앙에 남아 있다. 그러나 정역은 이제 중앙의 큰 뿌리를 모두 제거하고 리좀형으로 만들어버리는데 이를 두고 정역의 중정이론이라 한다.

리좀형이란 모든 존재가 모두 자기의 고유성을 가지며 개별적이 되는 것을 두고 하는 말이다. 마치 천 개의 고원들이 높낮이 없이 들판에 벌어져 깔려 있는 것과 같다. 이제 일부에게 와서 명패가 되어 중심의 자리에 들어갈 수 있는 것은 5에 국한되지 않는다. 1~10 사이의 모든 수들이 중위, 즉 명패가 될 수 있다는 것이다. 우뚝 솟은 높은 산이 하나 있고 주변이 평야인 것이 아니라, 같은 높이의 '고원'들로 된 들뢰즈가 말하는 '천개의 고원' 지대와 같은 것이 정역이 그리는 이상 세계이다. 그러면 이러한 고원지대를 어떻게 일구어 낼 것인가? 그 방법이 바로 그의 정위 또는 중정론이다.

이 책의 모둠글에서 대각선 정리는 사각형의 경과 위에서 경위를 알아보는 것이라고 했다. 다시금 경과 위의 문제를 (도표58)을 통해 볼때에 지구의의 경도상에 13명의 병사들이 일렬종대로 서 있다고 하자. 이지구의는 중심축을 중심으로 하여 회전한다. 그런데 중앙의 시침 화살표가 동북 방향(NE)일 때는 13명이던 것이, 서북 방향(NW)일 때에는 12명이 된다. 갑자기 1명이 어디로 사라진 것인가? (도표56)에서 원판을 잘라 반시계 방향으로 돌리면 13명이던 병정이 12명이 된다.

이를 두고 '지구로부터 탈출'이라 한다. 여기서 사라진 한 명의 행방 문제가 다름 아닌 하도10에서 1이 사라져 낙서9가 되는 문제인 동시에 정역의 기수 계산에 일부가 귀공, 존공, 귀체할 때 1, 10, 15의 사라짐의

서북 방향 12명

동북 방향 13명

(도표56) 지구의상의 기하학적 소멸

문제이다. (도표48)에서 합신과 합굴 그리고 단동십훈의 잼잼과 연관이 되는 문제이다. 왜 100에서 1을 감하여 99로 셈하는가의 문제 등이 이와 유관한 문제라는 것이다. 이를 서양에서는 퍼즐로 다루었지만, 이는 태양계와 우주의 기수가 정해지는 원리 그 자체이다(이광연, 2016, 176).

이 퍼즐을 푸는데 바로 '기하학적 소멸'의 문제가 거론된다. 기하학적 소멸의 문제는 정역의 중정론을 이해하는 데 필요불가결하다. 벨로즈Alex Bellos는 그의 *Here's Looking At Euclid*에서 이런 소멸 현상을 '기하학적 소멸geometrical vanishment'이라고 하면서(Bellos, 2010, 162) 다음과 같은 간단한 기법으로 지구로부터 병사의 탈출을 설명한다. 벨로즈의 (도표57)에 따르면 왼쪽에 있는 도상(a)에서는 세로선이 열 개인데, 이를 빗금 대각선에 따라서 접어 오른쪽 도상(b)과 같이 만들면 아홉 개가 된다. 한 개가 사라지고 마는 데, 이를 일명 '기하학적 소멸'이라고 한다. 이제 한 번 사각형 (a)를 손바닥이라 하고, 그 안에 있는 10

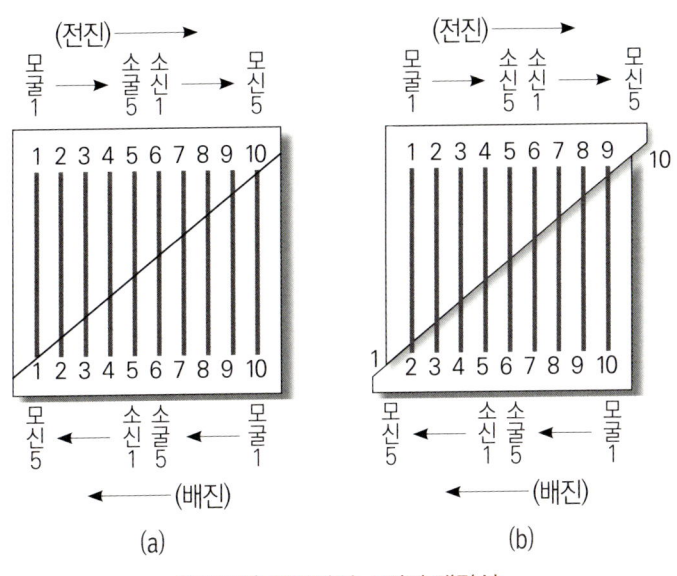

(도표57) 기하학적 소멸과 대각선

개의 세로 선들을 수지들이라고 하자. 수지들과 거기에 대응하는 배진수와 전진수를 같이 적어 놓았다. (도표48)은 굴이나 신인 5개 수지를 단위로 나누었지만, (도표57)에서는 10개 수지를 단위로 한 차이가 있다. 5개를 단위로 할 때는 6/5로서 짝째기이다. 짝째기가 생기는 이유는 그노몬과 연관이 된다. 다시 말해서 석굴과 석신이라는 두 개의 삼각형을 밑변에서 마주 붙일 경우 가로 6과 세로 5라는 짝째기가 생겨난다.(도표48 참고)

(도표48)을 통해 볼 때 이렇게 가로와 세로가 모두 5로서 정사각형이 되어야 하는데, 6과 5로 짝째기가 되는 이유는 그노몬 때문이다. 다시 말해서 석굴과 석신의 두 삼각형의 밑변이 사각형의 대각선이 되었기 때문이다. 직사각형에는 두 개의 정대각선이 만들어지는데 이 둘이 서로 대응을 만들 때에 6개가 된다. 그래서 두 정대각선 가운데 어느 하나를 좌나 우로 이동을 하면 세로 칸이 하나 소멸되고 마는 것을 (도표57)에서 확인한다.

이제 (도표57)로 돌아가서 (a)의 부대각선을 자르면 삼각형이 좌우에 두 개 생긴다. 이제 우측의 것을 좌측으로 한 칸 이동하면 (b)가 된다. 그러면 전진수와 배진수는 아래와 같이 된다.

$$x1\ 2\ 3\ 4\ 5\ 6\ 7\ 8\ 9\ 10\ \text{(전진수)}$$
$$1\ 2\ 3\ 4\ 5\ 6\ 7\ 8\ 9\ 10\ X\ \text{(배진수)}$$

(도표58) 전/배진수를 통해 본 기하학적 소멸

X가 있는 곳이 소멸된 곳이다. 그런데 여기서 지적되는 주요한 사안은 이렇게 기하학적 소멸을 할 때 전진과 배진수끼리 서로 대응하는 관

계를 보면 9와 10, 8과 9, 1과 2같이 일부가 말하는 중위수의 대응 관계와 같다. 그런데 전진수 10은 배진수 X와, 전진수 x는 배진수 1과 대응을 하고 있다.

(도표48)에서 X는 배진의 외곽이고, x는 전진의 외곽이다. 이 둘은 모두 가수들이다. 이들이 바로 합신과 합굴이다. 다시 (도표48)로 돌아가 볼 때 두 개의 정대각선에서 정사각형을 직사각형으로 만들어 대각선에서 초과가 생기게 하는 원인 가운데 하나가 전굴과 전신이다. 즉, 소굴5와 모신5와 같은 전굴과 전신에 해당하는 것이 돌출부이다. 그래서 대각선을 잘라서 이 돌출부만큼 한 칸씩 이동을 하면 기하학적 소멸이 생긴다. 그러면 이 전굴과 전신은 개굴과 개신과 합치하게 되고 대각선의 반대쪽은 외곽으로 밀려나가게 된다. 결국 전과 개가 합치하면서 한 칸씩 내곽에서 외곽으로 개가 밀려 나가게 된다. 이것이 기하학적 소멸의 비밀이다. (도표50)의 공기놀이의 과정에서도 이 점을 확인할 수 있었다.

이렇게 전굴/전신이 개굴/개신화될 때에 다시 기하학적 소멸을 하게 되면 세로선들의 길이가 길어진다. 오른쪽 것(b)의 세로선의 길이는 11/9이다. 그 이유는 왼쪽의 열 개 선이 오른쪽 아홉 개 선에 고루 분배되었기 때문이다. 1/9가 9개이면 (9/9)이 될 것이고 이것이 바로 사라진 세로선이다. X와 x가 사라진 자리이고, 그 자리가 바로 사라진 1이 있던 곳이다. 좌우 두 개의 사각형 오른쪽에 있는 그늘진 부분은 사라진 X와 x이다.

기하학적 소멸은 정역의 중위수를 설명하기에 적합할 뿐만 아니라, 역의 역사에서 논란이 되어 온 하9낙10이냐 하10낙9냐의 논쟁을 잠재울 수 있는 비밀을 그 안에 담고 있다. 정역의 중위론도 결국 이 논쟁의 연장에서 나온 것이라 할 수 있다. 보통 하도수는 10, 낙서수는 9(하10 낙9)로 알려져 왔지만 이것은 주희-소강절의 주장일 뿐, 유목은 그와는 반대로 하9낙10을 주장한다. 유목은 그의 '역수구운도'에서 하9낙10 론을 주장하고 있다. 우리나라에서도 퇴계는 주희의 주장을, 율곡은 유목의 주장을 따르고 있다. 그런데 왜 이러한 상반된 주장이 나오게 되었는지 그 배경을 알자면 기하학적 소멸의 문제와 연관을 시키면 쉽게 이해가 된다. 이상에서 이미 사각형 안의 10개의 세로선이 어떻게 9개로 변하는가를 보았다. 이러한 차이를 보이는 이유가 대각선과 연관이 된다는 사실을 알게 되었다.

기하학적 소멸과 허상의 자리수

(도표52)는 하도수 55(백점)와 낙서수 45(흑점)로 된 두 개의 삼각형을 마주 붙여 만든 그노몬이라 했다. 백점 정대각선의 수는 10이고, 흑점의 그것은 9이다. 백점의 합 55를 '용도수' 혹은 선천이라 하고, 흑점의 합 45를 '구서수' 혹은 후천이라고 한다. 전자를 도생역성(배진), 후자를 역생도성(전진)이라고 한다. 정대각선에서 백이 10점 흑이 9점이다. 배진수(10~1)는 사각형의 상우에, 전진수(1-9)는 사각형의 하좌에 배열돼 있다. 배진수는 하도수(용도수)라 하고, 전진수는 낙서수(구서수)라고 한다.(최동환, 2003, 264) 정대각선에서 두 수는 10-9, 9-8…, 2-1, 1-0과 같이 짝째기를 만들면서 사상하고 있다.

우측 세로의 백점 10을 좌측으로 한 칸씩 정대각선을 따라 좌측으로 이동을 하면 백점이 한 개씩 소멸한다. 그래서 백점 10과 흑점 9가 정대각선에서 10:9로 쌍을 만들어 나가면서 9:8…, 2:1 등이 된다. 여기서 확인할 수 있는 것은 정역의 중위수가 하도 낙서의 기하학적 소멸론과 연관이 되는 것을 알 수 있다. 흑과 백의 합이 가로와 세로에서 10이 되는 데 이를 두고 '석합보공'이라고 한다. 석합보공 관계를 하나의 표로 나타내면 다음과 같다.

1	2	3	4	5	6	7	8	9	10	하도수10	- 배진
x	1	2	3	4	5	6	7	8	9	낙서수9	- 전진
1	3	5	7	9	11	13	15	17	19	중위수	

(도표59) 하락수의 기하학적 소멸과 중위수

김주성은 아래 (도표60)에서 백문섭의 글을 인용하여 두 개의 사각형을 내곽과 외곽에 그린 다음 (도표59)의 배진수와 전진수를 내곽 사각형 안의 가로와 세로에 다 적어 넣는다. 그리고 가로와 세로를 연결하여 정대각선과 편대각선을 모두 만들어 배진과 전진의 두 수를 연관시킨다.(김주성, 1999, 410)

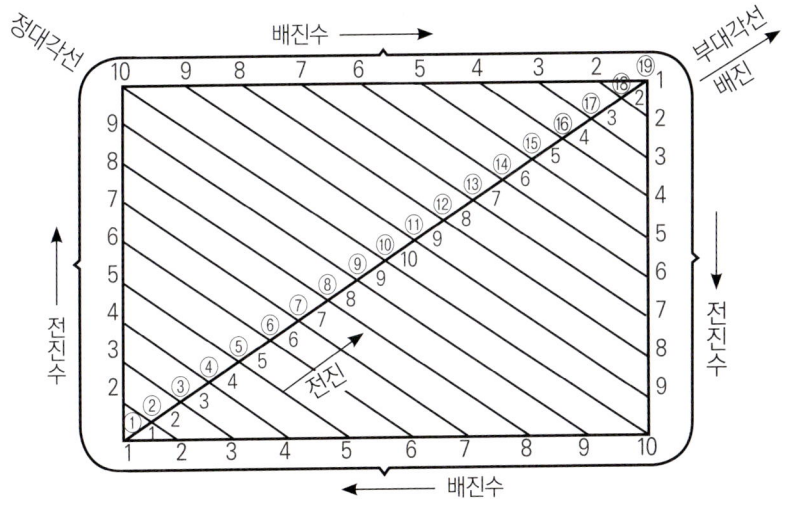

(도표60) 배진수(10-1)와 전진수(1-9)의 배열

〈도표59〉에서 기하학적 소멸을 말할 때와 〈도표48〉의 수지상수론을 말할 때에도 외곽과 내곽의 두 사각형으로 나누어 생각하였다. 공기놀이에서도 방바닥(위)과 손바닥(수)을 동시에 생각하였다. 두 개의 사각형은 위와 수의 관계이다. 전자가 방바닥인 '바탕ground'이라면, 후자는 그 바탕 속에 있는 손바닥 '그림figure'과도 같다. 이렇게 구별하는 것이 정역의 중위수 또는 중정 개념을 이해하는 데는 필수적이다.

내곽 사각형의 가로와 세로에 배진수 1~10과 전진수 1~9를 적어 넣는다. 위상 기하학의 사영평면 때와 같이 가로와 세로의 화살표 방향을 모두 반대로 한다. 이는 가로와 세로를 모두 '비튼다'는 뜻이다. 좌하에서 우상으로 화살표 방향과 같이 부대각선을 만든다. 그러면 부대각선을 대칭축으로 하여 1을 제외한 수들이 가로와 세로에서 서로 2-2, 3-3, …, 10-10과 같은 대응 구조를 만든다. 같은 음수는 음수, 양수는 양수끼리 서로 대칭을 이루고 있다. 좌하에서 우상으로 향하는(╱) 선은 1→9 사이의 수로서 전진 낙서수이고, 10→1은 배진 하도수이다. 전자는 역생도성하고, 후자는 도생역성한다. 두 수의 순서수 진행 방향이 서로 반대이다.

내곽 사각형 주위에 수를 배열하는 규칙에 관하여 부연설명을 하고 넘어 가기로 한다. 우선 가로나 세로의 상하 가운데 어느 하나에 전배진수를 배열을 하게 되면 다른 곳은 이에 따라 저절로 방향이 결정된다. 예를 들어서 가로에는 배진수를, 세로에는 전진수를 배열한다. 가로에 배진수를 배열할 때에 10, 9, 8, 7, 6, 5, 4, 3, 2, 1과 같이 하게 되면, 세로의 전진수는 1, 2, 3, 4, 5, 6, 7, 8, 9가 될 것이다. 이렇게 세로와 가로의 수가 결정될 때에 대각선의 상향과 하향의 방향도 가로와 세로의 방향에 따라서 결정된다. 이때에 사각형 주위의 화살표 방향은 서로 반대로서 사영평면 구조임을 말하고 있다.

여기에 좌하에서 우상을 향한 ①→⑲ 수들은 바탕수 또는 자리수라 하고, 이에 대하여 1~10 사이의 수는 전/배진수라고 한다. 자리수들은 일정하게 한 방향을 향하는 정향적이지만, (도표48)과 같이 생성수는 도역에 따라서 방향이 반대이다. 비틀려져 있다는 뜻이다. 이는 전형적인 사영평면적 구조이다. 즉, 사각형의 마주 보는 가로와 세로는 모두 방향이 반대이기 때문에 '비틈의 비틈'이란 사영평면적이다. 그리고 사영평면일 때에 사각형 안의 대각선 방향은 반대이다.

이러한 위상학적 구조가 정역의 정위론과 어떤 상관이 있는지를 알아보기로 한다. (도표61)의 내곽 사각형 주위에 1~10의 수를 가로와 세로에서 모두 비틈의 형식이 반대가 되는 방향으로 배열할 때, 내곽 사각형 안에는 두 개의 정대각선이 있다. 하나는 1과 1을 연결하는 부대각선 대칭이 있고, 다른 하나는 10과 10을 연결하는 정대각선 대칭이 있다.

그런데 부대각선에서 1과 1의 대칭은 안 보인다. 사라진 이유는 대각선은 가로와 세로의 사상인데, 1은 그 자체가 가로이면서 세로이기 때문이다. 1은 1 자체를 잉태했다. 부대각선을 한 칸씩 위로 올려서 소멸을 시켜 대각대칭을 만든다. 그러면 전진에서는 세로/가로가 2/1, 3/2, …,9/8과 같은 짝째기 대칭 관계가 만들어지고 있다. 그러나 배진에서는 좌우가 1/2, 2/3,…, 8/9와 같다. 전진과 배진에서 좌우가 바뀐다. 바뀌면 중위수도 달라진다.

아래 (도표61)은 (도표60)에 기하학적 소멸을 시킨 것이다. 기하학적 소멸을 시킨 결과 김일부가 말한 중위수를 시각적으로 이해하기 쉽게 되었다. 부대각선이 축을 만들면 정대각선의 좌우에서 중위수가 자연스럽게 형성된다. 1과 10은 모서리에 있기 때문에 가로와 세로가 동일하다. 그래서 1과 10을 어느 쪽을 셈하느냐에 따라서 하도수와 낙서수가 10과 9, 혹은 9와 10으로 결정된다.

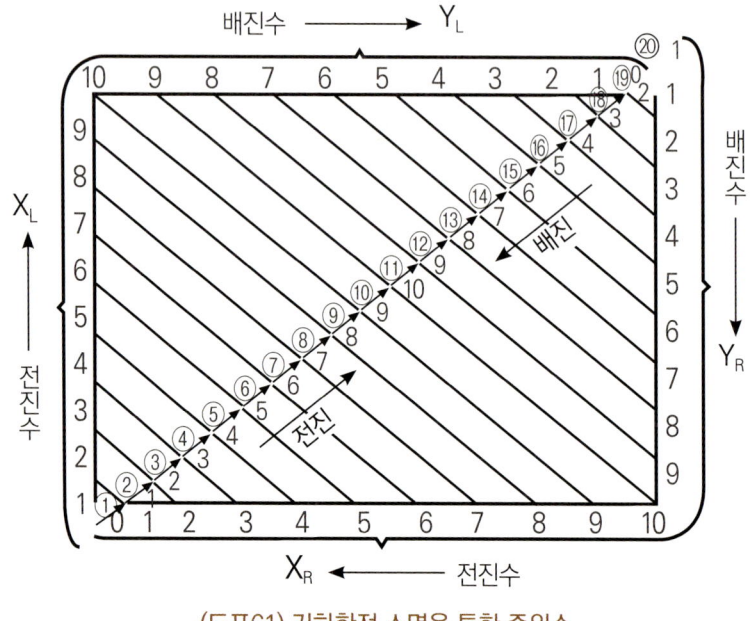

(도표61) 기하학적 소멸을 통한 중위수

이제 (도표61)과 같이 기하학적 소멸을 시켜 대각선을 따라 부대각선을 하나씩 올려 붙이면 세로에서 1이 소멸된다. 그러면 1은 세로가 없는 가로와 대각선만으로 된다. 이렇게 1이 소멸되어 버리면 부대각선상의 수들이 중위수가 된다. 부대각선은 좌하에서 우상으로 상향하면서 전진(1-9)과 배진(10-1)을 한다. 즉, 부대각선을 축으로 정대각선은 세로와 가로가 사상된 것이고, 그것이 모두 부대각선상에 나열된다.

세로와 가로 가운데 좌우가 되는 것은 상대적이다. 다시 말해서 전진과 배진에 따라서 달라진다. 이에 따라 전배진에서 중위수도 달라진다.

그러면 전진의 경우 부대각선상의 좌(세로 X_L)와 우(가로 X_R), 그리고 배진의 경우 부대각선상의 좌(가로 Y_L)와 우(세로 Y_R)에 다음과 같이 배열이 된다.

전진			배진			
좌 -	(중) -	우	좌 -	(중) -	우	
1 -	(0) -	0	9 -	(10) -	10	(십)은 십구지중
2 -	(1) -	1	8 -	(9) -	9	(구)는 십칠지중
3 -	(2) -	2	7 -	(8) -	8	(팔)은 십오지중
4 -	(3) -	3	6 -	(7) -	7	(칠)은 십삼지중
5 -	(4) -	4	5 -	(6) -	6	(육)은 십일지중
6 -	(5) -	5	4 -	(5) -	5	(오)는 일구지중
7 -	(6) -	6	3 -	(4) -	4	(사)는 일칠지중
8 -	(7) -	7	2 -	(3) -	3	(삼)은 일오지중
9 -	(8) -	8	1 -	(2) -	2	(이)는 일삼지중
10 -	(9) -	9	0 -	(1) -	1	(일)은 일일지중
X_L -	(x) -	X_R	Y_L -	(y) -	Y_R	

(도표62) 전진과 배진에 따른 중위수

(도표61)과 (도표62)에 대한 설명은 다음과 같다.

(1) ( ) 안의 수들이 다름 아닌 부대각선상에 배열된 전진과 배진의 중위수들(x와 y)이고, 동시에 이들이 좌우를 사상한 수들이다. 전진수의 좌우는 X_L과 X_R로, 배진수의 좌우는 Y_L과 Y_R로 표시하였다.

(2) 전진수와 배진수는 좌우에서 서로 뒤바뀐다. 즉, 전배진수의 처음과 끝을 확인하면 다음과 같다. 전진의 처음은 1-(0)-0이고, 끝은 10-(9)-9이다. 배진의 처음은 9-(10)-10이고, 끝은 0-(1)-1이다. 그래서 정역의 중위수는 배진의 경우에 해당한다. 즉, '(십)은 십구지중'과 '(일)은

일일지중'이란 모두 배진의 경우이다.

(3) 그러나 전진에도 중위수가 가능하며 그것은 '(구)는 십구지중과 같다. 배진의 '(구)는 십칠지중'으로 2만큼의 차이를 보인다.

(4) 전배진수에서 중위수에 해당하는 부대각선상의 수들끼리 대칭을 만들면,

전진	–	(메타중위수)	–	(배진)
(9)	–	((10))	–	(10)
(8)	–	((9))	–	(9)
(7)	–	((8))	–	(8)
(6)	–	((7))	–	(7)
(5)	–	((6))	–	(6)
(4)	–	((5))	–	(5)
(3)	–	((4))	–	(4)
(2)	–	((3))	–	(3)
(1)	–	((2))	–	(2)
(0)	–	((1))	–	(1)

(도표63) 메타 중위수표

과 같다. 전진과 배진이 좌우에서 서로 사상된 대각선 자체가 전진과 배진을 만들어 짝짜기가 된다. 그러면 그 부대각선이 만드는 중위수는 메타-중위수가 될 것이다. 메타-중위수는 이중 괄호 (( ))로 처리하였다. 전배진의 좌우를 바꾸면 메타 전진과 배진수가 만들어진다. 이러한 메타-중위를 '정중위'라 한다. 이는 대각선을 다시 가로와 세로로 돌리는 것으로 반대각선화이다.

(5) 배진은 7-(8)-8과 같고, 전진은 8-(7)-7과 같다. 이와 같이 좌우를 바꾸면 중위수가 배진의 n에서 전진의 (n-1)이 된다.

(6) 정역의 중위수 개념은 기하학적 소멸의 개념과 밀접한 연관이 있는 것이 밝혀졌다. 전진과 배진 모두에서 중위수가 가능하여 '중위수의 중위수'인 메타-중위수도 가능함을 보았다. 전진과 배진에서 좌우가 바뀌면 중위수가 바뀐다.

(7) 기하학적 소멸을 한 결과 (도표60)의 정사각형이 (도표61)의 직사각형으로 변하여 정대각선이 10-9와 9-10인 두 개가 생기며 여기에 하락도수의 비밀이 숨겨져 있다. 이에 따라 전배진과 중위수가 결정된다.

(8) 전진의 중위수를 x라 하고, 배진의 그것을 y라고 한다. 전진의 좌우를 X_L, X_R라 하고 배진의 좌우를 Y_L, Y_R라고 할 때에 콘웨이의 초수이론이 그대로 중위수에 다음과 같이 적용된다.

$$x = \{X_L, X_R\} \quad (4) = \{5, 4\} \quad - \text{전진}$$
$$y = \{Y_L, Y_R\} \quad (5) = \{4, 5\} \quad - \text{배진}$$

콘웨이 두 규칙을 한 번 적용해 보기로 한다. 콘웨이의 (규칙2)에 의하면,

$$x \leq y \quad (4) \leq (5)\text{란}$$
$$X_L \ngeq y \quad 5 \ngeq (5)$$
$$x \ngeq Y_R \quad (4) \ngeq 5\text{와 같다.}$$

를 의미한다. 이는 중위수를 콘웨이의 규칙에 적용했을 때 증명 가능함을 한 눈에 보여준다. 이는 한마디로 말해서 김일부의 중위수가 궁극적으로 수의 발생이론과 연관이 됨을 의미한다. 다시 한 번 위 (도표62)에

서 전진의 처음과 배진의 처음인

1 - (0) - 0 (전진)   9 - (10) - 10 (배진)
XL - (x) - (XR)   YL - (y) - (YR)

을 여기에 가지고 와서 콘웨이의 초수론에 적용을 하면

$$x \leq y \quad (0) \leq (10) 란$$
$$X_L \not\geq y \quad 1 \not\geq (10)$$
$$x \not\geq Y_R \quad (0) \not\geq 10과 같다.$$

증명 끝.

(9) 전진과 배진을 연결하기 위해 동원된 것이 자리수 개념이다. ①②③...⑲⑳으로 표시되는 자리수는 부대각선에서 하도와 낙서수들을 정향적으로 연결하여 위치를 표시하는 수들이다. 하도수와 낙서수는 배진과 전진을 하면서 방향이 반대인 '비정향적'(비틈)이지만 이들 자리수들은 상향을 하면서 방향이 같은 '정향적'(안비틈)이다. 이는 앞으로 말할 사영평면이 가로와 세로가 모두 '비틈의 비틈'으로 연접일 때에 이것은 '비틈과 안비틈'과 결접을 의미한다. 부대각선의 안비틈이 가로와 세로의 비틈과 결접하는 것인 전배진의 위상학적 구조이다.

(10) 하락수들은 위 (도표61)에서 보는 바와 같이 내곽 사각형의 밖에 있는 가로와 세로에 배열되어져 있다. 그러나 대각선화를 통해 가로와 세로가 사상 작용을 해 내곽 사각형 안에 들어와 부대각선이 되었다. 내곽 사각형의 부대각선으로 변한 다음부터 그것들이 중위수가 되어 버린다. 그 다음부터 배진과 전진 작용을 하기 시작한다. 여기서 우리는

정대각선과 부대각선의 통합 작용이 대각선화와 반대각선화와 연관이 되는 사실을 알게 된다. 다시 말해서 부대각선에서 대각선화 된 것이 정대각선의 좌우에서 반대각선화 되어 가로와 세로로 변하는 것을 알 수 있다.

6.2 중위론과 위상학

사영평면과 기하학적 소멸

중위수론의 위상학적 구조는 다음 사영평면의 구조를 통해 더욱 선명해진다. 아래 (도표64)는 (도표61)의 사각형 안에 있는 화살표의 방향에 따라서 가로와 세로를 모두 비튼 것이다. 서로 마주하는 상하와 좌우를 모두 비틀면(비틂의 비틂), 사각형의 내부 구조가 (도표64)와 같이 변한다. 이들 사영평면의 내부 구조는 결국 원·방·각이란 삼자 간의 변화 구조인 것이 드러난다. 다시 말해서 일부가 말하려는 중위론은 원방각의 위상학적 구조가 그 속에 들어 있다. 원방각은 2차원의 한계를 넘지 못하는 것이지만 중위수론은 그 이상의 차원을 말하고 있기 때문에 원방각이라 하는 것은 제한적인 의미 밖에 갖지 못한다. 그러나 중위수의 사영평면적 구조를 통하여 그 진면목이 드러날 것이다. 원방각은 유비적으로 천지인 그 이상의 의미인 위상학적인 그것이 그 속에 들어 있는 말이다. 방인 사각형에서 시작하여 방의 가로와 세로의 방향을 반대로 할 때 그 안에서 원과 각의 작용이 벌어진다. 그러면서 위상학적 차원의

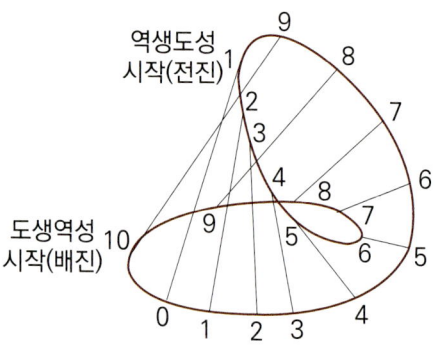

(도표64) 사영평면속의 전배진수

상승이 생겨난다. 전진과 배진은 회전방향이 반대이다. 그리고 서로 대칭되는 수는 (도표62)와 같다. 즉, ( )와 (( )) 속의 수를 기준으로 보면 전진과 배진의 대칭구조가 한 눈에 보인다. (도표64)는 (도표63)의 위상학적 구조이다.

먼저 대각선 논법의 대각선화와 반대각선화가 위상학적으로 어떻게 설명이 되는가를 원방각을 통해 알아보기로 한다. 뫼비우스띠는 사각형의 가로나 세로 가운데 어느 하나만의 '비틈'이고, 클라인병은 어느 하나는 '비틈'이고 다른 하나는 '안비틈'('비틈의 안비틈' 혹은 '안비틈의 비틈')이다. 사영평면은 가로와 세로 모두의 '비틈'이다(비틈의 비틈). 우선 클라인병을 통해 대각선화와 반대각선화의 관계를 원방각을 통해 알아보기로 한다.

위상학은 실로 중위수 개념을 이해하는데 있어서 필수불가결한 것이다. 정역의 중위수를 2차원 나아가 3차원 안에서 구하는 것은 연목구어라 할 수 있다. 그 이상의 차원의 세계로 들어가지 않으면 김일부가 그리던 중위수를 바로 이해할 수 없다. (도표48)을 비롯한 지금까지 나온 모든 2차원 4각형을 아래 (도표65) 안에 있는 하나의 사각형(가)으로 요약하기로 한다.

이 사각형(가)의 가로는 '안 비틈'이고, 세로는 '비틈'이다. 그래서 안비틈과 비틈이 연접해 있는 전형적인 클라인병 구조이다. 이제 이 사각형(방)의 대각선에서 잘라서 두 개의 삼각형(각)으로 만든다. 이 대각선이 다시 가로나 세로로 반대각선화된 다음, 다시 그것이 대각선화 되는 과정을 통해서 클라인병과 사영평면의 구조를 한 눈에 파악할 수 있다.

(도표65)에서 가, 나, 다, 라 4개의 그림 속에는 방과 각이 들어 있다. 사영평면인 사각형 (가)의 부대각선을 잘라 생긴 두 삼각형을(나) 뒤집어 bb를 화살표 방향대로 다시 마주 붙인 것이 (다)이다. 그런데 (가)는 사

영평면인데 (다)는 클라인병이다. 클라인병의 '안비틈의 비틈'이란 연접구조가 '비틈의 비틈'이란 사영평면으로 바뀌었다. 그래서 (도표65)는 사영평면(가)을 클라인병(다)으로 바꾼 후에 다시 클라인병(라)으로 바꾸는 과정을 보여준다. 이 과정 속에서 대각선화와 반대각선화, 그리고 다시 대각선화의 전 과정을 한 눈에 볼 수 있다. (가)에서 부대각선의 방향은 같은데 가로와 세로의 방향이 모두 반대이다. (도표61)과 같아졌다.

 이렇게 바꾸는 과정에서 대각선화와 반대각선화가 그 안에서 작용하는 것을 볼 수 있다. (나)는 가로와 세로가 마주 보는 변끼리 모두 방향이 반대인 사영평면이다. 그런데 이런 사영평면을 대각선화(다)와 반대각선화를 시키면 클라인병(다)으로 변해 버린다. 사영평면은 서로 마주하는 변들끼리는 방향이 반대이지만 인접하는 변들끼리는 회전 방향이 같다. 이러한 사영평면인 사각형을 대각선으로 나누어 삼각형으로 양등분 시키면 삼각형의 변들 가운데는 동일한 방향의 것이 생긴다. 그 이유는 사영평면 구조 안에는 위에서 말한 대로 이웃하는 변들끼리의 방향이 같기 때문이다. 다시 말해서 사각형의 네 변이 모두 반시계 바늘

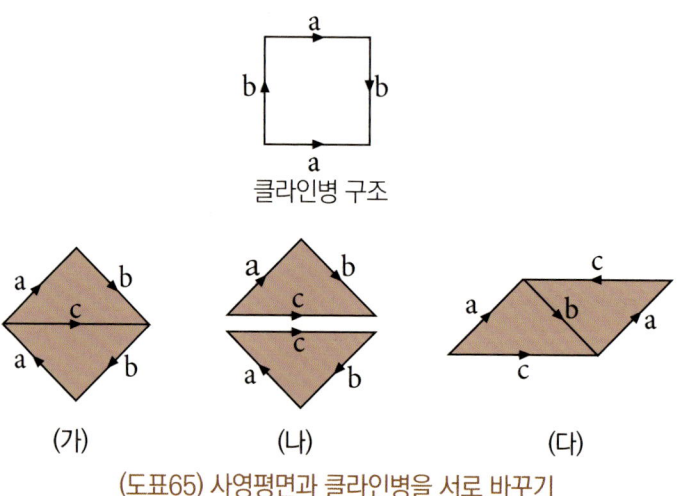

(도표65) 사영평면과 클라인병을 서로 바꾸기

방향이든지 아니면 시계 바늘 방향이다. 정향적이다. 정향적일 때에 비정향이 된다. 그래서 비틈과 안비틈이 결접한다.

이에 대한 자세한 설명을 다시 해 두면 아래와 같다. (도표65)에서 사각형 (나)의 대각선은 c이다. 이 대각선 c에서 사각형을 삼각형 두 개로 양등분 한다. 그러면 삼각형이 두 개 생겨난다(나). 아래 삼각형을 오른쪽으로 회전시켜 두 삼각형의 b를 화살표 방향에 따라서 일치시킨다. b와 b를 일치시키는 이유는 양자의 화살표 방향이 같기 때문이다. 일치시킬 때에는 화살표의 방향이 반드시 같아야 한다. 그 결과 클라인병 (라)이 탄생하였다. 두 개의 b 가운데 하나가 소멸한 결과이다.

그러면 (다)는 클라인병이다. (가)의 사영평면이 (다)의 클라인병으로 바뀐 것이다. (나)에서 대각선인 c가 (다)에서는 변이 되었고, 변인 b는 대각선이 되었다. 즉, 대각선화와 반대각선화를 한 눈에 보았다. 방을 각으로 바꾸면 대각선이 변이 되고, 변이 대각선이 된다. 대각선 논법이 위상학과 연관이 되는 현장을 한 눈에 볼 수 있게 되었다. 그리고 김일부의 중위론이 결국 사각형의 방으로 시작하였으나 위상학적 과정을 거쳐야 바로 이해될 수 있음이 밝혀질 것이다.

그런데 (도표65)의 경우 회전 방향이 같은 b를 사각형 자체 안에서 연접을 시켰지만, (도표66)과 같이 클라인병(1)을 사영평면으로 바꿀 경우에 사정은 달라진다. 즉, (도표65)에서 세 단계가 네 단계의 과정을 거쳐야 한다.

방(1)의 밖에 원(2)을 하나 그린다. 방의 가로와 세로 가운데 가로(b와 c)는 화살표 방향이 같다. 원주에는 회전 방향이 같은 화살표를 붙인다. 그리고 방의 화살표 방향이 같은 b와 c에 원(2)을 가져다 붙인다(3). 다시 말해서 동일한 방향의 b와 b를 먼저 일치시킨다. b는 c와 화살표 방향이 같기 때문에 b는 소멸되고 c만 남긴다(4). 이렇게 하여 생겨난 것이 사영평면이다.

(도표66)은 (도표65)와는 달리 화살표의 방향이 같은 b와 c를 사각형의 밖에 따로 원으로 만들어 두고 다시 사각형에서 원과 화살표 방향이 같은 변(b와 c)을 가져다 붙이다. 이런 경우를 두고 '연접'에 대하여 '결접'이라고 한다. 원인 (2)는 안비틈이고, (1)은 '비틈의 안비틈'의 연접인 클라인병이다. 그래서 양자가 서로 결접할 수 있는 접촉점은 바로 안비틈인 b와 c이다. 그래서 클라인병을 사영평면으로 바꾸자면 (1)의 안비틈(b와 c)을 (2)의 안비틈과 결접을 시켜야 한다. 이를 '안비틈과 안비틈'이라 한다. 연접은 '의'로 결접은 '와(과)'로 서로 연결시킨다.

다시 점검을 하면 (도표65)는 사영평면을 클라인병으로 바꾸는 것이고, (도표66)은 클라인병을 사영평면으로 바꾸는 것이다. (도표65)의 클라인병 안에는 b와 같이 화살표의 방향이 같은 것이 하나 들어 있다. 사각형을 양등분하여 삼각형으로 나눈다. 다음 삼각형 안에서 인접하는 변들 가운데 회전 방향이 같은 것들끼리 마주 붙여 이것으로 대각선으로 만들면 사각형 안의 대각선은 변으로 변한다. 대각선화와 반대각선화가 여기서 작동을 하고 있다.

화살표의 방향이 같다는 것은 '안비틈'의 원이고, 화살표 방향이 다르

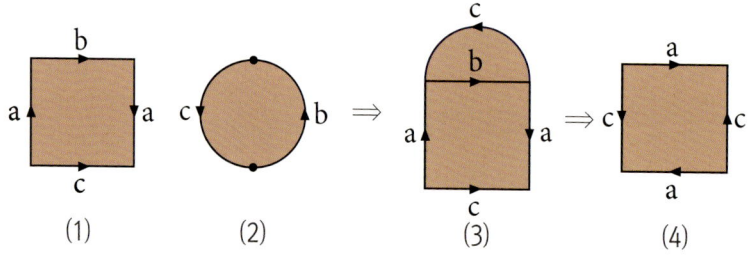

(도표66) 클라인병을 사영평면으로 바꾸기

다는 것은 '비틈'으로 뫼비우스띠라는 것을 의미한다. 그래서 사영평면은 뫼비우스띠와 뫼비우스띠가 연접해서 만들어진다. '비틈의 비틈'이기 때문에 안비틈이다. 이는 두 개의 비틈이 그 안에 들어 있다는 것을 의미한다. 그런데 이런 두 개의 비틈인 사각형을 삼각형으로 바꾸면 하나가 삼각형의 변들 가운데 방향이 같은 안비틈이 생긴다. 이 안비틈끼리 연접시켜 하나를 소멸시키면 비틈이 생겨나 그만 클라인병이 사영평면으로 변해 버린다.

즉, 사영평면의 경우 가로와 세로가 서로 마주보는 변들끼리는 방향이 반대이지만 인접하는 변들끼리는 방향이 같다. 그래서 사각형을 양등분하여 두 개의 삼각형으로 분리한 다음 삼각형에서 서로 방향이 같은 인접하는 변들끼리 마주 붙여 새로운 사각형을 만들면 그것이 바로 클라인병이 된다. 이 때에 대각선(c)이 변이 되고 변이 대각선(b)이 되어 버린다. 그래서 사영평면과 클라인병은 서로 대각선화와 반대각선화의 작용이 들어간 관계임을 알게 된다.

위상공간을 통한 이와 같은 연습을 하는 이유는 중위수의 구조가 사영평면과 같기 때문이다. 원방각이 통일되는 아래 도형들을 통해 중위수의 위상학적 구조의 전모를 파악하게 될 것이다. 여기서 새롭게 부각되는 주요성은 대각선의 종류이다. 중위수란 가로와 세로 상의 대칭이 아니고 대각선 대칭에 해당하기 때문에 사각형 안에 들어 있는 대각선의 종류들에 대하여 언급해 둘 필요가 새삼 생기게 되었다.

유리항아리 속의 유리세계

일부는 중위론을 거론한 다음에 바로 앞으로 올 미래 세계를 '유리세계'라 하면서 거기에 상제가 조림照臨한다고 했다. 일부의 이러한 신학적인 화두를 이해하기 위해서 은유적이기는 하지만 사영평면과 중위론을 연관시키기 위해서 여기에 유리항아리 하나를 가져와 등장시키기로 한다.

지금까지는 중위론을 이해하기 위해서 1차원 직선과 2차원 원과 사각형 만을 사용하였다. 그러나 이러한 시도만으로는 중위론이 그리는 세계를 이해하는 데는 미진한 점을 여전히 남긴다. 이미 (도표64)에서 전배진수를 사영평면의 구조 속에 넣어 알아보았다. 사영평면은 뫼비

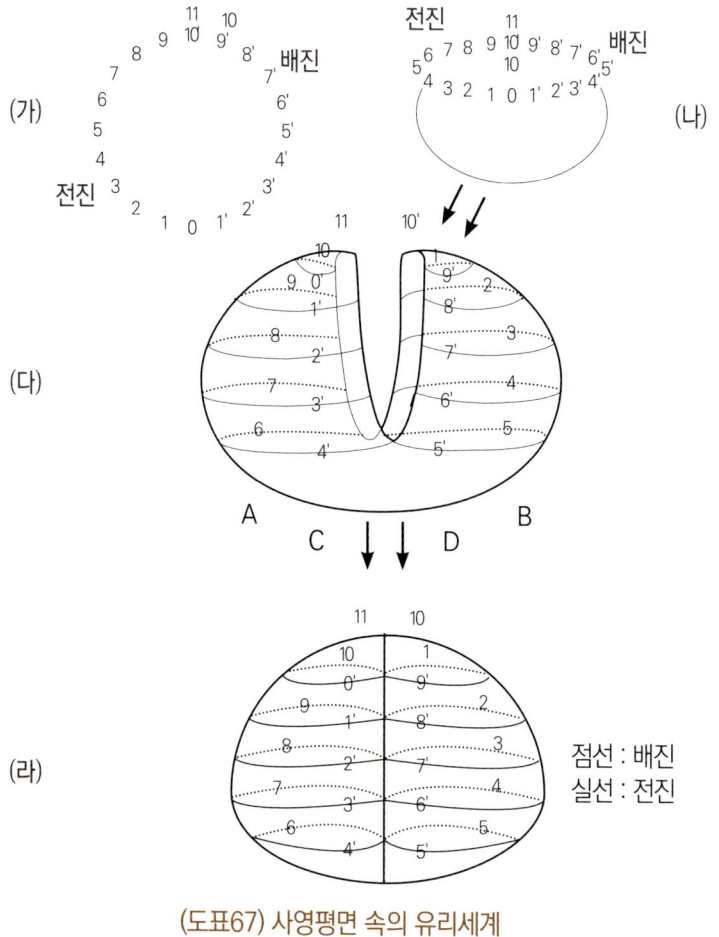

(도표67) 사영평면 속의 유리세계

우스띠 두 개를 연접(비틈의 비틈)시킨 것이기 때문에 이 두 개의 띠에 배진수와 전진수가 배열된다고 보면 된다. 이런 전제와 함께 (도표67)은 유리 항아리와 같은 입체로 된 사영평면의 구조 속에 전배진수를 적어 넣어 본 것이다. (도표67)의 a, b, c, d 네 개의 도형들은 사영평면 안에서 일부가 말하려고 하는 중의 개념을 이해하는 데 결정적인 도움을 준다. (가)는 원이다. 원 주위에 시계 바늘 방향과 같이 전진수와 배진수를 한 방향으로 배열하였다. 그런데 원주 상에서는 한 방향이지만 사각형으로 원주를 바꾸면 그 순간 사각형의 서로 마주 보는 변들의 방향이 반대로 변하고 만다. 다시 말해서 사영평면이라는 뜻이다. 지금 우리가 사용하는 시계를 사각형으로 바꾸면 12개의 숫자의 방향이 가로와 세로에서 모두 반대로 될 것이다. 다시 말해서 비정향적이다.

항아리 (나)의 입구 둘레 주위에 (가)를 가져와 둘레끼리 서로 이어 붙인다. (가)의 수배열은 전진과 배진으로 그 방향이 반대인 뫼비우스띠이다. 이를 (나)의 항아리 입구 원둘레 위에 붙인다. 그러면 항아리 자체가 비틀려 사영평면이 된다. (다)는 속이 다 들여다 보이는 유리 항아리라고 할 때 그 안에서 전진수와 배진수가 그리는 구조가 사영평면의 성격과 구조를 여실히 반영한다. 즉, 사영평면은 사각형의 가로와 세로가 모두 '비틈의 비틈'이기 때문에 그것은 다름 아닌 (도표61) 사각형의 화살표 방향을 그대로 반영한다. 항아리 밑 사각형의 화살표 방향에 따른 ABCD를 적어 놓았다. 2차원 (도표61)일 때의 배열과 (도표67)의 사영평면일 때의 배열이 어떻게 달라졌는가는 관찰하는 것이 문제 해결의 열쇠이다. 그래서 (도표67)에 대한 구체적인 설명을 하면 다음와 같다.

(1) 항아리의 입구는 원으로서 거기에 뫼비우스띠가 결접을 한다. 이는 마치 (도표66)의 (가)에서 (나)로 가는 과정과 같다. 입구 자체는 전/

배진이 만드는 원이지만, 원둘레가 사각형의 가로와 세로라는 변이 되면서 방향이 모두 반대로 된다. 다시 말해서 뫼비우스띠를 만들면서 입구의 원과는 결접을 한다. 사각형 안의 두 개의 뫼비우스띠는 연접이다. 배진은 10, 9, 8, 7, 6, 5, 4, 3, 2, 1과 같이 점선으로, 전진은 1', 2', 3', 4', 5', 6', 7', 8', 9'와 같이 실선으로 표시하였다.

(2) 꽈배기 같은 모양의 좌우 대칭 안에는 실선과 점선이 선회와 착종을 한다. 다시 말해서 실/점선이 전/배진 대칭을 만들면서 비틀려 있다. 좌우로 나눠지는데, 이 좌우 대칭이 다름 아닌 굴신 대칭이다.

(3) 점선과 실선이 상하에서 대칭을 만들고 두 개의 꽈배기는 뫼비우스띠 형으로 비틀려 있다. 항아리 안의 두 개의 꽈배기는 꼬여 있으나 아직 서로 마주 붙지는 않았다. 이들 항아리 중앙의 꽈배기가 다름 아닌 (도표48) 안의 정대각선에 해당한다.

(4) 이제 입구를 (라)와 같이 봉합을 한다고 하자. 그러면 배진수과 전진수들은 입구 안에서 서로 만나게 된다. 전진수와 배진수가 두 개씩 짝이 되고 다시 짝들이 좌우에서 한 쌍을 만든다. 한 쌍 안에는 전/배진수가 각각 두 개씩 4개가 있게 된다. (라)의 대칭을 (가)와 (나)에서 비교하면 차원의 변화를 알 수 있다.

(5) 이들 쌍들 간의 대칭 관계를 (도표48)에 와서 확인을 해보면 가로, 세로, 그리고 대각선이란 차원에서 서로 대칭 짝과 쌍을 만들고 있는 것을 발견할 수 있다. 이들의 짝과 쌍이 다름 아닌 (도표48) 안에 있는 짝과 쌍들이다.

(6) 배진과 전진은 서로 선회와 착종을 하기 때문에 상하향의 방향이 무의미하다. 그리고 (도표67)은 4차원 위상 공간이기 때문에 3차원 공간에서 표현해 내기에는 한계가 있다. 전후 좌우상하가 선회하면서 착

종할 때 차원의 상승이 요청된다.

(7) (라)안을 A=(N), B=(N-1), C=(N)', D=(N-1)'라고 할 때 각 쌍들 안에서 (N)+(N)'가 다름 아닌 중위수 19, 17, 15, 13, 11이고, (N-1)+(N-1)'가 9, 7, 5, 3, 1이다. 그리고 같은 쌍들 안에서는 (N)+(N-1)'=10이고 동시에 (N)'+(N-1)=10이다. 즉, 중위수들 간에는 석합보공을 하는 질서가 담겨져 있었다. 즉, 10은 십구지중으로 10+9'의 중이란 뜻이고, 9는 십칠지중이란 9는 9+8'의 중이란 뜻이다. 즉, N은 N+(N-1)의 중이란 말과 같다. 배진수 10과 전진수9'의 중이다. 짝째기의 중이다.

(8) 이러한 세계를 두고 일부는 유리세계라고 했으며, '유리세계琉璃世界'는 유리 항아리와 같이 그 안은 투명하다. 퍼거슨 여사는 앞으로 나타날 인간은 이러한 투명인간이라고 했다. 이를 두고 '보병궁 의식혁명 Aquarian Revolution'이라고도 했다. 보병궁 의식혁명을 수정혁명이라고도 한다. 수정은 다이아몬드와는 달리 빛이 안에서부터 비춰 나오기 때문이다. 일부는 이러한 유리세계에 상제가 조림照臨한다고 했다. 이는 일부가 중위수를 통해 신을 발견하는 주요한 장면이라고 할 수 있다.

정역에서 말하는 신은 상제上帝의 인격적 측면과 비인격적 측면을 겸비한 존재이다. 비인격적인 '없이 계신' 무위적無位的 존재로서 변화 그 자체인 화옹化翁으로 나타나기도 하고(정10:2), 일월과 천지를 용정하는 자연으로 나타나기도 한다. 온 우주가 다 망해갈 때인 기망기망其亡其亡일 때에 상제가 내리시는데 이를 두고 '상제조림上帝照臨'이라고 한다.(정27:10) 상제가 내리실 때에 온 우주와 세계가 어항같이 투명해져 앞에서도 뒤를 볼 수 있고 뒤에서도 앞을 볼 수 있는 전후좌우상하가 없어진다. 이를 유리세계라 한 것이다. 기하학적으로 이렇게 투명한 세계를 두고 사영평면이라고 한다.

제7장
수지상수론과 정역

 지금까지는 수지를 괘와 연관짓지 않았다. 수지를 전배진수와 연관시켜 그것을 초수론과 위상수학의 곁으로까지 가지고 왔었다. 7장에서는 수지를 상수와 괘에다 연관을 짓는 작업을 하려 한다. 공자가 이미 계사전에서 효와 괘가 만들어지는 방법을 설명했었다. 공자의 괘 시생원리는 다분히 발생론적이라 할 수 있다. 다시 말해서 가일배법으로 나뭇가지가 분지하는 형식으로 효에서 괘가 발생한다고 본 것이다.[1] 복희 8괘도와 문왕 8괘도는 모두 공자의 가일배법을 그대로 따르고 있다. 그런데 효가 발생할 때는 연속적인 경우와 단계적(연쇄적)인 두 가지 방법이 있다고 했다.(1.1) 전자는 계절의 변화에 후자는 가족관계를 말하기에 적합하다. 그런데 두 경우 모두 기수의 역설과 순서수의 역설에 연관이 된다.
 일부는 공자와는 다른 방법인 손가락을 통한, 즉 수지에 의한 시생원리를 말하고 있다.[2] 복희 8괘도와 문왕 8괘도는 괘가 모두 8개이지만 정역도는 10개이다. 그래서 8괘10수라고 한다. 우선 8과 10이라는 비대칭적 수의 관계부터 설명을 해야 한다. 8과 10의 비대칭적 관계에서 괘가 발생하는 원리에 관하여 설명해 놓은 부분이 계사전하 9장의 '사

---

1) 물론 괘가 먼저이고 효가 나중이라는 주장도 있으나 여기서는 이에 대한 논의를 제외한다.
2) 일부가 직접 수지로 괘와 상을 만들었는지는 의문의 여지가 있으나 정역은 수지로 설명을 할 때 일관성을 갖게 된다.

영론四營論'이다. 실로 사영론은 정역의 역생도성과 도생역성, 즉 전진과 배진을 연결시키는 역할을 한다.

윷판을 사영론과 연관을 시킬 때에 얻을 수 있는 가장 큰 소득은 중위수 개념을 가시적으로 쉽게 파악할 수 있다는 점이다. 그리고 중위수와 함께 제기된 기하학적 소멸의 문제, 그리고 하도와 낙서 간의 10과 9의 문제도 그 본질이 무엇인지 일괄적으로 파악해 알게 될 것이다. '사영'이란 윷판의 4곳 밭이며 사영수는 수직, 수평 축에 있고 원주와 연관이 된다.

7.1 '장중掌中'에 든 수들

계사전의 사영론과 정역

중위론이 우리에게 남겨준 과제는 전진과 배진이 어떻게 서로 전환할 수 있는가를 파악하는 것이라 할 수 있다. 전환에는 변환, 반환, 순환의 세 종류가 있다. 지금까지는 주로 중위수 찾기에만 몰두했지 막상 전배진이 어떻게 맞물려 회전하는지는 규명하지 못했었다. 이 남겨진 과제는 정역 연구의 필수 과제이다. 전환을 가능하게 하는 구동장치가 있는데 그것이 바로 두 개의 사영인 '상사영'과 '하사영'이다. 작동하는 대상수가 있고 작동되게 하는 메타 수가 있어야 한다는 말이다. 전자에 해당하는 것이 전배진수 10이라면, 후자에 해당하는 것이 상하 사영수 8개이다. 이렇게 수를 대상과 메타로 나누게 되면 그것이 현대 논리학의 대강을 이루고 있는 거짓말쟁이 역설과 러셀 역설로 직행하게 되고, 이는 현대 지성의 본령에 도달하는 것이라 할 수 있다.

영어를 비롯한 유럽 언어들은 대문자와 소문자를 구별한다. 일본어도 가타카나와 히라가나로 구별한다. 이 역시 메타와 대상으로 언어를 구별하기 위해서이다. 러셀의 말을 빌리면 유형을 구별할 줄 안다는 것을 의미한다. 한글에는 이런 구별이 없다. 그러면 한국어는 이런 유형 구별을 할 줄 모른다는 말인가? 그런데 한번 우리 윷판 속을 들여다 보면, 메타에 해당하는 수직과 수평축에 해당하는 수와 대상에 해당하는 원주에 있는 수를 구별하고 있는 것을 발견할 수 있다. 한글의 구성 원리에서 보면 수평—과 수직 1과 ·는 자모음을 구성하는 메타와 같다. 그리고 이들은 윷판의 수직축과 수평축 그리고 둘이 만나는 중앙과 같다. 그 어느 것보다 메타와 대상이 분명한 것이 한글이 아닌가 한다.

천부경에는 더 정확하게 대상수와 메타수를 구별하고 있는데, '1적10거'는 대상, 그리고 '대삼합6789운34성환571묘연'은 메타수에 해당한다. 이런 메타와 대상수라는 관점에서 사영론에 접근을 해야 역에 대한 제대로 된 이해를 도출할 수 있다.

사영론四營論이란 원래 『주역』 〈계사전 상〉 9장의 "네 번 경영하여 역을 이루고, 십(十)하고 8번 변하여 8괘를 이루면, 이 8괘는 작게 이룬 것이니, 이끌어 펴면서 같은 것끼리 접촉하면 다 자라 천하의 일이 능히 끝난다. 그러면 도가 드러나고 신의 덕이 행해진다. 이렇게 되면 신과 더불어 수작을 할 수 있고, 신명계에서 할 일을 도울 수 있으니 공자가 말씀하시기를 변화의 도를 아는 사람은 그것이 신의 조화인 것을 알게 된다"[四營而成易 十有八變而成卦 八卦而小成引而伸之 觸類而長之 天下之能事 畢矣顯道 神德行 是故 可與酬酌 可與祐神矣 子曰 知變化之道者 其知神之所爲乎]에서 유래한다.

여기서 주요한 세말은 영營, 인이신지引而伸之, 촉류觸類이다. 전진수 10을 상하 사영 8로 촉류에 의해 이끌어 내면 '소성小成'이 '장지長之'가 된다는 것이다. 작게 이룬 것이 커진다는 말이다. 그렇다면 여기서 '촉류'라는 말이 문제의 심장부에 서게 된다. 소성의 수를 촉류에 의하여 이끌어내 펴면 그것이 장지가 된다는 뜻이다.

'영'은 본부라는 뜻을 지니는 것으로서 중심을 잡는 곳은 메타인 장을 의미한다. 이렇게 본부와 같은 중심이 있으면 거기에 따르는 주변이 있게 된다. 이러한 4영에 해당하는 것이 윷판이다. 윷판은 사영의 모형이라 할 정도이다. 윷판의 두 수평과 수직축이 만드는 4개의 상한을 사영이라 볼 수 있다. 이 두 윷판 안의 수직과 수평의 두 중심 축은 사각형 안의 정·부 두 대각선에 해당한다. 그래서 '십유팔변'이란 주변과 중심축과의 관계인 대상과 메타의 관계를 의미한다. 다시 말해서 명패와 물건의 관계가 사영 안에서 발생하는 십유팔변이라 한 번 가정해 보자. 그러면 원주는 사각형의 가로와 세로와 같고, 축은 원의 지름 그리고 사각형의 대각선과 같다. 결국 이는 대각선 논법의 제 요소들이 갖추어지고 있다는 것을 웅변적으로 말해주고 있다.

원의 주변과 지름, 그리고 사각형의 가로와 세로, 그리고 대각선의 관계를 관찰해 나가면 우주의 도가 드러나 나타난다는 것이다. 여기서 대각선 논법의 반대각선화와 반가치화의 문제가 아직 설명될 과제로 남겨져 있다. 대각선 논법의 제 요소들로 우주적 현상을 간략히 총괄하여 유형별로 확대해 나가면 천하만사의 이치에 모두 통할 수 있다는 것이 사영론이다. 이렇게 하면 형이상의 도와 신의 작용이 드러나 그것과 함께 하여 또 도울 수 있다. 다시 말해서 공자는 변화의 도를 아는 자는 신이 행하는 바를 알 수 있으리라고 생각했었다.

사영론은 4개의 수로서 어떻게 5개의 수지를 굴신시켜 10개의 수를 구동시켜 나갈 것인가에 관한 이론이다. 수지 5개는 굴신을 하여 모두

10개의 수를 만든다. 굴신을 할 때 반환점과 순환점인 소지와 모지에서 재륵 혹은 촉류 현상이 나타난다. 촉류란 동일한 수지가 동시에 굴신을 하는 현상을 두고 하는 말이다. '촉류'란 말 그대로 동일한 종류의 것끼리 접촉을 한다는 말이다. 다른 말로 하면 이는 '자기언급'에 해당한다. 이러한 전이해와 함께 계사전에서 말하고 있는 사영론을 우리의 윷판을 통해 보게 되면 더 알기 쉬워진다. 윷판은 (도표67)에서 보는 바와 같이 원주와 수평과 수직축이란 지름으로 구성된다.

사각형일 때에는 가로와 세로, 그리고 두 개의 정대각선과 부대각선으로 구성된다. 그래서 윷판은 원주 그리고 수평과 수직의 두 개의 지름으로 구성된다. 윷판에는 위치마다 고유한 명칭이 있다. 이 명칭들은

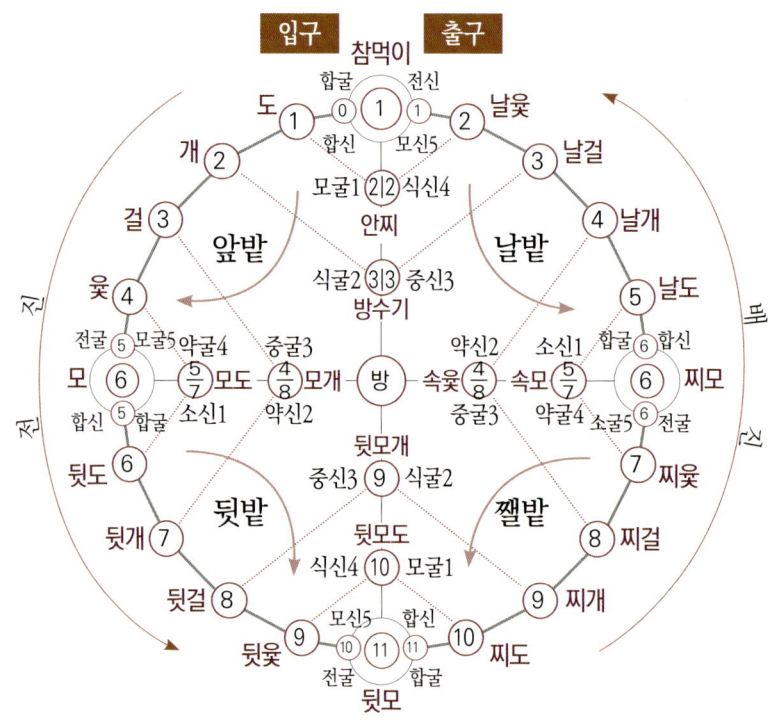

(도표68) 윷판과 4사영과 전배진

유일회적으로 사용되기 때문에 사영론을 설명하기에 적합하다.

(도표68)에 근거하여 전체적인 윤곽을 파악해 보기로 한다. 윷판은 원으로도 사각형으로도 만들 수 있다. 사각형일 경우 원주는 가로와 세로가 되고, 지름은 대각선이 된다. 그래서 수직과 수평축은 정·부 두 대각선이 될 것이다. 전진수는 좌반구에서 우선하고, 배진수는 우반구에서 좌선하고 있다. 전진에도 굴신에 따라서 상하 두 사영수가 있고, 배진에도 굴신에 따라서 상하 두 사영수가 있다.

윷판은 중앙의 방을 중심으로 사방에 네 개의 밭들이 놓여 있으며 이들 밭들이 사영의 영에 해당한다. 이 네 밭들을 사영으로 나누는 것이 다름 아닌 전배진의 상하 사영들이다.

굴·신과 전·배진이 상하 사영에서 반대로 바뀌어 대응을 하고 있다. 상사영은 1, 2, 3, 4의 4개이고, 하사영은 6, 7, 8, 9의 4개이다. 5와 10은 제외된다. 전진에도 상하사영이, 배진에도 상하사영이 각각 두 개씩 균등하게 배당이 된다. 즉, 상하사영이 전부 대각선(수평과 수직)에 동등하게 배분된다. 배분되는 관계를 보면 수직축(정대각선)은 전진과 배진을 굴/신으로 연결시키고 있고, 수평축(부대각선)은 동일한 전진과 배진을 굴/신으로 연결시키고 있다. 수직과 수평축이 결합되는 곳이 가운데 '방'이다.

이상과 같은 내용 등으로 볼 때 사영론은 중위수론에서도 이미 문제시된 전/배진과 굴/신 간의 조화를 이룩해내자는 것이라 할 수 있다. 다시 말해서 전진과 배진, 그리고 전진과 배진 속에 굴/신 간의 대립을 조화의 경지로 이끌어 가자는 것이 사영론의 취지이다.

그런데 이렇게 상하 8개의 사영수로서 10개의 수지수를 대응시켜 구동시킬 때에 수가 8과 10수로 짝째기이기 때문에 일대일 대응이 어렵다. 10을 상하사영으로 나누면 각각 5/5가 되고, 이것은 상하사영의 4/4와 짝째기를 만든다. 1만큼 크고 작은 차이가 생기는 이유는 촉류 즉, 자기언급 때문이다. 동일한 자기 자신이 자기 밖으로 나가 펴지면 1만큼 커져 버린다. 다시 자기 자신에게로 돌아오면 작아져 버린다. 이것이 율려론에서 말하는 손익법에 해당한다.

초수론으로 본 사영수

촉류에 의하여 손과 익을 좌지우지 하는 것을 두고 '인이신지'라 한다. '인이신지引而伸之'에 대하여 '인이굴지引而屈之'도 동시에 가능하다. 굴/신이란 양/음이며 양과 음은 3과 2와 같이 항상 짝째기여야 한다. 음양론의 본질은 짝째기론에 있다고 해도 과언이 아니다. 그런 의미에서 '촉류'란 음과 양 그리고 양인 3이 자기 자신과 접촉하여 손하면 2가 되고, 익하면 4가 된다. 마찬가지로 음인 4가 자기와 접촉하여 손하면 3이 되고 익하면 5가 된다. 인이신지와 인이굴지는 이와 같이 손익을 셈하는 것의 다른 말이다. 그래서 인이신지와 촉류는 서로 분리해서 생각할 수 없는 수지의 순환점인 모지에서 일어나는 작용 현상이다.[3] 촉류가 자기와 자기가 접촉하는 자기언급이라면, 인이신지는 자기언급에서 자기와 자기를 분리시키는 작용이다. 이 두 작용은 창조의 기본 원리이다. 계사전에서 말하고 있는 이러한 우주변화의 원리 구조를 윷판이 그대로 모방한 듯하다.

인간이 지금 사용하고 있는 5수지에 적용하여 셈을 하게 되면 기하학적 소멸이 얼마나 자연의 현상과 일치하는가를 알 수 있다. 엄지부터 시

---

3) 물론 경우에 따라서는 모지(순환점)와 소지(반환점)에서 촉류가 가능하다. 특히 수지상수에서는 중지에서 촉류가 발생한다.

작하여 1, 2, 3, 4, ⑤까지는 굴을, 6, 7, 8, 9, ⑩은 신을 하면서 수지로 셈을 한다. 이때에 굽혀 '굴屈' 하는 것을 '굴셈'이라고 하고, 펴 '신伸' 하는 것을 '신셈'이라고 한다. 한국식 셈하기에서 굴셈은 항상 엄지에서 시작하여 좌향한다. 이에 대하여 서양식 신셈은 소지에서 시작하여 우향 한다. 이러한 좌향과 우향은 수지의 특별한 생물학적 구조가 원인이 기도 하지만, 서양 사람들과는 다른 동양 사람들의 셈법의 차이이기 때 문이기도 하다.

그런데 굴셈과 신셈을 1회 전진한 다음에(1, 2, 3, 4, ⑤, 6, 7, 8, 9, ⑩) 어떻게 이를 배진수 ⑩, 9, 8, 7, 6, ⑤, 4, 3, 2, 1과 연결시킬 것인가? 다시 말해서 전진의 앞밭-뒷밭을 거친 다음에 어떻게 배진의 날밭과 쨀밭으로 연결시킬 것인가? 전진의 종을 배진의 시와 어떻게 연결을 시켜 시종을 일치하게 만들 것인가. 이는 사각형의 종이에서 전면과 후면을 어떻게 연결시킬 것인가의 위상학적 문제이기도 하다. 이러한 존재론의 궁극적인 문제에 답하기 위하여 등장하는 것이 바로 사영론이다. 칸트의 시종의 문제, 아리스토텔레스의 부동의 동자의 문제가 사영론과 직접 연관이 될 정도로 주요한 이유가 바로 여기에 있다.

이제 전진이 뒷밭인 뒷윷에서 식신4 하면서 9라고 할 때 뒷모는 모신 5 하면서 10이 될 것이다. 그러나 여기서 모신5의 경우 굴신을 보류해야 한다. 여기서 '보류'라고 하는 것은 일회전 다음에는 굴신을 해야 하기 때문이다. 모굴1에서 시작하여 식신9까지 와서 모신5 하면서 '10' 하기를 멈추란 말이다. 마당 청소를 할 때 원효가 마지막 잎 하나를 쓸지 않듯, 이를 '안토安土'라 한다.

모신5(10)를 신하지 않는 이유는 그것이 전진의 끝이기 때문이다. 역의 효변의 경우, 6효의 마지막 효인 상효(혹은 6효)는 효변시켜서는 안 된다는 귀매의 원리 때문이다. 만약에 어느 집합에서 마지막 요소까지 변화시키면 집합 자체가 부정되기 때문이다. 예를 들어서 건괘(☰)를 초효부터 효변시켜 손괘(☴), 간괘(☶)와 같이 초와 중효를 변화시킨 다음 마지막 상효까지 효변시키면 곤괘(☷)가 되어버리고 만다. 이것은 건괘 집합 자체가 부정되는 꼴이 된다. 마지막 효인 3효는 그 자체가 곧 집합 자체란 말이다. 그래서 마지막 것은 변화에서 제외시킨다. 이를 '귀매의 원리'라고 한다. 귀매의 원리는 8장에서 다시 상론될 것이다.

'모신5'는 전신이다. 전신 다음에는 합굴/합신이다. 합굴은 주먹 전체를 굴하는 것이고, 합신은 그 반대이다. 합굴/합신을 하는 이유는 그것이 수지 전체를 동시에 굴하고 신하기 때문이다. 그래서 합굴/합신은 철저하게 귀매의 원리를 의식해서 필수적으로 상정된 것이다. 전신은 합신과 그 형태가 동일하다. 그러나 전자는 개신 가운데 끝으로 하나인 경우이고, 후자는 수지 5개 전체인 경우이다. 이를 위 공기놀이에서 선명하게 이해한 바 있다. 귀매의 원리란 변화를 시키지 않는 것이 아니고 변화를 시켜 개를 전으로 바꾸기 위한 것이다. 그러면 그 전신과 합신 그리고 전굴과 합굴이 동형태가 된다.

전신(모신5) 다음에는 반드시 합굴/합신을 해야 할 이유가 여기에 있다. 물론 전굴(소굴5) 다음에는 합신/합굴을 해야 한다. 이렇게 전신(합굴/합신)과 전굴(합신/합굴)은 항상 동행해야 하고 촉류가 발생하는 곳이 바로 여기이다.

사영론은 정역에서 가장 중요시 되는 전진과 배진을 구동시켜 주는 역할을 한다. 이 때에 전진수와 배진수는 반원 상에서 좌향과 우향을 하지만, 사영수는 전진수와 배진수 안에서 상하좌우로 회전한다. 윷판의 좌우에 배진과 전진수를 배열했을 때에 사영수는 수평과 수직에 배열된 수이다. 이 때에 참먹이, 모, 뒷모, 찌모는 모지와 소지의 굴신에 해당하는 곳으로서 이들을 제외한 수들이 사영수에 해당한다.

　전진의 상사영은 앞밭에서, 하사영은 뒷밭에서 진행된다. 상사영이 시작하는 '참먹이' 입구는 '모신5'이고, 이것이 전신/합굴/합신을 한 다음 모굴1 하면서 전진수 '1'한다. 모신5, 전신, 합신, 합굴은 모두 수지상에서 같은 형태임을 강조해둔다. 전굴/전신은 모지와 수지가 굴/신한 것이고, 합굴/합신은 주먹 전체를 굴하고 신한 것으로 엄격히 구별해야 한다.

　사영론은 전진이 끝나면서 배진과 연결이 되는 과정을 다룬다. 이러한 연결을 시켜주는 것이 사영수들이다. 앞밭은 먼저 굴전진을 한다. 수지가 굴하면서 전진을 하기 때문이다. 상사영수 1(모굴1)과 2(식굴2)는 하향을 하고, 3(중굴)과 4(약굴4)는 좌향을 한다. 비정향적이다. 그러나 전진수 1, 2, 3, 4는 모두 우향으로 정향적이다. 여기서 '모'(소굴5)는 전신/합신/합굴의 자리이다. 하사영수는 뒷밭에서 진행된다. 6(모굴5), 7(소신1)과 8(약신2)은 우향을 하고, 8(중신3)과 9(식신4)는 하향을 한다. 하사영을 '신전진'이라 한다. 9(중신3), 10(식신4), 11(모신5) 수지가 신하면서 전진하기 때문이다. 이렇게 전진수의 상하 사영수의 진행이 끝났다. 같은 방법으로 배진수의 상하 사영수도 셈할 수 있다. 즉, 배진수의 상사영은 날밭에서 진행되고, 하사영은 쨀밭에서 진행된다. 전진과는 달리 역순으로 수가 진행한다. 전진과는 상사 사영의 회전 방향이 모두 반대이다.

　중앙의 '방'은 수직과 수평축이 만나는 곳이며, 이 방이 4사영을, 다시 말해서 수직과 수평축을 회전시키는 돌쩌귀와 같은 곳에 해당한다. 사영론의 특징은 전진과 배진에서 5와 10을 배진하는 점이라고 할 수 있다. 5와 10이 정역에서 갖는 의의는 크다. 5와 10을 수지상에서 볼 때에 합신과 합굴에 해당하는 곳이다. 소지와 모지는 사영수에 포함시키지 않는다. 이 두 수는 처음이고 끝이기 때문이다. 수지로 셈할 때에도 모지와 소지를 굴신하지 않을 때에 그것을 사영이라고 한다. 이를 두고 특히 '안토安土'라고 한다.(권호영, 2016, 85) 이는 순서수의 역설을 피하기 위한 지혜라고 할 수 있다. 5와 10은 다른 수와 달리 윷판의 수직과 수평이 원주와 만나는 곳이다. 이곳에서는 소용돌이 같이 모든 변화를 유도하면서도 제 자신은 안정된 곳이다. 오행의 토와 같다.

(도표68)을 다시 불러와 사사영을 보기로 한다. 크게 전진과 배진수를 윷판 안의 좌반구와 우반구에 배열을 하고, 이를 다시 굴과 신으로 나누었다. 우리의 윷판은 이런 전배진의 구조를 나타내기에 제격이다. 원형의 윷판을 사각형으로 바꾸면 굴과 신은 가로와 세로 혹은 세로와 가로로 바뀔 것이다. 4사영을 윷판의 네 개의 밭에 배열을 하고 이를 수지굴신과 대응시키면 사영론이 윷판과 밀접하게 연관되는 것을 발견한다.

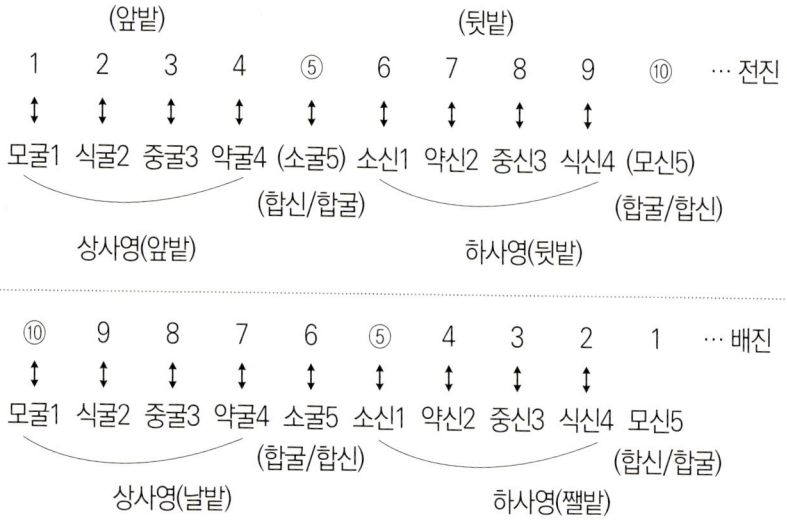

(도표69) 4사영과 수지굴신

15일언 가운데 '거변무극십擧便無極十 십변시태극일十便是太極一'에 대한 해석은 "손을 들면 문득 십이니 무극이니라. 십하니 그것이 문득 태일이다"와 같다. 그런데 이 구절은 사영론을 알지 못하면 이해하기가 어렵다. 위 윷판으로 돌아와 한번 전진-상사영-하사영-배진의 순서로 수지를 배열하면 위의 구절이 쉽게 이해가 된다. 이제 수지를 순서에 따라 배열을 하면 (도표69)와 같다.

(1) 위의 표를 통해 볼 때 사영론은 궁극적으로 5와 10에 해당하는 소지와 모지의 굴신 기능을 제외한 수의 구동장치이다. 정지시키기 위한 것이다. 5와 10은 윷판에서 참먹이(10), 모(5), 뒷모(10) 그리고 찌모(5)에 해당한다. 이 곳이 윷놀이에서 어떤 역할을 하는지는 여기서 재론하는 것이 사족이다. 상사영과 하사영은 양가닥으로 나뉘면서 동시에 윷판 전체를 구동시키고 있다. 각 사영은 마주보는 영끼리 그 방향이 반대이다. 사영평면의 내적 구졸르 작동시킨다는 말이다.

(2) 앞밭에서 '모굴1' 하면 그것이 날밭에서 동시적으로 '식신4'가 된다. 쨀밭에서 '모굴1' 하면 뒷밭에서 '식신4' 한다. 둘은 모두 중위수 10이지만 전자는 배진수 10이고 후자는 전진수 9이다. 여기서 "십은 십구지중"이 가능해진다. 즉, 중위소 10은 전진수 9(식신4) + 배진수 10(모굴1) = 19이다. 몇 개의 예를 제시하면,

중위수(10)=전진수9(식신4) + 배진수10(모굴1) = 19 "십은 십구지중"

중위수(9)=전진수8(중신3) + 배진수 9(식굴2) = 17 "구은 십칠지중"

중위수(4)=전진수3(중굴3) + 배진수 4(약신2) = 7   "사은 일칠지중"

중위수(3)=전진수2(식굴2) + 배진수 3(중신3) = 5   "삼은 일오지중"

등과 같다. 여기서 중위수 10~6까지는 '십지중군群', 그리고 중위수 5~1까지는 '일지중군群'이라고 한다. (도표68)의 수평축의 상⊥은 일지중에, 하┬는 십지중에 해당한다.

(3) 사영론에서 모지와 소지의 굴신은 제외되지만 이들이 없으면 구동 자체가 불가능하다. 사영수들인 윷판의 상하좌우를 선회와 착종을 한다. 마주보는 화살표의 방향이 반대인 방향으로 회전한다. 전형적인 사영평면 구조이다. 가로, 세로 그리고 대각선이 다 한 점으로 사라져 버린다. 가운데 '방'에서 다 한 점으로 변해버린다.

(4) 이러한 사영평면적 구조를 가능하게 만들자면 전신/합신/합굴이 필요하다. 예를 들어 모굴5로 배진이 상사영이 끝나고 하사영으로 이어지자면 찌모에서 모굴5-전굴-합신-합굴의 순서를 밟아 나가야 한다. (도표68)에서 볼 때 참먹이, 모, 뒷모, 찌모 네 곳에서 반드시 작은 원이 시계바늘 방향으로 전굴(전신)-합신(합굴)-합굴(합신) 순서로 회전을 하여야 한다. 이것은 수지로 셈을 할 때에 반드시 손가락 전체를 굴하든지 신한 다음에 해야 한다는 것을 의미한다. 굴셈은 합신을, 신셈은 합굴을 전제해야 한다.

(5) 작용을 하는 것은 수평과 수직축이다. 중위수는 수직축의 좌우에서 전진수와 배진수가 대칭하는 것이다. 그러나 중위수 6, 7, 8은 수평축 자체가 수직축의 좌우가 된다. 그래서 '방'을 중심으로 좌우에 전배진의 사영수 6, 7, 8이 배열된다. 그 중위수 7의 전진수는 6이고 배진수는 7이다. 중위수 8의 전진수는 7이고 배진수는 8이다. 수직축을 대칭축으로 수평축의 좌우에 중위수가 배열돼 있고, 전배진수는 좌반구와 우반구에서 대칭을 만든다.

(6) 중위수 6의 경우는 특이하다. 6은 수평축과 원주가 만나는 곳에

위치하고 있다. 그래서 6의 경우는 전배진수를 원주상에서 찾을 수 없다. 그러나 합신/합굴이 있기 때문에 자기 자신의 내부 안에서 찾을 수 있다. 다시 말해서 원주상에서 작은 원이 큰 원이 만나는 점에 전배진수 자체의 순서에 따라 수를 주면 된다. 그 결과 중위수 6의 전진수는 작은 원 안에서 6을 중심으로 좌우의 수이다. 중위수 6의 전진수는 5이고, 중위수 6의 배진수는 같은 6이다. 그래서 중위수 "6은 십일지중"이라고 한다. 합굴과 합신이 있기 때문에 이런 작동이 가능해진다.

(7) 윷판을 통한 전배진수와 사영론에 대한 이해는 민족경전 천부경의 "大三合六 生七八九運 三四成環五七 一妙衍"에 대한 해석을 새롭게 할 수 있다. 이들 수들을 (도표68)의 사영수들을 중심으로 읽어보면 3, 4, 5 세 수는 전진의 앞밭에서 좌선하고 날밭에 우선한다. 7, 8, 9 세 수는 배진의 쨀밭에서 수평(7, 8)과 수직(9)에서 우선하고, 전진의 뒷밭에서도 수평과 수직축에서 좌선하고 있다. 5와 7은 수평축의 상하를 연결하는 역할을 한다. 이는 전형적으로 사영평면 구조를 그대로 반영하고 있다. 천부경의 위상학적 구조는 윷판에 전배진수를 배열하고 사영론을 고찰할 때에만 밝혀질 수 있는 비밀이다.

(8) 사영에서 5와 10을 제외하는 이유는 윷판에서도 보는 바와 같이 5와 10은 수직수평축과 원주가 만나는 곳이다. 사영평면 구조가 아니면 이해하지 못할 구조이다. 축이면서 동시에 주변이다. 그래서 5와 10은 전체이면서 부분이고, 작용인이면서 동시에 작용자이다. 그러나 5와 10에는 합신/합굴이 있기 때문에 이것 없이는 운동 자체가 성립하기 힘들다.

(9) '포오합육包五合六'과 '십퇴일진十退一進' 같은 정역의 주요 구절들이 (도표68)을 통해 쉽게 이해될 수 있다. 모와 찌모에서 6과 5의 관계, 그

리고 중위수와 전배진수의 관계는 절묘하다 할 수 있다. 6은 수평축인 동시에 원주상의 수이기 때문에 전배진수인 동시에 사영수이다. 전진에서 6은 5-5를, 배진에서는 6-6을 대칭이 되도록 한다. 사영수의 좌우수가 동일한 경우는 6뿐이다.

(10) 중위수 가운데 "일은 일일지중"이란 말은 참먹이에서 쉽게 이해된다. 중위수 일은 '일지중군'에 속하는데 참먹이에서 보는 바와 같이 1은 0+1=1과 같다. 십일지중(11)은 '십지중군'에도 '일지중군'에도 속하기 때문에 부득이 '십십일일지중', 다시 말해서 '이십일지중'이다. 이 십은 '십십'으로, 일은 '일일'로 표시한 것이다.

7.2 칸트의 이율배반론과 사영론

사영론의 철학적 문제점

사영론의 핵은 전진의 종㉮을 배진의 시㉯와 어떻게 연결시킬 것이냐에 있었다. 위에서 항목별로 그 전 과정을 설명하는 중에 핵 가운데 핵은 두말할 것 없이 앞밭에 있는 전진의 시인 '모굴1'과 종인 '모신5'이다. 이 둘은 모두 순환점에 놓여 있는 수지들이다. 식신4 다음에 당연히 '모신5' 할 것을 귀매의 원리에 의하여 그렇게 하지 말라는 것이다. '모신5'라 하지 않을 때에 수지의 형태는 '약신4/모굴1'이다. 전진수1(모굴1)에서 모굴1은 능동적으로 굴한 것이었지만, ⑩(뒷모)에서는 같은 모굴1이 수동적으로 생겨난다. 전자가 동이라면 후자는 부동이다. 동일한 모굴1이 능동적/수동적이고, 동/부동이다. 참먹이, 모, 뒷모, 찌모는 원주이면서 동시에 축이다. 촉류가 생기는 곳이다. 촉류에 의해 추가분이 생겼기 때문이다. 즉, 모가 5점이 되는 이유가 분명해졌다. 사영수는 대각선상에 있는 것이기 때문에 뒷모의 모굴1이 대각선상의 식굴2와 연결이 된다는 것은 대각선화이고 이를 '도출'이라고 한다.

그러면 왜 윷판은 하필이면 이러한 구조를 가져야 하는가. 그 이유를 설명하는 것이 곧 사영론을 설명하는 것이고, 동시에 철학의 근본 문제를 말하는 것과 같다고도 할 수 있다. 그것은 동시에 순서수의 역설과 기수의 역설 해의와도 직접적으로 연관이 된다. 지금 지난하게 여기서 설명된 사영론은 사실상 칸트의 이율배반론과 아리스토텔레스의 우주론과 밀접하게 연관이 되는 논리적인 문제이고 동시에 철학적 문제라고 할 수 있다.

수학에 역설이 나타난 주된 이유는 집합론集合論[4]때문이다. 수학에서 칸토어가 집합론을 다루기 전까지만 하더라도 수학은 정확성이라는 낙토를 향해 순항하고 있었다. 집합론은 독일의 수학자들 데데킨트(Dedekind, 1831-1916)와 칸토어(G.Cantor, 1829-1920)에 의해 처음으로 거론되었다. 두 사람은 모두 김일부(1828-1888)와 거의 동시대적이다. 두 사람에 의해 집합론이 거론된 지 불과 얼마 안 되어 역설이 나타났다. 모순과 역설을 철저하게 배제해 온 서양 수학사에 역설이 찾아온 것은 의외였고, 판도라의 상자처럼 역설이라는 상자에서 온갖 곤혹스러운 문제들이 튀어나오기 시작했다. 역설은 서수 집합에도, 기수 집합에도 모두 거의 동시에 나타나기 시작했다.

수학의 정수에는 기본적으로 기수와 서수가 있다. '기수cardinal number'는 일대일 대응이라는 기본적인 원리에 의거한다. 이에 대하여 서수 ordinal number는 일대일 대응 방법과 연속이라는 방법을 동시에 구사한다. 그래서 수는 대응과 연속이라는 두 가지 간단한 원리에서부터 시작한다. 이 두 원리는 수학뿐만 아니라 "나아가서는 모든 정확한 과학 분야의 직물 그 자체를 구성하는 것이다"(이프라, 2002, 53). 정역과 주역도 지금까지 보아 온 바와 같이 철저하게 대응과 연속이라는 두 가지 방법에 충실한다.

그런데 수학은 기수와 서수에 모두 역설이 깃들기 시작하면서 유클리드 이후 누려오던 낙원을 상실할 위기에 처하게 되었다. 기수보다는 서수의 역설이 먼저 발견된 것은 부르알리-포르테(Baralic-Forti, 1861-1931)에 의해서이다. 이탈리아 수학자 부르알리-포르테가 순서수의 역

---

[4] 미국에 집합론이 처음 등장한 것은 1960년대 초로, 당시에는 이를 '신수학New Math'이라고 불렀다(Schechter, 1988, 121).

설을 만난 것은 1879년의 일로, 그것은 곧 순서수에서 발생하는 역설이었다. 이 해는 우연의 일치이기는 하지만 김일부가 54세 되는 해로서 정역도를 획도한 해이기도 하다.

순서수란 무엇인가? 정역 공부는 그 무엇보다 순서수를 먼저 생각하지 않고는 생각할 수 없다. '첫째, 둘째, 셋째, ……'라고 세는 순서수들의 '전체' 집합을 한번 생각해보자. 그는 이 전체 순서수라는 집합에서 모든 순서수보다 더 큰 하나의 순서수가 포함되지 않을 수 없다는 사실을 발견했다. '모든 순서수'의 '모든'이라는 말 속에 그 '모든 순서수' 자체를 포함시키면 항상 더 큰 순서수가 생기게 되고, 그러면 모든 순서수는 성립할 수 없게 된다. 여기서도 자기 속에 자기가 들어가는 자기언급의 문제가 등장한다. 촉류를 두고 하는 말이다.

이것이 곧 부르알리-포르테의 '순서수 역설'이다. 1897년에 칸토어도 이 순서수의 역설을 알고 있었다. 순서수의 역설은 정역의 전진과 배진의 문제에 그대로 적용되는 문제이다. 두 번째로 기수의 역설을 맞이한 수학자는 바로 칸토어이다. 기수의 역설이란 '모든 기수들의 집합'이란 말 속에는 이 집합 자체도 포함돼야 한다는 역설을 두고 하는 말이다. 필자는 두 권의 선행 연구를 통하여 이 두 역설이 칸트의 이율배반론과 연관됨을 저술하였다.(김상일, 2004, 참고)

정역의 전진과 배진이란 순서수의 계열과 연관이 되는 문제이다. 수를 셈할 때 '몇개이냐'와 '몇번이냐'가 항상 문제시 된다. 전자가 서수의 문제라면, 후자는 개수의 문제이다. 전자의 경우는 순서라는 계열의 끝은 그 계열의 전체일 때에, 그 전체는 결국 몇 개이냐의 문제에 직면하게 된다. 그래서 결국 순서수와 기수는 별개의 것이 아니게 된다. 순서수의 끝은 순서 안의 계열 전체인 '모두'일 때에, 이 모두가 순서수 계열의 한 부분이기도 하고 아니기도 한 문제가 순서수의 역설인 것이다. 그래서 순서수는 결국 기수와 분리될 수가 없다. 왜냐하면 계열이 완료될 때 계열의 전체가 얼마인가, 즉 몇 개인가 하는 기수의 문제가 자연히 제기되지 않을 수 없기 때문이다.

계열에는 전진과 배진의 두 경우가 있는데, 칸트는 배진만을 다루었다. 칸트에게서 '계열'이라는 말과 함께 사용되는 다른 주요한 말은 '제약'과 '무제약'이다. '제약'이란 말은 '제한' 혹은 '한계'라는 말과 같은 것으로서 계열의 한계 혹은 전체량의 제한을 의미한다. '무제약'은 그 반대이다. '이율배반'이란 이성이 절대적인 무제약자를 발견하기 위해 세계의 다양한 제약의 계열을 탐구하는 과정에서 발생하는 것이다. '계열'이라는 말 자체를 쉽게 설명하자면, 놀이터에 있는 사다리타기 놀이를 연상하면 된다. 사다리타기 놀이는 다리 하나하나를 오르내리는, 계열을 이용한 놀이인 것이다.

칸트는 전체집합 개념에 해당하는 전체성을 '선험적 이념'이라고 했다. 선험적 이념은 '하나의 주어진 제약된 것에 대한 제약들의 전체'와 같은 것이다. 이러한 절대적 전체성을 칸트는 두 가지 의미로 사용하고 있는데, 이 두 가지 의미야말로 기수의 성격과 서수의 성격을 그대로 표현한 것이다. 그 두 가지란 (1) 제약된 계열의 모든 항들을 다 포함하고 있는 계열 전체의 종합인 절대적 전체성과, (2) 계열들의 마지막인 최후의 한 항이 그 항을 따르는 모든 항들을 포함하고 있는 경우의 제1항이다. 이는 어느 집합 속의 전체 기수가 몇 개인가 하는 문제와, 그리고 순서수의 마지막 항의 수가 무엇인가 하는 문제라고 할 수 있다. 무한 사다리에 빗대어 생각해 보면, 사다리의 전체 다리의 수와 마지막 단계 사다리의 문제라고 할 수 있다. 사다리의 다리가 열 개 있으면 그 끝은 열 번째가 될 것이다. 계열 전체의 종합인 절대적 전체성과 계열의 최후 항은 모두 절대적 전체성으로 무제약적인 것이다.

그래서 역설적이게도 '제약'의 전체성은 '무제약적'이다. 칸트에 따르면, 이런 역설적인 성격이 다름 아닌 이성의 성격이기 때문에 여기서 이성의 이율배반은 불가피하다. 전진수의 열 개는 배진수의 첫 번째 수가 된다. 전진수 전체 개수 10이 배진수 첫 번째 수가 된다. 그런데 전진수 첫 번째는 1이다. 그래서 전진수의 경우는 개個와 번番이 같이 증가하지만, 배진수의 경우는 번수는 증가하지만 개수는 감소한다.

그런데 계열에는 '올라가는 계열die aufsteigende Riehe'(혹은 전진)과 '내려가는 계열die absteigen Riehe'(혹은 배진)의 두 가지가 있다. 여기서 칸트가 문제로 삼는 것은 배진뿐이다. 전진과 배진이 가능한 까닭은, 이성은 그 본성상 어떤 주어진 결론이 생기면 그 결론이 왜 생기게 되었는지 그 전제의 전제를 찾아 끝없이 올라가기 때문이다. 이러한 전제의 전제를 추구하는 이성의 특별한 성격을 '순수이성의 원리ein Prinzip der reinen Vernunft'라고 한다. 이 원리는 이성이 지닌 숙명적인 것으로, 전체적 일자 the One인 이념Ideen을 추구하는 이성의 본능적 충동에서 생긴 불가피한 것이다. 다자의 제약자가 있으면 무제약자가 반드시 있어야 한다[5]는 칸트의 신념이 이 원리 속에 깃들어 있다. 이러한 일자를 두고 칸트는 '이성의 순수한 개념'이라고 했다(B380).

칸트는 사다리가 놓여 있는 땅을 주어진 제약으로서의 '결론'으로 보고, 이 결론에서 위로 향하는 것을 배진이라고 했다. 이는 곧 결론에 대한 전제의 전제를 향하는 것이라고 할 수 있으며, 사다리를 타고 위로

---

[5] "만약 제약된 것이 주어져 있다면, 제약들의 총화도 주어져 있다. 따라서 제약된 것을 가능하게 하는 단적인 무제약자도 주어져 있다"(B364).

올라가는 것과 같다. 사다리가 있는 땅바닥보다 더 내려갈 필요가 없는 것처럼, 칸트는 결론의 결론이 향하는 전진에는 관심을 가질 필요가 없다고 보았다. 현대 수학의 관점에서 볼 때, 이 점이 잘 이해가 되지 않는 것이 사실이다. 현대 수학에서는 전진과 배진이 모두 가능하다고 볼 것이다.[6] 그러나 여기서는 일단 칸트의 주장을 따라 무한 사다리를 타고 배진하는 것만을 생각해볼 필요가 있다.

정역은 전진과 배진을 동시에 구사하기 때문에 칸트가 왜 배진만 필요하고 전진은 필요하지 않다고 했는지 그 이유를 좀 더 알아보도록 하자. 이율배반은 전진에서는 발생하지 않고 배진에서만 발생한다고 한 이유를 다음과 같이 설명하고 있다. 즉, 전제와는 달리 결론[땅]은 이미 주어져 있는 것이기 때문에 다른 결론을 찾아 이성이 전진하는 것은 소득이 없다는 것이다. 왜냐하면 이 경우에는 무한퇴행이라는 결과가 마지막으로 기다리고 있기 때문이다. 이성은 다만 주어진 결론이 왜 그렇게 내려졌는지에만 관심을 갖기 때문에, 전제의 전제를 찾는 배진만 하게 된다는 것이다. 칸트에 따르면, 제약된 전제는 현상에 가장 가까이 있으므로 여기서부터 시작해 가장 먼 곳에 있는 제약의 제약인 무제약을 찾아나가는 것이 가장 합리적이라는 것이다. 그러니까, 땅에서 시작되는 사다리부터 한 단계씩 밟아 올라가다보면 꼭대기에 도달한다는 말이다. 배진을 쫓아 제약을 찾아나감으로써 이성은 더 이상 전제를 필요로 하지 않는 무제약자를 발견하게 되고, 드디어 그 아래의 모든 제약들을 통일하게 된다. 그래서 이성은 그 밑의 오성이 이룬 통일을 재통일하게 된다.

---

[6] 칸트 시대만 하더라도 123…에 대하여 -1-2-3…의 계열을 몰랐었다.

칸트의 이율배반론과 사영론

세계[땅]를 대상으로 하는 배진적 종합the regressive sysnthesis은 '절대적 완결성absolute Vollstanddigkeit'을 요구한다. 이런 배진적 종합의 계열은 네 가지 오성의 범주인 분량·성질·관계·양상에 따라 네 가지 계열의 절대적 완결성을 요구하기 때문에, 결국 네 개의 이율배반을 만든다. 즉, 이 네 개의 범주가 있기 때문에 다음과 같이 네 종류의 절대적 전체성[기수]과 절대적인 무제약자[순서수]에 대한 네 가지 이율배반이 생길 수밖에 없다. 네 가지 이율배반은 다음과 같다.

1.0 제1명제
    1.1 정립: 세계[7]는 시간적·공간적으로 시초[한계]가 있다.
    1.2 반정립: 세계는 시간적·공간적으로 무궁[무진]하다.[8]

2.0 제2명제
    2.1 정립: 세계를 구성하는 것은 단순하다.
    2.2 반정립: 세계를 구성하는 것은 합성적이다.

3.0 제3명제
    3.1 정립: 세계에는 자유에 의한 원인이 있다.
    3.2 반정립: 세계에는 자유는 없고 자연이 있을 뿐이다.

---

7) 켐프 스미스는 칸트의 이율배반을 이해하는 데 가장 중요한 용어가 '세계'라고 했다. 칸트가 여기서 사용하는 '세계'라는 말의 의미는 "모든 현상 전체의 무조건적인 전체성이라는 이념을 뜻한다. 그런데 이것 자체가 다시금 가능한 경험의 관점에서 현상의 종합으로 해석될 수밖에 없다. 이제 세계의 절대적[무조건적인] 통일이라는 이념은 범주라는 틀에 따라 네 가지 주제로 나뉘는데, 이 주제 하나하나가 이율배반을 만든다"(카울바하, 1992, 162).
8) 동양에서는 공간의 무한을 '무궁無窮'이라고 하고, 시간의 무한을 '무진無盡'이라고 한다.

4.0 제4명제

    4.1 정립:세계 원인의 계열에는 어떤 필연적 존재가 있다.

    4.2 반정립:세계 원인의 계열에는 우연적인 존재만 있다.

칸트의 이율배반론과 정역을 연관시키는 것은 유의미하다 아니할 수 없다. 우선 칸트는 전진을 제외시켰지만, 정역에서는 전진 없이 배진 없고, 배진 없이 전진 없다. 칸트가 전진을 제외시킨 이유는 전진과 배진을 연결시킬 기법을 몰랐기 때문이다. 그러나 김일부는 그 기법을 알고 있었다. 그 기법이란 다름 아닌 사영론이다. 그리고 그것의 가시적인 기법을 웅변적으로 말하고 있는 것이 윷판이다. 단동십훈, 공기놀이 그리고 윷놀이를 하면서 자란 우리에겐 철학도 달라져야 한다.

칸트가 말하는 '제약'과 '무제약'이란 말을 수지상으로 볼 때 무제약이란 모신5에 해당하는 ⑩과 같은 개념이다. 제약자란 이것을 제외한 다른 수지와 거기에 해당하는 전배진 수들이다. 칸트의 말을 직접 들어 보자.

> 그 첫 번째 경우 무제약자는 오직 계열의 전체에서 성립할 뿐이다. 이 계열 내의 모든 항목은 예외 없이 제약되고 있지만, 그 제약의 전체 자체만은 단적으로 무제약자이다. 이 경우 배진은 무한하다. 두 번째 경우 절대적 무제약자는 단지 계열의 일부분이고 계열의 다른 항목은 다 이에 종속시키지만, 이 항목 자신만은 어떤 경우에도 종속하지 않는다 (하기락, 1996, 131).

'무제약자'란 모신5는 수지 계열상에서 볼 때 끝에 해당하는 한 부분은 개신인 동시에 전신이라고 하는 것의 다른 말이라 할 수 있다. (도표

50)의 공기놀이의 다섯과정에서도 이를 확인할 수 있었다. 그런 점에서 모신5는 제약자이면서 동시에 무제약자이다. 여기서 이율배반이 발생하지 않을 수 없다. 모신5의 이러한 역설적 성격 때문에 모신5를 부동으로 남겨 둔다. 그렇다고 작용이 없는 것은 아니다. 아닌 정도가 아니고 부동의 공이기 때문에 모든 다음 작용을 가능하게 한다.

 모신5(전신) 다음은 합굴/합신이고 그 이전은 집굴/집신이다. 즉, 전신-(합굴/합신)-(집굴/집신)과 같다. 모신5 다음의 모굴1은 굴신 작용 없이 피동으로 된 것이기 때문에 아무런 수를 줄 수 없는 0이다. 집신의 공집합과 모굴1의 0이 좌우에서 대소를 비교할 때 1이 생겨나게 되고 그것이 식굴2인 상사영1(뒷모개)이다.

 이 모굴1은 하사영8인 식신4에서 다시 등장한다. 즉, 식신4를 해서 생긴 8(안찌) 다음의 모신5는 신을 작용하면서 참먹이에서 9가 된다. 전진의 뒷모에서는 부동이었지만 여기서는 동이다. 동이란 굴신을 한다는 말이다. 이제 모신5 다음에 모굴1 할 차례이고 그것은 자연히 9일 것이다. 그리고 그 다음의 10(날윷)이다. 그래서 모굴1은 도, 뒷모, 날윷에서 모두 동일한 수지로 작용한다. 그리고 도에서는 전진수1, 뒷모에서는 0, 날윷에서는 배진수 10이다. 다음에 모신5는 참먹이에서는 0, 뒷모에서는 ⑩, 다시 참먹이에서는 9이다.

 칸트는 이 두 경우를 원칙으로 삼아 이율배반의 정립과 반정립의 증명을 시도하고 있다. 두 경우가 마치 상이한 것 같지만, 두 경우 모두 '자체만은' 그리고 '자신만은'이라는 말에서 같다는 사실에 유의해야 한다. 이는 곧 현대 멱집합의 원리를 어기는 것이다. 이러한 두 가지 경우에서 칸트는 전자의 경우에는 가무한의 개념을, 후자의 경우에는 실무한의 개념을 적용하고 있다. 그러나 칸토어의 경우에는 양자의 구별이 무의미하다. 이른바 ω계열과(서수계열) $\aleph$계열(기수계열)은 서로 불가분리적이기 때문이다. 칸트가 이 사실을 알았더라면 그의 철학적 성격은 판이하게 달라졌을 것이다. 서양에서 이 사실을 알게 된 것은 칸트 사후 200여년 후이다.

두 경우를 살펴보면 첫 번째 경우는 순서수에 관한 것이고, 두번째 경우는 기수에 관한 것임을 알 수 있다. 그래서 전자의 경우는 계열이 상승적 방향으로 시작이 없는 무한이지만, 계열의 전체 자체는 주어져 있다. 그러나 계열의 배진은 결코 완성되지 않는 가무한인 한에서만 무한적이다. 그래서 순서수의 역설, 즉 부르알리-포르테의 역설과 연관된다. 그런데 후자의 경우는 칸토어 역설과 연관되는 것으로 사정이 다르다. 여기에는 계열의 처음이 있기 때문에, 그것이 경과된 시간의 경우에서는 세계의 시초이지만, 공간에서는 세계의 한계, 부분과 전체에 관해서는 단순자이고, 원인에 관해서는 자기원인성의 절대적 자유, 변화하는 사물에 관해서는 절대적 자연필연성이 있어야 한다. 이를 통해 볼 때, 무제약자의 상반된 두 얼굴 때문에 정립과 반정립이 성립한다. 첫 번째 경우에는 반정립이 성립하고, 두 번째 경우에는 정립이 성립하는 것이다. 그리고 무제약자의 이 두 경우가 다름 아닌 증명의 원칙이 되는 것이며, 이 원칙 자체는 현대의 기준으로 평가할 때 낡은 것일 수밖에 없다.

이제 마지막으로 남은 과제는 네 개의 범주를 순서수와 기수에 연관시켜 설명하는 것이다. 분량의 경우 그것은 시간과 공간의 순서수 계열과 상관한다. 즉, 현재라는 시간이 성립하기 위해서는 과거의 시간이 그 제약으로 있지 않을 수 없다. 공간의 경우 다양한 부분도 계시적으로 이어져 하나의 계열을 만든다(B439). 이런 점에서 분량에 관한 제1이율배반은 순서수와 연관된다. 그러나 제1이율배반의 정립은 다시 순서수에, 그리고 반정립은 기수에 연관된다. 성질의 범주는 공간에서 전체와 부분의 분할에 관한 것이다. 그래서 전체 총량은 배진적 종합에 의해 만들어진다. 그럴 때에 총량의 최소 단위가 단순체냐(뉴턴의 입자같이) 아니면 합성체냐(라이프니츠의 단자같이)가 문제시된다. 그래서 이와 관련된 제2 이율배반은 기수의 문제와 연관된다고 본다.

  모신5를 신하면서 '10'이라고 하지 않은 것이 '상사영'과 '하사영'을 만드는 이유와 동기가 되고, 이는 수지로 8괘를 만드는 배경이 된다. 실로 모신5를 '신'하지 않는 이것이야 말로 역의 난제와 이율배반 해의에 직결되는 문제라 할 수 있다. 모지는 굴하면 '모굴1'로서 1인데, 신하여 '모신5'라 하면 '10'이다. 그래서 1과 10은 시와 종 그리고 종과 시의 관계이다. 김일부는 이를 '십진일퇴+進一退'라 했다. 1은 태극, 5는 황극, 그리고 10은 무극이다. 그래서 '무극이태극'이라 한 것은 시종이 같다는 말이다. 이를 두고 '일시무시'라 한 것이다. 신셈의 종이 굴셈의 시가 되는 이것을 두고 '순서수의 역설'이라고 한다. 그래서 무극이태극은 순서수의 역설과 연관이 된다. 전신은 그것이 순서의 끝인 한 개의 수지인 동시에 수지 전체 자체(합신)이다. 그래서 전신과 합신은 그 수지 형태는 같다. 그래서 모신5는 이러한 역설에 물려 있다. 바로 이 역설을 해소하기 위해서 두 개의 사영 문제가 제기된다고 보면 될 것이다. 칸트는 물론 서양철학이 모르는 부분은 동양의 역 속에 있다. 대각선화와 반대각선화를 통해 메타가 대상이 되고 대상이 메타가 되는 순환을 몰랐다. 최근 1970년대에 와서야 키하라나 굽타 같은 동양인 철학자들에 의해서 순환적 역설 해법이 제시되고 있다.

역설해의법과 사영론

이율배반의 해의법은 전진과 배진을 연결시키는 데서 찾아야 한다는 결론이 나왔다. 메타가 대상이 되고 대상이 메타가 되는 역설해의법이 있다. 이는 러셀의 유형론적 역설해의법을 폐기처분하는 것이나 마찬가지이다. 지름이 원주가 되고 원주가 지름이 되는 이것을 러셀은 몰랐던 것이다. 윷판에서 수직과 수평이 원주와 연결을 맺는 것과 같다. 원주와 지름은 서로 유형이 다른 것이기 때문에 이를 구별하는 것이 역설해법의 근본이다. 이를 러셀의 유형론이라고 한다.

관심이 집중되는 곳은 모굴1과 모신5의 두 곳이다. 동일한 수지인 모지가 굴신을 달리 할 경우 수가 달라진다. 수지와 수지수 사이에는 유일회성이란 규칙이 있다고 했다. 모굴1과 모신5는 동일한 수지이기는 하지만 굴신의 차이 때문에 수지수가 달라진다. 그리고 굴과 신은 반드시 수지 한 개씩으로 한다. 그러나 예외적으로 합신과 합굴은 수지 5개 모두를 한꺼번에 굴신한 것이다. 한 개 이상일 경우에는 수지수가 없기 때문에 0이다. 그래서 합신과 합굴은 수지 5개 모두를 굴신하기 때문에 0이다. 굴신이 없는 '무굴무신'이란 뜻이다. 이것이 콘웨이의 초수론과 어떻게 연관이 되는지를 알아보기로 한다.

콘웨이의 초수론은 두 개의 수를 좌우에 두고 다소 혹은 손익을 비교하는 것이다. 전진수 종에서 배진 상사영으로 연결될 때에 무신무굴이기 때문에 0이다. 이것은 공집합 두 개를 자기언급을 할 때 0={∅,∅}가 탄생한 것이라 할 수 있다. 다시 무신무굴인 0과 공집합(집신/집굴)의 다소 비교에서 1={{0},∅}가 탄생한다. 이는 5.4에서 이미 거론된 바이다.

지금 상사영과 하사영은 초수론의 이 과정을 거치고 있다. 인이신지한다는 것은 바로 공집합에서 0을, 0에서 다시 1을 만들어 내는 과정이다. 그리고 이러한 전 과정은 자연의 현상이다. 나무에 비유할 때 앞밭에서 시작하여 뒷밭에 이른 역생도성은 '십+⑩'이란 종자 씨앗이고, 다시 이것이 날밭에서 시작하여 쨀밭에 이른 도생역성은 열매가 되어 '십₩10'이 된다. 종자와 열매의 관계로서 ⑩과 10은 같기도 하고 같지 않기도 하다. 종자 ⑩은 손을 본 것이고, 열매 10은 익을 본 것이다. 그러나 식물의 씨앗으로 보면 다 같이 주요한 생명 그 자체로서 어느 하나 없이 다른 것이 있을 수 없다. 상사영과 하사영 사이를 오르내리는 동안 종자가 열매가 되고 그 열매가 다시 종자가 된다.

뒷모에서 전진 수의 종이며 모신5인 ⑩은 폄인 굴이 없는 무신이기 때문에 손을 보고 있다. 이를 (n-1)로 표시하기로 한다. 그러나 배진 사영수의 종인 참먹이에서는 10으로 회복된다. 이를 (n+1)로 익을 보고 있다. 그래서 참먹이에서 모신5인 9에서 모굴1하면서 10하는 것을 두고 '인이신지引而伸之'라고 한다. (n-1)이 n을 가능하게 하는 것에서 그 반대가 되었기 때문에 특별히 '인이신지'라고 한 것이다. (n-1)에서 n을 가능하게 하는 것을 도출導出이라고 한다면, n이 (n+1)을 가능케 한 것을 인출引出이라고 한다.

사영론을 통해 얻은 소득은 중위론에 대한 재인식이라 할 수 있다. (도표68)을 통해 가시적으로 쉽게 확인할 수 있는 것과 같이 10과 9, 9와 8, 8와 7…, n과 (n-1)은 원의 지름 상의 대칭을 만들고 있는 것을 쉽게 발견할 수 있다. 이는 곧 사각형 대각선상의 대칭이라 할 수 있다. 그런데 10과 9, 9와 8, 8과 7, 7과 6까지는 수직축이 우선하다가 6과 5는 수평축 자체로 변한다. 5와 4, 4와 3, 3과 2, 2와 1, 1과 0은 수평축이 좌선한다[9]. 이는 정대각선이 부대각선으로 변한다는 것을 의미한다.

---

[9] '십은 십구지중'이 '삼은 일오지중' 등으로 변하는 것을 두고 하는 말이다.

이 말은 날밭과 뒷밭 간의 대칭이던 것이 짤밭과 앞밭의 대칭으로 변한 다는 것을 의미한다. 사각형에서 보면 가로와 가로상의 대칭이 세로와 세로상의 대칭으로 변한다. 이러한 변화가 다름 아닌 중위수론에서 말하고 있는 바 '10n지중'(CFT)이 '1n지중'(CFO)으로 변하는 것이다. 날밭-뒷밭이 짤밭-앞밭으로 변한다는 것을 의미한다. 여기서 참먹이-뒷모(1-0과 ⑩-9) 그리고 모-찌모(6-5)라는 대칭 구조는 수직과 수평 축 자체이다. 참먹이와 뒷모의 이러한 중위수 대칭 구조는 다른 것들과도 일관성을 갖는다. 김일부는 이들 참먹이-뒷모 안의 수들 간에 중위수는 말하지 않았다. '일은 일일지중'이라고 끝내면서 '중은 십십일일지공'이라고 했다.

중위수에는 두 가지 체계가 있음이 밝혀졌다. 하나는 배진인 날밭-짤밭의 대칭이고, 다른 하나는 전진인 앞밭-뒷밭 대칭 구조이다. 전자는 '10으로부터 셈하기 count from ten(CFT)'이고, 후자는 '1로 향하는 셈하기 count for one(CFO)'이다. 이러한 차이가 (도표68)을 통해서 분명해졌다. 중위수란 포수와 동물이 서로 반대 방향으로 달릴 때에 포수가 정확한 겨냥을 하는 것이라 할 수 있다. 다시 말해서 전진과 배진이라는 서로 상반된 방향으로 움직이는 수가 어떻게 서로 연결이 되느냐를 말하는 것이 사영론이고 서로 어떻게 서로 정위에서 대칭을 하는가를 말하는 것이 중위수론이다. 그래서 양자는 서로 불가분리적이다. 중위수의 전진과 배진은 사각형의 가로와 세로가 사상된 것이다. 전진수와 배진수를 사각형의 가로와 세로로 하여 다시 대각선화 한 것이 정중위이다. 정중위를 만드는 구동장치가 사영론이다.

중위수론은 두 가지 종류의 역설, 순서수의 역설과 기수의 역설을 해의하는 데에 궁극적 목적이 있었다. 사영수 8은 메타수이고 전배진수

10은 대상수이다. 메타와 대상은 유형이 다르지만 양자는 서로 되먹힘을 한다. 러셀은 유형을 구별해야 역설이 해소된다고 했지만, 정역은 서로 순환함으로 해의된다고 본다. 윷판 안에서 중앙의 수직과 수평축은 메타이고 원주는 대상이다. 윷놀이에서 말은 원주로도 두 축으로도 달린다. 이것만큼 역설 해의법을 한 눈에 보게 하는 것도 없을 것이다.

제8장
수지상수론과 대각선 논법

8.1 수지상수론으로 본 대각선 논법 5대요소들

사영론이 순환점인 모지 중심(윷판으로는 '모')이었다면, 수지상수론은 변화점인 중지 중심(윷판으로는 '걸')이라 할 수 있다. 모지에서 축류가 발생해 무굴무신이 있었듯이 마찬가지로 수지상수론에서도 중지에서 동일한 현상이 발생한다. 수지상수가 변환점인 중지 중심인 이유는 한 개 괘의 효의 수가 3개이기 때문이다. 공자는 계사전에서, 괘에서 효가 발생하는 방법에 관하여 나뭇가지형인 가일배법을 사용하였다. 이를 역에서 효가 발생하는 이른바 '시생원리是生原理'라고 한다.

그런데 김일부는 그의 독특한 수지를 사용해서 새로운 시생원리를 말하고 있다. 가일배법은 위계적이고 질서 정연한 것 같지만 축류에 의한 자기언급 때문에 생기는 역설을 다루지 못하는 문제점이 있었다. 역이 후대로 발전해 나갈수록 계사전의 시생 원리의 문제점들이 하나 둘 나타나기 시작했다.

수지 가운데 수지상수론에서 중요한 역할을 하는 것은 가운데 중지이다. 정역의 모든 중지衆智를 중지中指에 모아야 역을 제대로 알 정도라는 것이다. 중지의 작용 기능이 멱집합의 원리를 가능하게 하여 여덟 개의 괘를 열 개로 만들고(8괘10수), 나아가 하도나 낙서와는 전혀 다른 방법으로 괘를 배열하나 동시에 둘을 조화시키고 있는 것이다. 괘를 만드는 원리를 시생원리라고 했다. 효의 발생에는 연쇄적인 것과 단계적인 것이 있다. 하도는 전자를 낙서는 후자의 방법을 취한다. 그 가운데 수지를 통해 시생원리를 설명하면 가족관계와 효변을 동시에 말할 수 있는 장점이 있다. 지금까지 역을 관찰하는 가운데서 볼 때 시생원리와 가족관계는 역의 모든 난제를 만들어내는 출처였다.

정역이 하도 낙서와 다른 점은 멱집합의 원리를 도입하여 열 개의 괘들을 만들고 있다는 것이다. 이런 멱집합의 원리가 역의 고질적인 난제인 시생원리와 가족관계의 일치와 불일치를 어떻게 보느냐는 초미의 관심사라 하겠다. 바로 이러한 문제의 본질을 건드리는 효과를 가진 것이 다름 아닌 수지상수론이다.

수지를 통한 8괘의 발생법을 알아보는 것도 일종의 시생원리에 해당한다. 정역 수지상수론에 의한 시생원리의 특징은 멱집합론을 이용하고 있다는 점이다. 종래의 시생원리에 따르면 8괘가 가일배법의 결과로 나오지만, 정역도의 수지상수론에 의하면 10개(혹은 12개)가 가능해진다. 멱집합의 공집합과 자신을 부분으로 포함하는 이유 때문이다. 이는 역학 사상에서 특이한 현상이라 아니할 수 없다. 정역도 속에 8괘 이외에 5와 10이 더 추가되는 배경이라고 할 수 있다.

수지상수론을 쉽게 이해하기 위해 이집트의 12황궁도를 여기서 소개한 후 비교를 시도해 보기로 한다. 12황궁도를 열두 개의 괘라고 할 때 그 구조를 서로 비교해 보면 위에서 소개한 수지굴신론과 그 구조가 동일함을 발견하게 된다. 무려 2천여 년이란 시간의 차이 속에도 이러한 일치를 보이는 것은 수지상수론의 보편성과 일관성을 입증해 주는 것이라 할 수 있다.

수지상수론과 삼역도

지금까지 역학 연구 방법론의 맹점 가운데 하나가 은유법이라고 할 수 있다. 왕필의 의리역이 갖는 문제점도 은유법에 있다. 역학의 근원과 시원은 수와 상이다. 그 가운데 수는 상보다 우선이라 할 정도로 역의 근원 그 자체와 같다. 그러나 역학의 단서가 되는 수에 여러 종류의 은유가 도입되면서 역의 강물은 지리멸렬해지고, 본래 역학이 지니고 있었던 철학적 내지 논리적 문제점의 번지수를 상실하고 말았다. 그렇다고 상수론자들에게도 이런 폐단이 없었다고는 할 수 없다. 아니 의리역 그 이상이라고 할 정도이다. 의리역과 상수역을 넘어서, 그리고 그 둘을 취합하는 길은 현대 수학의 위상학과 집합론을 도입하는 길이라고 본다. 칸토어의 '대각선 논법'이 이러한 취지에 일조를 하고 있다. 대각선 논법을 정역에 연관하여 쉽게 정의하면 5와 10에 대한 설명이라 할 수 있다. 그러나 주자를 비롯한 역학 연구가들은 모두 은유법에 심취한 나머지 역의 본령을 망각하고 말았다.

주자의 『역학계몽』은 하도와 낙서에 대한 주석이라 해도 과언이 아니다. 그러나 그의 책 어디에도 5와 10을 역학의 중심에 놓고 대각선수라는 관점에서 생각을 편 예는 찾을 수 없다. 모든 수를 말하는 가운데 '5는 자기가 자기를 보는 수' 정도이다. 이들이 5와 10을 통한 대각선 논법을 간과한 원인 가운데 하나는, 이들 수는 역설과 모순을 조장하는 수로 보아 거추장스럽고 제거할 대상으로 보았기 때문이다. 이는 주자가 벽괘에서 건곤감리괘를 빼버리는 것과 같다고 할 수 있다. 그런 의미에서 동북아 문명의 꽃이라고 할 수 있는 역을 연구함에 있어서 5와 10을 그 중심에 놓고 이론을 펼친 출발이 김일부의 정역이다. 정역은 수 중심의 역학이라 할 수 있다. 수에서 중심을 잡아 여기에 필요한 최소한의 은유를 도입하는 역이다. 최소한의 은유란 '생과 성', '양수와 음수' 언어를 사용하는 것을 두고 하는 말이다. 여기서 하도는 생수 1, 2, 3, 4, 5에서 출발을 한 다음 그것을 바탕으로 하고, 낙서는 양수 1, 3, 5, 7, 9를 그렇게 한 역의 도상들이다. 전자는 명패수 5를 중심한 것이고, 후자는 대각선수 10을 중심한 것이라 보면 된다. 즉, 하도는 생수에 5를 더하여 성수 6, 7, 8, 9, 10을 만들고, 낙서는 석합보공을 하여 10을 만드는 것을 주로 한다.

하도는 시생원리의 일관성에 주안점을 두었고, 낙서는 가족관계의 일관성에 주안점을 두고 있다. 그래서 역에는 수많은 백가쟁명의 이론들이 있지만, 궁극에는 시생원리와 가족관계의 일관성과 비일관성 문제로 요약될 수 있다. 이러한 일관성과 비일관성의 연속성과 비연속성의 문제는 5와 10의 처리 문제가 관건이라는 것이 지금까지의 토론에서 내려진 결론이다. 이제 책의 종장에 이르러 정역의 수지굴신과 8괘를 연관시킴으로써 이를 '수지상수론'이라 부르기로 한다. 실로 수지상수론은 역의 제반 문제들을 종합하고도 남음이 있다 할 정도로 주요하다.

여기서 문제를 다루는 방법론은 위에서 소개한 규칙들을 적용해 나가는 것이다. '일대일 대응' 규칙은 그 무엇에 앞선 규칙이다. 괘는 여덟 개인데 수지는 열 개이다. 그래서 일대일 대응이라는 규칙을 따를 때에 8과 10을 어떻게 대응시킬 것인가는 관심사라 아니할 수 없다. 우리는 이미 8대 10의 대응을 사영론에서 본 바이다. 8과 10 사이의 두 수는 8괘의 어디에 해당하는가이다. 결론부터 말하면, 괘와 수지 간에 비대칭을 만드는 두 수는 다름 아닌 5와 10이다. 윷판에서 보았을 때에 모와 뒷모 그리고 찌모에 해당하는 곳이다. 촉류가 발생하는 곳이다. 수지와 이 두 수가 어떻게 대응 또는 비대응이 되고, 대응에서 어떤 역할을 하는지를 보는 것은 관심의 적이다.

이에 대하여 김일부는 '삼역팔괘원리도설'에서 〈계사상편〉 2장의 글 "6효의 움직임은 삼극의 도이다"를 인용하면서, "삼극의 도는 10무극, 1태극, 5황극의 원리이다"고 했다. 그러면서 "1태극을 위주로 하는 괘이다. 그래서 1건에서 시작하여 8곤에서 끝나는 원리가 복희팔괘도의 원리이다"고 하였다. 생수1로 시작되는 것을 역의 시발점으로 삼는 역이라는 것이다. 그래서 명패에 해당하는 5가 명패가 되어 거기에 물건을 다는 데이터베이스화 작용을 하지 않은 것이 복희팔괘도이다. 그래서 복희도의 괘수들 1, 2, 3, 4, 5, 6, 7, 8은 대각선화와는 상관없는 수이다. 그런 의미에서 복희 8괘도는 대각선화 이전의 것이다. 대각선수 5와 10은 있어도 아직 '대각선화'되지 않은 역이란 뜻이다. 이를 두고 복희역을 생역生易이라 한다. 갓 태어난 역이란 뜻이다. 생역은 '전대각선화prediagonalization'라 할 수 있다. 명패과 물건의 구별은 있어도 그것으로 대각선화를 시키느냐 아니냐는 또 다른 문제이다. 그런 의미에서 낙서는 대각선화의 단계에 진입을 했다.

문왕팔괘도의 원리는 "1.감괘(☵)에서 시작하여 9.리괘(☲)에서 끝나는 것을 괘의 원리로 하는 것"이라고 한다. 1과 9의 합수는 10이고, 그 가운데가 5이다. 5가 귀공하여 체가 된다고 함으로써 문왕팔괘도가 명패수 5를 중심에 둔 괘도임을 분명히 하고 있다. 다시 말해서 명패수와 물건수가 분리되어 데이터베이스화를 주도하는 형국이다. 생수에 명패수 5를 더하기 작용을 하여 성수인 대각선수를 만들어내는 단계이다. 씨줄과 날줄이 있는 베틀이 만들어진 단계이다. 복희역은 인간이 낙원에서 이름이란 명패를 짓기 이전의 역이고, 문왕역은 이름 짓기를 한 다음부터의 역이다. 구약성서는 이름 짓기와 함께 인간 타락이 시작되었다고 한다.

일부는 정역팔괘원리도에 대해서 "10무극을 위주로 하는 괘도"라고 말하고 있다. 10무극은 5가 자기언급(촉류)을 하여 만들어진 대각선수이다. 문왕팔괘도의 명패수 5와 그것이 자기언급을 하여 만든 10이란 수의 합인 15를 그 중심에 두고 전개되는 것이 정역이라는 것이다. 일부의 이러한 발언은 그의 정역이 대각선 논법의 중심에 서 있음을 암시하고 있는 것이라 할 수 있다. 이제 정역을 중심으로 '복희팔괘원리도', '문왕팔괘원리도', '정역팔괘원리도' 삼자를 요약하여 이를 도표화하면 (도표70)과 같다.

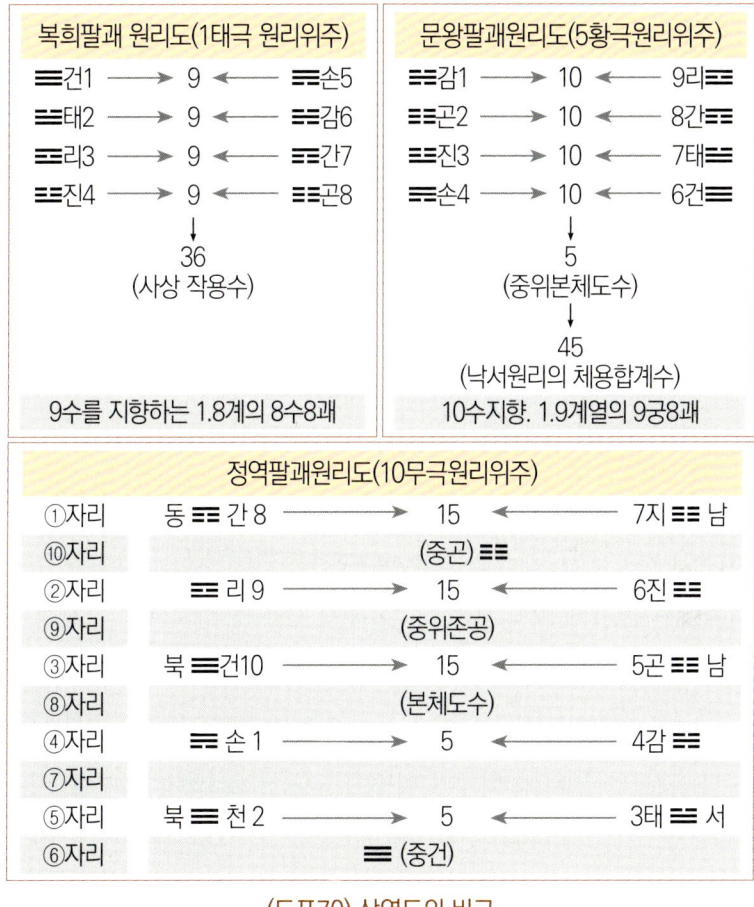

(도표70) 삼역도의 비교

복희팔괘원리도와 문왕팔괘원리도는 비교적 구조가 간단해 보인다. 복희팔괘원리도는 '1태극' 중심이라고 할 때 이 말은 생수 중심의 역, 혹은 태극의 미분화된 상태의 역임을 암시한다. 대각선화 이전의 것이다. 대각선화는 명패수 5와 생수의 구분이 생기고 그것이 세로와 가로에 배열됨으로 시작하는데, 대각선화 이전이란 아직 이러한 분별이 생기지 않은 상태이다. 다시 말해서 대각선 논법의 5와 10의 처리 문제라는 관점에서 볼 때 전자는 '전대각선화', 후자는 '대각선화' 단계이기 때문이다. 그래서 전자의 경우 '5'는 명패수가 아니고 생수 가운데 하나로 취급을 받는다.

5는 생수와 명패수가 동시일 때에(촉류) 자기언급이 생기고 이때부터 대각선화는 태동한다. 앞밭과 뒷밭에서 생기는 일이다. 국가의 왕과 같은 존재가 등장하기 이전의 촌락공동체 같은 것이 존재하던 시대상을 반영한다. 그러나 주 문왕팔괘원리도는 이미 중앙집권제가 등장하여 지방에는 종법제도가 시행되던 단계이다. 이 시대상을 반영하는 것이 문왕팔괘원리도이다. 그래서 '5황극원리위주'의 원리가 지배하는 것이 문왕팔괘도이다. 들뢰즈의 말을 빌리면 농경 수목형 사고 방식이 시작하는 때라는 것이다. 수목형이란 줄기와 가지가 분지되는 형을 두고 하는 말이다. 그러나 고구마 같이 그것의 구별이 없는 것을 리좀형이라고 했다.

정역도는 중심이 해체되고 수목형에서 리좀형으로 변하는 시대상을 반영한다. '10무극원리위주'라는 말은 대각선화가 이루어진 다음 '15존공'과 함께 대각선화가 해체되는 단계를 반영하는 것이 정역임을 의미한다. 5와 10 모두의 해체가 어떻게 이루어지는가를 정역도를 통하여 직접 확인할 즈음에 이른 것이다. 다시 말해서 대각선화를 넘어서 반대각선화가 어떻게 태동하는가를 볼 차례이다.

수지상수론의 구조적 파악

정역팔괘원리도는 그 구조가 복잡해 보이지만, 이를 쉽게 파악하는 방법 가운데 하나가 바로 수지상수에 괘를 일대일 대응시키는 것이다. 일대일 대응 논리가 필요한 이유가 여기에 있다. 정역은 10수 8괘이다. 아래 수지굴신괘도는 10수를 8괘에 일대일 대응을 시킨 표이다.

수지굴신 괘도

굴 신	굴(굴) 양(양)					신(신) 음(음)				
수지	모굴1	식굴2	중굴3	약굴2	소굴3	소신1	약신2	중신3	식신2	엄신3
숫자	1	2	3	4	5	6	7	8	9	10
가족관계	소남	중녀	부	장녀		소녀	중남	모	장남	
정역팔괘	八간	九리日	十건天	一손	二천	三태	四감月	五곤地	六진	七지

(도표71) 수지굴신과 팔괘의 대응

정역도가 지향하는 목표는 이전의 두 도상인 문왕도와 복희도를 종합하는 것이다. 낙서의 대각선화를 지향하면서도 하도의 생수로 되돌아가는 것, 다시 말해서 반대각선화를 동시에 시사하고 있다. 양자를 동시에 수행함으로써 이전의 양도를 하나로 묶는 작업을 한다. 다시 말해서, 이는 하도의 시생원리와 낙서의 가족관계를 조화시키는 것이 정역이 해결해야 할 관심사라는 것을 의미한다. 이를 대각선화와 반대각선화를 통해 이룩해 나간다.

위 (도표71)에서 이해하기 힘든 부분은 괘의 괘수 번호와 이전 문왕도와 복희도에는 없던 '2천'과 '7지'가 추가된 것이다. 또 복희도와 문왕도는 효가 초·중·상의 순서로 상향적 발생을 하지만 정역에서는 그 반대인 상·중·초로 하향적 발생을 한다. 이들 관점에 착안하여 정역의 수지상수를 이해해 보기로 한다. 상·중·초 순서로 효를 만들 때에 굴은 양, 그리고 신은 음으로 표시하면 세 개의 수지로 괘가 하나씩 만들어진다. 이 때에 복희도와 문왕도에서는 볼 수 없었던 2천과 7지가 추가되었다.

정역 괘수의 서차 순서는 1손, 2천, 3태, 4감, 5곤, 6진, 7지, 8간, 9리, 10건이지만, 발생순서는 1손, 2천, 3태, 4감, 5곤, 6진, 7지, 8간, 9리, 10건과 같다. 모·식·중지를 굴한 것을 바탕으로 전제할 때에는 손괘가 약굴하면서 제일 먼저 생겨난다. 그래서 1손이라고 한 것이다.

효가 생겨나는 시생원리에는 '연속적'인 것과 '단계적'인 두 가지가 있다고 했다. 전자는 계절의 변화 같은 자연 현상을, 후자는 가족 관계 같은 인간 현상을 설명하기에 적합하다. 이 두 방법을 결합시키는 것은 역학 연구의 과제 가운데 하나이다. 어느 한 방법도 결함을 가지고 있기 때문이다. 연속적일 때에는 감과 리 두 괘가 들어갈 수 없으나 단계적일 때에는 그것이 가능하다. 정역의 수지상수론은 이 방법의 결점을 보완한다[1]. 정역이 이 문제를 어떻게 해결하고 있는가가 관심사라 할 수 있다. 주자와 우번은 벽괘에서 감과 리괘를 빼버리려 했고 다산은 넣으려 했다. 이것이 벽괘론의 쟁점이다. 다산에 의하여 감과 리는 12벽괘 가운데 윤달에 해당하는 것이기 때문에 뺄 수 없다고 했다. 정역도에서 김일부가 2천과 7지를 넣은 이유도 같은 이유이며 4진을 4감으로, 9손을 9리로 바꾸는 이유도 벽괘론의 문제와 다르지 않다.

정역은 감과 리괘와 2천7지를 포함해 모두 12개(14)의 괘를 말한다. 그리고 수지로 괘를 만들게 되면 '허간'과 '허태'라는 초과 괘가 생긴다. 그러면 모두 12개의 괘를 정역은 사실상 논하게 된다. 이는 하도와 낙

---

[1] 연속적일 때에 상과 중, 중과 초효와 같이 인접하는 효들끼리는 음양이 반드시 같아야 하는 데 감과 리의 특징은 그렇지 않다.

서에는 없던 2천과 7지와 허간과 허태의 배열문제가 정역에서 발생한다. 즉, 1923년 계해본(통례본)에서는 2천-10건 그리고 5곤-7지로 쌍을 만들지만, 이정호본은 1970년대 중반에 2천-3태 그리고 7지-8간이라고 주장을 한다. 필사본은 10건-7지와 5곤-2천이라 한다.(김정현, 2015, 27) 필자는 이집트의 12황궁도를 통해 이들 세 본 간의 엇갈린 주장의 시비에 관한 토론을 하는 것으로 책의 결론을 삼을 것이다. 특히 이 책의 〈부록〉은 세 본 간의 차이를 동심원 관계로 설명한 것이다.

다른 역의 건1과는 달리 정역은 '1손'이라고 한다. 그 이유부터 설명하기로 한다. 왜 손괘가 1번이어야 하는가이다. 이 문제를 이해하기 위해서는 동양식과 서양식 셈하기 차이로 돌아가 생각해 보아야 한다. 그리고 합굴/합신의 문제와 순서수의 역설 문제 등을 함께 고려해 보아야 한다. 중위론은 10진법이지만 수지상수론은 3진법이라는 것을 강조해 둔다. 3진법인 이유는 괘의 효가 3효(순서대로 상·중·효)이고 수지가 중지를 중심으로 좌우로 3개씩 나뉘기 때문이다. 수지 5개로 모·식·중지와 중·약·소지의 셋으로 나누어야 한다. 전자를 우지 집합, 후자를 좌지 집합이라 한다. 다시 좌우 집합은 굴신으로 나뉜다. 중지는 좌우지 집합에 모두 속한다.

오른손을 펴 들고 중지를 중심으로 좌우로 나누면 좌에서 굴신을 하고 우에서 굴신을 하게 되면 좌굴, 좌신, 우굴, 우신 등 모두 네 개로 나뉜다.[2] 이를 두고 '삼지사분三指四分'이라 한다. 정역의 수지상수론은 삼지사분에 의하여 다루어진다. 전진과 배진은 10진법이지만 수지상수론은 철저한 삼진법에 의존한다. 5개의 수지로 삼지사분을 하게 되면 중지는 좌에도 우에도 걸리게 된다. 좌굴에서는 상효로 좌신에서는 초

---

2) 좌지로 해도 상관없음.

효로, 우굴에서는 초효로, 우신에서는 상효로 걸리게 된다. 여기서 순서수의 문제가 제기된다. 그리고 중지의 좌우에는 약지와 식지가 있다는 사실을 각별히 명심해야 한다. 약지와 식지는 초와 상효가 될 수 없고 중지는 중효가 될 수 없다. 식지와 약지는 항상 중효에만 머물러야 한다. 삼지사분에 근거하여 수지상수에 해당하는 표를 만들면 (도표73)과 같다.

효	좌굴/좌신 집합						우신/우굴 집합				
	좌굴 →			좌신 →			우신 →			우굴 →	좌굴
상	중굴	중굴	중굴	소신	소신	소신	중신	중신	중신	모굴	모굴	모굴
중	약굴	약굴	약굴	약굴	약찬	약신	식굴	식신	식신	식신	식굴	식굴
초	소굴	소신	소굴	중굴	중굴	중신	모굴	모굴	모신	중신	중신	중굴
괘	10건 ☰	1손 ☴	2천 ☰	3태 ☱	4감 ☵	5곤 ☷	허태	6진 ☳	7지 ☷	8간 ☶	9리 ☲	10건 ☰

☷ (허간)　　☷ (진)　　　　　　　　☴ (손)

(도표72) 수지상수 진열도

　수지 상수도는 집/합(집굴/집신과 합굴/합신)으로부터 시작한다. 오른손의 중지를 중심으로 손바닥을 편 상태에서 좌우로 나눌 때에 중지 좌측을 '좌지 집합,' 우측을 '우지 집합'이라 한다. 좌·우지 집합을 다시 굴과 신으로 나누면 '좌굴'과 '좌신,' 그리고 '우굴'과 '우신' 집합으로 나뉜다. 좌지 집합의 끝과 우지 집합의 끝에서 순서수의 역설이 발생한다. 좌굴집합의 초효가 좌신집합의 상효가 된다. 이렇게 순환의 굴레 속에서 끝이 시작이 되고 시작이 끝이 된다. 이는 수지를 상·중·초를 나눈 데서 얻은 결론이다.

　효가 만들어지는 두 가지 방법 가운데 수지상수론은 연쇄적인 방법을 취한다. 연쇄적 방법에는 감과 리괘가 들어가지 못하는 문제점이 있다. 즉, 좌지 집합의 명패는 10건(☰)이다. 10건을 명패로 하여 상효부터 효변을 시키면 10건=(허간)-1손-2천-3태-4진-(5곤) 등 5개의 물건 괘가 생겨난다. 우지 집합 명패는 5곤(☷)이다. 5곤을 명패로 하여 상효부터 효변을 시키면 5곤=(허태)-6진-7지-8간-9리-(10건) 등 5개의 물건 괘가 생겨난다. 연쇄적이기 때문에 감과 리는 보이지 않는다. 10건과 5곤 두 개의 명패괘까지 합하면 모두 12개의 괘들이 생긴다.

여기서 (허간)과 (허태)란 10건과 5곤과 그 모양(형태)이 같다. 좌굴집합으로 보면 허간이고, 우굴집합으로 보면 10간이다. 좌신집합으로 보면 5곤이고, 우굴집합으로 보면 (허태)이다. 자기 자신이 스스로 작용을 하지 않고 피동으로 만들어져 좌우굴신에 따라 그 상이 달라지는 두 괘를 두고 (허간)과 (허태)라고 한다. 여기서 문제시 되는 것은 감과 리이다. 연쇄적이기 때문에 감리를 발견할 수 없다. 그러나 정역에서는 진이 4진과 6진 그리고 1손과 9손이 반복되는 데 착안한다. 4진은 감괘와 1양2음으로 그 형태가 같고, 9손은 리괘와 2양1음으로 그 형태가 같은데 착안하여 4진을 4감으로 9손을 9리로 대체한다. 이렇게 하여 8괘와 2천과 7지를 포함해 모두 10개의 괘와, 거기에 (허간)과 (허태)를 포함해 14개의 괘를 다루는 것이 정역의 수지상수론의 대강이다. 이에 대한 자세한 구조는 아래 12황궁도와의 비교에서 더욱 상론될 것이다.

8.2 12황궁도와 정역도

12황궁도와 수지상수의 비교

종래의 두 도상과는 다른 구조를 가진 정역의 수지상수괘도를 쉽게, 그리고 그 중요성을 동시에 이해하기 위해서 보조수단으로 '이집트의 12황궁도Egyptian zodiac'(혹은 '황궁도')를 여기서 소개한다. 12황궁도 자체를 소개하는 것이 목적이 아니고, 그 구조가 (도표72)의 수지상수괘도와 같기 때문에 이를 통해 정역을 이해하는 데 다목적 효과를 낼 수가 있다고 사려된다. 수지상수론이 한갓 손가락 놀이가 아닌 세계 보편적이고, 고대 이집트의 12황궁도와 그 구조를 같이 하고 있다는 것을 보여줌으로써 난해한 수지상수론을 이해하기 쉽게 하는 동시에 둘의 연관성을 통해 상호간의 중요성을 보여줄 수 있다고 나름대로 판단했다. 이 '이집트 12황궁도'는 기원전 30년경에 만들어진 것으로, 덴드라의 하토르 성전Temple of Hathor에 그려져 있다. 만약에 12황궁도를 이용하면 정역의 기수법과 연관이 되어 수지상수론이 더욱 일관성과 보편성을 갖게 될 것이다. 양자는 실로 2천여 년이나 시간이 떨어져 있지만 서로 유사한 발상을 하고 있다.

12황궁도(혹은 '황궁도')는 윷판과 같이 별자리를 나타내는 것이다. 윷판은 두 개의 수직과 수평축이 원주로 나뉘어져 있지만 황궁도는 그렇지 않다. 윷판은 5진법, 10진법 그리고 3진법을 구사하고 있다. 두 개의 축은 3진법적이고 원주는 10진법적이고 다시 상한별로는 5진법적이다. 그래서 정역의 수지상수를 논하기에 적격이다.

윷판이 전 세계 놀이 문화의 원형임을 실감할 정도이다. 그러나 이집트 황궁도는 3진법에 해당하는 축이 없는 것으로 보아 윷판이 더 발전된 것이라 볼 수 있다. 황궁도는 축 대신에 별자리들을 구상적으로 그려 놓았다. 그런 의미에서 윷판은 더 추상적이라 할 수 있다. 그런데 앞으로 말할 수지상수론은 3진법적이기 때문에 황궁도가 축대신에 원주에 3진법을 구사해 인물들을 배열하고 있다. 이에 수지를 통한 정역도의 괘 만드는 방법을 황궁도 구조를 위 (도표72)와 비교하면서 그 유사성을 찾아보기로 한다.

  황궁도를 수직과 수평으로 임의대로 나누었을 때에 원주위에는 세 사람씩 배열하고는 수직 상하와 수평 좌우에서는 두 사람이 짝을 만들고 있다. 수지로 셈할 때에 소지에서 좌굴 좌신이 재륵을 하고, 모지에서는 우굴 우신이 재륵을 한다. 중지에서는 좌우가 모두 굴신을 한다. 재륵을 2라고 할 때에 소지와 모지에 두 개의 사람을 그리고 중지에는 4개의 사람을 배당해야 한다. 그리고 좌우를 막론하고 약지와 식지는

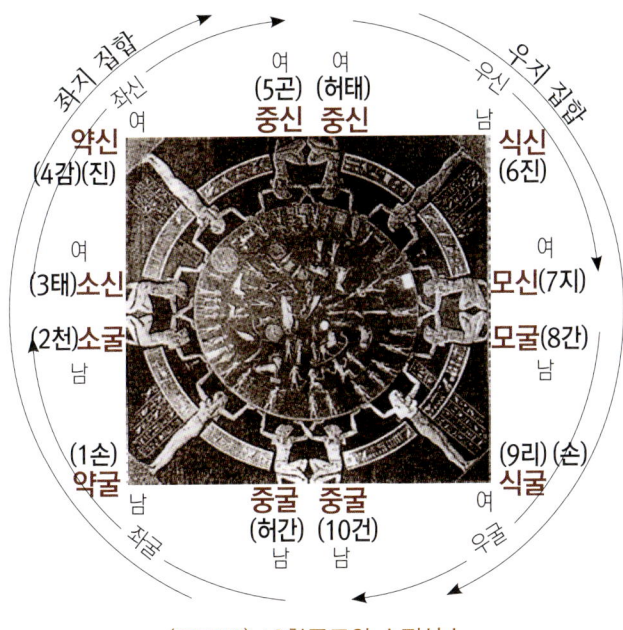

(도표73) 12황궁도와 수지상수

제8장 수지상수론과 대각선 논법   389

재륵이 없기 때문에 1개의 사람만 배당을 한다. 좌우굴신 집합별로 나 열표를 만들면 아래와 같다.

10건 명패(좌굴집합) : (중굴1-허간) - (약굴2-1손) - (소굴3- 2천)
2천 명패(좌신집합) : (소신1- 3태) - (약신2-4감) - (중신3- 5곤)
5곤 명패(우신집합) : (중신1-허태) - (식신2-6진) - (모신3- 7지)
7지 명패(우굴집합) : (모굴1- 8간) - (식굴2-9리) - (중굴3-10건)
(수지에 해당하는 수는 3분법에 의한 것이기 때문에 전진과 배진수의 것과는 다르다)

(도표74) 수지와 괘의 일대일 대응

명패 자체들도 물건이 되면서 삼지사분법에 의해 모두 12개의 괘들이 만들어졌다. 여기에 2개가 더하여 14가 되는 것은 다음 절에서 설명할 것이다.

수직 짝은 중지와 중지가, 수평 짝은 소지와 모지가 만든다. 윷판에서 참먹이-뒷모(수직짝)와 모-찌모(수평짝)가 서로 짝맺기를 한다. 윷판의 두 개의 축들이 황궁도에서는 원주에 모두 나와 있다. 그래서 원주이기도 축이기도 한 것과 같다고 보면 된다. 짝과 짝 사이에 있는 약지와 식지는 짝이 없다. 좌신집합의 약신-4감이 우신집합의 식신-6진과 대칭짝을 만들고, 좌굴집합의 약굴-1손과 우굴집합의 식굴-9리가 대칭짝을 만들고 있는 것을 통해 진-감 그리고 손-리가 서로 동형이상임을 확인한다.

황궁도는 결국 정역도에서와 같이 12명의 사람들(괘)이 들어 있다. 정역을 10수 8괘라 하지만 허간과 허태를 포함시키면 12수가 된다. 이집트인들은 12황궁도로 1년을 12개월 30일로 정했다. 년 말에 남는 5일을 '에파고메나'라고 했으며 이를 더해 1년이 365일 되었다. 12황궁도는 원래 그리스에서 전해진 것인데, 이를 응용하여 이집트인들은 1년의 기수를 정하는 데 성공하여 시리우스 별이 떠오르는 날자를 한 해의 시작으로 정했다. 그리고 이 별이 하늘에 떠오르면 나일강의 홍수가 범람한다. 12황궁도의 중앙에는 북반구 별자리와 황도 12궁이 그려져 있다. 중앙 원 안에서 막대기를 쥐고 있는 사람들은 행성을 나타낸다. 이들을 둘러싸고 있는 원주 주변의 사람들은 10분각 36개를 나타낸다. 수직축은 신전의 축과 평행한다. 이 수직 방향은 시리우스 별이 떠오르는 방향을 지시하고 있다. 관심의 적인 원의 외곽은 별의 궁좌로서 열두 사람으로 표시되어 있다. 하나 건너 하나씩 두 사람이 짝을 만들면서 서로 팔을 X자로 올려 성좌를 받쳐 들고 있다. 이곳이 중·소·모지가 있는 곳들이다. 단연히 수직축에 중지가 있다. 오른손을 펴들고 위 12궁도 위에 가져다 포개어 본다. 그러면 자연히 수직축의 좌반구는 '좌지 집합'이고 우반구는 '우지 집합'이다. 좌지 집합은 '좌굴'과 '좌신'집합으로 나누고, 우지 집합은 '우굴'과 '우신'집합으로 나눈다. 수평축의 상측은 '신집합'이고, 하측은 '굴집합'이다. 신집합은 '좌신'과 '우신'집합으로 나누고, 굴집합은 '좌굴'과 '우굴'집합으로 나눈다.

이러한 용어 정리와 함께 (도표73)의 황궁도를 (도표71)과 비교하면서 수지상수를 다시 상론하면 아래와 같다. 수지상수는 3진법이기 때문에 수지 3개로 집/합을 만들어야 한다. 수지상수는 우굴에서 합신/합굴을 한 다음 좌굴로부터 셈하기 시작한다. 물론 이렇게 좌우를 말할 때에는 오른손인 우수를 전제하고 하는 말이다. 10진법일 때에는 굴과 신이 소지와 모지에서 나뉘는데, 3진법일 때에는 동일한 굴과 신이 중지에서 좌우로 나뉘어져 좌굴/우굴, 그리고 좌신/우신으로 된다. 그래서 좌굴에서는 상·중·초효가 중·약·소지이고, 좌신에서는 반대로 뒤집힌 소·약·중지이다. 우신에서는 상·중·초효가 중·식·모이던 것이 우굴에서는 반대로 뒤집힌 모·식·중지이다. 이를 보기 쉽게 표로 만든 것이 (도표74)이다.

　모든 괘에 모두 포함되는 수지는 중지이다. 즉, 좌굴에서는 중지가 상효에, 좌선에서는 초효에, 우신에서는 상효에, 우굴에서는 초효에 포함된다. 중효에는 중지가 들어가지 않는 것이 특징이다. 중지를 중심으로 초효와 상효가 결정되기 때문이다. 즉, 모든 괘에서 중효는 약지와 식지로만, 그리고 상효와 초효는 중·소·모지로 구성된다. 그래서 순서수에서 문제가 되는 초효와 상효에 모두 포함되는 것은 중지이다. 중지가

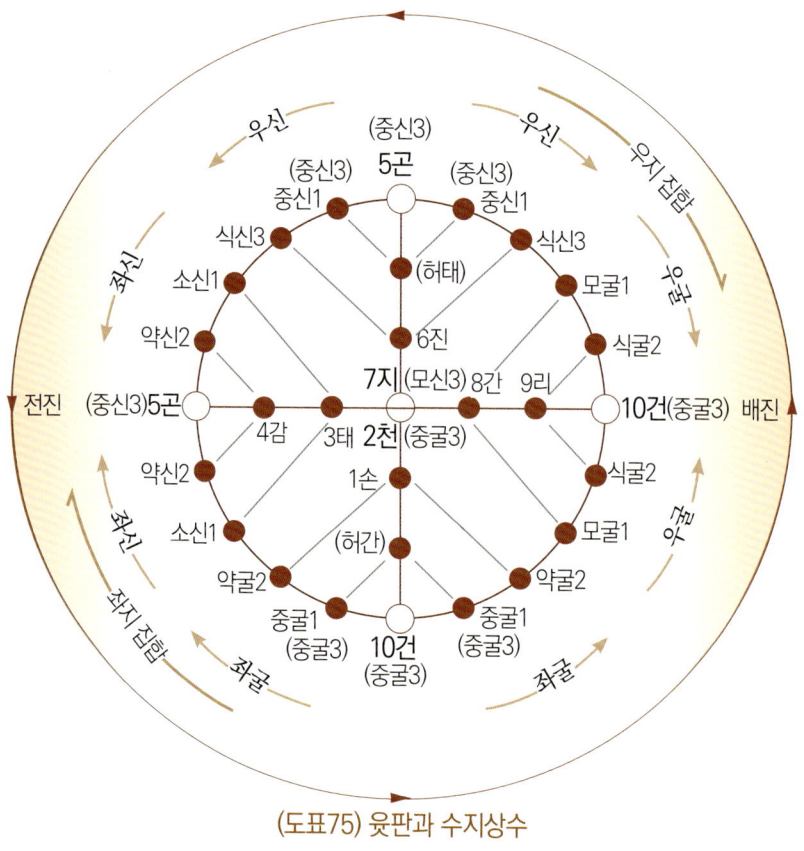

(도표75) 윷판과 수지상수

상효도 초효도 되기 때문에 야누스 같은 역설에 직면하게 된다. 멱집합의 역설과 귀매의 원리가 모두 중지의 이러한 성격 때문에 생긴다. 황궁도는 천체 운행 구조에도 이런 역설의 문제가 생긴다고 보고 있다. 윷판에서 두 개의 축은 3진법이기 때문에 이를 좌지 집합과 우지 집합으로 볼 때에 중지는 가운데 윷판의 '방'에 해당한다. 그러나 황궁도는 축이 없기 때문에 원주가 그 역할을 하고 있다.

윷판은 황궁도와 많은 유사점을 보여주고 있다. 전자는 수직과 수평축이 있지만 후자에게는 그것이 없음을 강조해 둔다. 그래서 황궁도는 괘와 수지를 모두 원주위에 배열할 수밖에 없었다. 그러나 만약에 수지상수를 윷판에 넣으면 황궁도보다 그 구조가 명확해진다. (도표75)에서 좌우굴신이 반대방향이지만 밖의 큰 원은 한 방향이다. 비틈이 안비틈과 결접하고 있다. 2천7지를 중앙에 두고 원주는 수지 중심으로 배열하였다. 〈부록〉에서는 10건5곤을 중앙에 두고 원주는 괘 중심으로 배열하였다.

 (1) 괘의 좌지 집합(허간, 1손, 2천, 3태, 4감, 5곤)과 우지 집합(허태, 6진, 7지, 8간, 9리, 10간)을 사영론에 근거하여 윷판의 수직과 수평축에 배열을 한다.

 (2) 황궁도에서와 같이 상하에는 5곤과 10건을 배열하고, 중앙의 방에는 2천과 7지를 배열한다. 황궁도와는 달리 좌우에도 5곤과 10건을 배열한다.

 (3) 사영론 때와 같이 10건 5곤 2천 7지를 제외한 나머지 괘들(태손감간진리)은 수직과 수평축에 배열한다. 여기서도 5곤 10건이 5와 10의 위치에 놓인다.

 (4) 반드시 허간과 허태에게도 실제 자리와 값을 준다. 이 두 괘에 자리를 주어야 건곤천지 상들이 제 자리를 잡을 수 있다. 4영론이 성립하

자면 허태/허간이 필요 조건이다.

(5) 10건 5곤 2천 7지가 자리잡는 곳은 윷판에서 재륵이 생기는 곳이다.

(6) 좌우집합과 좌우굴신에 화살표를 준다. 그리고 배진과 전진에도 화살표를 준다.

(7) 황궁도와는 달리 원 주위에 수지굴신수를 배열할 수 있다. 배열하는 근거는 수직과 수평축과의 쌍가닥에 의한 일대일 대응이란 규칙에 따른다.

(8) 콘웨이의 초수론을 적용하는데 허간과 허태는 필요충분 조건이다. 즉, 1손이 탄생하자면 1손={허간, 10건}과 같다. 이는 1={∅, 0)의 논리와 일치한다.

(9) 10건 다음에 허간이 없이는 1손이 발생하지 못한다는 뜻이다. 그런데 허간은 중굴3이기도 중굴1이기도 한 존재이다. 자기자신에 대한 집합이고 요소이다. 그래서 자기창조를 하여 1을 낳는다.

(10) 좌우굴신의 화살표는 서로 마주하면서 서로 반대이기 때문에 이는 사영평면적 구조이다.

(11) 윷판에서 서로 마주하는 상한들끼리는 모두 굴신이 반대이고 수지상에서는 중지를 중심으로 서로 대칭하는 위치에 있는 수지들끼리 마주한다. 즉, 5곤-10건, 중신1-중굴1, 식신2-약굴2, 모굴1-소신1, 식굴2-약신2, 10건-5곤 등과 같다.

(12) 5곤 10건 2천 7지는 모두 명패가 되어 자신의 효를 효변시켜 물건괘를 만들어 낸다.

감과 리 그리고 허괘의 문제

사영론에서도 문제시 된 무굴무신이 여기서도 문제시 된다. 무굴무신을 말하기 위해서는 여기서 상과 형을 나누는 작업이 필요하다. 모든 괘는 상과 괘수로 되어져 있다. 여기에 하나 더하여 '형形'을 추가한다. 형과 상을 구별하는 이유는 굴신의 수는 같지만 그 배열이 달라 상이 달라지는 경우가 생기기 때문이다. 예를 들어서 손(☴), 태(☱), 리(☲)괘는 2굴1신(2양1음)으로 형은 같지만 그 상은 다르다. 간(☶), 진(☳), 감(☵)은 1굴2신으로 형은 같지만 그 상은 다르다. 형은 같지만 상이 다른 것을 '동형이상同形異象'이라 한다. 진과 감, 그리고 손과 리가 동형이상인 것이 고려의 대상이 된다. 진손이 반복적으로 나타나고 감리는 부재일 때 진과 손에서 감리를 대신한다. 수지상수론에서 가장 이해가 어려운 부분에 해당한다.

 감과 리는 연쇄적인 방법일 때에는 생겨나지 않는다. 그리고 정역의 수지상수는 연쇄적이다. 그런데 일부는 감과 리를 괘에 포함시키고 있다. 주자도 제외시킨 것을 다산이 포함시키듯이 말이다. 감리를 포함시키는 이유를 알자면 수지상수에서 괘가 발생하는 방법부터 먼저 알아야 한다.

 그러면 지금부터 '손1'이 어떻게 처음 생겨나는지를 알아보기로 한다. 셈은 좌지 집합 '좌굴'에서부터 시작한다. 그 이유는 우굴(모굴, 식굴, 중굴)은 합신/합굴인 전제이다. 공기놀이에 비유하면 공기알을 던지는 방바닥이 우지 집합 우굴이다. 공기알을 담는 손바닥이 좌지 집합 좌굴이다. 이제 손1부터 손바닥에 담기 시작한다.

 3진법에 따라서 우굴인 모·식·중지를 모두 굴한 상태에서(이를 '합굴' 혹은 '전굴'이라 함) 좌굴을 시작한다. 모·식·중이 굴한 것은 건괘로서 이를 10건이라 한다. 10은 동시에 0이기 때문에 그 다음 괘인 손은 1이 될 것이다. 그러나 1손이 아니고 간괘이다. 우굴에서 보면 건괘의 초효인 중지가 좌신에서 보면 무작용으로 피동인 상태에서 상효가 되었기 때문이다. 이 점에 유의하는 것이 매우 중요하다. 즉, 아무런 작용이 없이 피동으로 초효가 상효가 되어져 버린다. 그러면 이것의 형은 간괘(☶)이다. 그러나 이 간괘는 무작용(무굴무신)으로 생긴 것이기 때문에 '허간虛艮'이라 하고 그래서 아무런 수를 줄 수 없다. 그러나 이러한 허괘로서의 허간이 있기 때문에 중효가 상효가 되어 그 다음의 중효가 약굴에 의하여 결정이 된다.[3] 그러면 그것이 바로 '1손(☴)'이다. 중·약·소지가 상·중·초로서 굴·굴·신인 것이 손괘이다. 효가 상·중·초로 정해지는 순서는 굴신이 정해지는 방향과 같다. 간이 허간이기 때문에 1손은 허간인 0과 공집합인 10건이 손익비교에 의하여 탄생한 것이다. 즉, 1=({0}·∅)와 같다.

여기서 한 가지 제기되는 문제는 피동으로 괘가 결정되는 것은 전체 모든 괘에서 그러하다고 할 수 있다는 점이다. 즉, 좌신의 1손(☴)은 우신의 3태(☱)와 같다. 그리고 1음2양이다. 그러나 사정은 다르다. 10건(☰)과 간(☶)의 경우는 그 형태가 같지 않고 10건은 명괘이고 간은 물건이다. 그러나 손과 태는 그러한 관계가 아닌 모두 물건들이다. 9진이 9리로 바뀌는 이유도 같다.[4]

좌지 집합에서 약굴 다음은 소굴이기 때문에 순서에 따라서 중굴·약굴·소굴이고 이를 '2천'이라 한다. 이렇게 좌굴의 3지가 모두 굴하게 되어 0허간·1손·2태가 태어났다. 1허2실이다. 다음 좌지 집합 안의 신집을 말하기 전에 2천에 대하여 설명하고 넘어가기로 한다. 좌지 집합의 좌굴은 중지를 상효로 삼는 데서 출발했지만 이는 우지 집합의 모·식·

---

3) (도표75)에서 허괘도 엄연히 4영에 들어간다.
4) 건은 3양 0음이고 간은 1양 2음이다.

중지가 모두 굴한 것을 전제했었다. 이것은 전제인 동시에 합굴인 동시에 전굴로서 그것은 '10건(☰)'이다. 3지가 모두 굴한 것이 두 개인데 하나는 10건이고, 다른 하나가 바로 '2천(☱)'이다. 10건은 단괘로 2천은 중괘로 표시하였다. 멱집합에서 자기 자신과 공집합이 포함되는 멱집합의 원리라는 것이 앞으로 밝혀지면서 그 이유가 설명될 것이다. 물론 3지가 모두 신한 것도 두 개가 있는데 하나는 '5곤'(좌신)이고 다른 하나는 '7지'(우신)이다. 이에 대한 부연설명을 하면 다음과 같다.

좌지 집합의 좌신으로 넘어갈 차례이다. 황궁도를 윷판과 같이 수평축과 수직축으로 나눌 때에, 수평축 좌측에 두 사람이 짝이 있는데 이들은 소신의 중첩이다. 좌신의 초효는 모두 소지가 될 것이고, 중효는 약신 그리고 초효는 중지가 된다. 이렇게 순서에 따라서 신을 하게 되면 좌신의 첫번째 소지를 신하면 '소신·약굴·중굴'이 되고 이렇게 하여 '3태(☱)'가 탄생한다. 그런데 다음이 문제이다. 다음 것은 순서대로 할 때에 소신·약신·중굴로서 진괘(☳)이어야 하지만 정역도에서는 이것과 동형인 2음1양인 4감괘(☵)라 한다. 그래서 3태 다음은 '4감(☵)'이 된다. 다음 우굴에서는 9손이 9리가 되는데 사정은 마찬가지이다. 손과 리는 2양1음의 동형으로 서로 교체된다. 이에 대한 설명은 수지상수론의 대강이라 할 정도로 주요하다.

먼저 감과 진도 '동형이상'(형은 같으나 상름)이기 때문에 서로 교환시킬 수 있다. 그러나 이러한 설명으로는 부족한 점이 있다. 2음1양은 간괘도 해당되기 때문에 왜 다른 동형이상과는 교환을 하지 않느냐이다. 왜 진을 동형인 간(☶)으로 바꾸지 않고 감(☵)으로 바꾸느냐는 질문이 생긴다. 먼저 이런 현상이 발생하는 근본적인 이유를 검토하는 작업이 필요하다. 그 이유를 설명하는 데서 논리학의 난제인 역설이 발견된다. 수지상수론이 순서수의 역설에 직면하는 근본적인 이유는 효변을 연속적으로 시키고 있기 때문이다. 다시 말해서 수지를 3진법으로 나누어 셈을 할 때에 연속적으로 효변을 한다. 연속적인 변화 속에는 신·굴·신(감 ☵)이나 굴·신·굴(리☲) 같은 것이 있을 수가 없다.

연속적일 때에는 이전 변화와 연속적이기 때문에 반드시 효가 음음이나 양양으로 같아야 한다. 그러나 감과 리괘는 그렇지 않다. 다시 말해서 굴과 신이 번갈아 가며 있어서 연속적이지 않다. 그래서 감과 리를 제외한 굴·굴·굴(건)이거나, 신·신·신(곤)이거나, 굴·굴·신(손), 신·굴·굴(태), 신·굴·굴(간), 신·신·굴(지) 등만 연속적이다. 다시 말해서 감과 리와 같이 신·굴·신이나 굴·신·굴인 경우는 연속적일 때에는 생길 수 없고 단계적일 때 생긴 괘들이다. 감은 중남이고, 리는 중녀인데 여기서 가족관계를 설명하는 데 난점이 생긴다. 그러면 어떻게 감과 리를 8괘 안에 넣을 것인가. 정다산은 감과 리를 벽괘에 넣는 것을 두고 '특특비상지례'라고까지 하면서 12벽괘 속에 넣는다[5]. 벽괘란 12계절을 의미하는 것으로 계절 변화는 연속적이고 감과 리 없이는 윤달을 만들 수 없다고 했다.

다산은 감과 리를 특특비상지례라고 했지만 수지상수에다 귀매의 원리 혹은 순서수의 역설을 적용하면 특특하지도 비상의 례이지도 않다는 사실을 알게 된다. 진이 감으로 되는 것은 순서수의 역설을 해의하는 과정과 멱집합의 역설을 해의하는 과정에서 나온 자연스런 결과에 지나지 않기 때문이다. 다산도 괘를 상과 형으로 나누어 보는 방법으로 감리를 포함시킨다. 그 과정을 알아보기로 한다.

즉, 다산이 감리를 포함시키는 방법으로 형과 상을 이용한다. 진과 1

---

[5] 벽괘란 6효를 연속적으로 변화시켜 12개월을 만드는 것을 두고 하는 말이다. 연속적일 때에 감과 리가 포함되지 않는다.

양2음으로 동형이상인 것은 위에서 말한 대로 간과 감 두 개다. 그러면 왜 간이 아니고 감이어야 하는가이다. 그 이유는 간의 경우 좌지 집합인 10건 속에 들어 있는 허간 때문이다. 다시 말해서 허간은 물건이면서 동시에 명패 노릇도 하고 있다. 멱집합의 역설을 범하고 있다. 이러한 이유로 간이 아닌 감이 4진의 자리를 대신해 4감이 된다.

좌지 집합의 끝인 5곤이 동시에 허태인 이유는 10건이 허간인 이유와 동일하다. 허태가 5곤에 의해 피동적으로 만들어졌고 5곤이 명패이기 때문이다. 허간과 허태는 앞으로 정역을 이해하는 데 매우 주요한 역할을 한다. 특히 계해본과 이정호본을 비교 이해하는 데 허태와 허간이 큰 역할을 한다. 허간과 허태의 이해 부족 때문에 양본 간에 오해가 생긴 것이 쉽게 지적이 될 것이다. 4진을 4감에 양보한 진은 6진에서 다시 살아 돌아온다. 6진 다음은 3지가 모두 신인 중신·식신·모신으로 '7지(☷)'이다. 2천이 10건에 상대하듯이, 7지는 5곤에 상대한다. 그래서 정역도에서는 2천-10건과 7지-5곤를 짝지어 배열을 한다. 이것을 계해본이라고 한다. 그러나 이정호는 2천-3태 그리고 7지-8간과 짝지어 배열한다. 여기서 태와 간이 나타나는 이유를 허태와 허간이라는 관점에서 관심을 갖는 것이 필요하다. 이에 대한 상론은 다음 장에서 이어질 것이다.

7지 다음은 우굴의 시작인 모굴·식신·중신인 '8간(☶)'이다. 일상 동양식 5진법적 셈하기인 모굴1로 보면 8간이 제일 처음으로 만들어진다.[6] 그러나 정역의 수지상수는 10건(중지)에서 만물이 시작하고 좌지 집합의 좌굴에서 괘를 만들기 때문에 1손이 된다. 그래서 중지가 시이고 동

---

6) 간은 동방이고 소남이기 때문에 은유적으로 동방인 한국 중심적 해석을 하나 여기서 이런 해석은 되도록 제외하기로 한다.

시에 종이다. 칸트 역시 소지나 모지를 시와 종으로 보아 어느 한 쪽을 막고 셈하는 배진법을 도입한다. 그러나 정역은 중지에서 시작하고 끝난다. 그 결과로 1손인 것이다. 그래서 중지부터 시작하는 이유에 각별한 의미를 부여해야 한다. 지금까지 존재론이 범한 오류는 시종에 그 원인자를 두었기 때문이다. 그러나 정역은 중에 그것을 둔다. 중은 변환점이다. 순환점(모지)과 반환점(소지)에 대하여 중지는 순환과 반환을 변환시키는 지점이다.

8간 다음은 모굴·식굴·중신으로서 '9손괘(☴)'에 해당한다. 그런데 1손으로 좌신집합에 나타난 것이다. 그래서 9손을 동형이상인 9리(☲)로 교환한다. 4진이 4감인 때와 같이 손괘와 동형(2양1음)을 교환하는 원칙에 따르면 '9리괘(☲)'가 된다. 이렇게 4감과 9리는 특특비상지례가 아니고 동형이상의 논리로 보았을 때에 자연스럽게 도달할 수 있는 결론이다. 이렇게 하여 1회전 순환이 끝나면서 10개의 괘들이 만들어진다. 그러나 10괘에 허간과 허태, 그리고 2천과 7지가 중괘이고 보면 모두 14개의 괘가 생긴 것과 같다. 허간과 허태를 제외하면 12개이다.

(도표73)의 12황궁도에서 다시 점검 확인하면 다음과 같다. 손괘는 좌지 집합의 1번에 해당한다. 5곤이나 10건이 모두 수직축의 상하에 있는 것이 특징이다. 여기서는 모두 중지가 있는 곳이다. 중지에서 건곤의 순환이 이루어진다는 것을 의미한다. 중위론에서는 순환점이 모지였다. 건과 곤은 효가 모두 양(굴) 아니면 음(신)이기 때문에 변화를 주도할 수 없지만, 10건에는 허간이, 5곤에는 허태가 짝을 이루고 있기 때문에 이 허괘들이 다음 좌지에서 우지로 우지에서 좌지로 순환을 가능하게 만든다. 그리고 2천과 7지는 굴과 신의 전환을 가능하게 한다. 다시 말해서 2천에서는 좌굴에서 좌신으로, 7지에서는 우신에서 우굴로 전환

이 이루어진다.

정다산과 정역은 이러한 사실을 논리적으로 설명하지 못하고 있다. 김일부 자신도 그리고 정역연구가들도 이 점에 대하여서는 명쾌한 설명을 하지 않고 있다. 이러한 결론을 도출할 수 있자면 대각선 논법과 집합론의 문제점과 정다산의 벽괘론에 대한 선행 없이는 불가능하다고 본다.

수지상수론에서는 모·식·중지를 굴하고 약·소지를 신했을 경우를 3천양지라 하고, 소·약·중지를 신하고 식·모지를 굴했을 경우를 3지양천이라고 한다. 그렇다면 3천양지에 해당하는 괘가 다름 아닌 10건과 허간이고, 3지양천에 해당하는 것이 5곤과 허태이다. 3과 2가 천과 지에서 짝째기가 되는 것이 왜 주요한가? 일단 서양음악에서 3:2비는 온음의 비율이다. 4:3 그리고 4:5 등 수많은 비율이 있지만 변화를 유도할 수 있는 가장 작은 수의 비율은 3:2 혹은 2:3이다. 그 이유는 1:2 혹은 2:1 비율은 음악에서 변화를 시킬 수 없기 때문에 제외한다. 3:2는 물론 6:4등 얼마든지 그 비율을 확장할 수 있다. 건책수 216와 곤책수 144의 비도 3:2이다. 그렇다면 여기서 3:2 비율과 함께 허간과 허태의 존재감에 더욱 무게가 나가게 된다. 다음 정역도의 이정호본과 계해본을 비교할 때에 허간과 허태의 존재가 주요함이 다시 강조될 것이다.

허간과 허태의 3:2 비율론과 함께 동시에 고려되어져야 할 주요 사안은 '15일언'에 나오는 '상율하습론上律下襲論'이다. 3천양지와 3지양천을 말하게 될 때에 식지와 약지의 역할이 부각된다. 3천양지와 3지양천을 주도하는 것은 약지와 식지이기 때문이다. 약지와 식지를 분기점으로 작용이 일어난다. 즉, 3천양지에서는 약지가 신하고, 3지양천에서는 식지가 굴한다. 이때에 식지가 굴신하는 것을 '상율'이라 하고, 약지가 굴신하는 것을 두고 '하습'이라고 한다. 약지가 굴할 때에 1손괘가, 약지가 신할 때에 4감(진)이 만들어진다. 식지가 굴할 때에 6진이, 식지가 신할 때에는 9리(손)가 만들어진다. 이때에 식지가 굴신하는 것을 두고 '상율'이라 하고, 약지가 굴신하는 것을 두고 '하습'이라 한다. 그래서 상율은 뢰화(진·리괘)이고, 하습은 풍수(손·감괘)이다. 사실 소지와 모지는 항상 시종이고 종시이기 때문에 역설에 직면한다. 그래서 작용은 식지와 약지에서 출발한다. 미래가 열림이 진(식지)과 손(약지)에서 트인다 하는 이유가 여기에 있다.

중지를 사이에 두고 식지과 약지가 나뉘는데 이 두 수지는 귀매의 원리에 저촉이 된다. 다시 말해서 좌지 집합의 종과 우지 집합의 종 직전에 약지와 식지가 있다. 우레(진)와 불(리)이 위에서, 그리고 바람(손)과 물(감)이 아래서 작용을 하는 것을 두고 상율하습이라 한다. 실로 식지와 약지는 귀매의 원리에, 그리고 다른 수지들은 몌집합의 원리에 저촉을 받으면서 정역의 전 규모를 만들어 나가고 있다. 약지에서 4진이 생겨나면 5곤 명패 직전이기 때문에 4진의 초효와 중효를 바꾸어야 하고 그것이 감이다. 그리고 감은 10건 명패 안에 들어 있지 않아 역설을 범하지 않는다. 간과 중복되지도 않는다. 9손이 9리가 되는 경우도 사정은 마찬가지이다.

12황궁도와 12(14)경락

12황궁도는 이집트인들이 천체를 관측하기 위해서 작도한 것이다. 이집트인들은 이 황궁도를 통해 나일강의 범람 시일을 정확하게 예측할 수 있었다. 이 말은 천체의 운행구조가 이와 같다는 것이다. 그런데 이 황궁도가 김일부의 정역을 말하기에 제격이라는 사실들을 위에서 확인하였다. 정역은 10수 12괘(14괘)인 것이 위에서 확인되었다. 8괘에 2천7지, 중괘(모두 4개)에 허간과 허태가 포함되면 모두 14개이다. 이는 한의학에서 말하는 12정경과 2개의 임·독맥을 의미하는 것임을 아래에서 증명할 것이다. 먼저 12경락을 황궁도의 구도 속에 배열을 하면 다음과 같다.(도표76)

　12황궁도와 12정경은 우선 수에 있어서 12로 일치한다. 황궁도 안의 좌지 집합과 우지 집합을 12정경의 수手와 족足으로 하여 수직축의 좌우에 배치한다. 다음 음양은 신을 음으로, 굴을 양으로 대응을 시켜 상하에 배치한다. 황궁도는 1:2 짝째기와 3:4 짝째기이다. 다시 말해서 원주상의 12인이 1사람 다음 2사람 순으로 4방8방에 배열이 되는데, 그러면 3사람씩 4방에 배열되므로 결국 3:4의 짝째기이다. 3인 4분으로서 이는 12정경의 3음(양) 4분과 완전 일치하는 것이다. 다시 말해서 3음을 각각 소음/태음/궐음, 그리고 3양을 각각 소양/양명/태양으로 3분 해서 수족의 음양에(4분) 배치함으로써 3:4 짝째기를 만든다. 이러한 방법으로 3음3양의 순서를 정하는 것을 운기법이라 한다. 아래 배열법은 운기법 순서를 따른 것이다. 12정경과 황궁도는 아래와 같은 구도 속에 들어가 서로 대응을 한다.

　3음과 3양을 배열하는 순서부터 알아보기로 한다. 수와 족에 있는 음과 양을 다시 각각 소음/태음/궐음과 소양/양명/태양으로 3등분하여 배열하는 방법은 한의학이 통례적으로 기의 흐름과 강약의 순차를 말할 때에 사용하는 운기법에 의한 것이다.

　12황궁도에 해당하는 자리에 괘를 배열할 때에 우리가 여기서 점검해야 될 주요 사항 가운데 하나는 다름 아닌 허간과 허태이다. 허간은 수소양 삼초경이다. '삼초=焦'란 인체를 머리, 가슴, 다리로 3등분했을 때에 상초, 중초, 그리고 하초를 두고 하는 말이다. 이 말은 삼초경은 온 몸 전체에 해당하는 경락임을 두고 하는 말이다. 이렇게 삼초는 전체 그 자체의 자리 때문에 해당하는 장기가 없다. 그래서 '허경虛經'이라 한다. 삼초는 수소양으로 양경인데 이에 음양 대칭되는 경은 수궐음 심포心包경이다. 그런데 심포경을 황궁도에서 보면 5곤의 자리에 있다. 그런데 5곤과 허태는 같은 자리이기 때문에 수궐음심포 역시 허태와 같은 자리이다. 이 말은 심포는 삼초와 마찬가지로 해당 장부가 없는 허경이다.

  심포와 삼초는 다른 경락을 포함하고 좌지우지 하면서 동시에 그 안

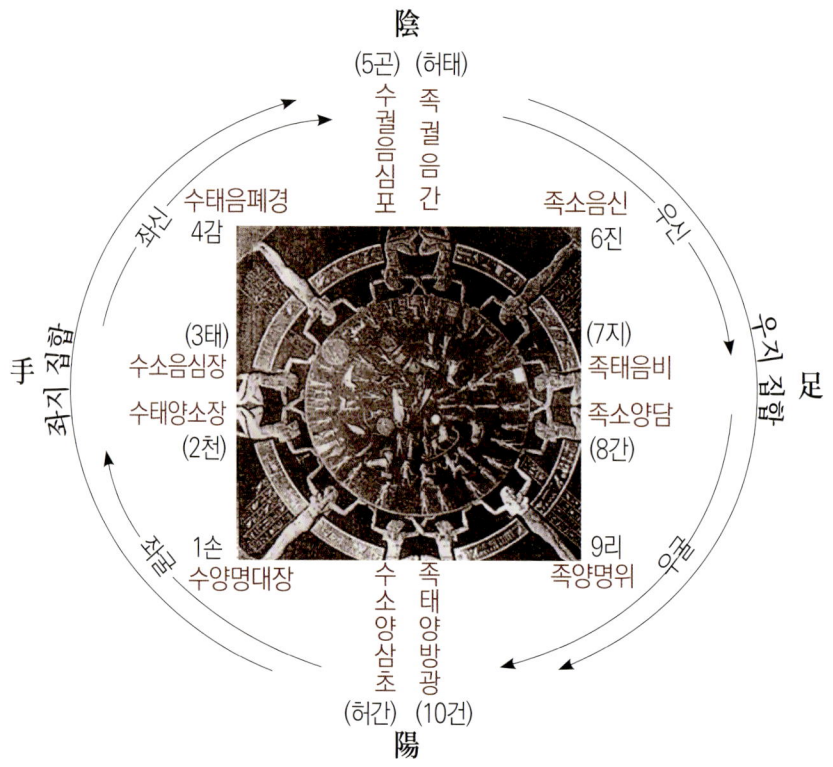

(도표76) 12황궁도와 12정경락도

에 포함된다. 이와 같이 자기 자체성만 있는 것을 '자체권ownship'이라 하고, 이와는 반대로 해당 장부를 소유하고 있는 경락은 '소유권ownership'이라 한다. 그래서 허간과 허태, 그리고 삼초와 심포는 자체권만 있다고 할 수 있다.

다음은 왜 14경맥이어야 하느냐이다. 12정경에는 정경 이외에 기경맥이 있다. 기경맥에는 '임맥任脈'과 '독맥督脈'이 있다. 인체 전면의 정중앙을 정수리에서부터 아래로 흐르는 것을 '임맥任脈'이라 하고 임신을 좌우한다. 반대로 인체의 후면을 정수리에서부터 등 뒤로 흐르는 것을 '독맥督脈'이라고 한다. 인간의 지배와 독점욕 같은 것을 지배한다. 그러면 기경맥에 해당하는 임맥과 독맥을 어디서 찾을 것인가. 그것을 8괘 안에서는 찾을 수 없다. 그 임맥과 독맥에 해당하는 것이 바로 중괘인 7지(☳)와 2천(☰)이다. 2천과 7지는 다른 괘와는 달리 중괘로 되어 있다. 2천과 7지는 중괘이다. 그래서 둘 가운데 하나를 임맥과 독맥이라고 하면 된다.

기경맥에는 임맥과 독맥 이외에도 기경이 6맥 더 있다. 이 가운데는 장부에 연관이 되는 혈을 공유하는 것도 있고 그렇지 않은 것도 있다. 공유하는 것이 없을수록, 즉 순수 자체권만 가지고 있을수록 치료에 특효를 낼 수 있다. 왜냐하면 치료약이란 항상 병주고 약주는 것이기 때문이다. 이를 '파르마티콘'이라고 한다. 한의학은 실로 경이로울 정도로 치밀한 논리적 구조를 가지고 있다. 우리는 여기서 이를 수지와 이집트의 황궁도를 통해 그 우수성을 재확인한다. 이렇게 하여 정역도 안에는 14개의 괘가 들어 있다고 보아야 한다. 이렇게 될 때에 황궁도와 정역도와 경락도는 서로 일치하게 된다.

제9장
몫집합의 원리와 정역도

9.1 몫집합의 원리와 순서수의 역설

상효의 원리와 체용론

12황궁도를 좌우반구로 나누어 이를 수지에 적용하여 좌지 집합과 우지 집합으로 나누었다. 시와 종이라 할 때 이 말은 좌지 집합의 시와 종, 그리고 우지 집합의 시와 종이란 뜻이다. 실로 이집트의 황궁도는 정역도 설명을 위해 편리한 도구였다. 12황궁도는 윷판의 구조를 방불케 한다. 황궁도의 원주에는 모두 12명이 서 있는데 좌우와 상하에는 두 사람이 하나씩 쌍을 만들고 있다. 상하는 5지-(허태)와 10건-(허간)의 쌍이, 그리고 좌우는 2천-3태과 7지-8간 쌍이 서로 마주하고 있다. 그리고 이들 쌍들 사이마다에 약지와 식지가 끼어 1손, 4감, 6진, 9리를 만들고 있다. 변화의 주도를 약지와 식지가 주도하고 있다 해도 과언이 아닐 정도이다. 관심의 적은 복희도에서도 문왕도에서도 발견할 수 없던 2천과 7지이다.

'2천(☰)'과 '7지(☷)'는 잼잼으로 합신과 합굴이다. 이 두 곳에서 곤지 곤지 잼잼을 한다는 뜻이다. 수평축의 역할은 굴과 신을 반환시키는 것이다. 수평과 수직 축에는 사람이 둘씩이다. 촉류, 재륵, 자기언급이 있는 곳이다. 괘들이 시작되는 곳은 중지가 있는 수직축의 10건과 5곤이다. 10건과 5곤의 초효가 모두 중지인 것이 특징이다. 좌지 집합의 합신에서 좌굴이 시작된다. 즉, 좌지 집합의 합신에서 개굴을 시작하면 중굴은 10건의 초효인데 그것이 상효가 되어 허간을 만든다. 이어 연속적으로 약굴하면 1손이 되고 소굴하면 2천이 된다. 2천은 전굴이다.

전굴 다음에 합신과 합굴을 하고 합굴에서 개신을 시작하면 3태, 4감 그리고 5곤의 순이다. 5곤은 전신이다. 전신 다음에 합굴과 합신을 하고 개굴을 시작하면 허태, 6진 그리고 7지가 연속적으로 태어난다. 7지는 전신이고 전신 다음에 합굴과 합신을 하고 거기서 개굴을 시작하면 8간과 9리 그리고 처음으로 돌아와 10건이 나타난다.

황궁도 안에서 볼 때 5곤과 10건은 수직축에 허태와 허간을 짝으로 동반한다.[1] 그리고 중지를 초효로 삼는 것이 특징이다. 4진이 4감으로 9손이 9리로 변하는 곳이 바로 식지와 약지에서다. 이러한 대략적인 점검과 함께 이에 근거하여 일부가 1879년 기묘년에 그은 정역도를 12황궁도와 비교해 보기로 한다.

황궁도의 좌우(수평축)와 상하(수직축)를 대칭과 연관하여 일목요연하게 정리하면 다음과 같다.

	좌지 집합(10건)	우지 집합(5곤)	
(합굴)	10건 (모굴·식굴·중굴)	5곤 (소신·약신·중신)	(합신)
좌굴	(허간) (중굴·약신·소신)	(허태) (중신·식굴·모굴)	우신
좌굴	1손 (중굴·약굴·소신)	6진 (중신·식신·모굴)	우신
좌굴	2천 (중굴·약굴·소굴)	7지 (중신·식신·모신)	우신
좌신	3태 (소신·약굴·소굴)	8간 (모굴·식신·중신)	우굴
좌신	(진)4감 (소신·약굴·중신)	(손)9리 (모굴·식굴·중신)	우굴
좌신	5곤 (소신·약신·중신)	10건 (모굴·식굴·중굴)	우굴

(도표77) 12황궁도 굴신 진열도

1) 짝인 이유는 10건-허간과 5곤-허태는 남남과 여여이기 때문이다.

좌지 집합의 시가 우지 집합의 종이고, 우지 집합의 시가 좌지 집합의 종이다. 황궁도에 배열된 괘들을 3역도로 보았을 때에 그 어디에도 일치하지 않는 것처럼 보인다. 집합 관계로 보았을 때에 복희도는 건={태·리·진}과 곤={손·감·간}이고, 문왕도는 리={손·곤·태}와 감={건·간·진}이다. 문왕도는 가족관계의 일관성을 유지하고 있어서 단계적 효변을 한 것임을 발견할 수 있다.[2] 이에 비해 복희도는 가일배법에 의한 시생원리를 그대로 적용한 것이어서 가족관계의 일관성이 깨어지고 만다.

정역도(도표78)은 복희도가 자기 상사 혹은 자기 반복을 한 것을 발견할 수 있다. 즉, 시계바늘(역)과 반시계바늘(순) 방향이라는 관점에서 볼 때 복희도는 건집합인 건태리진은 순, 곤집합인 손감간진은 역 방향이지만, 정역도는 이에 근거하여 순 안에 순·역을, 역 안에 순·역 방향으로 괘를 배열하였다. 현대 과학의 시각에서 볼 때 이는 자기 복사라 할 수 있으며 이를 두고 '프랙털'이라고 한다. 즉, '건태리진'을 '건진태리'로 '손감간곤'을 '곤손간감'으로 배열한 것은 자기 복사 이상의 설명이 불가능하다.

12황궁도에서 수지상수괘의 시생법은 연속적이다. 그래서 좌지 집합은 {10건, (허간), 1손, 2천, 3태, 4감, 5곤}이고, 우지 집합은 5곤{(허태), 6진, 7지, 8간, 9리, 10건}이다. 가일배법이 나뭇가지형이라면 12황궁도와 정역도는 리좀형이다. 줄기와 뿌리가 없어진 넝쿨을 만들고 있다. 상효가 초효가 되고 초효가 상효가 되기 때문에 위계적 유형이 해체되고 만다. 러셀과 현대 서양의 논리학이 수용하기 힘든 부분이다. 계열의 종은 그 계열 자체와 같다는 것이 순서수의 역설인데 상효가 초효이고

---

[2] 곤·손·리·태는 모·장녀·중녀·소녀이고, 진·감·간은 부·장남·중남·소남이다.

초효가 상효라는 것은 부분이 전체이고 전체가 부분이라는 말과도 같다. 이것이 다름 아닌 '멱집합의 원리'이다. 여기서 일관성 있게 관찰해야 될 부분은 귀매의 원리와 멱집합의 원리이다.

황궁도와 정역도 그리고 윷판이 작도된 근본적인 이유가 다름 아닌 이 두 원리를 설명하기 위해서라고 해도 과언이 아니다. 그래서 이 두 원리에서 보면 3자는 모두 같다. 두 원리를 적용하기 전에 대칭, 특히 원주 안의 직경인 지름(사각형의 경우는 '대각선')이라는 관점에서 보면 양자가 동일한 대칭 구조로 되어져 있음을 쉽게 발견한다. 즉, 양자는 모두 1손/6진, 2천/7지, 3태/8간, 4감/9리, 5곤/10건과 같이 굴신이 서로 반대인 대칭 쌍을 하고 있다. 지름이 사각형에서는 대각선이기 때문에 대각선 대칭을 하고 있다는 점에서 황궁도와 정역도는 같다. 이는 〈계사전〉에서 공자가 실현하려고 한 역의 이상적 꿈들이 이제 실현되려는 대칭관계이다. 공자가 놓친 것은 대각선 대칭이었다. 위상학적으로 보았을 때에 3차원, 즉 좌우와 상하 그리고 굴신의 대칭인 대각선 대칭이

(도표78) 순역의 자기 상사로 본 정역도

모두 일치하는 것은 뫼비우스띠이다. 공자가 몰랐던 것은 위상학이었다. 그래서 공자 이후 미래역은 위상역이어야 한다.

공자마저도 이루지 못했던 진과 손괘의 조화 문제를 정역도에서 보면 각별한 의미를 갖는다. 우레(진)와 바람(손)이 서로 부딪히는 것을 조화시켜내지 못했다. 4진과 9손에서 생긴 귀매의 원리를 여기서 상기하는 것이 필요하다. 뢰(진)와 풍(손)을 황궁도의 수지상수론에서 보았을 때에도 문제의 괘였음을 발견한다. 이 둘은 모두 수지로 보았을 때에 약굴와 식신에 해당하는 동시에 좌지와 우지 집합의 계열의 끝에 나타난다. 그래서 귀매의 원리에 저촉이 된다. 진괘는 4감으로 손괘는 9리로 바뀔 수밖에 없었다. 그러나 계열의 끝이 아닌 곳에 나타난 6진과 1손은 이러한 형태의 변화를 겪지 않아도 된다. 순서수의 역설 때문에 겪어야 할 진통이다. 공자도 결국 순서수 역설 때문에 고민하였고, 그것은 칸트가 이율배반에서 고민한 그것과 같은 내용이었다.[3] 정역도와 황궁도 그리고 윷판이 어떻게 이 역설을 다루어 나가고 있는가. 그러나 결국 그 해의는 단동십훈의 곤지곤지에 있었다.

간괘가 1번인 이유와 상수값 '3'

정역도의 괘수 번호 1인 이유는 수지를 3진법으로 나누었기 때문이다. 그리고 중굴에서 괘수를 시작했기 때문이다. 10건을 합굴인 0으로 하였기 때문에 1손이 되는 것은 당연하다. 10건은 합굴이고 동시에 전굴이다. 합굴 이전에 집신이 있었다. 10건은 '전굴'이고 허간은 '개굴'이다. 그러나 동형이상이다. 공집합(∅)과 0이 대소 비교를 해 '1'이 만

---

[3] 공자는 설괘전에서 괘들 사이에 있는 4대 부조화를 정위, 상박, 통기, 불상사라고 했다. 그 가운데 진과 손이 서로 조화를 찾지 못하는 것을 '뇌풍상박'이라고 하였다.

들어지고 그것이 1손괘(중굴·식굴·소신)이다.

　주자의 『역학계몽』은 괘의 괘수 정하는 방법을 말하기 위해서 쓰였다 할 정도이다. 그러나 주자의 설명은 매우 임의적이고 은유적이다. 철저한 논리적 설명이 부족하다. 칸트시대만 해도 순서수의 역설과 멱집합의 원리를 몰랐었다. 우리 시대가 빅뱅이란 우주의 기원을 아는 것 이상으로 이 두 원리를 아는 것이 보람이라 할 수 있다. 김일부의 정역이 이 두 원리를 어떻게 알고 있었던가?

　정현이 『예기』〈월령〉편에서 "천지의 수는 50이다. 천1은 북쪽에서 수를 생하고, 지2는 남쪽에서 화를 생하고…"와 같이 수를 천수와 지수로 나눈 다음 이를 5행에 일치시킨 것이 하나의 전형이 되어져 버렸다. 다시 말해서, 하도와 낙서는 수에다 천문, 지리, 사시, 음양, 오행을 은유적으로 일대일 대응을 시켜 괘와 괘수를 만들었다. 가족관계만 하더라도 그렇다. 『영추경』에 "곤은 동지로서 1이 시작되는 곳에 있기 때문에 곤모는 1이다."라고 한다. 즉, "곤의 1음이 건양과 교합하면 음괘가 이루어져 3녀를 얻게 된다"는 식이 곤1이 된 것에 대한 설명의 전부이다. 가족관계에서 곤1을 '모'로 보고 있는 말의 배경은 만물이 곤인 땅에서 시작하기 때문이라고 한다. 그러나 이는 귀장역에 따른 설명으로서 곤과 1을 일치시키는 것은 임의적이고 은유적이다. 역을 이런 은유법에서 해방시키는 것이 우선적 과제라 할 수 있다.

　'3역'이라 할 때 그것은 『주역』, 연산역, 귀장역을 두고 하는 말이다. 『주역』은 건을 머리로 하고, 귀장역은 곤을 머리로 하고, 연산역은 간을 머리로 한다. 그런데 정역은 연산역을 따른다.(이정호, 1985, 159) 정역이 간을 생수 1에 두는 다른 배경은 〈설괘전〉 '신야자'조에 있는 '성언호간成言乎艮'에 근거한다. 다시 말해서 앞으로 미래역은 "간에서 말씀을 이룬다"는 말에 근거한다는 것이다. 그리고 간은 동쪽이기 때문에 미래 문명의 발생처를 해가 뜨는 곳에 둔다는 의미에서 동방 '간'을 수지의 1의 자리에 두었다고 한다. 그러나 이런 은유법 역시 여기서 가급적 배제하자는 것이 원칙이다. 1을 건에 돌리든 곤에 돌리든 그것이 그렇게 중요한 것은 아니다. 어느 수를 어느 괘에 연관시킨 다음 그 다음에 따르는 생성 관계와 가족관계에 적용했을 때에 일관성만을 유지하기만 하면 된다. 일관성과 일치성에서 논리적인 구조가 나타나기 때문이다.

그러나 이러한 은유법 배후에도 논리성이 숨어 있었음에 주목해야 한다. 즉, 역은 이미 오래 전부터 데이터베이스화와 함께 수를 명패와 물건으로 나누었다. 데이터베이스화란 수의 '집합화'란 말과 같다. 수학사에 집합론이 나타나면서 수학이 '수학론'이 되었듯이 집합론 없는 수학은 수의 기초와 토대가 없는 것이나 마찬가지이다. 마찬가지로 역학에서도 수를 생수와 성수로 나누기 시작했다는 것이야말로 수를 어느 기준과 그 기준에 따라서 수를 분류할 수 있었다는 것을 의미한다. 다시 말해서 5라는 명패수에 1, 2, 3, 4, 5라는 생수를 더하기 하여 성수 6, 7, 8, 9, 10을 만든 것을 두고 이를 데이터베이스화라고 한다. 이는 역학에 대한 '역학론'의 시작이라고 할 수 있다. 수학론의 핵심은 집합론이고, 그 중심부에 멱집합론이 있다. 이러한 멱집합의 시각에서 보면 정역은 완전히 새롭게 보일 것이다. 8간을 첫 번째 자리에 두는 이유가 멱집합의 원리와 연관하여 선명해질 것이다.

구약 창세기를 기록한 기자들도 동일한 문제에 직면했었다. 다시 말해서 첫째 날에 하나님이 '천지'를 창조했다고 할 때 이 첫째 날을 창조의 순서에 넣을 것인가 말 것인가. 이 날은 만물의 전체에 해당하는 날이기 때문에 넣을 수 없다고도 있다고도 할 수 있다. 이 첫째 날에 해당하는 것이 10건과 5곤 그리고 2천과 7지이다. 이때에 2천과 7지를 전체로 10건과 5곤은 전굴과 전신으로 분류하면 된다. 10건과 5곤은 전굴이고 전신인 동시에 개굴과 개신이다. 그래서 첫째 날인 동시(개)에 전체 날(전)이기도 하다. 7지가 전체라면 첫째는 8간이 될 것이고, 그것이 10건이라고 하면 첫째는 1손이 될 것이다. 안식일은 전이기도 하고 개이기도 한 날의 역설을 해의하기 위해서 만든 제도이다. 한마디로 말해서 개와 전을 분리하자는 것이다. 마치 fingers를 thumb에서 분리하듯이.

다음으로 주요한 것은 건과 곤괘가 이중적인 것에 대한 이유이다. 다시 말해서 10건과 2천, 그리고 5곤과 7지와 같이 건과 곤은 이중적이다. 2천과 7지는 중괘로 5곤과 10지는 단괘로 표시한다. 건과 곤이 괘라면 천과 지는 그것의 상이다.

괘의 발생 방법에는 연속적 그리고 단계적 두 가지 방법이 있다고 했다. 건에 의하여 만들어진 집합은 '건집합(집굴),' 그리고 곤에 의하여 만들어진 집합은 '곤집합(집신)'이라고 할 때 멱집합의 원리란 집합 자체가 자신의 부분들 그 속에 한 부분으로 포함된다는 원리를 두고 하는 말이다. 결국 10건이 자기 자신의 부분으로 포함될 때에는 그것이 2천이 되고, 5곤이 자기 자신의 부분으로 포함될 때에는 그것이 7지가 된다고 보면 된다. 2천은 수지 5개가 모두 굴해 있고, 7지는 그것이 모두 신해 있다.

어떻게 어느 한 집합에 집합 자체와 부분이 함께 들어갈 수 있느냐와, 명패가 어떻게 자기 자신의 집합의 한 부분이라는 물건들 속에 포함될 수 있느냐의 문제는 창세기의 첫날을 모든 날들 가운데 하나로 볼 것인가 따로 볼 것인가의 문제이기도 하다. 그 이유는 위에서 본 바와 같이 수지를 통해 괘를 만들 때에 좌우 두 집합에서 한 집합의 초효가 다음

집합의 상효가 되고, 상효가 초효가 되기 때문이다. 전체가 부분이 된다는 말이다. 예를 들어서 10건의 초효(중지)는 좌굴집합 허간과 1손과 2천의 상효가 된다. 부분인 것이 전체가 되었다는 말이다. 그래서 『주역』에서는 초효가 정역에서는 상효가 항상 전체적 성격을 갖는다. 이것이 멱집합의 원리이고 순서수의 원리이다.

　수가 만드는 역할은 사물의 수를 몇 개로 세는 것과 사물들 사이의 순서를 정하는 것이라 할 수 있다. 후자의 경우는 순서수의 역설을 조장하고, 전자의 경우는 기수의 역설을 조장한다. 기수의 역설은 '칸토어 역설'이라고 한다. 20세기로 넘어와 칸토어의 역설은 '러셀 역설'로 변해 세기를 진동시키고 만다. 이 역설은 지금까지의 철학사에서 피해 보려는 시도 가운데 하나의 난제 거리였다. 제3의 인간 역설도 이것과 무관하지 않다. 이 역설이란 난제는 동서양에 예외 없이 다루어야 할 불가피한 것이다. 역철학도 이 두 문제의 해의에서 벗어날 수 없었다. 러셀을 비롯한 서양철학사는 집합 자체와 그것의 부분은 그 유형이 다르기 때문에 멱집합을 인정하지 않으려고 한다. 그리고 이것이 서양철학사의 주류를 이루는 해법이다. 위에서 다룬(3.1) 제 3의 인간 역설을 다루는 과정에서 브라스토스가 취한 태도 역시 전형적인 서양의 역설 해의법이다.

　중국에서도 주자와 우번이 건과 곤 그리고 감과 리를 벽괘에서 제외시키려 했는데 그 이유는 그것이 다른 벽괘들과는 달리 집합 자체이기 때문이다. 그러나 다산은 멱집합의 원리에 따라 집합 자체도 집합의 한 부분이라고 보아 이를 포함시켜 12벽괘를 만든다. 김일부의 정역은 바로 다산의 이러한 전통을 그대로 따른다. 멱집합의 원리, 그것이 곧 한국적 사유의 특징 가운데 특징이기 때문이다.

9.2 정역도의 가족관계 역설과 대각선 정리

가족관계 역설과 황궁도

역학론은 시생원리로부터 시작한다. 시생원리는 괘에서 효가 시생하는 방법을 논하는 것으로서, 여기서 순서수의 역설인 가족관계 역설을 만나게 된 것이다. 가족관계 역설은 가장 원시적이고 가장 기본적인 역학의 논리학이 시작하는 발단이다. '가족'이라는 은유를 사용하기는 했지만 한 가족 자녀들의 출생 순서야말로 가장 원초적이고 보편적인 것으로서, 그 속에서 '순서수의 역설'을 발견할 수 있기 때문이다. 즉, 시생원리와 가족관계에 의하여 수와 괘를 일대일 대응시키면, 당장 그 사이에 불일치 현상이 생기는 것을 발견하게 된다.

복희도를 시생원리의 일관성대로 하면, 가족관계의 집합은 다음과 같다.

건-부={태-소녀, 리-중녀, 진-장남} …1남2녀
곤-모={손-장녀, 감-중남, 간-소남} …1녀2남

그리고 문왕도의 경우는 위에서 이미 본 바와 같이

감-중남={진-장남, 건-부, 간-소남} …3남
리-중녀={손-장녀, 곤-모, 태-소녀} …3녀

와 같다. 복희도는 가족관계 일관성이 파괴되었지만 문왕도는 그렇지 않다. 문왕도는 단계적 방법으로 효변을 시켜 괘를 만들었기 때문에 가족관계의 일관성을 유지하면서 곤모 집합에는 딸만, 건부 집합에는 아들만 포함시킨다. 복희도는 8괘 8수, 문왕도는 8괘 9수이다. 천지 창조

첫날에 '천지'를 창조했다고 할 때 첫날은 전체이기 때문에 창조의 첫날로 취급할 것인가 말 것인가가 고민이듯이 '부모'를 다른 자녀들과 같은 식구 가운데 하나로 취급할 것인가 말 것인가가 가족관계 역설의 쟁점이다. 여기서 '천지'와 '부모'는 명패에 해당하는 말이다. 문왕도는 그래서 중남(감)과 중녀(리)로 명패를 바꾼다. 복희도와 문왕도는 8괘 8수 혹은 8괘 9수이기 때문에 이런 난관에 직면하게 된다.

정역은 이 문제 해결의 열쇠를 가지고 있다. 그것은 부모10건 5곤이라는 단괘와 이를 중괘로 한 2천 7지로 만드는 멱집합의 원리를 통해 역설을 해의한다. 이것이 다름 아닌 멱집합의 원리이다. 이렇게 멱집합의 원리로 가족관계를 다시 구성하면 아래와 같다. 먼저 좌·우지의 굴신 관계로 가족관계를 보면 다음과 같다.

좌굴={허간-소남, 1손-장녀, 2천-조부}   ···2남1녀
좌신={3태-소녀, 4감-중남, 5곤-모, 6진-장남}   ···2녀1남

우신={허태-소녀, 6진-장남, 7지-조모}   ···2녀1남
우굴={8간-소남, 9리-중녀, 10건-부}   ···2남1녀

(도표79) 복희도와 문왕도의 가족관계

위 (도표79)를 통해 가족관계를 좌우지의 굴신 관계로 보았을 때에 하나의 일관성을 발견한다. 즉, 남녀의 짝째기 현상이다. 2남1녀와 2녀1남이 두 번 번갈아 가면서 반복해 나타난다. 다음은 복희도와 문왕도에서와 같이 5곤-모와 10건-부를 명패로 하여 거기에 딸리는 가족들을 황궁도를 통해 보면 아래와 같다. 황궁도에서 좌지 집합과 우지 집합을 보면 좌지 집합의 명패는 5곤이고, 우지 집합의 명패는 10건이다. 사실

5곤과 10지는 그것을 시로 볼 것인가 종으로 볼 것인가에 따라서 명패가 되기도 하고 물건이 되기도 한다. 여기서는 종으로 보았다.

5곤-모 = {허간-소남, 1손-장녀, 2천-부, 3태-소녀, 4감-중남}
…2녀3남

10건-부 = {허태-소녀, 6진-장남, 7지-모, 8간-소남, 9리-중녀}
… 3녀2남

　5곤-모와 10건-부에서 건곤-부모를 제외하면 5곤-모 집합에서는 2녀3남이고, 10건-부 집합에서는 3녀2남으로 짝째기이다. 이는 3천양지 혹은 3지양천을 그대로 반영한 것이라 볼 수 있다. 그러나 건곤-부모를 제외시키지 않으면 양자 모두 3남3녀이다. 여기서 가장 주요시 할 부분은 5곤-모 집합 속에 2천-부가 들어 있고, 10건-부 집합 속에 7지-모가 들어 있다는 점이다. 명패를 물건으로 만들어 멱집합을 만들면 모두 3남3녀가 되고 이를 정음정양이라 한다. 그래서 10건과 5곤을 메타화시켜 '2천'과 '7지'를 설정함으로서 가족관계의 문제를 새롭게 하고 있다. 메타화 시킨다는 말은 괘를 상으로 만든다는 말이다. 다시 말해서 10건과 5곤이란 괘에 더하여 메타인 2천과 7지라는 것이 추가되었다. 그리고 이것은 건곤의 자기 상사인 프랙털이다.
　이러한 프랙털 현상은 역학 연구사상 처음으로 가족관계에 대한 새로운 문제를 던져 주고 있다. 다시 황궁도로 눈을 돌려 볼 때 황궁도는 수지에 의한 괘의 발생을 일관성 있게 보여준다. 가족관계의 일관성이라는 관점에서 볼 때 복희도와 문왕도 속에는 허괘도 없고 2천 7지도 없다. 바로 이들의 부재 때문에 가족관계와 시생원리 간의 불일치와 비일관성을 조장되었다고 결론지을 수 있다.

이는 실로 문왕도와 복희도의 가족관계 문제점을 일시에 해의하는 것이라 할 수 있다. 10건 속에 7지가 들어가고, 5곤 속에 2천이 들어가는 것이 마치 비일관성인 것처럼 보이지만 이러한 자기 상사 혹은 프랙털 현상은 위에서 본 바와 같은 가족관계의 일관성을 유지하게 한다.

이러한 프랙털 현상이 가능한 이유는 '10건-부' 집합 안에 있는 허태-소녀와 '2천,' 그리고 '5곤-모' 집합 안에 있는 허간-소남과 '7지' 때문이다. 다시 말해서 복희도와 문왕도에서는 없는 이들 별외의 괘들이 역설을 해의하는 비결이 된다. 이들은 서로 집합의 안과 밖에서 포함 관계를 유지한다. 다시 말해서 '2천' 집합은 5곤-모 집합 안에, '7지'는 10건-부 집합 안에 포함되기 때문에 3남3녀라는 정음정양이 유지된다. 이는 복희도의 가족관계 비일관성과 문왕도의 일관성을 동시에 조화시킨 것이라 할 수 있다.

2천과 7지는 괘의 중복으로서 자기언급을 한다. 자기 자신이 자기 집합의 한 부분으로 포함된다는 것이다. 이는 자기 복사이고 자기 반복이다. 정역도라는 전체 집합은 전체 집합과 공집합을 자기 자신 안에 포함한다. 복희도와 문왕도에서 발견할 수 없는 현상이다. 바로 이러한 특이한 현상 때문에 정역도는 시생원리의 일관성과 가족관계의 일관성을 동시에 만족시킬 수가 있다. 한 가족에 부와 모가 명패와 물건으로 분리되어 있는 것이 아니고, 자기 자신이 집합인 그 안에 한 부분으로 포함됨으로써 명패가 물건이 되고 물건이 명패가 되는 유형론을 무색케 함으로서 가족관계의 일관성을 유지하게 한다.

정역도와 가족관계

이상에서 황궁도를 통해 가족관계를 알아보았다. 김일부의 정역도를 황궁도와 비교하여 통해 가족관계를 다시 점검 확인하면 아래와 같다. 2천과 7지는 명패의 명패에 해당하는 집합이기 때문에 그 안에서는 성별이 무시되거나 어느 쪽이 되던 상관없다. 그래서 괘라 하지 않고 상이라고 한다. 10건의 상은 2천이고, 5곤의 상은 7지이다.

그래서 남녀의 구별 없이 중성적 매개자 역할을 한다. 이러한 2천과 7지의 역할이 제대로 수행되고 있는지 정역도를 통하여 확인해 본다.

정역도를 다시 불러와 간괘와 태괘를 중심축으로 하여 좌우로 대칭축을 만들어 정역도를 아래와 같이 양등분한다. (도표78)은 정역도의 동서 수평 축인 8간과 3태를 중심으로 하여 좌우 두 개 집합으로 나눈 것이다. 그러면 간좌집합-간우집합과 태좌집합-태우집합으로 양분된다. 이 (도표78)은 복희도의 시생원리와 문왕도의 가족관계를 한 눈에 보게 하는 장점이 있다.

복희도의 건태리진과 손감간곤의 두 집합은 한 집합 안에서 하나 건너뛰기를 하면서 순과 역을 바꾸고 있다. 그러나 음군집합(손감간곤)과 양군집합(건태리진)은 분리되지 않는다. 시생원리가 정역도에서는 이렇게 음군집합(순)과 양군집합(역) 안에서 다시 순역을 하고 있는 것이 복희도와 다른 점이다.

그러면 문왕도는 어떻게 이를 이해하고 있는가? 이것 역시 위 (도표78)이 이해에 도움을 준다. 다시 말해서 8간을 간우집합에 포함을 시키고, 3태를 태우집합에 포함을 시키면 그것이 다름 아닌 문왕도의 가족관계이다. 간은 순방향으로 태는 역방향으로 이동을 할 때 그것이 문왕도의 가족관계이다. 결국 간과 태의 소속 방향이다. 정역도를 만약에 10건과 5곤이라는 수직축에서 보면 복희도의 가족관계가, 간태라는 수평축에서 보면 문왕도의 그것이 한 눈에 들어온다. 간은 소남이고 태는 소녀이다. 소남과 소녀가 방향을 잡기에 따라서 가족관계의 일관성과 시생원리의 그것이 결정된다.

(도표80)은 정역도에서 선행 두 도상인 복희와 문왕도를 어떻게 종합하고 있는가를 한 눈에 보게 한다. 정역은 지난 시기에 나타난 하도와 낙서, 그리고 복희8괘도와 문왕8괘도에서 빠뜨린 것을 10건과 5곤이 '자기 자신'과 공집합을 넣어 멱집합을 만든다. 여기서 허간과 허태 같은 것들은 굴신 없이 결정된 것이기 때문에 0에 해당한다. 0에 대하여 공집합에 해당하는 것이 허간과 쌍을 만드는 10건이다. 허태 역시 0이고, 0과 쌍을 만드는 것은 5곤이다. 5곤이 허태에 대하여 공집합이다. 10건은 허간에 대해 공집합이다. 1손이 공집합 10건과 허간 사이에서 태어난다면, 6진은 공집합 5곤과 허태 사이에서 태어난다. 손은 풍이고 진은 뢰이다. 김일부는 이를 특히 중요시 하여 '뢰풍정위雷風正位'라고 했으며 이에 대한 각별한 의미를 부여한다. 황궁도에서 이들 쌍들이 수직축에 배당된 이유를 알 수 있게 되었다. 5곤-허태와 허간-10건이 황

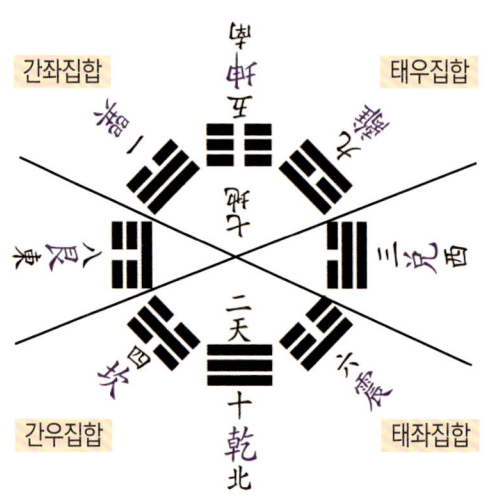

(도표80) 간·태좌우 집합도

궁도의 수직축이다.

정역이 가족관계나 시생원리에서 이전의 두 역도들과는 다른 근본적인 이유가 멱집합의 원리 때문인 것이 밝혀졌다. 이러한 멱집합이 가능해진 배경은 중지, 소지, 모지에 있다. 중지에서 허간과 허태, 그리고 10건과 5곤이 모두 만들어진다. 중지는 모든 괘의 모든 효에 다 들어간다. 중지는 '우지 집합 우굴'의 마지막으로서 초효를 결정하지만, '좌지 집합 좌굴'의 상효를 결정한다. 동시에 중지는 좌신의 초효이지만 동시에 우신의 상효를 결정한다. 소지와 모지는 굴신이 바뀌는 반환점에 위치하면서 중지와 같이 초효이기도 하고 상효이기도 하다. 정역의 수지상수에서는 상효에서부터 효변을 하기 때문에 상효의 음양은 곧 그 집합 자체의 상효와 반드시 같아야 한다. 천지창조의 '첫날' 같이 말이다. 그래서 상효는 해당 괘의 정체성을 결정한다. 이러한 중·소·모지가 상효도 초효도 될 수 있다는 것은 러셀의 유형론을 무시하는 것이라 할 수 있다. 그리고 순서수의 역설의 문제점을 극복하고 넘어 서는 것이라 할 수 있다. 동일한 좌지 집합이나 우지 집합 안에서 소지·중지·모지가 분기점이 되어 상효도 되고 초효도 된다는 것은 유형론의 부정이라 할 수 있다.

중지는 변환점을 만들고 소지는 반환점을 만드는 곳이다. 특히 중지·소지·모지의 이러한 이중성을 '재륵'이라고 하는데, 재륵은 수지상수론에서 보면 굴과 신을 동시에 한다는 의미이다. 소지의 재륵을 통해 굴과 신의 전환점이 만들어지고, 우향하던 수지를 좌향하게도 그리고 그 반대이게도 한다. 동일한 좌지 집합 안에서도 우향과 좌향에 따라서 굴신이 변한다. 소지와 모지는 굴신 대칭을 하게 하고(황궁도의 수평축에서), 중지는 초와 상효 간의 대칭을 만든다(황궁도의 수직축에서).

이런 멱집합의 논리가 〈계사전〉에 나타난 『주역』의 시생원리에서는 제외되어 있다. 그래서 계사전에서는 들뢰즈의 수목형인 음양-사상-8괘라는 형식으로 줄기를 중심으로 가지를 분지시킨다. 이것이 공자의 사고방식이고 중국적 사유의 전형이 되었다. 나무의 뿌리 자체인 태극을 가지의 한 부분으로 보지 않는다. 뿌리와 줄기, 줄기와 잔가지의 구별이 분명하다. 이런 수목형이 정역도 이전의 두 도상의 모양이다. 이러한 시생원리의 일관성을 고려하여 작도된 것이 복희팔괘원리도이고 문왕팔괘도이다.

그런데 이런 시생원리의 일관성은 효변을 시키는 순간 바로 파손된다. 시생원리의 일관성에 근거하여 효변을 일관성 있게 해 나가면 비일관성이 나타난다. 시생원리에서 집합 자체가 자기 안의 부분으로 포함되는 것을 거부한 것이 가족관계이다. 부모와 자식과는 유형을 구별해야 하기 때문이다. 즉, 효변을 시키다 초효(정역에서는 상효)에 와서는 멈추어야 한다. 그것마저 변화시켜버리면 집합 자체의 위계적 구조가 파괴되기 때문이다. 그래서 장녀(손)와 장남(진)은 자기가 속한 집합에서 추방당하여 반대편 집합에 포함되어야 한다. 그래야 건집합에는 아들들만, 곤집합에는 딸들만 포함될 수 있다. 이러한 가족관계의 일관성을 고려하여 작도된 것이 문왕팔괘원리도이다. 그러나 정역도는 윷판과 황궁도에서 보는 바와 같이 명패를 물건 속에 넣음으로서 성별의 일관성을 비일관성 속에서도 유지한다. 그리고 (도표78)의 정역도는 간과 태의 순과 역의 이동 방향에 따라서 복희도와 문왕도의 가족관계를 조화시키고 있다.

이러한 정역이 갖는 의미에 관하여 김일부는 정역 '금화사송金火四頌'에서 '고금천지일대장관古今天地一大壯觀'이라고 하면서, "내가 주인이 되어 차례로 금화문을 개문하니 1.6과 3.8이 좌우에 나뉘어 벌였는지라 [我爲主人次第開 一六三八左右分列]"고 했다. 이 말은 곧 정역의 괘 배열법이 하도와 낙서와는 전혀 다르다는 것을 웅변적으로 말해주고 있다. 나아가 이것은 지금이나 예나 일대 장관이 아닐 수 없다는 것이다. 즉, 건곤이 중립이 되어 차례로 괘를 여니 1손풍(☴)과 6진뢰(☳)가 좌(동남)와 우(서북)에 벌어지고, 8간산(☶)과 3태택(☱)이 좌우에 분열하여 벌어지니 고금에 이런 배열법은 없었다는 것이다.

여기서 말하는 좌우에 벌어진다는 말을 원으로 보면 지름이고 사각형으로 보면 대각선 대칭이다. 그래서 드디어 대각선 대칭을 괘들 안에서 찾았다는 것이다. 하도나 낙서에서는 1과 6, 2와 7, 3과 8, 4와 9가 한 번도 분열되어 벌어진 적이 없었다. 낙서에서 보면 이들 쌍들은 서로 붙어 있지 않는가. 그러나 수지상수로 볼 때 '중지' 수직축으로 하여 좌우에 이들 수들이 분열내지 분리되고 말았다. 이를 웃판 황궁도를 통해 확인할 수 있다. 1과 2는 생수이고 6과 7은 대각선수이다. 이들이 벌어진다는 것은 대각선이 해체되는 반대각선화를 의미한다. 심지어는 건과 곤의 쌍마저 그렇게 분열이 되었다. 건과 곤은 소지를 중심으로 분열되었고, 건과 곤은 황궁도에서 상하좌우로, 2천7지는 좌우하상으로 분리되어 있다. 이들은 전후좌우에서 다 분리되어 있기 때문에 고구마 넝쿨같이 줄기와 뿌리의 구별이 없는 리좀형이 되고 말았다. 일대 장관이라 불리는 이들의 분열 양상을 대각선 대칭으로 요약하면 다음과 같다.

8간-3태, 9리-4감, 10건-5곤, 1손-6진, 2천-7지

서로 쌍을 만드는 괘끼리는 대각선 대칭을 한다. 이들을 자연현상과 가족관계의 은유에 일치시키면 다음과 같다.

정역괘들의 대각선 대칭 관계					
2천	天	부	7지	地	모
8간	山	소남	3태	澤	소녀
9리	火	중녀	4감	水	중남
10건	天	부	5곤	地	모
1손	風	장녀	6진	雷	장남

(도표81) 정역도와 가족관계 대칭도

이에 대한 은유적 설명을 가급적 피하려 하나, 논리와 연관을 시켜 통례적인 설명을 하면 다음과 같다. 건과 곤이 다른 자녀들의 괘 사이에 끼어 있다. 이 말은 자녀들 간의 화목을 부와 모가 조정하고 있다는 의미이다. 중녀와 장녀 사이에 모가, 중남과 장남 사이에 부가 끼어 이를 매개하고 조절하는 역할을 한다. 건부와 곤모가 집합의 명칭 자체이지만, 다시 그 집합의 한 부분이라는 뜻이다. 이는 〈계사전〉에서 공자가 이루려고 한 역의 꿈이 실현되었음을 의미한다. 천지정위, 뇌풍상박, 산택통기, 화수불상사가 모두 조화를 찾게 되었다는 말이다. 부와 모가 집합의 명칭이면서 동시에 부분이 아니었기 때문에 선천시대의 부조화와 갈등이 있었다. 그러나 후천시대에는 이것이 멱집합의 원리에 의하여 해의되었다는 것이다.

복희도 역시 정역도와 대칭 구조가 같다. 그러나 공자가 말한 천지, 뇌풍, 산택, 화수가 서로 조화를 이루지 못한 이유는 2천과 7지가 없었기 때문이다. 그리고 10건과 5곤의 쌍인 허간과 허태의 존재를 몰랐기 때문이다. 공집합과 0의 손익법과 전체가 부분이 되고 처음이 끝이 되는 원리를 몰랐기 때문이다. 정역도가 여실히 우리 앞에 제시하고 있는 것은 바로 이 점이라 할 수 있다.

정역의 특징은 무엇보다 금(4감-9리)과 화(2천-7지)의 위치를 재설정한 것이다. 하도에서는 화를 남방에, 금을 서방에 두었고, 낙서는 금을 북방에, 화를 서방으로 바꾸었다. 정역은 다시 금화를 하도와 같은 위치로 돌려놓고는 이를 '금화교역金火交易'이라고 하였다. '일대 장관'이란 표현은 다름 아닌 금화교역을 두고 하는 말이라 할 만큼 고금을 막론한 대변혁이라는 것이다. 그러나 필자의 관심사는 오직 논리적 그리고 위상학적 구조 파악이 주된 목적이기 때문에, 여기서는 은유적 표현을 참고 정도로만 언급하고 넘어가려 한다.

3음3양의 정음정양은 (도표73)의 황궁도에서 더욱 뚜렷하다. 즉, (도표73)을 수직축으로 반토막으로 자르면 좌반구와 우반구는 위에서 부터 순서대로

(5곤)	-	여	(허태)	-	여
4감	-	남	6진	-	남
3태	-	여	7지	-	여
2천	-	남	8간	-	남
1손	-	여	9리	-	여
(허간)	-	남	(10건)	-	남
좌반구 (3남3녀)			우반구 (3남3녀)		

(도표82) 황궁도의 정음정양

와 같다. 복희도와 문왕도에서 볼 수 없었던 새로운 가족관계를 발견한다. 이것이 미래 가족관계의 구도이다. 5곤-10건, 2천-7지, 허간-허태를 모두 한 집합의 요소로 만든 결과이다.

제10장
대각선 논법과 김일부

10.1 존공과 귀공의 문제

'15존공'인 이유와 멱집합

 2천과 10건 그리고 5곤과 7지의 관계를 집합론적 입장에서 고찰하면 다음과 같다. 2천과 7지를 상象이라 하고 10건과 5곤은 괘卦라고 한다. 건의 공집합은 집신인 '곤'이고, 곤의 공집합은 집굴인 '건'이다. 왜냐하면 건을 담는 그릇 자체는 곤이고, 곤을 담는 그릇 자체는 건이기 때문이다. 공집합의 멱집합은 공집합인 자기 자신과 공집합이다. 그래서 ∅=({∅},∅)와 같다. 그래서 0의 멱집합은 0=({∅},0)이다. 이를 '멱집합의 원리'라 한다. 5곤(☷)의 멱집합 속에는 자기 자신이 포함되는데 그것이 바로 7지(䷁)이고, 10건(☰)의 멱집합 속에는 자기 자신이 포함되는데 바로 그것이 2천(䷀)이다. 5곤의 공집합은 10건이고, 10건의 공집합은 5곤이다. 5곤 속에는 양효가 하나도 없고, 10건 속에는 음효가 하나도 없기 때문이다. 5곤을 담는 그릇은 10건이고, 10건을 담는 그릇은 5곤이다. 다시 말해서 2천은 10건의 상이라 하고, 7지는 5곤의 상이기 때문에 건을 추상화시킨 것 혹은 메타화시킨 것이다. 괘가 자기언급하는 것을 '상'이라 한다. 그래서 5곤의 상은 7지이고, 10건의 상은 2천이다. 5곤의 멱집합은 {10건, 7지}이고 , 10건의 멱집합은 {5곤, 2천}

이다. 5곤의 공집합이 10건인 이유는 10건 속에는 5곤이 전무이기 때문이다. 10건의 공집합이 5곤인 이유도 마찬가지이다. 앞으로 말할 필사본에서 '10건-7지'와 '5곤-2천'으로 배열하는 배경이다.

10건과 2천의 효를 중지를 중심으로 비교해 보면 중지가 10건의 초효이지만 2천의 상효이다. 5곤과 7지의 경우에도 중지가 5곤에서는 초효이지만 7지에서는 상효이다. 순서상에서 계열의 끝은 계열 그 자체이고 다른 계열의 시작이다. 정역에서 상효는 괘 그 자체와 같은 의미를 갖는다. 그러나 중지가 이중적인 역할을 한다. 멱집합의 원리에 지배받는다는 뜻이다.

이를 다시 정리하면, 수지가 다 굴하는 것이 2천이고, 다 신하는 것이 7지이다. 그래서 각각 두 개의 건과 곤괘로 표시한다. 10건의 초효가 2천의 상효이고, 5곤의 초효가 7지의 상효이다. 여기서 초효와 상효는 모두 중지이다. 2천 안에 10건이, 7지 안에 5곤이 포함되어 있다. 그래서 2천과 7지는 굴집합과 신집합 그 자체이다. 자기 자신이 자기 집합 안에 포함되는 전굴과 전신 집합이 바로 10건과 5곤이다. 그래서 2천과 7지는 대각선에 해당한다. 자기 자신이 명패이고 물건인 정대각선이다. 상이 곧 대각선이란 말이다. 그런데 이러한 대각선이 2천과 7지라는 상이 괘로 되어 정역도 안에 들어가 포함돼 있다. 즉, 2천과 10건 그리고 7지와 5곤이 서로 짝이 되어 원주 상에 동등하게 배열돼 있다. 공자 이래『주역』에서 생각하기 어려웠던 부분이다. 부분과 전체가 동등하다는 것을 보여주기 때문이다. 상과 괘가 서로 자기언급을 한다.

멱집합의 원리에 의하면 어느 집합이든 자기 자신인 '전체 집합'과 '공집합'을 반드시 자기의 부분 안에 포함包含해야 한다. 정역의 세 본이 생기는 배경이 여기에 있다. 그래서 전체 집합인 자기 자신과 공집합을 서로 분리할 수 없다. 2천은 '3굴0신'이다. '3굴'이란 중굴·약굴·소굴을 의미하고 '0신'은 신은 없다는 집신을 의미한다. 그래서 전굴인 3굴은 0신과 동형이다. 2천의 공집합은 그래서 5곤이다. 3굴은 건이고, 건이 개굴로서의 건일 때와 전굴일 때의 건은 '같잖음'이다. 10건의 경우 두 가지가 가능한데 개굴일 때는 초효인 중굴이 마지막으로 굴할 때이고, 이때엔 모·식·중지가 모두 차례대로 연속적으로 굴한다. 이 때문에 3굴로서 '전굴'이다. 그러나 합굴은 모·식·중지를 연속적이 아닌 동시에 굴했을 경우이다. 합굴은 집신을 전제하고 있으며 집신에 대하여 합신은 모·식·중지를 동시에 신한 것이기 때문에 집신과 구별된다. 합신과 합굴은 집굴과 집신의 그릇 속에 담겨져 있다. 합신과 합굴은 능동적이지만 집신과 집굴은 수동적이다. 합신과 합굴은 수지 3개가 능동적으로 굴신을 하기 때문에 이 수 0을 주지만 집신과 집굴에는 공집합 ∅를 주는 이유가 여기에 있다. 이에 대하여 전굴과 전신에는 3이라는 수를 준다.

 이를 요약을 하면 다음과 같다. 수지 3개가 동시에 굴신을 할 때 합굴과 합신이라 하고 0이란 수를 주지만, 굴신이 피동으로 결정되는 경우는 집굴과 집신이라 하여 공집합을 준다. 허괘가 생기는 이유가 여기에 있다. 그리고 연속적 변화의 마지막 변화는 전굴 혹은 전신이라 하여 3이란 수를 준다. 이렇게 집과 합 그리고 전은 구별된다. 그리고 이런 구별은 매우 주요하다. 이런 구별을 하게 될 때에 10건 배경에는 개굴, 전굴, 합신, 집굴이 있다는 사실을 알게 된다. 5곤의 경우에서도 굴이 신이 되었을 뿐 사정은 마찬가지이다. 다시 말해서 0과 ∅가 모든 수의 배경이 된다는 사실을 알게 된다. 사정은 7지의 경우도 마찬가지이다.

 7지의 '0굴 3신'의 경우에 '3신'이란 중신·식신·모신을, 그리고 '0굴'이란 굴이 없다는 뜻이다. 7지의 개신은 초효인 모신이고 이는 곳 전신과 형이 같다. 개신일 때는 1을, 전신일 때에는 3을 준다. 그리고 합신과 합굴일 때는 0을 그리고 집신과 집굴에는 공집합을 준다. 이와 같이 수 1은 0과 공집합의 사이에서 손익에 의하여 결정이 된다. 이렇게 0과 공집합이 손익을 하는 곳을 두고 '공백의 가장자리edge of void'라고 한다.

일부는 이러한 멱집합의 원리를 수지상수론에 적용한다. 지금까지 관심에서 제외된, 그리고 불필요한 모순과 역설을 조장하는 공백의 가장자리를 제외해 온 것을 정역은 살려내어 설 자리를 준 것이다. 그 전통은 이미 조선역 전반에 걸쳐 있었던 것이다. 다산이 벽괘에 감과 리 그리고 건과 곤을 추가한 것도 같은 맥락에서 이해된다. 한국적 사고방식의 특징이 바로 멱집합의 원리라고 해도 과언이 아니다. 멱집합의 원리에 의해서 전체인 동시에 부분인 것이 가능해졌다. 자기자신인 전체가 부분으로 포함되기 때문이다. 우리는 상사영과 하사영을 말하는 가운데 5와 10을 제외하는 것을 보았다.(도표68) 그것이 공백의 가장자리를 만든다. 이런 가장자리 때문에 순환, 반환, 변환이 가능해진다. 모지, 소지 그리고 중지가 그런 가장자리에 있다. 윷에서는 도, 걸 그리고 모 같은 것이 이런 가장 자리를 만든다. 가장자리는 허와 실을 아우르는 곳이다. 이것을 제외하면 8괘밖에 생겨나지 않지만 그렇지 않으면 12(14)괘가 생겨난다. 정역도에서 12(14)괘가 생겨난 이유는 집합 자체를 셈에 넣고 허괘들도 넣기 때문이다. 공백의 가장자리(5와 10)가 이 둘을 다 아우르기 때문이다.

이렇게 5곤과 10건의 허상 자리(공백의 가장자리)에 위를 주어 5곤과 10건의 위상을 만들어 높여 주는 것을 두고 '15존공+五䲷空'이라고 한다. 5곤과 10건은 허태와 허간이란 공백과 짝을 하고 있다. 복희팔괘원리도와 문왕팔괘원리도에서 버림받았던 5와 10이 정역에 와서 높임을 받아 심지어는 건괘와 곤괘와 일치되었다는 것이다. 그 동안 버림받았던 머리돌이 건물의 소용가치에 따라 자기 자리에 와 높임이 된 것이다. 5곤 10건에서 두 허괘와 7지 2천이 나온다.

황궁도와 정역도에서 공통되는 점 가운데 하나가 원의 직경(사각형의 대각선)에서 마주 대칭하는 괘수들끼리의 합은 15와 5라는 점이다.(도표 76) 이러한 배열법은 칸토어가 정사각형 안에다 수를 가로와 세로에 직선으로 배열한 것과는 다르다.

12황궁도에서 '10건'과 '5곤'은 수직축을 만들면서 변환점(중지) 선상에 있다. 그리고 이는 삼재 가운데 '인'에 해당한다. 이를 두고 '인중천지 人中天地'라 한다. 그리고 '2천'과 '7지'는 수평축을 만들면서 반환점과 전환점 선상에 있다. 삼재로는 천과 지에 해당한다. 15존공과 귀공은 일종의 손익법이다. 공인 10에서 5를 익하면 15가 되고, 손하면 5가 된다. 이

(도표83) 정역도와 12황궁도

렇게 생각할 때 황궁도의 우지 집합(우반구)에서는 익하고, 좌지 집합(좌반구)에서는 손한다. 결국 10을 축으로 좌우에서 손익을 하고 있는 것이다. 손익법을 두고 일명 '율려'라고 한다. 석합보공이란 공이 갖는 역설적인 '커지는 것이 작아짐'이란 성격 때문에 손익을 한다. 그래서 손익은 공에서만 가능하다. 페어홀스트 방정식도 공 없이는 불가능하다.

12황궁도와 대각선 논법의 제요소

대각선 논법의 5대 요소들은 배열, 가로, 세로, 대각선화, 반대각선화, 그리고 반가치화이다. 이 제 요소들을 황궁도와 정역도가 갖추고 있는지를 검토할 차례이다. 먼저 배열부터 보기로 한다. 칸토어는 무한수를 정사각형의 가로와 세로에 격자 형식으로 배열을 하였다. 그러나 김일부는 이런 무모한 행위를 할 필요가 없다고 보았다. 수는 10에서 그친다고 했다. 대각선 논법에서 주요한 것은 명패와 물건의 관계이다. 그래서 수지상수론에서는 수가 3에 그친다고 한다. 즉, 괘의 3효의 상·중·초효가 중·약·소, 소·약·중, 중·식·모, 모·식·중 순으로 배열이 되는 것에서 시와 종을 살피면 된다.

순서수를 말하기 위해서 3은 최소한의 수이고 상수常數이다. 2가 되면 시와 종뿐이기 때문에 시 다음과 종 이전을 말할 수 없다. 그래서 시종을 말하기 위해서 3은 최소한의 수이다. 수지 3개로 배열을 할 때 중지는 시(상효)와 종(초효) 모두에 될 수 있으나, 중효에는 반드시 식지와 약지만 들어가야 한다. 그러나 중지는 절대로 중효가 될 수는 없다. 중효는 약지와 식지로만 된다. 그래서 식지와 약지가 좌지와 우지 계열의 직전에서 귀매의 원리에 적용받게 된다. 중지의 전후에서 석합보공을 하기 때문에 중은 공이다.

12황궁도의 배열법은 1과 2의 짝째기이다. 다시 말해서 한 사람 다음 두 사람 식으로 이렇게 4개이다. 이 4개가 위에서 말한 중·약·소(좌굴), 소·약·중(좌신), 중·식·모(우신), 모·식·중(우굴)이다. 황궁도는 실로 수지의 이러한 구조를 모방한 것이라 의심할 정도로 일치한다. 이에 비해 칸토어의 정사각형 격자 구조는 획일적이다. 공자가 〈계사전〉에서 말한 시생원리인 가일배법도 사정은 마찬가지이다. 정역연구의 혁신적인 공헌은 12황궁도와 같이 수지의 굴신을 4등분 하여 괘를 만든 것이라 할 수 있다. 이런 4등분의 구조 속에서 2천과 7지, 그리고 허간과 허태가 그 속에서 튀어 나왔다. 이러한 구조만이 자연의 질서에 부합하고 나아가 인체의 경락구조와도 합치하는 것을 앞에서 보았다.

다음은 가로와 세로라는 요소를 확인할 차례이다. 세로는 명패이고 가로는 물건이다. 수지상수론에서 명패에 해당하는 괘는 10건과 5곤이다. 예를 들면 10건이 명패일 때에 거기에 딸리는 물건들은 좌굴에선 (허간), 1손, 2천이다. 같은 명패 안에 들어가는 물건 괘들의 공통적인 점은 상효가 반드시 같아야 한다는 것이다. 다시 말해서 허간, 1손, 2천은 모두 상효가 10건과 같이 굴인 양효여야 한다. 10건에서 연쇄적 변을 한 것이다.

2천은 10건이 자기언급을 한 것으로서 이것이 정대각선상에 있다. 복희64괘도에서도 정대각선상에 있는 괘들은 자기언급을 하여 중괘가 되듯이 2천 역시 중천괘(☰)로 표시한다. 명패와 물건이 같아진 것이다. 10건의 상효가 명패효가 되어 허간, 1손, 2천의 중·초효와 사상 작용을 하여 대각선화 된다. 엄밀하게 말하면 64괘도에서 보는 바와 같이 10건은 명패이기 때문에 건-(허간), 건-1손, 건-2천이어야 한다. 2천은 건이 자기 자신과 함께 있는 차이 뿐이다. 이 과정이 대각선화 과정이다.

다음은 반대각선화와 반가치화를 확인할 차례이다. 반가치화란 굴이 신이 되고 신이 굴이 되는 것이다. 그래서 좌굴집합의 반가치화는 좌신 집합이 될 것이다. 즉, 10건을 반가치화 하면 5곤이 되고, 허간을 반가치화 하면 3태가 되고, 1손을 반가치화 하면 4진(감)이 된다. 이렇게 이들 좌신에 있는 괘들은 좌굴에 있는 괘들을 반가치화 한 것임이 확인되었다.

그런데 좌굴에서 좌신으로 변함에 따라서 효의 위가 반대로 된다. 다시 말해서 좌굴의 중·약·소가 반대인 소·약·중이 된다. 위에서 명패 괘인 10건의 상효가 거기에 딸리는 물건 괘들의 상효를 결정해야 한다고 했는데 반가치화를 시키면 그것이 좌굴 집합에서 좌신 집합으로 바뀌면서 상효가 양인 굴에서 음인 신으로 바뀐다. 즉, 3태, 4감, 5곤의 상효는 모두 음인 신이다. 중·약·소의 위位가 반대로 소·약·중으로 바뀌었으니 이를 두고서 반대각선화라고 하는 것이다. 10건의 상효가 메타적 성격을 상실하고 대상이 되어버렸기 때문이다. 이를 두고 반가치화와 반대각선화라 하는 것이다.

다음은 우지 집합에서 5대 요소들을 확인할 차례이다. 괘들의 명칭만 다를 뿐 좌지 집합과 그 구조가 같다. 우지 집합과 우신 집합의 명패는 10건에서 반대각선화와 반가치화가 된 5곤이다. 5곤이 명패일 때에 거기에 딸리는 물건들은 (허태), 6진, 7지이다. 즉, 곤-(허태), 곤-6진, 곤-7지와 같다. 이것이 우지 집합의 대각선화이다. 여기서도 같은 명패 안에 들어가는 물건들의 공통적인 점은 상효가 반드시 같아야 한다는 점이다. 다시 말해서 (허태), 6진, 7지는 모두 상효가 5곤과 같이 신인 음효여야 한다. 7지는 5곤이 자기언급을 한 것이다. 다시 말해서 명패와 물건이 같아진 것이다.

다음은 우지 집합의 반대각선화와 반가치화를 확인할 차례이다. 반가치화란 굴이 신이 되고, 신이 굴이 되는 것이다. 그래서 우굴 집합의 반가치화는 우신 집합이 될 것이다. 즉, 5곤을 반가치화 하면 10건이 되고, 허태를 반가치화 하면 허간이 되고, 6진을 반가치화 하면 1손(9리)이 된다. 이들 우굴에 있는 괘들은 우신에 있는 괘들을 반가치화 한 것임이 확인되었다. 그런데 우신에서 우굴로 변함에 따라서 효의 위가 반대로 된다. 석과 합이란 신과 굴의 다른 말이다.

다시 말해서 우신의 소·약·중이 그 반대인 중·약·소가 된다. 명패괘인 5곤의 상효가 거기에 딸리는 물건 괘들의 상효를 결정해야 한다고 했는데 반가치화를 시키면 그것이 우신 집합에서 우굴 집합으로 바뀌면서 상효가 음인 신에서 굴로 바뀐다. 소·약·중의 위가 중·약·소로 바뀌었으니 이를 두고서 반대각선화라고 한다. 5곤의 상효가 메타적 성격을 상실하고 대상이 되어 버렸기 때문이다. 이를 두고 우지 집합의 반가치화와 반대각선화라 한다.

다시 정리하면 우리는 이렇게 황궁도를 통해서 대각선 논법의 5대 요소들을 모두 확인하였다. 칸토어의 그것과 비교를 할 때 배열법에 있어서 근본적으로 다르다는 점이다. 칸토어는 정사각형 안에다 실수 전체를 배열하였을 때에 반드시 그 사각형 안에 들어가지 않는 다른 실수가 있다는 사실을 발견하여 연속체 가설의 문제를 찾았다. 황궁도에서와 같이 1/2라는 짝째기로 배열을 하게 되면 거기서 허수와 허괘를 발견하게 되고 자기언급의 문제도 나타난다. 정역도란 다름 아닌 이렇게 초과된 실수에 해당하는 허간과 허태, 그리고 2천과 7지의 문제를 처리하는 데서 대각선 논법에 나타난 연속체 가설의 문제를 해의하고 있다.

그래서 여기서는 연속체 가설의 문제 같은 것이 제기될 여지가 없다.

다시 말해서 좌지 집합의 종이 우지 집합의 시가 되고, 또 그 반대이기도 하기 때문이다. 좌지 집합의 종에서 5곤이 나타나면, 이것이 우지 집합의 명패가 된다. 이는 이미 이율배반 해의 과정에서 발견한 바이다. 그리고 우지 집합의 종에서 10건이 나타나면 그것이 좌지 집합의 명패가 된다. 이 말은 물건이 명패가 되고 명패가 물건이 된다는 말과 같다. 연속체 가설 이후 서양에는 20세기로 넘어와 그것이 러셀 역설로 비화하나, 러셀은 명패와 물건은 유형이 다르기 때문에 유형만 혼동하지 않으면 역설이 해결된다고 보았다. 이는 그의 큰 실수였다. 그렇게 역설이 해의되는 것이 아니기 때문이다. 명패와 물건이 순환한다는 것을 정역도가 보여주고 있다. (도표61)에서 전배진이 사상되면 사각형의 세로와 가로가 반대로 변하고 전진과 배진의 방향이 반대가 된다.

그리고 칸토어를 당황하게 만든 실수 전체(C)에 초과하는 수에 대한 문제도 해결된다. 초과분이 생기는 이유는 허괘인 허간과 허태 그리고 2천과 7지 때문이다. 이들 초과분을 알랭 바디우는 '돌출excrescence'이라고 했다. 그러나 2천은 좌지 집합 안에서 굴신을 매개하고, 7지는 우지 집합 안에서 굴신을 매개하는 역할을 한다. 이것들 없이는 굴신이 매개되지 않는다. 12황궁도에서 이를 확인한다.

다음 허간과 허태는 좌우 집합을 매개하는 동시에 명패와 물건을 연결한다. 다시 말해서 우지 집합의 종인 10건이 물건인데 이것을 좌지 집합에서 명패가 되도록 만들어 주는 것이 다름 아닌 허간이다. 그리고 좌지 집합의 종인 5곤이 물건인데 이것을 우지 집합에서 명패가 되도록 만들어 주는 것이 다름 아닌 허태이다. 칸토어가 이 점을 몰랐기 때문에 연속체 가설의 문제로 고민하게 된 것이다. 모든 것은 장중에 있었는데도 말이다. 정역에 이본이 생긴 이유가 허간과 허태의 역할 때문이다.

'10퇴1진'과 '포5함6'의 문제

대각선 논법의 제 요소들을 이렇게 정리 하면서 이를 황궁도와 다시 연결시키고 일부가 말하고 있는 정역의 언어와 위상학적 언어로 설명을 하면 다음과 같다.

상하좌우와 동서남북은 황궁도를 전면에서 마주 보았을 때의 위치를 임의대로 기준을 삼은 것이다. 10건과 5곤은 서로 마주하고 남/북, 하/상, 그리고 우/좌의 대칭을 하면서 손익 율려 운동을 한다. 5곤은 허태와, 10건은 허간과 공백의 가장 자리를 만든다. 좌지 집합과 우지 집합을 순환시키는데 이들 허가 없으면 불가능하다. 그리고 굴과 신을 바꾸는 것은 2천과 7지이다. 2천과 7지는 황궁도의 좌우에 대칭하면서 수평축의 하와 상이 반대이다. 5곤과 6진 사이에 허태가 있다. 5곤에서 좌지 집합이 끝나면서 우지 집합이 시작한다. 즉, 5곤과 6진은 허태를 통해 서로 포함을 하는데 이를 두고 김일부는 '포5함6包五含六'이라고 했다. 5는 황극의 자리이다. 여기서 '포함'을 포함包涵이라 하지 않고 포함包含이라고 했다는 점을 중시해야 한다. 왜냐하면 전자는 어느 하나가 다른 것에 담기는 것이지만, 후자는 서로 담고 담기는 것이기 때문이다. 화이트헤드는 전자를 '외인적 관계external relation'라 하고, 후자를 '내인적 관계internal relation'라고 했다. 5가 6을, 6이 5를 상호 담고 담기는 내인적 관계를 '포5함6'이라 한다. 이것 없이는 두 개의 집합이 서로 순환 관계를 만들 수가 없다. 굴과 신을 반환시켜주는 것이 포5함6이다.

10건이 물러가고 1손이 나타나는 것을 두고 '10퇴1진十退一進'이라고 한다. 10이 물러가고 1이 나온다는 말이다. 그런데 그 사이에 허간이 있다. 초수론에 의하면 이 허간의 0과 공집합이 손익 율려 운동을 하여 1이 생겨난다. 0이 1이 되는 것은 존공尊空이고 그 반대인 1에서 0이 되는 것은 귀공歸空이다.

(도표83)에서 동서남북과 상하, 좌우, 굴신이 조화되는 '15'라는 자리는 다른 자리와 달리 '중위존공中位尊空'이라 한다. 각 자리수에 해당하는 대칭수들의 합은 15과 5이다. 중위존공 가운데서도 10건과 5곤의 합이 '15'인 것을 '본체도수本體度數'라 한다. 이런 회로가 만들어지면 모든 자리가 '중위'가 되고 '천 개의 고원'이 만들어진다. 수목형이 리좀형이 된다.

10에서 보면 5는 손이고 15는 익이다. 이 둘이 동시에 진행되는 것을 율려라고 한다. 율려를 가능케 하는 것이 사영이다. 10은 명패수 5가 자기언급을 한 대각선수인데 이 대각선수가 다시 5와 손익을 하니 이는 대각선화와 반대각선화 그리고 그 반대 작용을 반복하는 것과 같다. 이 사실을 공자가 미처 보지 못하였다. 그래서 공자는 일찍이 "나에게 수년의 나이를 더하여 5와 10으로 역을 배운다면 거의 대과가 없으리라"(이정호, 1985, 157)고 했다. 이는 공자 스스로 〈십익〉을 지었지만 『주역』의 미비했던 점을 지적한 것이라 할 수 있다. 공자는 이러한 율려 관계를 보지 못했다고 결론지을 수 있다. 정역이 이를 말하고 있는데 왜 학자들은 정역을 도외시하고 있는가? 공자를 능가했기 때문인가? 사대주의 때문인가?[1]

정역의 중위수 개념을 파악하는 과정에서 정역은 중심의 해체 내지 탈중심화임을 보았다. 물론 이를 리좀형이라고 했다. 그렇다면 성역成易으로서 정역은 낙서의 나머지 5마저 탈중심화시키는 것이다. 낙서는 10을 탈 중심화시킨 다음, 10이란 수를 아예 낙서와 문왕 8괘도에서 가

---

[1] 그러나 주역 '넘어'가 아니고 '너머'라 한 것은 주역이 가로막고 있는 경계 저쪽을 본다는 뜻이다.

시적으로 보이지 않게 만들어 버렸다. 대각선수로서의 10을 숨겨진 질서로 남겨두었다. 그러나 정역도는 하도와 낙서와도 달리 5와 10 두 수를 모두 탈중심화시키는 동시에 이를 가시적으로 남겨둔다. 5는 명패인 동시에 물건이다. 10은 5가 자기언급을 한 대각선수이다. 이러한 10이 5와 손익을 한다는 것은 대각선의 반대각선화를 의미한다. 대각선은 사각형 안에서 가로와 세로 사이에서 손익을 한다. 10건과 5건에 2천과 7지 그리고 허간과 허태를 더 가져와 달아 놓았다. 이들 허괘들이 있기 때문에 손익을 할 수 있다. 손과 익 사이에서 유동적이게 하는 것이 바로 허괘와 허수들이기 때문이다.

10퇴1진은 순환점에서, 포5함6은 반환점에서 작용을 한다. '10퇴1진'에서 10무극이 물러나 본체가 되어 버리고 1태극의 작용이 비로소 나타나게 된다. 대각선이 물러나니 이를 두고 반대각선화라 한다. '10건'이 허간으로 물러나 무극이 되고, 1손이 갚아들어 태극이 된다. 10건은 공집합으로 변해 버리지만 이것이 허간의 0과 손익 작용을 하여 1손을 만들어 낸다.

10건이 '2천'에서는 상으로 변해 공집합의 집합인 {∅}=1로 되니 이것이 1손의 1과 더하여 2천이 된다. 2천은 이렇게 명패의 명패 혹은 집합의 집합이지만, 이는 1손 다음의 한 계열의 고리에 불과하다. 이를 두고 멱집합의 원리라고 한다.

'포5함6'의 경우에 5곤이 높임을 받으면서 물러나가 '7지'로 간다. 8간의 경우는 곤괘의 초효(중신)가 허태의 상효(중신)가 된다. 순서수의 역설 해의 방법을 중지의 중첩에서 찾아야 할 것이다. 다시 말해서 중지의 이러한 성격은 10퇴1진과 포5함6이 모두 가능하다. 10퇴1진은 10에서 1을 감하는 것이고, 포5함6은 5에 1을 가하는 것이다. 전자는 도생이고 후자는 역생이다. 포5함6을 하락수도에서 보면 '체5용6' 원리에 해당한다. 이렇게 10과 1과 5를 종합적으로 보면 수지상수에서는 서로 불가분리적이다. 중지를 중심으로 하여 좌굴(좌신)과 우굴(우신)에서 궁극적으로는 건과 곤이 효변을 하면서 다른 괘들을 만들어 나가기 때문이다. 이러한 중지의 중첩적 작용이 궁극적으로는 10과 5와 1을 유기적이게 만든다.[2]

정역 〈11일언〉 23장에서 "진과 손은 도수로 10과 5이니 5행의 종이요, 6종의 장이니 중정정위이다"라 했다. 여기서 '6종'은 건곤을 제외한 '진·손·감·리·간·태'를, '5행'은 '금·목·수·화·토'를 두고 말하는 것이다. 그만큼 진과 손괘는 만물의 조종이다. 진과 손이 없으면 연속적인 변화에서는 감과 리가 만들어질 수조차 없다. 그러면 자연히 5곤과 10지도 탄생하지 못한다. 진손을 두고 만물의 조종이라 하는 이유가 여기에 있다. 10건과 1손의 관계에 관하여 재고할 때, 1은 10이 없으면 체가 없고, 10은 1이 없으면 용이 없다. 체인 ＋과 용인 ㅡ이 합하면 '토土'가 된다. 이러한 전반적인 과정을 두고 15일언은 "수지를 드니 문득 10무극이 되고 십무극은 문득 일태극이 된다"라고 했다.

황궁도에서 원의 두 지름인 수직축과 수평축(원의 직경 혹은 지름)은 사각형의 정대각선과 부대각선에 해당한다. 윷판의 수직축인 참먹이-뒷모에는 5곤-10건 그리고 허태-허간이 대칭을 이루고 있고, 수평축인 모-찌모에는 3태-8간과 그리고 2천-7지가 대칭을 이루고 있다. 황궁도를 통해서도 허간과 허태, 나아가 진과 손괘의 주요성을 확인할 수 있다.

---

[2] 수지상수는 3진법이고 전배진수는 10진법인데 수지상수에서 2천 7지와 허간 허태 때문에 10과 12수가 생겨난다.

10.2 계해본과 이정호본의 문제점 비교

이 책이 도달하려고 하는 종착역은 1923년에 나타난 정역도 계해본과 이정호본 사이를 비교 고찰하는 것이다. 정역 연구 학자들 간에는 이정호의 주장을 반대하고 계해본을 정통 정역도로 간주하려 한다. 그러나 두 본의 확연한 차이와 비교는 12황궁도를 통해서만 가능해진다. 여기서는 두 본 간의 주장이 어떻게 황궁도를 통해 설명될 수 있는가를 간단히 정리해 두고 넘어가는 것으로 책을 마무리하고자 한다.

허간과 허태의 초수론적 고찰

먼저 2천-7지에 대하여 설명하기로 한다. 공백의 가장자리를 높여 그것도 한 부분으로 삼는다는 것은 그것이 바로 멱집합의 원리이기 때문이다. 2천과 7지는 10건과 6곤의 상象으로 추상화 된 것이다. 이를 '집합의 집합' 혹은 메타 집합이라고 한다. 문왕팔괘도에서 상제인 건괘가 직접 친정을 하지 못한 이유는 건이 북서쪽에 기울어져 있고, 곤이 서남에 기울어져 있었기 때문이다.[3] 그동안 친정을 못하고 장남 진과 장녀 손에 일임하여 정치를 하였다. 그러나 정역도에서는 건과 곤이 북과 남에 제자리로 돌아와서 직접 다스린다. 사각형의 정대각선에 건과 곤이 배열이 돼 있다는 말이다. 지금부터는 가로나 세로가 아닌 대각선에 의하여 직접 좌지우지 되어 정부 두 대각선에 의하여 작용이 가능해진다.

황궁도에서 X자가 있는 곳은 윷판의 참먹이, 모, 뒷모, 찌모에 해당하는 곳이다. 그리고 윷판의 원주는 모두 황궁도 내부의 별자리들로 대신

---

3) 여기서 말하는 동서남북은 정역도와 황궁도에서 서로 다르다. 정역도에서는 역에서 사용하는 것이고, 황궁도에서는 일상적인 것이다. 그래서 동과 서, 남과 북이 서로 반대이다.

한다. 그런데 수직축과 같이 메타화된 것에 10건에는 허간이, 5곤에는 허태가 짝지어져 있다. 수평축에서 2천에는 3태가 7지에는 8간이 만나고 있다.

허간과 허태가 황궁도의 수직축에서 10건과 5곤과 만나고 있는데, 정역도에서는 2천과 7지가 북남에서 그렇게 하고 있다. 즉, 정역도에서는 간-소남과 태-소녀가 정동과 정서에 자리 잡고 서로 마주하고 대응을 하니, 이것이 공자가 이루려고 했던 꿈인 산택통기山澤通氣라는 것이다. 즉, 공자는 산(간)과 택(태)이 서로 기를 통하지 못하고 있는 것을 한탄하였다. 그러나 일부는 자기가 통기를 시켰다고 한다. 간은 산이고 태는 택이다. 복희도에서도 간과 태는 서로 마주하고 있지만 태는 동서에, 간은 북서에 기울어져 있었지 정서와 정동에 태와 간이 있기는 처음이다. 그래서 앞으로는 건곤이 북남에서 제자리에 잡고 친정을 하고, 간(소남)과 태(소녀)가 정동과 정서에서 일을 맡아 하게 되면 세상이 바로 잡혀 '정정방방正正方方'해진다. 남북에 곤과 북이 축을 만들고, 동과 서에 간과 태가 다른 축을 만들 때, 시생원리와 가족관계의 일관성과 비일관성의 문제가 발생하는 것을 보았다. 이러한 시생원리와 가족관계가 규칙적인 일관성과 비일관성을 유지하면서 동시에 하도와 낙서에서 보는 바와 같은 1-6, 2-7, 3-8, 4-9, 5-10의 시생원리의 규칙도 지켜지는 것이 정역도이다.

이렇게 정역도에서는 8간과 3태는 서로 동서에 나뉘어져 있는데, 이를 두고 '8간艮3태합덕兌合德' 또는 '산택통기山澤通氣'라 한다. 산택통기가 '십일귀체'이고, '십일귀체'가 뇌풍용정이다. '뇌풍'은 6진과 1손이 서로 작용한다는 말이다. 6진(뢰)은 5곤 다음이고, 1손은 10건 다음이고, 10건/1손(풍) 다음이 2천/3태이기 때문이다. '뇌풍용정'인 우레와 바람이 새 문명을 창조하기 위해 요동을 치게 하는 원동력이 된다. 이것을 가능케 하는 것이 십오일언이다. 다시 말해서 1손은 10건에서 나온다. 10건은 공집합∅이고 허간의 0과의 관계에서 1손이 탄생한다. 1={{0},∅}와 같다.

십오일언을 천간지지로는 '기위친정己位親政'이라 한다. 10천간 '갑을병정무기경신임계'를 10수에 비정을 했을 때 무는 10이고 5는 기이다. 그래서 '무기戊己'는 15이며 중앙 토의 자리에 있다. 이는 곧 '상제上帝'이다. 이 상제가 직접 다스린다는 뜻이다. 신이 이렇게 인격화된 것이다. 이는 절대무가 인격화 되는 과정을 그려낸 것으로서 비인격과 인격 신관의 조화라는 의미에서 각별한 의미를 갖는다. 이렇게 정역은 비인격에서 인격으로 나아가는 수순을 상수 원리에 의해 설명을 하고 있다. 다석 유영모는 이를 '없이 계신 하나님'이라고 했다. 이는 비인격적인 무가 인격적인 하나님이란 뜻이다.

이를 순수 논리적으로 표현하면 10이 1이 되는 것은 반대각선화이고, 5가 10이 되는 것은 대각선화이다. 전자는 정역의 하경이고 후자는 상경이다. 그래서 대각선화와 반대각선화 되는 과정이 정역의 모두라고 할 수 있다. 이러한 작동을 가능하게 하는 시발점이 뇌풍용정이고, 이를 직접 주도하는 이가 상제로서 무기의 자리에 있다. 10건의 공집합에서 허간이란 0이 대응하고 공집합과 0의 대응에서 1손이 탄생한다. 우지 집합의 종인 10건이 물건인데 이것을 좌지 집합에서 명패가 되도록 만들어 주는 것이 허간이다. 건과 간은 한 몸이다. 손은 풍이고 풍이 대각선 대칭상에 있는 6진(우뢰)과 서로 상응하면서 용정을 한다. 6진 역시 5곤에서 나올 때 1손이 나올 때와 똑같은 0과 공집합 사이의 손익법에 의한다. 여기서 0은 허간과 허태를 두고 하는 말이다. 뇌풍용정을 일으키게 하는 것이 바로 허태와 허간이다. 간은 산이고 태는 택이다. 이렇게 용정이 있은 다음에 산택통기가 이루어진다. 즉, 허태와 허간에서 용정을 하니 그 힘을 받아서 3태와 8간이 서로 통한다는 말이다. 이것이 정역의 신관이고 문명관이다. 윷판에서도 허간과 허태는 시와 종의 위치에 있다.

'15일언' 서두에서 "반고는 화하고, 천황은 무위"라고 할 때 이는 비인격적 절대무의 단계를 말하는 것이다. 지황이 드디어 하늘로부터 덕을 얻었다고 하는 것이 인격적인 것의 효시이다. 드디어 "복희가 획을 긋고 노를 매었다"고 한 것은 가로와 세로의 개념이 미동하고 있음을 의미한다. 드디어 황제에 와서 6갑을 냈다고 할 때 이 말은 천간과 지지의 명패와 물건, 다시 말해서 세로와 가로의 개념이 만들어졌음을 의미한다.

2천과 7지의 배치 문제

정역 8괘도를 일명 '8괘 10수'라고 한다. 수는 10이고 괘는 8개라는 뜻이다. 멱집합의 원리 때문에 두 개의 수인 2천과 7지가 추가되었기 때문이다. 필자의 견해에 의하면 여기에 허간과 허태가 추가되어 12수가 되고 2천과 7지의 중괘로 셈을 하며 다시 2가 추가되어 14개가 된다. 14수가 12정경과 2기경맥을 설명하기에 적합하다. 이러한 사실을 모두 황궁도를 통해 확인할 수 있었다. 수지상수의 3진법이 드디어 10진법과 연관된다. 10과 12는 모두 10천간과 12지지에 일대일 대응한다.

그런데 지금 우리에게는 김일부가 작도했다고 하는 정역도의 원본이 없다. 앞에서 소개한 (도표78)의 정역도는 1923년 계해본에 판각된 판본에 의한 것이다. 이는 하상역본과 일치한다. 그러나 이에 대하여 이정호는 판본이 잘못된 것으로 판단, 2천과 7지를 10건과 5곤과 짝(2천-10

건과 7지-5곤)을 만들지 않고, 2천-3태 그리고 7지-8간으로 하여야 한다고 아래와 같이 정역도를 다시 작도하였다(이정호, 1976, 35)[4] 참고로 필사본은 10건-7지와 5곤-2천으로 쌍을 만든다. 3자에 대한 비교는 다음에 이어진다.

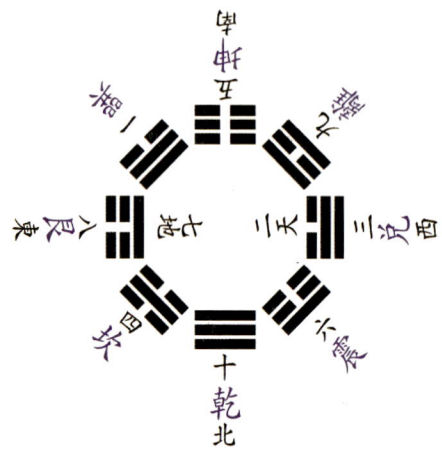

(도표84) 이정호의 2천7지의 배치도

필자는 지금까지 수지상수론을 황궁도와 계해본 둘을 사용하면서 정역을 설명해 왔다. 황궁도는 5개 수지로 괘를 만들어 나가는 것을 그대로 반영하고 있다고 했다. 그리고 그것은 윷판의 수직과 수평축이란 직경을 원주로 만든 것이라 했다. 다시 말해서 수지를 통한 상수가 생겨나는 시생원리의 일관성이라는 관점을 두고 작도된 것이다.

그러나 정역도는 일부의 신비적인 체험의 소산이라고 할 뿐 그것이 어떻게 논리적인 탐구 끝에 작도되었다는 설명은 없다. 그 원본도 없는 상태에서 계해본을 통해 우리에게 알려진 것이 전부이다. 이러한 결과

---

[4] 필자가 성균관대학교 대학원에 수학중(1973-1975) 이정호 교수님으로부터 직접 정역 강의를 들은 바 있다.

로 후대의 이정호는 (도표84)와 같이 정역도를 다시 작도한다. 그런데 이정호의 정역도(이정호본)는 황궁도의 그것과 원리적인 면에서 동일하다. 물론 이정호도 황궁도를 인식하지 못한 것 같고, 필자 역시 이정호 선생의 것을 알고 황궁도를 안 것도 아니다. 오히려 그 반대라고 할 수 있다. 한 번 '이정호본'이라 명명한 다음 이를 황궁도와 그 구조를 비교해 보기로 한다.

  정역도(도표78)를 12황궁도(도표73)와 비교를 할 때 7지는 8간괘와 같이 수평축 '우중'에 있고, 2천은 3태괘와 같이 수평축 '좌중'에 있다. 그런데 이정호 정역도에서는 좌우만 바뀌었을 뿐 대칭 구조가 황궁도와 완전히 일치한다. 그리고 양자가 공히 중상에 5곤이 있어야 하고 중하에 10건이 있는 것도 완전히 일치한다. 이것은 일치를 시키기 위한 견강부회도 아닌 서로 부합한다고 할 수 있다. 그리고 수의 배열 순서에 있어서도 2천-3태와 7지-8간은 자연스럽다. 차라리 계해본인 2천-10건과 7지-5곤이 부자연스럽다 할 것이다.

  그러나 황궁도와 이정호본이 다른 점은 후자가 허간과 허태를 인지하지 않았다는 점이다. 그래서 황궁도는 모두 12수(인)이지만 정역도는 10수이다. 이정호는 정역도의 순서와 다른 두 도상의 배열 순서를 아래와 같이 하고 있다.

이정호본	정역도	8간-9리-10건-(허간)-1손-{2천·3태}-4감-5곤-(허태)-6진-{7지·8간}
계해본	정역도	8간-9리-{10건-2천}-1손-2천-3태-4감-{5곤·7지}-8간
	12 황궁도	10건·허간-1손{-2천·3태}-4감-{5곤·허태}-6진-{7지-8간}-9리-{10건·허간}

(도표85) 수와 괘의 비교를 통해 본 3역도의 비교

복희도가 8수 8괘, 문왕도가 9수 8괘, 정역도가 10수 8괘로 서로 다르다. 복희도가 8수인 이유는 5와 10을 제외했고, 문왕도가 9수인 이유는 5를 제외했기 때문이다. 정역도는 멱집합의 원리를 받아들여 5와 10이라는 명패수와 대각선수도 물건수와 같이 취급하는데 이를 두고 존공과 귀공이라 한다.

이때에 초과된 2천과 7지를 어느 것과 쌍을 맺을 것이냐고 할 때 이정호는 {2천·3태}, 그리고 {7지·8간}이어야 한다고 했다. 필사본은 {10건-7지}와 {5곤-2천}이다. 그런데 계해본은 {10건·2천} 그리고 {5곤·7지}이어야 한다고 한다. 이정호본과 계해본을 조화시키는 것이 다름 아닌 황궁도이다. 양 본이 모두 다루지 않고 있는 허간과 허태를 고려의 대상에 넣으면 쉽게 두 본은 같아질 수 있다. 이정호본의 5곤과 10건에는 짝이 없는 것 같지만 이를 황궁도에서 볼 때 {5곤-허태}이고 {10건-허간}이다.

정역도에 이본이 생긴 이유는 〈설괘전〉 6장의 "물과 불이 서로 미치며, 우레와 바람이 서로 거스르지 않으며 산과 연못이 서로 기운을 통한 뒤에야 능히 변화하여 이미 만물을 완수할 수 있다" 때문이다. 물과 불은 감과 리, 우레와 바람은 진과 손이고, 산과 연못은 간과 태이다. 건곤을 제외한 6괘를 모두 말하고 있다. 그런데 주역과는 달리 정역도에는 2천과 7지가 초과되었으며 거기에 허간과 허태까지 생겨났다. 설괘전에 대해 계해본은 10건/2천과 5곤/7지로 짝을 만들지만, 필사본에서는 5곤/2천과 10건/7지로 짝을 만들어 사각형의 상하에 배열하고 있다. 그러나 이정호는 7지/8간과 2천/3태로 쌍을 만들어 좌우에 배열하고 있다. 계해본은 하상역본과 같기 때문에 이정호본, 계해본 그리고 필사본을 가지고 와 여기서 비교해 표를 만들면 (도표86)과 같다.

(1) (도표86)은 황궁도에서 10건과 5곤만 제외하고 나머지를 좌우 상하를 바꾼 것이다. 다시 말해서 황궁도에서 1손과 4감 그리고 9리와 6진은 상하를 바꾼 것이고, 2천/3태와 7진/8간 쌍들은 좌우를 바꾼 것이다.

(2) '허간'과 '허태'는 말 그대로 10건과 5곤이 만들어지면서 피동으로 된 것이기 때문에 여기에 2천과 7지 가운데 어느 것이 허간과 허태를 대신에 그 자리에 들어가 10건과 5곤과 짝을 맺느냐가 초미의 관심사가 된다.

(3) (도표86)은 황궁도의 전후상하만을 바꾼 것으로서 그 자체가 이정호본이다. 양자는 자연스럽게 일치되었다. 10건/허간에 7지를 가져 오기는 쉽다. 왜냐하면 10건의 짝이 허간이기 때문에 동종요법(허간=8간)으로 가져올 수 있다. 즉, 10건-(허간-8간)-7지와 같다. 그리고 5곤에 2천을 가져오기도 쉽다. 왜냐하면 5곤의 짝이 허태이기 때문에 동종요법(허태=3태)으로 가져올 수 있다. 즉, 5곤-(허태-3태)-2천과 같다. 이와 같

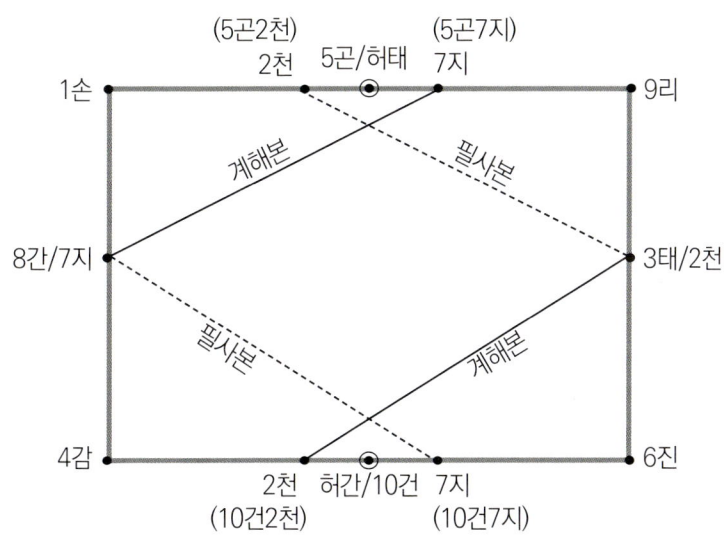

(도표83) 이정호, 계해본, 필사본의 비교

제10장 대각선 논법과 김일부 447

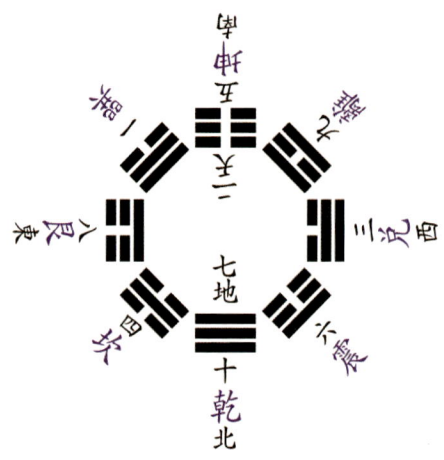

(도표87) 정역 필사본

은 논리가 적용된 것이 필사본이다.

　마치 8간과 2천 남남이 서로 충전해 2천과 5곤 남여가 만나 서로 충전한 것을 감전하는 것과 같다. 2천/5곤와 7지/10건은 남녀 쌍이기 때문이다.

　(4) 다음 계해본은 5곤/7지와 10건/2천 짝에서 보는 바와 같이 여여와 남남으로 서로 충전하고 있는 상태이다. 필사본은 남녀 쌍이 만나 감전한다.(도표87) 10건과 5곤은 북백이기 때문에 움직일 수 없다. 5곤이 7지를 가져 오자면 7지/8간에서 8간과 교감을 해야 한다. 간은 ☶에서 보는 바와 같이 태(☱)와는 서로 효의 음양이 반대이다. 그래서 효변만 시키면 간이 태가 되고 태가 간이 된다. 이렇게 허간과 허태를 효변을 시켜 변화 시키면 같은 동종요법으로 5곤/7지와 10건/2천이 될 수 있으며 이것이 계해본이다.

　(5) 추가로 허간과 2천의 관계를 보면 둘 모두 10건을 부류로 한 그 안의 요원들이다. 그리고 중지곤이 상효이면 허간이고 초효이면 2천인

관계이다. 2천은 10건과 동형동상이고, 허간과 10건은 동형이상이다. 2천과 10건은 형도 같고 상도 같으나, 허간과 10건은 동형이기는 하지만 전자는 부이고 후자는 소남으로 상이 다르다. 허간은 피동으로 동형이고, 반면에 2천은 능동으로 동형이다.

| 결론 |
'유리세계 상제조림'을 기다리며

 정역, 윷 그리고 12황궁도를 수지상수에 연관시키는 것으로 책의 줄거리를 잡아 보았다. 이를 통해 계해본(하상역본)과 이정호본의 연관 관계를 새롭게 조명했다. 이러한 전 과정을 통해 얻은 소득은 유리세계가 어떻게 이루어지고 어떻게 상제가 조림할 수 있는가를 조감할 수 있었다. 끝으로 다시 한 번 두 본이 갖는 의의를 재조명하고 이것이 갖는 의의를 천명해 보기로 한다.

 (1) 중위수와 수지상수의 관계를 다시 정리해 두기로 한다. (도표48)은 수지의 굴신에 의해 역생도성과 도생역생을 전진과 배진으로 삼아 사각형 안에 배열할 것이다. 이번에는 동일한 수지의 굴신을 정역의 괘들에 일치시켜 보았다.
 (2) 아래 (도표88)는 이 책에서 말하려고 하는 것의 전부라고 할 수 있다. 사각형의 상하에 있는 수는 배진과 전진수로서 두 수의 합은 9(2)의 경우로서 배진수는 9이고 전진수는 2라는 뜻이다. 두 수의 합은 항상 11이어야 한다. 그리고 상하에 있는 전배진수의 합, 예를 들어서 9(2)+(8)3=17(5)는 중위를 말하는 것으로서 "구는 십칠지중"과 "삼은 일오지중"을 각각 의미한다. (도표88)에서 (전)배진수는 (1)10, (2)9, (3)8, (4)7…과 같이 전진수는 증가하지만 배진수는 감소한다. 이를 석합보공이라 한다. 공에서만 이런 역설이 생긴다.
 (3) 나아가 초수론의 0={∅,∅}의 의미도 쉽게 파악하게 한다. 즉, 합

신과 합굴은 크고 작은 개념이 없다는 것을 의미한다.

(4) 12황궁도에서 허간과 허태가 생기는 이유는 중지 때문이다. 즉, 중지가 우지 집합의 좌굴에서는 초효가 되어 10건이지만, 좌지 집합 좌굴에서는 상효가 되는 데서 전자에서는 '10건'이지만 후자에서는 '허간'이 된다. 허간은 피동으로 생기나 10건과는 동형이지만 부와 소남의 관계로

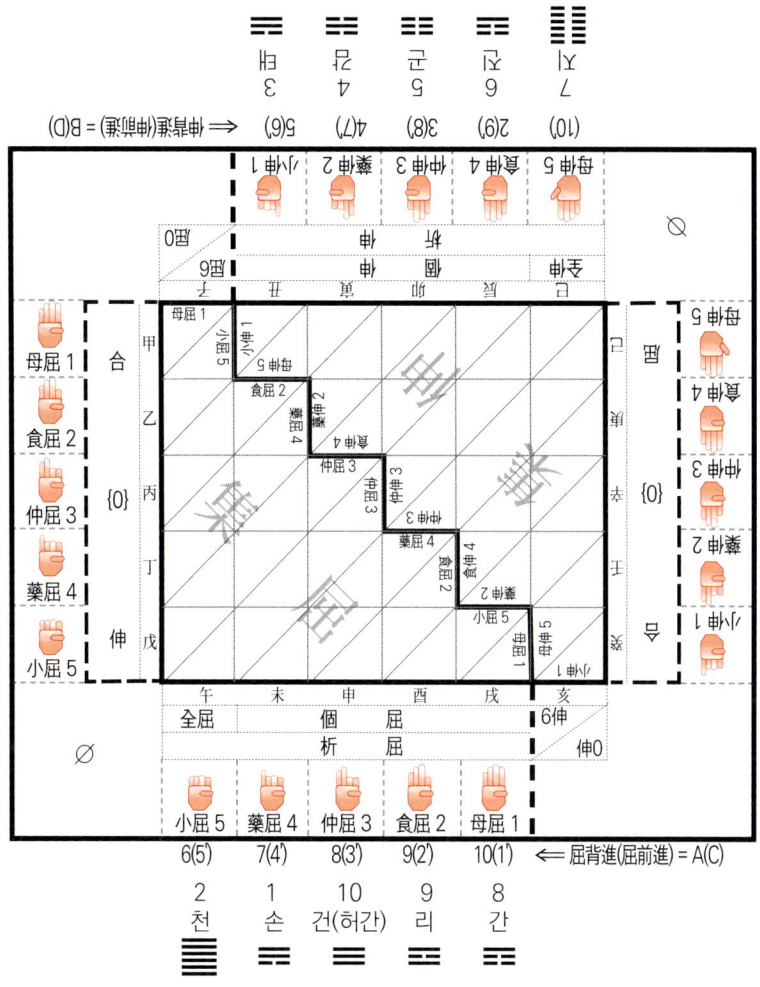

〈도표84〉 중위수와 수지상수론의 관계

| 결론 | '유리세계 상제조립'을 기다리며　451

상이 다르다. 그러나 10건과 2천은 같은 동형이지만 동시에 동상이다.

(5) 이것은 중지가 야누스와 같이 두 가지 얼굴을 갖는 데서 생긴 역설의 결과이다. 순서수의 역설에서 순서의 끝은 그 순서의 전체(전굴 혹은 전신)인 동시에 다음 순서의 처음인 역설의 결과이다. 안토에서 생기는 역설이다. 즉, 중지는 우지 집합의 끝(초효)인 동시에 좌지 집합의 시작(상효)이다.

(6) 순서수의 역설과 함께 멱집합의 역설도 문제이다. 우굴인 10건은 집합 자체이고 거기서 효변하여 허간, 1손, 2태, 3태, 4감, 5곤이 생겨 나온다. 우지 집합의 5곤에서는 허태, 6진, 7지, 8간, 9리 10건이 생겨 나온다. 이것은 3남 3녀의 정음정양이다. 이렇게 부류가 요원이 되고 요원이 다시 부류가 되는 것을 멱집합의 역설이라고 할 때에 10건은 부류인 동시에 5곤의 요원이고, 5곤은 부류인 동시에 10건의 요원이다. 그 가운데 허간과 허태는 10건과 같은 부류인 동시에 요원이다. 그래서 논리적으로 허간은 10건으로부터 허태는 5곤으로부터 분리돼 나와야 한다. 그렇게 나와야 할 심리적 내지 신학적 해석은 아래와 같다. 이런 역설 속에 신문명인의 탄생을 예고하고 있다.

(7) 좌지 집합은 우지 집합 전체를 굴한 합굴에서 시작하고, 우지 집합은 좌지 집합 전체를 신한 합신에서 시작한다. 합굴과 합신은 ∅로 전굴과 전신은 0으로 구별한다. 여기서 1손, 2태…, 10건이 발생한다. 아래 내용들은 정역도를 신화와 심리학의 용어로 풀이해 본 것으로 임의적이고 자의적임을 미리 말해 둔다.

(8) 우지 집합의 합굴과 전굴은 10건인 동시에 허간이다. 이는 집합 속에 요소가(혹은 부분이) 포함돼 분리되지 않은 상태이다. 그리고 그 모양이 같으나 같지 않다. 신이 자기 형상대로 자기 아들 인간을 지었다는 말이

이에 해당한다. 10건(☰)은 부이고 2천(☱)은 자기 형상이고 허간(☵)은 소남인 아담이다. 이렇게 10건과 허간은 자기형상imago dei의 복사이다. 10건의 멱집합은 {5곤, 2천}이고, 5곤의 멱집합은 {10건, 7지}이다. 여기서 여러 이본이 생긴다. 필사본은 멱집합의 원리에 의한 배열법이다.

(9) 10건과 허간은 에리히 프롬의 말대로 공서적 합일cohabitate unity로 여기서 애집증incestuous tie이라는 정신병을 유발한다. 5곤에서 허태는 공서적 합일이다. 그래서 분리되어 나와야 하고 그 자리에 2천과 7지 가운데 어느 것이 들어갈 것이냐에서 이본이 생긴다.

(10) 분리되는 것을 '타락fall'이라고 하며, 소남은 아내인 새로운 쌍을 만나게 되는데 그것이 땅의 7지이다. 그래서 '7지8간'이란 새 쌍이 만들어진다. 허간은 0이며 10건0간이 7지8간이 된다. 드디어 0간(허간)이 수를 얻게 되었고 배필(7지)를 만난다. 2천은 3태와 만난다. 이것이 이정호본이다. 12황궁도의 구조도 이와 동일하다.

(11) 같은 방법으로 좌지 집합의 합신과 전신은 5곤인 동시에 허태이다. 이는 집합 속에 요소가(혹은 부분이) 포함돼 분리되지 않은 상태이다. 그리고 그 모양이 같으나 같지 않다. 5곤(☷) 역시 자기 형상인 7지(☶)와의 관계에서 허태(☱) 소녀를 낳는다. 딸 허태(소녀)를 회임하고 있다가 생산을 한 다음 배필을 찾아 내보낸다. 허태의 배필은 2천이며 그래서 2천/3태가 된다. 이정호본도 이를 반영한다.

(12) 단군신화에서 환인은 10건에 해당하고 환웅은 허간이고 단군은 2천에 해당한다. 허간 환웅을 '서자' 환웅이라 한다. 환인과 분리되는 순간 허간은 8간이 되어 적자가 된다. 환인에서 분리되는 순간 서자에서 적자가 된다.

(13) 삼국유사에는 땅의 어머니 웅녀에 관한 부분이 자세하지 않다.

그러나 『부도지』에는 땅의 태모는 마고이고 이는 5곤의 자기 형상이 7지이며 자기가 자기와의 동종요법에 의해 허태가 생겨나고, 허태가 5곤과 분리된 그 자리에 5곤/2천(필사본)이냐 5곤/7지(계해본)냐의 논쟁은 결국 에덴 동산 타락 이후냐 이전이냐의 문제가 생긴다. 다시 말해서 5곤/7지는 타락 이전의 분리 이전을, 5곤/2천은 분리 이후를 두고 하는 말이다. 10건/2천이냐 10건/7지냐의 문제도 타락 이전과 이후의 문제인 것이다.

(14) 에덴동산이나 단군신화나 모두 태초에는 남남 그리고 여여의 사회였다. 이것이 공서적 합일이며 애집증 현상이다. 그래서 타락은 분리를 가져오며 이성이 만나 합일이 된다. 그러나 건전지에서 보는 바와 같이 양양과 음음은 충전을 위해서 음양과 양음은 감전을 위해 필수적인 결합 관계이다. 그래서 모든 신화에서 시작은 남남 아니면 여여이다.

(15) 그렇다면 계해본은 하늘에서 땅에서 타락이란 분리 이전의 상태를 나타낸 것이고 필사본은 분리된 다음을 나타낸 것이다. 타락 이전이란 충전을 하고 있던 상태이다. 삼국유사에서는 하늘에 남자들만 있었고, 부도지에는 땅에 여자들만 있다고 한 것은 '10건허간'과 '5곤허태'의 충전 상태를 그대로 두고 하는 말이다. 무씨사당 벽화에는 하늘 위에 남녀신이 같이 존재하고 있다.

(16) 우주와 문명의 타락 이전에는 충전상태에 이어서 새로운 문명이 태동되기 이전에 동성애와 같은 성소유자들 현상이 생기는 것은 '10건허간' '10건2천'과 '5곤허태' '5곤7지'를 보면 충분히 이해할 수 있다.

(17) 그러나 정역은 정음정양의 후천시대의 도래를 예고하고 있다. 12황궁도는 수지상수에 의해 괘가 생성되는 순서에 따라서 그대로 작성된 것으로 모판과 같다. 그러한 모판과 같은 것이 이정호본이다. 그

러나 2천/3태와 7지/8간, 그리고 10건/허간과 5곤/허태는 서로 분리를 전제하고 있다. 10건과 5곤의 모판에 서로 이식이 시작된다는 것을 보여주는 것으로 정음정양 시대의 도래를 한 눈에 보여주고 있다.

(18) 실로 문명사란 10건/허간과 5곤/허태에서 허간과 허태에 2천과 7지 가운데 어느 것이 들어가느냐에 따라서

와 같은 쌍대성군duality이 만들어져 가는 과정이었다. 어떤 경우에는 ++와 --로 어떤 경우에는 +-와 -+로 연관이 된다. 음과 양은 상하좌우에서 서로 4중적 대칭 관계를 만들고 있으며 이를 랑그랑즈 프로그램이라고 하며 이 쌍대성군은 현대 과학과 수학의 가장 주요한 개념 가운데 하나로 인정받고 있다.(프렌켈, 2014, 277)

| 부록 |

윷판과 정역괘와의 관계

아래 (도표88)는 윷판과 정역괘들이 서로 일대일 대응함을 보여준다. 도표의 특징은 대·중·소 세 개의 동심원과 쌍가닥과의 관계를 통해 정역의 위상학적 구조를 한 눈에 보여준다. 세 본이 다르게 보이는 이유를 동심원이 그리는 궤적을 통해 쉽게 파악할 수 있다.

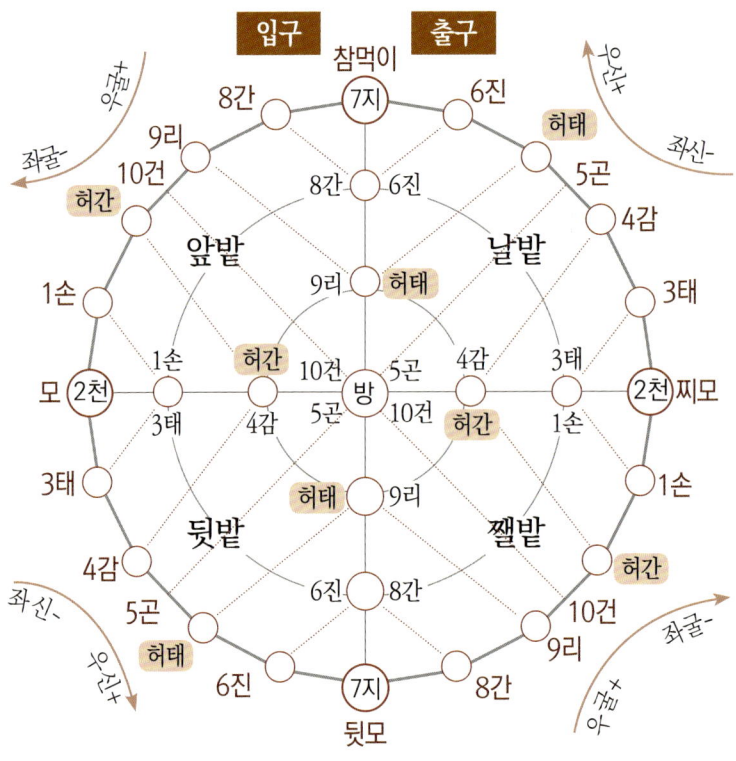

(도표88) 윷판과 정역괘들의 일대일 대응

(1) 쌍가닥은 가로축과 세로축이 원주에 접촉하여 원주상에서 연속적이게 한다. 이는 사영평면구조에서만 가능하다. 정역의 다른 이본들이 생기는 이유는 정역도의 이러한 위상학적 구조 때문이다.

(2) 이정호본은 2천-3태와 7지-8간이다. (도표88)에서 볼 때에 2천-7지는 대원이고, 7지-8간은 중원이다. 이 말은 이정호본은 대원과 중원의 일치 관계로 말하고 있음을 의미한다.

(3) 필사본 10건-7지와 5곤-2천은 중앙(10건-5곤)과 대원(2천-7지)의 일치 관계로 보았다는 것을 의미한다. 그리고 하상역본 10건-2천과 5곤-7지도 사정은 마찬가지이다. 중앙의 10건-5곤은 동시에 5곤-10건이기 때문에 세로축의 7지와 가로축의 2와 자유자재로 일치할 수 있다. 보는 주관의 차이에 따라서 두 본이 모두 가능하다.

(4) 동심원의 중앙은 중원의 6진-3태와 3태-6진도 가능하고, 소원의 9리-4감과 4감-9리와 허태-허간과 허간-허태도 가능하다. 그래서 3가지 본들 이외의 다른 이본들도 얼마든지 가능하다.

(5) 주요한 것은 동심원들이 서로 일치하는 것의 의미이다. 동심원이 모두 일치해 버리면 윷판은 한 점에 다 모이고 말 것이다. 가로와 세로, 그리고 대각선이 모두 합치하고 만다. 이것이 바로 유리세계이고 상제가 내리시는 곳이다.

(6) 다시 말해서 상제가 조림하자면 중앙의 10건-5곤과 5곤-10건 이외에 모든 세 개의 동심원 가운데 그 어느 것도 중앙이 될 수 있어야 한다. 윷판은 전후좌우상하 사방 어디로나 시작과 끝이고 안이고 밖이기 때문이다. 이는 윷판이 사영평면이란 위상학적 구조를 가지고 있기 때문이다. 정역의 세 이본들이 생긴 이유도 이러한 위상학적 구조 때문이다.

(6) 윷판의 사영평면 구조는 수지의 좌우굴신에 따라서 +와 - 부호를 주면 윷판 안에서 다음과 같은 구조를 만든다.

(앞밭) 좌굴- 우굴+　　(날밭) 우신+ 좌신-
　　　　　　　　　(방)
(쨀밭) 우굴+ 좌굴-　　(뒷밭) 좌신- 우신+

이러한 구조를 두고 '랭글랜즈 프로그램Langlands program' 혹은 '쌍대성duality'이라고 한다. 쌍대성 구조는 '모든 것의 이론이라' 할 정도로 그 적용범위가 넓다.

(7) 윷판의 좌우반구 상의 원주는 20개이지만 위 도표 상에서 괘들은 모두 24개이다. 24계절이 생기는 이유이다. 즉, 중앙의 4개인 10건-5곤과 10건-5곤까지 원주 상에 모두 배열을 했기 때문이다. 이 4개는 24절기 가운데 하지(10)와 동지(10) 그리고 춘분(5)과 추분(5)에 해당한다.

(8) 윷판과 정역괘들이 일대일 대응할 수 있는 이유는 허간과 허태의 개입 때문이다. 다시 말해서 이들에게도 한 자리를 주어야 윷판과 정역괘들이 일대일 대응 가능해진다. 즉, 허간과 허태 없이는 양자 간에 일대일 대응 자체가 성립 불가능하다.

(9) 정역 10괘(혹은 12괘)들의 자리는 수지상수의 자리와 일치하고 전배진의 자리와도 일대일 대응이 된다. 즉, 쨀밭의 '8간'은 모굴1이고 뒷밭의 '6진'은 식신4이다. 그래서 (도표75)와 (도표83)을 한 자리에 두고 비교해 보는 것이 주요하다.

(10) 일대일이 가능한 이유는 윷판 안에서는 3진수와 5진수 그리고 10진수를 모두 구사할 수 있기 때문이다. 즉, 수직과 수평축은 3진이고, 4분원은 5진이고, 반원은 10진이다. 그래서 3효로 된 괘를 만드는

수지와 윷판이 일대일 대응이 되고, 두 개의 허괘들 때문에 10괘가 되어 10수와 일대일 대응이 가능해 진다. 윷판의 이러한 구도를 '5지3진법'이라 한다.

(11) 부록 (도표89)를 통해 얻을 수 있는 소득 가운데 하나는 마야수 13, 18, 20이다. 마야인들이 두 가지 종류의 달력 13×20=260일(종교력)과 18×20=360일(농사력)을 만들 때에 사용한 소위 세 마야수들이 (도표89)에서 모두 확인된다. 윷놀이를 할 때에 말이 가는 길을 따라 가다 보면 13, 18, 20을 자연스럽게 얻게 된다. 즉, '참먹이'로부터 '뒷모'까지 13개, 참먹이에서 수직축으로 뒷모까지 5개(방 제외), 고로 13+5=18, 원주 24에서 참먹이, 모, 뒷모, 찌모를 **빼면** 20개가 된다. 마야역에서도 참먹이, 모, 뒷모, 찌모 네 곳을 '우야엡Uyayeb'이라고 하여 셈에서 **뺀**다. 실로 정역과 윷은 우주 보편적 지혜의 상자와도 같아 보인다.

참고문헌

* 강진원, 『易으로 보는 동양천문 이야기』, 서울: 정신세계사, 2006.
* 강학위, 심경호 옮김, 『주역철학사』, 예문출판사, 1994.
* 고바야시 마치야사 지음, 고선윤 역, 『수학의 원리』, 서울: 서울문화사, 2002.
* 고회민, 신하령 옮김, 『상수역학』, 신지선원, 1994.
* 고회민, 정병석 옮김, 『주역철학의 이해』, 서울 : 문예출판사, 1995.
* 곽신환, 『주역의 이해』, 서광사, 1990.
* 구원, 2006.
* 권영원, 『正易 天文易』, 대전: 상생출판, 2013.
* ------, 『正易句解』, 대전: 상생출판, 2011
* 권호용, 『正易 手指常數』, 대전: 상생출판, 2016.
* 그레이엄, A. C./이창일 옮김, 『음양과 상관적 사유』, 청계, 2001.
* 금장태, 『조선유학의 주역사상』, 예문서원, 2007.
* 김경호·채홍철, 『수학의 맥을 찾아서』, 서울 : 교우사, 1997.
* 김상일, 『대각선 논법과 역』, 서울: 지식산업사, 2012.
* ------, 『대각선 논법과 정역』, 서울: 지식산업사, 2015(예정).
* ------, 『대각선 논법과 조선역』, 서울: 지식산업사, 2013.
* ------, 『알랭 바디우와 철학의 새로운 시작』, 서울: 새물결, 2008.
* ------, 『윷의 논리와 마야력법』, 상생출판, 2015.
* ------, 『판비량론비교연구』, 서울: 지식산업사, 2004.
* 김승호, 『주역원론』, 선영사, 2009.
* 김용운, 『토폴로지 입문』, 우성문화사, 1995.
* ------, 『위상기하학』, 동아출판사, 1992.
* 김인곤, 『플라톤의 파르메니데스 연구』, 서울 : 서울대학교 대학원, 1995.
* 김인철, 『다산의 주역해석체계』, 경인문화사, 2003.

* 김재홍,『正易 理解』, 대전: 상생출판, 2015.
* 김정현,『正易 註義』, 대전: 상생출판, 2015.
* 김주성,『正易集註』, 서울: 태훈출판사, 1999.
* 김진근,『왕부지의 주역철학』, 예문서원, 1996.
* 김진희,『주역의 근원적 이해』, 보고사, 2010.
* 남회근,『주역강의』, 문예출판사, 1998.
* 남회근/신원봉 옮김,『역경잡설』, 문예출판사, 1998.
* 다가나 아쓰시/이기동 옮김,『주역이란 무엇인가』, 여강출판사, 1993.
* 들뢰즈/이찬웅 옮김,『주름, 라이프니츠와 바로크』, 문학과지성사, 2004b.
* 레베카 골드스타인/고중숙 옮김,『불완전성—괴델의 증명과 역설』, 승산, 2007.
* 로버트 카플란/심재관 옮김,『존재하는 무 0의 세계』, 이끌리오, 2003.
* 로빈 로버트슨/이광자 옮김,『융과 괴델』, 몸과마음, 2005.
* 로저 에임즈/장원석 옮김,『동양 철학, 그 삶과 창조성』, 유교문화연구소, 2005.
* 마틴 데이비스/박정일·장영태 옮김,『수학자, 컴퓨터를 만들다』, 지식의풍경, 2005.
* 모리스 클라인/김경화 옮김,『지식 추구와 수학』, 이화여대출판부, 1997.
* 문명호·박종일,『위상수학 입문』, 서울 : 경문사, 2004.
* 문명호와 박종일저,『위상수학 입문』, 서울: 경문사, 2006.
* 문용직,『주역의 발견』, 부키, 2007.
* 박상화,『정역과 한국』, 서울: 공화출판사, 1978.
* ------,『정역을 바탕한 영가와 평화유희』, 서울: 우성문화사, 1981.
* 박일봉,『주역』, 육문사, 1999.
* 박재주,『주역의 생성논리와 과정철학』, 청계, 1999.
* 배선복,『탈현대 기초 논리학 입문』, 철학과현실사, 2004.
* 브리그스 존, 피트 데이비드, 조혁 옮김,『혼돈의 과학』, 서울 : 범양사,

1989.
* 서정기, 『주역상수체계와 의리사상』, 한국학술정보(주), 2009.
* 소강절/윤상철 옮김, 『황극경세』, 대유학당, 2002.
* 송재국, 『역학담론』, 예문서원, 2010.
* 슈츠스키, I. K./오진탁 옮김, 『주역연구』, 한겨레, 1988.
* 스에끼 다께히로/최승호 옮김, 『동양의 합리사상』, 대구 : 이문출판사, 1987.
* 스티븐 F. 바커/이종권 옮김, 『수리철학』, 종로서적, 1985.
* 심원봉, 『윷경』, 서울: 정신세계사, 2002.
* 아리스토텔레스/조대호 옮김, 『형이상학』, 문예출판사, 2005.
* 액셀, A. D./신현용 옮김, 『무한의 신비』, 승산, 2002.
* 야마오카 에쓰로/안소현 옮김, 『거짓말쟁이 역설』, 영림카디널, 2004.
* 양재학, 『정역사상의 체용론과 과학철학적 성격』(52-92쪽), 한국의 근대 미간역학의 대두, 한국홍역학회 및 국학연구원, 2016년 한국 홍역학회 학술대회. 2016.
* ------, 『주역』, 대전: 상생출판, 2010.
* 에리히 얀치/홍동선 옮김, 『자기조직하는 우주』, 범양사, 1989.
* 연경원편저, 『周.正易 合編』, 대전: 연경원, 2009.
* 요사마사 요시나가/임승원 옮김, 『괴델 불완전성 정리』, 전파과학사, 1993.
* 위르겐 베를리츠/이기숙 옮김, 『패러독스와 딜레마』, 보누스, 2011.
* 유남상, 『정역사상연구1』, 철학연구.한국철학학회논문집 23집, 서울: 형설출판사, 1976.
* 윤석희, 『천부윷의 재발견』, 서울; 지하 仙, 2003.
* 윤종빈, 『한국 역학의 논리』, 문경: 문경출판사, 2007.
* 윤창렬, 『하도낙서와 삼역괘도』, 대전: 상생출판, 2012.
* 이도흠, 『화쟁 기호학 이론과 실제』, 한양대출판부, 2001.

- 이동준, 『유교의 인도주의와 한국사상』, 한울, 1997.
- ------, 『훈민정음과 역학사상』, 2002.
- 이명섭, 『태극기와 술어논리학』(The ensign and predicate logic), 미조사, 1993.
- 이상권, 『한원진』, 성균관대학교출판부, 2009.
- 이신/이주행 옮김, 『주역—주역의 강은 어디로 흘러갈 것인가』, 인간사랑, 1995.
- 이운형, 『거짓말쟁이 역설』, 한국학술정보(주), 2006.
- 이정우, 『세계철학사』, 길, 2011.
- 이정호, 『제삼의 역학』, 아세아문화사, 1992
- ------, 『주역정의』, 아세아문화사, 1987.
- 이종우, 『유한에서 무한으로 여행』, 경문사, 2000.
- 이창일, 『소강절철학』, 심산, 2007.
- 장시앙핑/박정철 역, 『역과 인류사유』, 이학사, 2007.
- 정성희, 『조선시대 우주관과 역법의 이해』, 지식산업사, 2005.
- 정해광, 〈다산 정약용의 역학사상〉, 『주역과 한국역학』, 범양사출판부, 1996.
- 존 베로/고종숙 옮김, 『무영진공』, 해나무, 2003.
- 존 캐스티/박정일 옮김, 『괴델』, 몸과마음, 2002.
- 주백곤/김학권 옮김, 『주역 산책』, 예문서원, 1999.
- 주자/김상섭 옮김, 『역학계몽』, 예문서원, 1994.
- 주자/백은기 옮김, 『주역본의』, 여강, 1999.
- 최동환, 『ᄒᆞ역』, 서울: 지혜의 나무, 2001.
- 카너먼, 대니얼/이진원 옮김, 『생각에 관한 생각』, 김영사, 2012.
- 푸코/김현 옮김, 『이것은 파이프가 아닙니다』, 민음사, 1995.
- 프랜시스 코린스/이창신 옮김, 『신의 언어』, 김영사, 2006.
- 하상역, 『국역 正易註義』,

* 하이젠베르크/김용준 옮김,『부분과 전체』, 지식산업사, 1982.
* 한국역경문화학회,『주역철학과 문화』, 수덕문화사, 2004.
* 한국주역학회,『주역의 근본 원리』, 철학과현실사, 2004.
* -----------,『주역의 현대적 조명』, 범양사, 1992.
* 한국화이트헤드학회,『창조성의 형이상학』, 동과서, 1999.
* 한규성,『역학원리강화』, 예문사, 2004.
* 한동석,『우주변화의 원리』, 서울: 대원출판사, 2004.
* 호프스테터, D./박여성 옮김,『괴델, 에셔, 바흐』, 까치, 1999.
* 혼마 다쓰오, 임승원 옮김,『위상공간으로 가는 길』, 서울 : 전파과학사, 1995.
* 화이트헤드, A. N./오영환 옮김,『과정과 실재』, 민음사, 1991.

* 江慎修,『河洛精蘊』, 學苑出版社, 2007.
* 郭彧,『易圖併座』, 華夏出版社, 2007.
* 唐頤,『京氏易傳』, 峽西師範出版社, 2009.
* 徐芹庭,『易圖原流』, 臺灣中國書店, 2008.
* 施維,『周易八卦圖解』, 四川出版集團, 2008.
* 楊力,『周易與中醫學』, 北京科學技術出版社, 1989.
* 嚴有毅,『周易六十四卦精解』, 萬卷出版社, 2007.
* 張其成,『易圖 深祕』, 廣西科學技術出版社, 2008.
* 張立文,『帛書周易註釋』, 中州出版社, 2007.
* 張年生,『易理數理』, 團結出版社, 2009.
* 周春才,『易經圖典』, 海豚出版社, 2006.
* 曾子健,『易學』, 當代世界出版社, 2009.
* 黃易,『易經』, 南海出版社, 2009.

* Aczel, A. D., *The Mystery of The Aleph*, New York: A Washington Square Press Publication, 2000.
* Allen, R. E., *Plato's Parmenides*, New Haven: Yale University Press, 1997.
* Arguelles, Jose. *The Mayan Factors*, Rochester: Bear & Company, 1987.
* Aristotle, *The Cambridge Companion to Aristotle*, ed. by Jonathan Barnes, New York: Cambridge University Press, 1995.
* Aveni, Anthony, *Empires of TIME*, Boulder: University Press of Colorado, 2002.
* Badiou, Alain, *Being and Event*, New York: Continuum, 2005.
* --------, *Logics of World*, New York: Continuum, 2009.
* --------, *Number and Numbers*, Cambridge: Polity Press, 2008.
* --------, *Whitehead Word Book*, Claremont: Visit P&F Press, 2008.
* Barr, Stephen, *Experiments in Topology*, NY: Thomas Y. Crowell Company, 1964.
* Barrow, John D., *The Infinite Book*, New York: Vintage Books, 2005.
* Bartlett, Steven J., and Suber, Peter, *Self-Reference*, Boston: Martinus Nijhoff Publishers, 1987.
* Bellos, Alex. *Here's Looking at EUCLID*, ny: Free Press, 2010.
* Byers, William, *How Mathematicians Think*, Oxford: Princeton University Press, 2007.
* Clark, Michael, *Paradox from a to z*, London: Routledge, 2002.
* Clegg, Brian, *Infinity*, New York: Carroll and Graf Publishers, 2004.
* Cobb, John B. Jr., *Christian Natural Theology*, Philadelphia: The Westminster Press, 1976.
* Devlin, Keith, *Mathematics, The Science of Patterns*, New York: Henry Holt & Company, 1994.
* Gardner, Martin, *Logic Machines & Diagrams*, NY: McGraw-Hill Book

Company, INC..1958.
* Gardner, Martin, *The Colossal Book of Mathematics*, New York: W.W. Norton & Company, 2001.
* ---------, --------, *The Colossal Book of mathematics*, NY: W.W Norton & Company, 2001.
* Genz, Henning, *Nothingness*, New York: Basic Books, 1999.
* Heidegger, Martin, *The Metaphysical Foundation of Logic*, Indianapolis: Indiana University Press, 1982.
* ----------, *Parmenides*, Indianapolis: Indiana University Press, 1992.
* Henle, James M., *An Outline of Set Theory*, New York: Dover Publications Inc., 1986.
* Hodges, Andrew, *One to Nine*, New York: W.W. Norton and Company, 2008.
* Huang, Alfred, *The Numerology of the I Ching*, Vermont: Rochester, 2000.
* *I Ching, The First Complete Translation With Concordance*, tr. by Rudolf Ritsema and Stephen Karcher, Rockport: ELEMENT, 1994.
* *I Ching*, Trans. by Rudolf Ritsema, Dorset: ELEMENT, 1994.
* Kant, Imanuel, Kemp Smith(trans), *Critique of Pure Reason*, NY: St. Martin's Press, 1965.
* Kaplan Robert and Kaplan Ellen, *The Art of Infinite*, New York: Penguin Books, 2003.
* Kline, Morris, *Mathematics: The Loss of Certainty*, New York: Fall River Press, 2011.
* Knuth, Donald E., *Surreal Number*, NY: Addison-Wesley Professional, 1974.
* Ko, Young Woon, *Paradox, Harmony and Change*, Denver: Oputkirst Press Inc., 2005.

- Krauss, Lwrence M., *A Universe From Nothing*, New York: Freee Press, 2012.
- Kripke, Saul, "Outline of a Theory of Truth", *Jr. of Philosophy* 72, 1975.
- Lakoff, G. & Nunez R. E. , *Where Mathematics Comes From?*, New York: Basic Books, 2000.
- Lindberg, David C., *The Beginnings of Western Science*, Chicago: Chicago University Press, 1992.
- Lundy, Miranda, *Quadrivium*, Glastonbury: Wooden Books, 2010.
- --------, ----------, *Quadrivium*, NY: Walker & Company, 2010.
- --------, ----------, *Sacred Geometry*, NY: WalkerBooks, 2001.
- Ming-Dao, Deng, *The Living I Ching*, San Francisco: Harper Collins Publishers, 2006.
- Pagels, Heinz R., *Perfect Symmetry*, Sydney: Simon and Schuster Paperbacks, 1985.
- Pickover, Clifford A., *Surfing Through Hyperspace*, New York: Harper Collins Publisher, 1999.
- ----------, ----------, *The Moebius Strip*, New York: Thunder Mouth Press, 2006.
- Pickover, *The Loom of God*, Cambridge: Perseus Books, 1997.
- Plato, *Plato Complete Works*, trans. by John M. Cooper and D. S. Hutscison, Indianapolis: Hackett Publishing, 1997.
- Priest, *Beyond the Limits of Thought*, Oxford: Clarendon Press, 2002.
- Priest, Graham, *Logic*, London: Sterling, 2000.
- Priest, *Toward Non-Being*, Oxford: Clarendon Press, 2005.
- Ramsey, F. P., *Foundation of Mathemetics*, 1925.
- Rosen, *Dimensions of Apeiron*, New York: Amsterdam, 2004.
- Rosen, Steven M., *Topologies of the Flesh*, Athens: Ohio University Press, 2006.

- Rucker, R., *Infinity and the Mind*, Princeton: Princeton University Press, 1995.
- Russell, Bertrand, *Introduction to Mathematical Philosophy*, London: George Allen & Unwin LTD., 1960.
- Sandifer, Jon & Yang, Wang, *The Authentic I Ching*, London: Wakins Publishing, 2003.
- Schneider, Michael S., A Beginner's Guide to Constructing the Universe, 1995.
- Shchutskii, Lulian, *Research on the I Ching*, London: Routledge & Kegan Paul, 1979.
- Shesso, Renna, *Math for Mystics*, NY: Weiser Books, 2007.
- Simmons, K. *Universality and the Liar*, NT: Cambridge University Press, 1993.
- Simmons, K., *Universality and the Liar*, New York: Cambridge University Press, 1993.
- Stahl, Saul, *Geometry From Euclid to Knots*, New York: Dover Publications Inc., 2003.
- Stewart, Ian, *Concepts of Modern Mathematics*, New York: Dover Publications, Inc., 1995.
- ---------, ----, *The Mathematics of Life*, New York: Basic Books, 2011.
- ---------, ----, *Vision of Infinity*, New York: Basic Books, 2013.
- Stray, Geoff, *The Mayan and other Ancient Calendars*, NY: Walker & Company, 2007.
- Sung, Z. D., *The Symbol of Yi King*, New York: Pagan Book, 1969.
- Swetz, Frank J., *Legacy of the Luoshu*, Wellesley: A. K. Peters, Ltd., 2008.
- Tiles, Mary, *The Philosophy of Set Theory*, New York: Dover Publications Inc., 1989.

- Vlastos, G., "The Third Man Argument in the Parmenides", *Philosophical Review*, vol. 63, Issue 3, July, 1954.
- Wallace, David Foster, *Everything and More*, London: W. W. Norton & Company, 2003.
- Weeks, Jeffrey R.. *The Shape of Space*, London: CRC Press, 2002.
- Whitehead, A. N. *Principia Mathematica*, New York: W. W. Norton & Company, 1927.
- Whitehead, *Process and Reality*, New York: The Free Press, 1979.
- Wilhelm R., *I Ching*, trans. by F. Baynes, New York: Pantheon Books, 1950.
- Yackel, Carolyn, ed., *Making Mathematics with Needle Work*, Wellesley: A K Peters, 2008.

찾아보기

번호

2차원 대각 대칭 106
2천 406
3분진법 43
3지양천 115, 401
3지양천론 108
3진법 385, 388, 391
3차원 대각대칭 106
3천양지 27, 102, 115, 204, 216, 287, 401
3천양지론 108
5곤 397
5곤지 130
5세재윤 148
5진법 388
5체6용 172, 177, 178, 179, 241
5황극 131
7지 397, 406
8괘도 8, 9
9·6합덕 위용九六合德爲用 216
9용10체 177, 179, 241
10진법 385, 388, 391
10천건 130
10체1용 177, 178
10체9용 141, 172
10퇴退1진進 135, 436, 438
11귀체시 101, 113
11일언 108, 115, 181

12(14)경락 402
12정경 403
12황궁도 377, 388, 391, 402, 406, 408, 432, 440, 450, 451
15일언 84, 90, 92, 108, 130, 131, 181, 401, 443
15존공尊空 228, 426, 429
15존공위체 215
64괘도 13

ㄱ

가무한 29, 76, 232
가본 196
가부번 집합 69
가족관계 379, 383, 408, 411, 417, 419, 441
가족관계 역설 148, 415, 416
갈릴레오 14
같잖음 30, 299
개굴/개신 254, 270
거울 대칭 95, 206
거짓말쟁이 역설 310, 320
건곤책 216
건괘식 33
건지책 198
건책수乾策數 51, 58, 142, 204, 216, 224
경영대칭mirror symmetry 125,

213, 230, 249
경위經緯 76, 84, 193
경임갑병 106
계사 셈본 45
계사전 422
계해본 399, 440, 447, 448
곤괘식 33
곤책수坤策數 51, 58, 142, 204, 216, 224
공백의 가장자리 299, 429, 440
공서적 합일 453
공집합 67
공허空虛 78
괄집括集 151
괴델 56
괴델 정리 169, 242
구궁수 33
구륙합덕 245
구륙합덕위용 245
귀공歸空 58, 59, 83, 135, 187, 201
귀매괘 175
귀매의 원리 114, 138, 145, 171, 174, 256, 393, 402, 409, 431
귀속 282
귀체歸體 135, 187, 206
그노몬 51, 272, 275, 276, 279, 280, 283, 286, 287, 295, 324, 326
금화교역 62, 425
금화사송 422

금화정위 47
금화호택 82
기강 76, 84
기강경위 84, 90
기강경위론 72
기경맥 405
기경임갑병 108
기수의 역설 70, 75, 134, 414
기위 90, 93, 100, 103, 105, 106, 111, 112
기위도수 101, 110
기위론 84
기위친정 442
기제 132
기제미제旣濟未濟 77, 130
기제미제론 75
기제지수 131, 132
기토 92
기하학적 소멸 138, 231, 243, 320, 323, 324, 326
기하학적 소멸론 326
김일부 8, 15, 28, 30, 43, 59, 62, 73, 74, 75, 105, 120, 133, 139, 170, 179, 184, 185, 200, 208, 214, 237, 240, 278, 320, 376, 378, 380, 401, 411, 414, 431

ㄴ

낙서수 81
내인적 관계 436

노겸勞謙 222
농도 235
뇌풍용정 441, 442
뇌풍정위용정 105

ㄷ

다산 414
단계적 38, 242, 377, 384, 398, 413
단계적 효변 408
단동십훈 266, 268, 271, 275, 277, 279, 280, 281, 294, 311, 316, 323
닫힘 32
대각 대칭 106
대각선 10, 214
대각선 논법 6, 13, 14, 48, 59, 84, 103, 106, 114, 135, 230, 231, 237, 243, 244, 247, 378, 381, 401
대각선 논법과 역 27
대각선화 14, 31, 45, 90, 114, 135, 146, 172, 176, 179, 181, 182, 190, 194, 195, 198, 211, 213, 215, 219, 228, 229, 230, 281, 299, 337, 338, 380, 431, 437, 442
대각선화된 수 193
대각선화와 역대각선화 138
대연수大衍數 143, 190, 194, 200, 204

대연지수 199
대일원 225
대일원수 181, 225, 226
데이터베이스 380, 412
데이터베이스화 151
도생역성 12, 64, 73, 74, 75, 77, 135, 137, 138, 139, 140, 146, 172, 179, 180, 224, 229, 230, 231, 247, 249, 251, 326, 328
도생작용 227
도순 87
도순이도역 87, 93
도역 87
도역도순 87
도역생성 213
도역생성론 248
도역이도순度逆而道順 87, 94
도천도천 115

ㄹ

라이프니츠 6, 169
러셀 50, 57, 70, 74, 168, 174
러셀 역설 70, 414
러셀의 유형론 298, 299, 421
려율 283, 287
력수지리 171
리좀형 243, 321, 382, 408, 423, 437

ㅁ

마틴 가드너 7
메타역 14, 16
멱집합 32, 49, 282, 406
멱집합의 역설 393, 452
멱집합의 원리 38, 42, 43, 56, 109, 115, 116, 149, 206, 216, 376, 377, 397, 409, 411, 413, 414, 421, 427, 429, 440, 443
모나드의 원리 127
뫼비우스띠 36, 41, 42, 66, 106, 142, 247, 337, 344, 410
무극 191
무극지무극 66
무극지무극도 83
무기戊己 442
무대無代 31, 81
무량 78
무무위 48, 225
무무위수 135, 171, 226
무위 48, 84, 90, 91, 93, 100, 103, 105, 106, 111
무위도수 110
무위수 171, 181, 183, 225
무정을계해 109
무토 92
무한기수無限基數 234
무한기수 이론 233
문왕 8괘 62
문왕 8괘도 37, 62
문왕도 9
문왕팔괘도 380, 440
문왕팔괘원리도 381, 382
미래역 184
미제지상 131
미제지수 132, 133

ㅂ

바디우 204
반가치화 7, 8, 90, 191, 258, 259, 264, 277, 280, 287, 294, 298, 299, 431, 433, 434
반대각선 8, 45
반대각선수 194, 225, 226
반대각선화 7, 8, 31, 90, 107, 114, 135, 136, 138, 182, 191, 193, 195, 198, 200, 206, 211, 215, 219, 227, 228, 230, 242, 258, 259, 264, 277, 280, 281, 282, 287, 292, 294, 299, 320, 337, 338, 383, 423, 431, 433, 434, 437, 438, 442
반대각선화의 과정 106
반환점 52, 53
방도 13, 185, 203, 242
배진背進 73, 74, 75, 76, 77, 78, 131, 132, 133, 137, 141, 249, 262, 264, 385
배진과 전진 231
배진적 종합 74
변환점 52

복오 146, 147
복희도 9
복희팔괘도 380
복희팔괘원리도 381, 382
본체도수本體度數 183, 201, 437
본체수 20 181
부대각선 292, 324, 328
부동의 동자 176, 177, 199, 225, 241, 245
부르알리-포르테 70, 74, 75, 134, 234
분위도수 198
분체도수 206
블라스토스 161, 165, 168, 169

ㅅ

사상 188
사상변화도수 216
사상분체도수 196, 197, 198
사상작용 206
사역 208
사영론 347, 348, 376, 379
사영평면 247, 320, 328, 337, 341
사영평면적 구조 88, 394
산택통기 441
삼극지도 146
삼재지도 146
삼지사분 385
삼지사분법 390
삼초三焦 403

상수사 57
상승相乘 61
상윤 143
상율 402
상율하습론 401
상제上帝 142, 341, 345, 442, 450
상제조림 5, 345
생변화 133
생성지차 34, 35
생수生數 9, 284
서괘전 13
석합보공 71, 133, 194, 206, 207, 212, 214, 218, 220, 222, 224, 233, 257, 261, 263, 272, 275, 280, 283, 287, 293, 296, 310, 312, 315, 317, 327, 345, 431, 450
선천 77, 78
선천시대 62
성도합덕 223
성명지리 171
성변화 133
성성존존 32
성수成數 9, 284
성통聖統 152
소강절의 작도 153
소과괘 175
소유권 405
손도수 52, 53
손익법 290, 309, 313

수목형 243, 321, 382, 437
수의 역설 56
수지數地 115
수지상수 11, 27, 58, 79, 81, 84, 85, 96, 130, 384, 388, 391, 395, 399, 408, 450
수지상수도 62
수지상수론 15, 29, 61, 76, 213, 223, 244, 248, 264, 376, 377, 378, 379, 383, 384, 386, 388, 401, 421, 431, 444
수화기제 78, 140
수화기제괘 137, 141
순기舜紀 201, 209
순서수 282, 398, 414
순서수의 역설 67, 70, 75, 77, 114, 134, 174, 247, 256, 285, 386, 398, 406, 408, 411, 421, 438, 452
순수이성 73
순수이성의 원리 73
순환점 52, 53
승본 207
시생원리 35, 37, 149, 191, 193, 203, 346, 376, 377, 379, 383, 384, 408, 415, 417, 418, 419, 420, 421, 422, 432, 441, 444
시중 244
신명지덕 155
실무한 28, 30, 76, 141

실무한 개념 29
십십十十 66, 83
십십일일十十一一 80
십십일일지공 215
십오일언十五一言 8, 15, 136, 137, 190, 194
십오존공 245
십오존공위체 245
십유팔변 349
십이익지 65, 66
십일귀체 441
십일일언十一一言 8, 190, 245

ㅇ

안토安土 32, 254, 353
알랭 바디우 60, 61, 282
애집증 453
양도순운陽道順運 94
양윤역수 150, 189
양의원리兩儀原理 204
양정음령 102
양지3천 27, 102
에파고메나 391
역대각선화 138, 139, 141, 146, 172, 179, 181, 182, 206, 213, 227, 229, 298
역생도성逆生到成 12, 64, 74, 75, 77, 130, 135, 137, 138, 139, 140, 146, 172, 179, 180, 224, 229, 230, 231, 247, 249, 251, 326, 328

역생작용 227
역설逆說 7, 60, 68, 185
역수성통원리 151
역학계몽 411
연속적 384, 398, 413
연속체 가설 6, 230, 231, 242, 247, 252, 257, 434
연쇄적 38, 242, 377, 387, 395
연쇄적인 386
영가무도 5, 16
오세재윤 149
외인적 관계 436
요기堯紀 201, 209
요역 208
요종도수 219
우변 59, 384, 414
우야엡Uyayeb 49
우주춤 173
우지 집합 385, 386, 393, 408, 421, 442, 452
운기법 403
원역 186, 194, 201, 208, 209, 210, 211, 215, 220, 223, 233
원역수 51, 61
월극체위도수 108
월극체위성도 119
위상 기하학 328
위상역 7
위상학 37, 247, 320, 337
유리세계琉璃世界 5, 142, 244, 341, 345, 450

유목 139
유클리드 72, 176
윤본潤本 47, 60
윤선거 321
윤수閏數 45, 60, 61, 144, 145, 148, 185, 208, 233
윤역 124, 186, 201, 208, 209, 221
윤중 49
율려 103, 110, 224
음도역행陰道逆行 93
음운 189
음운역수 150
이율배반 70, 72, 73, 75, 77, 78, 79, 133, 137, 140, 141, 177, 205, 221, 249, 410
이정호본 399, 440, 450
인이신지 348
일대일 대응 11, 12, 15, 26, 27, 28, 30, 31, 33, 34, 35, 37, 43, 44, 46, 53, 55, 58, 62, 71, 77, 85, 92, 107, 108, 110, 113, 115, 249, 264, 287, 379, 383
일부 12
일수日數 200
일원수 181, 183, 215, 216, 225
일원추연 197
일원추연도수 196
일월역수변화수 226
일음일양 78, 79

임壬 183
임일壬一 184, 216
임일妊一 218

ㅈ

자기언급 29
자체권 405
재귀 48
재륵再扐 29, 48, 79, 143, 144, 178, 193, 389, 421
재륵이후괘再扐而后掛 148
재윤 143, 144
전굴/전신 270
전대각선화 382
전진前進 73, 76, 77, 78, 131, 133, 137, 249, 262, 273, 385
전하 반전 97
절대적 완결성 74
정경 403
정다산 59, 185, 398, 401
정대각선 206, 214, 233, 264, 280, 292, 296, 299, 326, 327
정대각선화 299
정령 103, 110, 224, 283, 287
정령론 245
정령작용 224
정률론 104, 106, 107, 108, 112
정역 8, 186
정역도 8
정역팔괘원리도 381
정위 245

정을계해 106
정정방방正正方方 441
정중正中 227
정중론 139
제1 이율배반 75
제3의 인간 157
제3의 인간 논증 155, 157, 168, 169
제3의 인간 역설 156, 160, 164, 173, 179, 193, 205, 241, 414
존공尊空 58, 59, 83, 135, 436
좌지 집합 385, 386, 393, 406, 408, 421, 442, 452
중남(감괘) 41
중심추기도수 215
중위中位 245, 248
중위론 76, 230, 244, 249, 259, 262, 272, 275, 278, 286, 301, 311, 320, 321, 325, 341, 385, 400
중위수 274, 288, 290, 325, 328
중위수론 282, 293
중위정역원리 216, 245
중위존공中位尊空 437
중정中正 243, 244, 249
중정론 170, 230, 237, 322
중지곤괘 195
중천건괘 195
지10기토 114
지10위천천5지 114
지십위천 113, 114

질운운동迭運運動 72, 124, 131,
　133, 138
짝짓기 33
짝짝이 94, 96, 206
짝째기 27, 29, 32, 48, 49, 62,
　67, 78, 79, 81, 94, 96, 108,
　109, 111, 115, 204, 206, 266,
　275, 286, 287, 292, 300
짝째기 현상 30, 68, 178

ㅊ

책수 190, 204
천5지 114
천간오행생성수 103
천오지오 147
천오지육天五地六 147
체5용6 221, 439
체10용1 220
체10용9 215
체감 216
체증遞增 60, 216
체횡용종 12
초과분 60, 143, 145, 148, 200,
　205, 209, 211, 216, 227, 247,
　277
초수론 250, 255, 297, 303, 311,
　320, 321, 436
초수학 46
초숫자 60, 61, 152, 204, 211
초초 65
초초일도初初一度 65, 183

초초지도 102
초한수 232, 234
초한수론 245
초효의 원리 39, 42
촉류 48, 348, 376, 379, 381,
　382
추연推衍 60
추연원리 198

ㅋ

칸토어 6, 7, 12, 28, 29, 35, 67,
　70, 74, 134, 174, 176, 216,
　226, 230, 231, 233, 240,
　247, 378, 431, 432, 434, 435
칸토어 역설 70, 414
칸토어와 칸트 140
칸토어의 대각선 10
클라인병 320, 337

ㅌ

태1 205
태극 191
테트라티스 286, 287
테트라티스식 284
특특비상지례 59, 398

ㅍ

파르마티콘 405
파르메니데스 13, 155, 157, 158,
　159, 160, 167, 168

파스토르 기계 88, 89, 91
패리티 불변 95, 96, 97
페어홀스트 133
페어홀스트 방정식 218
편대각선 214, 327
포5함6包五合六 134, 179, 436, 438
포함包含 199, 282
프랙털 현상 417
프레게 70
플라톤 73
피타고라스 콤마 60
필사본 447

홍범 9주 146
화극생금 82
화수미제 78, 140
화수미제괘 137, 141
화이트헤드 57, 74
황극皇極 191
후천 77, 78
후천무극수 141
힐베르트 174

ㅎ

하도수 81
하습 402
하토르 성전 388
한남당 191
합굴 64
합굴/합신 254, 256
합덕合德 61
합덕일체 206
합신 64
합신/합굴 271
행특 146, 147
허간虛艮 54, 384, 387, 396, 403, 407, 436, 438, 441, 442, 443, 449, 451, 453
허태 403, 438, 441, 442, 443, 451, 453